广东文艺发展报告

2017—2022

广东省文学艺术界联合会　编

SPM 南方传媒　广东人民出版社

·广州·

图书在版编目（CIP）数据

广东文艺发展报告：2017—2022 / 广东省文学艺术界联合会编 . —广州：
广东人民出版社，2023.5

ISBN 978-7-218-16388-8

Ⅰ . ①广⋯　Ⅱ . ①广⋯　Ⅲ . ①文艺—文化事业—研究报告—广东—
2017—2022　Ⅳ . ① G127.65

中国版本图书馆 CIP 数据核字（2022）第 253108 号

Guangdong Wenyi Fazhan Baogao（2017—2022）

广 东 文 艺 发 展 报 告（2017—2022）

广东省文学艺术界联合会　编

版权所有　翻印必究

出 版 人：肖风华

特约主编：卢　瑜
特约编辑：李芷莹
责任编辑：梁　茵　廖志芬
责任技编：周星奎

出版发行：广东人民出版社
地　　址：广州市越秀区大沙头四马路 10 号（邮政编码：510199）
电　　话：（020）85716809（总编室）
传　　真：（020）83289585
网　　址：http://www.gdpph.com
印　　刷：广州市豪威彩色印务有限公司
开　　本：787 毫米 × 1092 毫米　1/16
印　　张：19.75　　字　　数：330 千
版　　次：2023 年 5 月第 1 版
印　　次：2023 年 5 月第 1 次印刷
定　　价：78.00 元

如发现印装质量问题，影响阅读，请与出版社（020-85716849）联系调换。
售书热线：020-85716833

编委会

专家委员会

蒋述卓（文学）　　　　王　馗（戏剧）

丁亚平（电影）　　　　苏宏元（电视与网络）

李　岩（音乐）　　　　于　平（舞蹈）

李劲堃（美术）　　　　邓启耀（摄影）

陈志平（书法）　　　　董上德（曲艺）

尹　力（杂技）　　　　宋俊华（民间文艺）

徐粤春（文艺评论）

序　言

　　2017—2022年，是极不寻常、极不平凡的五年，适逢中国共产党成立一百周年，又处于"两个一百年"奋斗目标的历史交汇点，是我国开启全面建设社会主义现代化国家新征程的新起点。作为改革开放的排头兵、先行地、实验区，广东风雨兼程，硕果累累，在决胜全面建成小康社会、乘势而上新征程中奋力走在全国前列，创造了新的辉煌。

　　歌诗合为事而作，文章合为时而著。习近平总书记强调要坚守以人民为中心的创作导向，繁荣文艺创作，推出更多同新时代相匹配的文化精品，实现从"高原"向"高峰"迈进，为广大人民群众提供更丰富、更有营养的精神食粮。新时代的文艺工作者承担着记录新时代、书写新时代、讴歌新时代的伟大使命。作为广东"文艺工作者之家"，广东省文学艺术界联合会积极开展广东文艺事业的建设工作，联合全省文学、戏剧、电影、电视、音乐、舞蹈、美术、摄影、书法、曲艺、杂技以及民间文艺、文艺评论十三个艺术门类的专家形成文艺发展的强劲合力，以强烈的历史责任感和使命感为出发点，围绕中心、服务大局，奋力推动广东文艺高质量发展，齐力打造新时代岭南文艺新高地。

　　五年来，广东文艺紧紧围绕"人民"与"时代"延伸工作手臂。习近平总书记指出，社会主义文艺是人民的文艺，必须坚持以人民为中心的创作导向，在深入生活、扎根人民中进行无愧于时代的文艺创造。优秀的文艺作品应紧扣人民与时代，与国家、党和人民的重大历史事件、重要人物相呼应，应主动回归生活，结合现实社会，讴歌真善美，传递向上向善的社会主义价值观。2017年以来，广东省文联以及广东省各地区的文学艺术家联合会、文艺文化机构等始终坚持以人民为中心的创作导向，组织专家团队、调研小组前往广东各地进行实地考察、采访和创作，深入生活，扎根人民。这五年，精品文艺活动层出不穷，"其命惟新——广东美术百年大展"、"渔歌里说——我唱渔歌给党听"汕尾渔歌专场、"粤韵牡丹绽芳菲——广东曲艺专场"、"首届广东省农民书法篆刻作品展"等，浓墨重彩地展现了党的光辉历史和丰功伟绩，展示了南粤大地的新变化、新面貌、新气象。这五年，文艺惠民如火如荼，"文艺轻骑兵"走街串巷，或书或画，或舞或乐，把"送文化""种文化""传精神"相结合，为广大人民群众带去了精湛的艺术熏陶，让文艺的百花园永远为人民绽放。

五年来，广东文艺始终围绕"守正"与"创新"抒写岭南的华彩篇章。党的二十大报告指出"守正才能不迷失方向、不犯颠覆性错误，创新才能把握时代、引领时代。"作为岭南文化重镇，广东毗邻港澳，融通全球，汲中原之精粹，纳四海之新风，体现出独特的人文气象。惟其能"守正"，故在历史、文化、民俗、建筑和艺术等领域保留了丰富的地域特色，并在时代更替中获得良好的接续与传承；惟其能"创新"，故而形成了开放包容、务实进取的文化特质以及吐故纳新、引领潮流的新文艺与新思想。这五年，广东文化强省建设成果丰硕，岭南文化"双创"有声有色，电影《中国医生》《掬水月在手》《点点星光》和粤剧电影《南越宫词》《白蛇传·情》，电视剧《热血军旗》，舞剧《醒狮》，话剧《深海》，杂技作品《升降软钢丝》《扇之韵》，民间文艺作品《六国大封相》，歌曲《风从南方来》《大潮起大湾》等精品佳作异彩纷呈，美术强省的步子越迈越坚实，摄影大省的地位越来越巩固，岭南民间艺术、"粤派批评"等品牌的影响力日臻，舞蹈、音乐、杂技等受到全国文艺界瞩目，各艺术门类精品力作不断涌现。

当前，"人文湾区"建设正处于纵深发展阶段，绘就湾区文艺"同心圆"，不仅是举湾区精神之旗、立湾区精神支柱、建湾区精神家园的题中应有之义，也是深化粤港澳大湾区"1+1+9"工作部署，激发湾区内生动力，在交融与合作中寻找最大公约数的现实考量。2019年以来，粤港澳大湾区文化品牌影响力与日俱增，文艺合作峰会、文艺创新论坛、国际音乐季、舞蹈季、杂技艺术周、魔术交流展演、"濠江之春"澳门内地艺术家大联欢等活动接踵而至，众多弘扬"海上丝绸之路"、华侨文化等岭南历史文化中蕴含的爱国思想、人文底蕴、道德规范和"敢为天下先"时代风气的文艺作品不断涌现，与港澳文艺界的联络工作也得到了进一步加强。

在这样的背景下，广东省文联组织编撰出版了《岭南文艺百家丛书》《粤派评论丛书》《人文湾区·岭南三秀》《粤港澳大湾区文化艺术观察报告》等理论性图书，发时代之心声，为文艺实践鼓与呼。为进一步擦亮岭南文化艺术名片，这本即将付梓的《广东文艺五年发展报告》是五年来广大文艺工作者与党同心、与人民和时代同行的生动见证，是广东文艺守正创新、讴歌广东改革实践的总结之作，是省文联十三个文艺门类齐心协力、争相竞放、各领风骚的鲜活记录，可为广东文艺这五年留存珍贵的历史记忆，也可为未来探索文艺繁荣发展之路提供指导和借鉴意义。

岭南大地欣欣向荣，湾区文艺滋润人心。希望全省文艺工作者不断增强文化自觉、坚定文化自信，参与到中国特色社会主义的文艺建设中来，参与到广东文艺的传承和弘扬中来，以饱满的热情、务实的精神抒写人民史诗，描绘时代宏图，打造岭南文艺新高地，筑就广东文艺新高峰，为建设与广东经济地位相匹配的文化优势贡献力量，为广东的文艺发展续写更多春天的故事。

是为序。

广东省文学艺术界联合会党组书记、专职副主席　王晓

2022年12月22日

C 目 录
Contents

01 广东文学发展报告

【引言】

在党的十九大精神和习近平新时代中国特色社会主义思想的指引下，在省委省政府对文艺工作的重视支持下，2017—2022年的广东文坛在文学创作、文学研究和文学服务等方面取得了引人瞩目的成绩，呈现出繁荣发展的新局面。五年里，广东文坛涌现出一批高质量的文学作品，这些作品或回溯历史，开掘岭南文化；或关注现实，描绘都市生活；或聚焦未来，展望科技发展。这些作品继承了广东文学现实性、先锋性和艺术性的优良传统，同时也在深入开掘本土历史文化，深切关注人的现实生存方面的不断推进，展现出极具新时代特征的精神维度与审美特质。此外，"理论粤军"的打造和"粤派批评"概念的持续推进，也在不断整合广东批评界的中坚力量，为逐渐形成广东自身的理论话语和批评体系而努力。

一、发展概况

（一）报告文学、非虚构写作、散文佳作迭出

在所有文体中，包含报告文学、非虚构写作、记人论事的散文在内的纪实性文体最突出的文体特点便是快速反应，不加雕饰。2017—2022年，中国社会经历了诸多重大事件：经济建设、扶贫攻坚、抗击疫情保生产成为这个

阶段人们最关心的历史命题。结合这五年的重大公共题材，广东纪实类文学做到了全面、迅速、深入、实录。所谓"全面"是指作品内容涉及广泛，包括扶贫攻坚、小康社会建设、港珠澳大桥落成、抗疫、驰援、生态文明等多个题材；所谓"迅速"是指作家对这些重大题材的反应迅速；所谓"深入"是指作家对这些题材的处理没有流于表面的现象描摹，而是能够深入事件的肌理去观察和书写；所谓"实录"是指作家的写作态度严谨认真，以史家"秉笔直书"的精神来要求自己。这些作品在关注现实的同时也蕴含理想主义情怀，显现出写作者强烈的历史使命感和社会责任感，为广东的纪实性文学交出了一份相当出彩的答卷。

在书写经济建设方面，全面建成小康社会是广东纪实文学中非常重要的主题之一。2020年花城出版社出版了呈现广东省从1978年改革开放之初到2020年全面建成小康社会伟大历程的作品《奋斗与辉煌——广东小康叙事》（四卷，100万字），这部作品由广东省作协党组书记、专职副主席张培忠担任总撰稿，由王十月、喻季欣、黎衡、姚中才、何龙、刘鉴、陈启文、盛慧、李焱鑫、曾平标、王威廉、陈枫等12位作家历时一年，联合攻关、集体创作完成，被誉为"国内第一部全景式，史志式纪录小康工程的鸿篇巨作"[1]。该书依据国家政策厘清了"小康"概念："既是物质上的小康，也是政治的、经济的、科技的、文化和精神上的小康"[2]，将广东的小康叙事与国家层面的小康建设历程紧密结合起来进行讲述，不仅提出了"敢为人先""开放兼容，务实进取"的广东精神，而且在写作中也体现出了难能可贵的直面现实的勇气，如实地反映了小康社会建设过程中所遇到的种种矛盾，如劳资纠纷、资本腐败等问题，这让这部纪实文学作品有了"信史"的品格，成为史诗性作品。曾平标的报告文学《中国桥——港珠澳大桥圆梦之路》展现了港珠澳大桥从论证到立项、从动工到开通的全过程，获得了文学

---

① 陈剑晖：《追梦小康与广东精神的壮丽华章——评〈奋斗与辉煌——广东小康叙事〉》，《中国当代文学研究》2021年第2期，第198—204页。

② 陈剑晖：《追梦小康与广东精神的壮丽华章——评〈奋斗与辉煌——广东小康叙事〉》，《中国当代文学研究》2021年第2期，第198—204页。

界的高度评价。这部作品被誉为"港珠澳大桥的一部百科全书"[①]，成功入选2018年度"中国好书"榜单，荣获第十五届精神文明建设"五个一工程"图书特别奖。陈启文的《为什么是深圳》书写深圳发展的历程，既有历史的、也有现实的意义。谢勇的《丹灶创新密码》从相对微观的层面书写了地方经济的发展之路，首次系统地解密了佛山南海丹灶镇这一曾经的"中国日用五金之都"，如何以怀揣梦想、敢于追求梦想的"少年气"，将"珠三角制造业创新小镇"作为抓手，走出一条振兴实体经济的新路。该书荣获第二届"有为杯"报告文学优秀奖。

此外，扶贫工作是"十三五"时期全面建设小康社会中的重要一环。丁燕的《岭南万户皆春色》书写广东省连樟村、海丰县等地的扶贫工作，但叙事眼光并不限于近期的扶贫任务，而是将当下的脱贫致富工作与中国共产党的革命目标联系起来，构成了现实与历史的对话。东方莎莎参加国务院参事室发起的第四届"费孝通田野调查奖"征文活动，其参赛作品《南程村与"第一书记"张力的几个第一次》于2021年荣获二等奖。曾平标、廖琪的《扶贫状元陈开枝》描述了广州市的原市委常委、常务副市长，中国扶贫基金会副会长，被誉为"扶贫状元"的陈开枝，二十多年来坚持帮扶广西百色革命老区，将扶贫视为自己终身事业的感人事迹。同类题材的作品还有很多，集中呈现了广东省作为改革开放的前沿，在经济社会建设和扶贫攻坚等方面取得的重大成就。人物传记方面，有江先华、王心钢合著的《大宋名臣余靖》、陈启文的《如戏人生：洪昇传》以及庄园的《许广平后半生年谱》等。

2020年，面对突如其来的新型冠状病毒性肺炎疫情，广东省作协率先开展抗疫文学的创作动员。张培忠、许锋联合采写的报告文学《千里驰援》发表于2020年3月2日《人民日报》，迅速被全国20多家媒体转载。这是全国第一篇反映各地区医疗队驰援湖北的报告文学，颂扬了医务人员的无私奉献，传递了社会各界同舟共济、众志成城的抗疫精神。由于文章具有极强的时效性，起到了鼓舞士气、凝聚人心的作用。张培忠通过各种渠道采访海外华人

---

① 曾平标：《中国桥——港珠澳大桥圆梦之路》，广州：花城出版社，2018年版，封底。

创作了《洛城战"疫"》，在《文艺报》整版发展，从特殊角度展示全球华人同心抗疫。熊育群创作的长篇报告文学《钟南山：苍生在上》在《收获》杂志2020春卷的长篇专号上以头条首发。这部作品写出了"共和国勋章"获得者钟南山医者仁心、敢医敢言的国士精神。此外，西篱的《庚子年广东抗疫》、唐德亮的《北征壮歌》《慷慨赴荆楚》、刘迪生的《那一颗星辰闪烁》等也都是抗疫题材纪实性文学中的代表性作品。全省广大作家创作抗疫题材作品超过1万篇（首），省作协集结出版了抗疫作品集《千里驰援》（上、下册）。

现实生活是丰满可感的，报告文学除了聚焦经济社会建设和抗疫战线之外，还有一些题材也值得关注。比如，关注生态问题的《中华水塔》，作者陈启文不顾自身安危，在高寒缺氧、自然条件非常艰苦的极地进行深入调查，揭示了雪线上升、冰川萎缩、江河湖泊干涸、草原荒漠化等造成的生态危机。评论家李炳银在推荐该书时认为，作者能够通过对生态危机的揭示"展开人与自然关系的辩证思考，对三江源的生态问题也发出了理性的追问，进而追寻彼岸的'良知净土'"[①]。彭名燕的《用爱吻你的痛》，这是一部以拯救生命、救赎心灵、爱与奉献为主题的长篇报告文学作品，讲述了一个个救助者和受助者血肉相连的动人故事，展现出我国民政系统数万员工的大爱情怀。徐肖楠的《护卫尊严：无悔生命与无限忠诚》直达广东"扫毒"现场，以12·29"雷霆扫毒"汕尾收网行动为中心，讴歌了广东公安边防总队汕尾支队的官兵为缉毒工作奉献出了青春和热血。

在关注现实题材之外，报告文学也将目光投向历史，追述伟大的中国共产党领导的艰苦卓绝的革命斗争，再次书写红色历史。为庆祝建党百年，省作协策划组织报纸杂志推出"红棉花开——庆祝建党百年广东红色纪实文学作品"专栏，展示了一批广东作家近期创作的具有时代风范、本土特色、格调昂扬的优秀红色文学作品，获得了各界读者的高度评价。另有一批长篇报告文学也值得关注，比如周晓瑾的《信仰——周恩来岭南纪事》，挖掘独家资料，详细描述了周恩来同志在岭南领导革命斗争的事迹。杨黎光的《脚印——人民英雄麦

---

① 系李炳银为《中华水塔》写的推荐语，《中国作家》（纪实版），2019年第6期，第5页。

贤得》，记录人民英雄麦贤得在"八六"海战中的英雄事迹，及其后数十载不顾伤痛、不忘初心的真实故事。写人之外，也有记事，比如陈典松的《黎明之前——广州起义纪事》、张黎明的《大转折——深圳1949》，等等。这些作品既写出理想、信仰、奋斗、牺牲，也不舍弃日常生活中的情绪、感受，既有伟大中的平凡，亦有平凡中的伟大，从而将宏大叙事与精微透视融于一体。此外，2020年5月25日，由中国报告文学学会、广东省作协及暨南大学联合创办的暨南大学中国报告文学研究院举行了揭牌仪式。

近五年来，非虚构写作获得了长足的发展，受到读者强烈的追捧，广东文学在非虚构写作方面也取得了亮眼的成绩。黄灯的《大地上的亲人》写出了一个嫁给农村人的女博士眼中的乡村图景，探讨农村家族命运，追问中国乡村的来路与趋向，该书获得"三毛散文奖"新秀奖（2019年）。黄灯的另一部非虚构作品《我的二本学生》记录了作者十多年教学生涯中接触过的学生，他们的喜怒哀乐、生活境况和人生选择，作者凭借该书获得"南方文学盛典""2020年度散文家"。另外，洪湖浪的《哀我苍生》记录了底层的卑微生命。周齐林的《被掏空的村庄》记录了农民这一群体在现代化进程中所付出的惨痛代价。王国华的《街巷志：深圳体温》书写深圳的街头巷尾、小店摊贩、花花草草，将深圳的都市生活写得富于诗意。孙善文的《深圳买房记》书写自己以及身边的人二十年间买房经历的辛酸感慨，表现"小人物"在大时代中的危机感、安全感、幸福感。与报告文学相比，非虚构写作具有更强的写作者的主观介入性。这并非削弱非虚构写作的真实性，反而是文学书写介入社会生活最个人化、最尖锐、最有冲击力的方式。由于写作者主观情绪、感受、观念、立场包括写作者自身困境和思考的带入，使文本所呈现的现实更有温度，更有感染力。据不完全统计，2021年度广东省共有超过70名纪实文学作家创作发表了超过100篇（部）作品，出版或正在出版超过30部作品。

在历史文化散文创作方面，熊育群的散文集《一寄山河——大地上的迁徙》，通过书写当下中国的民风民俗，遥想历史变迁和族群迁徙，以人文地理学的方式写出山河流变中的故土乡愁和生命状态。詹谷丰的《山河故人——广东左联人物志》勾勒出了广东左翼作家邱东平、欧阳山、洪灵菲等的人物群像谱，在历史的钩沉和时代精神的回望中重温革命理想。艾云的系列散文比如《铁和血》《有所思，思岭南》《东张·珠江钩沉烟岚：林则徐与广东》等借历史人物抒发人生感悟。除此之外，散文作者也把目光投注于当下现实与个体情感，如耿立的《暗夜里的灯盏烛光》通过对中国当代乡土社会的刻画剖析和对历史人物的追溯回望，展现了对城市"边缘人"的深切悲悯和关怀，以及对民族精神和文化的深层追问和思考。塞壬的《即使雪落满舱》《隐匿的时光》立足个体心灵感受，写亲情和友情的美好与温暖。一些诗人、小说家、学者的散文创作也有可圈可点之处，比如杨克的《我说出了风的形状》、蒋述卓的《生命是一本书》、南翔的《徘徊最爱深红色——八宝印泥传人杨锡伟》、林岗的随笔集《漫识手记》，等等。

（二）小说创作的地方性探索

广东文学中的小说创作在表达地方性、凸显地域色彩、书写地方文化方面进行了不懈的探索和努力。题材涉及广泛，既有对岭南历史文化的深入开掘，也有对现代城市生活风物的详细描摹。除此之外，广东作家对科幻题材的尝试也值得关注。

小说是书写地方风物，塑造一片土地、一个城市最有效的方式之一。近些年，广东文坛上出现了一批深入开掘岭南历史文化，表现岭南民俗风情，探讨岭南地域精神的小说，这些作品在中国的文化版图上为岭南文化涂上了浓墨重彩的一笔，其中许多地方风物甚至是首次在文学作品中得以展现。比如，郭小东的"'中国往事'五部曲"（《铜钵盂》《仁记巷》《光德里》《桃花渡》《十里红妆》）通过家族史书写了潮汕的民俗风物、商业传奇，围绕潮汕人家利用海运进行的商业贸易展开讲述，将郭、马家族汇兑银钱的侨批推入读者视线。侨批蕴含着契约精神、诚信精神，是联系海内外潮人乡谊情感的枢纽，也是潮汕这座城邦之所以成为现代城市的精神保证。"'中国往事'五部曲"被称为"继《红高粱》《白鹿原》之后的中国寻根文学力作"[①]。与"'中国往事'五部曲"处理的题材相似，陈继明的长篇小说《平安批》也是书写潮汕侨批文化与地方风土人情的一部力作，写潮商郑梦

---

① 系出版社对郭小东《十里红妆》的腰封推荐语。《十里红妆》，广州：花城出版社，2020年。

梅在抗战时期开辟出一条新邮路，保障了在战火中运送番批和抗战物资的生命线。小说将个人命运汇入民族命运，展现出浓厚的家国情怀。表现岭南文化的力作还有林棹的《流溪》《潮汐图》，厚圃的《拖神》等。卢欣的《华衣锦梦》是首部以粤剧戏服制作技艺为书写对象的小说，作品以手艺人陈斗升家四代人的命运为主线，以戏服文化串连起了祭祀、饮食、日常交往等社会民俗，展现出广州近百年的市民生活史。梁凤莲的《赛龙夺锦》"以历史大视野扫描沙湾近代百年来为中华民族文化贡献智慧才华的历程，充分展现了广东音乐百年流芳的历史密码，展现了番禺这座岭南古邑的深厚历史文化底蕴，更展现了岭南人民爱国爱家乡的家国情怀"①，可以说，该书既是为广东音乐的百年历史立传，也是为岭南文化古韵树碑。此外，还有钟道宇的《仙花寺》，书写晚明时期意大利传教士利玛窦在肇庆等地传播天主教的历史，反映当时中西文化交流的状况。这些作品题材新颖，具有较高的文学和文化价值。

关于当下现实生活的书写也有不小的收获。吴君的长篇小说《晒米人家》呈现了四十年晒米的变迁和三代晒米当家人不同的命运遭际，展现出深圳基围人的生活图景。邓一光的中篇力作《坐着坐着天就黑了》表现出城市飞速发展的脚步给期望在城市安身或华丽转身的人们所带来的肉体和精神扭曲。张欣的长篇小说《千万与春住》书写都市人在日常生活中的精神救赎，同时写出了广州的都市感。盛可以的长篇小说《女工家记》讲述女保姆在城市谋生、扎根的故事，写出了现代都市生活与城乡关系的另一面。莫贤的《东归》是以湛江廉江为背景、反映乡村振兴的长篇小说。陈玺的《珠江潮》聚焦广东改革开放进程中珠江两岸的社会图景，在世俗点滴中反映狮门几代人的命运浮沉。徐东的小说集《诗人街》则试图建构一种新的城市文明的诗意乌托邦。这些作品从多层面、多角度呈现了现实生活的丰富性和复杂性。

在科技快速发展的过程中，人类对未来的想象与探索深刻地影响了当下，并成为现实的有机组成，而小说也势必要向这样的经验敞开，以一种

---

① 罗仕、番宣：《广东音乐传世名曲〈赛龙夺锦〉同名小说首发：以历史大视野扫描沙湾百年历程》，《羊城晚报》2021年4月24日，第A6版。

敏锐的思辨力和想象力重新建构人类与现实之间的总体性关系。或许正因如此，科幻小说成为近些年非常热门且读者关注度极高的小说形式，而广东文学在科幻题材方面的表现也相当抢眼。庞贝的科技现实主义小说《独角兽》以驳杂的故事集中探讨了人工智能时代的各种伦理困境，评论家杨庆祥认为该著是"一次从精神性而非物质性、从人的角度而非从机器的角度讨论人工智能的思想实验，是一次'科幻现实主义'文学创作的成功探索"①。王威廉的短篇小说集《野未来》、中篇小说《你的目光》等以冷静客观的语言，辅以灼热有深度的人文关怀，从现实城市生活与科幻未来想象两个维度，对科技社会中出现的种种冲击人类主体性以及人类伦理秩序的现象进行诗性思考。其中收录的《行星与记忆》获第二届华语科幻文学金奖。陈崇正的中篇小说集《黑镜分身术》具有科幻小说或者传奇故事的双重特征，故事以能够洞察世态人心"分身术"系统作为想象的基底，通过城市人对乡村怪史的神奇想象，实现对现实的折射和隐喻。他的短篇小说《猫头鹰》建构出一个现实世界与虚拟世界相互渗透、相互影响、相互塑造的文本空间，该作品获第二届华语科幻文学银奖。王十月的《如果末日无期》沿着莫比乌斯时间带分布虚构了元世界、子世界、○世界三重世界，并将古典创世神话融汇其中，构成了一个虚实结合、扑朔迷离的故事迷宫。还有黄金明的《乳娘》《幻想故事集》等也都是以科幻故事写现实人生，思考人情人性的创作实践。这些作品的出现显示出青年作家们大胆实践新题材，突破写作惯性、在文学领域建构一种"未来诗学"②的尝试和努力。

除了书写地方风物和科幻想象未来，广东小说创作也关注普遍的人类经验和生存感受。邓一光的长篇小说《人，或所有的士兵》从个体生命经验出发，写出"一个个人与他者、国家、民族、人类的故事"③，作者想要表达的是以个人的生命经验超越权力主义政治和机会主义历史统治，让对战争

---

① 《独角兽》北京研讨会报道稿。参考：《庞贝〈独角兽〉：科幻色彩下现实主义的魅力》，中国新闻网，最后访问日期：2022年6月27日。

② 王威廉：《从文化诗学到未来诗学》即《野未来·后记》，见《野未来》，北京：中信出版社，2021年，第337—349页。

③ 邓一光、曹露丹：《战争、人性与文学——关于〈人，或所有的士兵〉的访谈》，《长江学术》2020年第1期，第5—15页。

的反思与警惕成为人类文明基因中的一部分。著名学者陈晓明认为："这部作品不只是重新书写了新时期'人'的主题，而且赋予了更为深厚的时代感。"①该书上榜2019年《收获》文学排行榜、第四届长篇小说年度金榜（2019），获得阅文·探照灯书评人图书奖的"年度长篇小说奖"等奖项。南翔的短篇小说集《伯爵猫》关注都市中底层小人物的处境和情感，融寓言意味于现实书写，在温暖悲悯中有冷峻批判，其中《伯爵猫》一篇入选中国小说学会2021年度好小说短篇小说榜单，小说将老板、电工、店员以及一众书友汇聚在一间名为"伯爵猫"的书店的歇业典礼上，虚实错落的故事片段折射出都市中的芸芸众生相，在日常叙事中寄寓了人性理想。陈再见的《旁观害羞者》通过一对教师恋人的恋爱和工作，写出了生活中的微微苦涩以及人性中的包容、体谅和善意。蔡东的短篇小说《月光下》写人微妙的"共情"性。郑小琼的中篇小说《杀女》写出了乡村女性在城市化与工业化进程中的人生起落和认同困境。此外，还有徐东的系列小小说《哭泣的女人》《房子》《一位特别的朋友》，巫宏振的短篇小说《机场路上》，等等。这些作品在反映现实的同时也开掘人性，思考人生。

（三）诗歌创作再攀高峰

广东诗歌历来以书写细腻入微的生活场面见长，普遍有着相当可贵的敏锐性、把握时代脉搏的现实感，多数诗歌语言洗练、富有动感。近五年来，广东诗歌在回望历史、探寻传统的同时也保持与城市生活现实、与时代未来的对话，呈现出开阔的美学境界，取得了瞩目的诗歌成绩。诗歌内容丰富、取材广泛，既包括岭南文化的诗性描绘，也涵盖对粤地打工场域的近距离观察。此外，广东诗人对数字化生活的关怀也给当代诗坛提供了一个别样的视角。

近年来广东诗坛涌现了不少书写岭南城乡风物、探寻岭南文化精神的诗作，与小说创作形成了一定程度的对话。黄礼孩的组诗《不碍云山》书写"港仔村"人去港打工、外出打拼的岭南乡村现象，每一首小诗的落脚点，

---

① 陈泽宇：《邓一光〈人，或所有的士兵〉：理解战争，理解文明》，《文艺报》2020年1月17日，第07版。

都是"归来"。归来看云，不碍云山，极具粤地特色。林馥娜的组诗《海蓝拥抱了天蓝》书写现代化的岭南渔村图景，写出了女性与海水的天然亲缘关系、人与自然的和谐关系，现代化与古老牧渔文明的兼容关系。刘汉通的《广州东站》通过火车从粤西荒野穿越繁华的珠三角的时空快速移动，书写外乡人在广州东站这一现代化的都市空间中的复杂感受。

广东诗坛对粤地打工场域的近距离观察，也有相当精彩的表现。郑小琼的诗歌把个人的喜怒哀乐融入到打工女性群体，将底层群体的生命经验与厚重的历史景象相联结，从而写出了打工女性在城市中的挣扎与坚守，爱欲与希望。郑小琼凭该诗获2020年度陈子昂诗歌奖"青年诗人奖"。郭金牛的组诗《重金属》以一辆大巴车宣示科技现代化的残酷，在花苞缓慢开放的时间里叹息世事，为一条被修建起来的公路哀伤，其思绪如水波一样荡漾，在人情世故与自然风物之间跳跃。诗人从自身的城乡经验出发，写出了打工者与家乡关系的断裂，在城市中生存的辛酸苦楚。《十亩小工厂》将工厂比为土地，打工姐妹喻为花朵，呈现打工女性为小工厂注入无限活力的图景，写出了打工女性青春靓丽的生活面影。谢湘南的组诗《分裂者日记》分为梦境与现实、诗书与工地两个部分，与但丁共谈诗歌的梦想生活和在污浊泥泞的工地上劳作的贫瘠生存形成强烈对照，写出了打工者痛苦的内心感受。林丽筠的《复工》截取复工后的一个生活片段，通过观察一个打工男人，猜想他的籍贯、生活经历，写出了转型时代打工者具体而微的生存面貌。

相比于广东小说借助人类对未来的想象和探索，来探讨科技与伦理的关系，重构人类与现实的关系，广东诗歌致力于描绘数字化的现实与未来，思考科技生活与传统文化的关系。这方面最具代表性的是杨克。2021年10月出版的诗集《我在一颗石榴里看见了我的祖国》中，杨克以欢愉的姿态拥抱数字化的生活。"云端交响"一辑，数首诗对高科技的未来进行了诗性畅想：《在华强北遇见未来》想象着有着"复活的冷冻人""人工智能美少女"等高科技制造出来的新新人类的世界；《以模具制造簇新的世界》书写东莞精密运转的科技化场面。杨克的另一组诗《我的精神地图》在一众书写祖国自然景观与人文景观的诗歌中，嵌入现代化生活的描绘。诗人似乎在提醒我们：传统与现代的关系早已水乳交融。杨克的组诗《精神地图》获第十二届"上海文学奖"。

在将当下时事与人类普遍的生活经验相联结，叩问人生的意义方面，广东诗歌也有相当重要的收获。以冯娜为例，她的诗集《无数灯火选中的夜》出版于2016年，并于2020年8月获"第十二届全国少数民族创作骏马奖诗歌奖"。2021年出版的《树在什么时候需要眼睛》获"花地文学榜年度诗歌奖"。冯娜善于将细腻敏锐的女性生命经验融入到自然风物、少数民族文化的书写当中，在多维度的情感呼应中叩问自然生命的奥秘。这种特质一直存在于她的诗歌中。组诗《光辉》在不断的心灵蜕变中，将内心成长的煎熬和精神飞翔的疼痛化作前所未有的平静与坚强。又如，卢卫平的诗集《瓷上的火焰》（2021年）中，不少诗歌以小见大，在苍蝇、蚂蚁、萤火虫、白桦等动植物中体悟生命的坚韧力量。黄礼孩的《自然的肌肤》以克制中饱含激情、平和中带有批判的语言，书写新冠病毒给人类带来的巨大改变，思考人类与自然之间和平相处之道。

（四）儿童文学：科幻与现实元素的融入

五年来，广东的儿童文学作家依然保持着旺盛的创作热情，无论是有着丰富创作经验的实力派作家还是崭露头角的新锐作家都成绩斐然，为广大少年儿童奉献了大量的优秀作品。整体而言，儿童文学呈现出写作内容多元化的趋势，融入了科学知识、风土人情、成长经验等元素，拓展了儿童文学的叙事边界。

在科学幻想和科学普及方面，吴岩的长篇小说《中国轨道号》以我国第一颗人造地球卫星"东方红一号"的成功发射为背景，从孩子的眼中写出中国航天技术的发展景观，成为一个国家创新能力上升过程的缩影，同时也传递出勇于创新的筑梦精神和坚持不懈的逐梦精神。该书获得"第十一届全国优秀儿童文学奖"。夏商周根据著名的"霍金预言"创作的科幻童话《霍金的地球少年》，将故事背景设定在怪事迭出，地质灾难频仍，气候剧变无常的三百年后，塑造了一个历经艰险、破解时空谜团并最终拯救地球的英雄少年形象，并鼓励少年儿童从小树立起守护地球的责任感。安小橙的《数学精灵希里克》系列将数学知识带入故事，融严谨的逻辑推理于丰富的故事想象，以一次次探险/冒险的经历实现了想象世界与现实生活的交融。该系列迄今已出版了九册，每一册都拥有大量的读者，并且上线了喜马拉雅有声书。另外，她的《芇娜的小屋》写一个小女孩面对各种困境，以幻想的方式经历了一次次冒险，并最终成长和觉悟的故事。作者想要告诉每一个孩子在面对困难时不要放大困难，而是要放大勇气。该书获得"2017年大白鲸原创幻想儿童文学金鲸奖"。

儿童文学以少年儿童为受众，大量立足当下现实、关怀孩子们情感需求的作品也深受小读者们的喜爱。洪永争的《摇啊摇，疍家船》是第一部描写中国南方水上疍家渔民生活样貌和民俗风情的作品，展现出疍民乐观向上的精神气质和充满韧性的生命力量。该书获得"第二届青铜葵花儿童小说奖最高奖青铜奖"。陈诗哥的儿童文学创作及理论探索取得新成果，其长篇童话《一个迷路时才遇到的国家和一群清醒时做梦的梦想家》将童话创作和个人生命体验融合起来，以万物有灵的视角别开生面地构建了一个精神意义上的童话乌托邦，在现实背景的观照下呈现出生命的本真状态。陈华清的《海边的珊瑚屋》也涉及疍民的生活题材。这部小说写的是一段鲜为人知的海边留守儿童的故事，写出孩子们生活的艰难和精神的成长，同时也生动展现出雷州半岛特有的海洋民俗文化。胡永红的《上学谣》是一部书写壮乡人民在政府扶助下脱贫攻坚、守望相助、共创美好生活的现实主义儿童文学作品，章节间以壮族物件相串联，富含风土人情与民族特色。该书获得"2021年第十一届全国优秀儿童文学奖"。吴依薇的《二十二张汇款单》从一个失聪孩子的视角出发，描绘了一个常人看不到的世界，将生活的不易和成长的沉痛一一呈现在读者面前，书写人性的光辉和伟大。苏展的《最长的假期》则把目光投向疫情期间居家的孩子们，通过一个个小故事，写出每个家庭成员在疫情中的成长，于细微处折射中国精神和中国力量。有评论家指出："儿童文学的成功，不能只看畅销，而是要在书里让人看到崇高情怀、艺术之美，归根到底还是要扎根于中国儿童的现实生活进行表达。"①广东的儿童文学做到了这一点。

---

① 饶翔：《儿童文学：如何开创新的"黄金十年"》，《光明日报》2015年7月13日，第07版。

（五）网络文学：增加现实题材，做到雅俗共赏

依托于数字技术，中国网络文学不断扩大，成为数字文化内容的源头，带动我国数字文化产业发展。广东网络文学建立在岭南传统文化的沃土之上，又背靠粤港澳大湾区，方便吸收西方多元文化，走出了一条具有自身特色的发展道路。近五年来，广东网络文学中书写现实题材的比重逐渐增加，历史题材和玄幻题材的思想性和艺术性也有所提升，呈现出雅俗共赏的品质。

在关注社会生活、书写现实人生方面，较全国来看广东网络文学作者更加偏重于刻画小人物，通过小人物的奋斗历程来传递正能量，这也与整个大湾区人文气息相关。三生三笑的《我不是村官》书写一个曾经拼尽全力离开故乡的姑娘选择回乡扶贫的故事，该书关注国家的脱贫攻坚事业，入选了国家新闻出版署"2020年优秀现实题材和历史题材网络文学出版工程"。她的《我们都是天使》为都市言情题材，也涉及乡村医疗现状。了了一生的《妙手小村医》书写从小被拐卖的失孤儿童凭着童年记忆展开的寻亲故事。楼星吟的《彩虹在转角》写因车祸致残的姑娘在康复过程中的心路历程。冰可人的《女机长》讲述中国民航事业发展。红娘子《百年好合》介绍了一群现代女性的人生际遇，展现沿海地区，尤其是深圳女性的婚姻观、幸福观、恋爱观。这些作品既保有网络小说的特点，语言流畅自然，故事性强，具有很高的可读性，同时也在开掘现实生活的广度和深度方面取得一定的成绩。

在处理历史题材和玄幻类题材方面，网络小说有了一定程度的文学性和思想性的提升。阿菩的《十三行》以当年广州十三行富商伍秉鉴为原型，描写他在种种困境中开启传奇商业人生的故事。小说情节跌宕、布局巧妙、人物性格丰满生动，兼具历史性、知识性和可读性，既是一个广东故事，更是一个中国故事。作家凭此书获得"茅盾文学新人奖·网络文学新人奖"。意千重的《画春光》将越瓷文化传承的精神内涵与言情主题相结合，书写了瓷器匠人的家国大义、匠心传承。在玄幻小说中，风青阳的《万古第一神》赋予古老的中国神话以现实中振奋人心的力量。这些作品在艺术性和思想性方面都有可圈可点之处。

2021年，广东省作协与《文艺报》联合推出"网络文学粤军"专版，集

中推介广东网络文学创作中具有代表性的作家，按照发展阶段，分为初创时期、壮大时期、变革时期、流量时期、全渠道时期、新媒体时期逐一介绍，让广东的网络文学作家有了一次集体亮相。就目前来看，广东省网络文学存在很大的拓展空间，如何平衡网络文学的市场性与文学性是发展的关键问题，立足点要放在讲好"广东好故事""中国好故事"，才能确保广东网络文学在全国范围内进一步脱颖而出，最终实现扬帆出海、走向世界的目标。

（六）文学评论：批评实践和评论阵地建设取得重要成绩

2016年广东批评界提出了"粤派批评"的概念，近五年来，随着广东文学批评事业的发展，这一概念得到广泛的认可，其理论与实践体系的构建也取得了一定的成绩。"粤派批评"一方面梳理广东文学批评史，另一方面则介入当下的文学创作，在建构岭南文化、推荐精品、引导创作、提升文化软实力等方面发挥了积极的作用。

"粤派批评"所做的一项重要的学术工作便是厘清本土文学批评的基本脉络，呈现文学批评的发展规律和总体特征。由广东人民出版社策划的"粤派评论丛书"陆续出版，这套丛书分为"文选"和"专题著作"两部分，将20世纪不同历史时期最具代表性的粤籍批评家的代表性作品结集出版。梁启超、康有为、黄遵宪、黄药眠、钟敬文、萧殷、黄秋耘、梁宗岱、刘斯奋、黄树森、饶芃子、黄伟宗、黄修己等人的作品集已然付梓，对"粤派批评"学术谱系的建构起到了重要作用。除此之外，广东省作协于2021年正式启动由张培忠、蒋述卓担任总主编、5卷200万字的《广东文学通史》编撰工作，这套通史计划于2023年完成，志在建构一套融通中外、富有岭南特色的文学话语和叙事体系。

2019年，全面总结广东文艺40年发展成就与经验的《改革开放与广东文艺40年》隆重出版，该书"堪称广东改革开放后文艺界的'史记'，是对改革开放以来广东文艺发展成果的系统总结和集中检阅"[①]。2020年起，广东省作协组织专家学者围绕广东文学创作概况、作家群体状况、文学现象等方

[①] 余与之：《〈改革开放与广东文艺40年〉出版座谈会综述》，《岭南文史》2020年第2期，第92—96页。

面进行深入研究，以"点"带"面"盘点年度文学成果，推出《广东文学蓝皮书（2020）》，并决定将这项盘点工作延续下去，作为年度文学发展总结报告。面对当下的文学创作，广东作家协会的官方网站开办了"粤评粤好"专栏；暨南大学中国文艺评论基地、羊城晚报"粤派批评陈桥生工作室"和广州图书馆共同举办了"新现实与新思维：我们时代的文学介入——粤派青年小说家、批评家对谈"活动；《作品》期刊开设了"粤派批评：广东实力派作家研究"专栏，助力本土文学创作和文学批评的互动发展。

为了全面推进文学评论介入当下的文学生产，广东省作协整合各方资源，加强评论阵地的建设。《南方日报》《羊城晚报》等报刊媒体实施"广东文艺评论提升计划"，积极推介优秀作家作品。迅速响应网络文学的发展态势，主办中国第一份网络文学学术期刊——《网络文学评论》。以"内容经典化、传播大众化"办刊理念，推动《作品》杂志"名刊工程"，并在这个纯文学刊物里增设文学评论版面。2020年又创办《粤港澳大湾区文学评论》，致力于打造粤港澳大湾区文学评论新高地。《粤海风》《作品》等期刊借助媒介融合发展趋势，在纸质刊物的基础上发展了微信公众号等新的传播形式，扩大了受众群体，提升了刊物自身的品牌影响力。

文学评论在中国现当代文学研究、文学史研究、文艺理论建设等方面也有不俗的成绩。比如：黄修己、林岗、宋剑华、贺仲明、张均、吴敏、刘卫国、陈希、付祥喜、黎保荣等从事的文学史研究。其中，黄修己教授团队主编的《中国现代文学研究通史》是"粤派批评"对学术界的重大贡献。还有陈剑晖、江冰、谢有顺、郭冰茹、申霞艳、陈培浩、杨汤琛、李德南、唐诗人等从事的现当代文学研究，蒋述卓、高小康、李凤亮、赵静蓉、凌逾、罗成等从事的文艺理论研究，等等。广东学者近五年在全国的文学评论和理论研究中也斩获不少奖项，比如黎保荣的《影响中国现代的三个关键词》获得"第3届啄木鸟杯中国文艺评论优秀论著奖"，张均的《当代文学研究历史化趋势之我见》获得"第5届啄木鸟杯中国文艺评论优秀论文奖"、郭冰茹的《当代小说的写作技术与"传奇"传统》获"第12届《上海文学》理论奖"、申霞艳《生如蚁而美如神——论〈有生〉》获"《当代作家评论》2021年度优秀论文奖"，罗成的《"感动"的启蒙——早期鲁迅文艺思想起源的内面构造及历史意义》获"中国文艺理论学会首届会刊论文双年奖新锐组一等奖"，等等。

近年来，"粤派批评"逐渐展露更为恢弘的理论气魄，如陈剑晖的《当代文学学科建构与文学史写作》在文化自信的大背景下探讨当代文学学科发展的新路径，指出当代文学史的写作应当落脚于"内源性"思想资源，文章高屋建瓴，论述精深，获"广东省哲学社会科学优秀成果奖论文一等奖"。蒋述卓的《国家话语与新中国文学的特征》基于对国家话语的理解去看新中国文学对国家话语的反应与反馈，梳理了新中国文学发展演进的历史脉络并总结其主要特征，展望国家话语与文学更为融洽、建构国家话语的文化认同和审美共同体、实现民族文化复兴的未来，显现出了深远宏阔的历史眼光。郭冰茹的《"新文学"与"旧传统"》以现代小说与章回体小说的互动关系为线索，重新清理新文学发生、发展和转型的历史轨迹，也为我们重新认识新文学与文学传统的关系提供了一个新的视角，获"广东省哲学社会科学优秀成果奖论文一等奖"。整体而言，"粤派批评"能将前瞻视野与务实精神相结合，开放视野与地方性知识相结合，理论品格不断提升，在全国的影响也持续扩大，在打造广东"文化强省"的进程中发挥了积极作用。

此外，文学评论也积极参与当下"人文湾区"的共建工作。广东高等教育出版社出版了《粤港澳大湾区文学丛书》，整体推进粤港澳大湾区的文化建设。广东省文联主办的理论性文艺期刊《粤海风》于2019年率先推出"粤港澳大湾区文艺观察"专栏，成为培养大湾区文艺研究、评论人才不可多得的理论平台。五年以来，暨南大学等单位主持召开了"港澳青年文学研讨会""首届粤港澳大湾区文学研讨会暨葛亮文学创作研讨会"等会议，促进粤港澳文化交流的常态化以及粤港澳大湾区文学观念的形成和发展。

近五年来，为了繁荣文学评论事业，广东省作协积极组织近100名作家的作品研讨会，促进评论家与作家面对面的交流。比如在京举办"大湾区文学新浪潮——广东青年作家作品研讨会""经典70后18家研讨会"，举办"粤港澳大湾区作家作品系列研讨会""区域视野与想象空间——粤港澳文学研讨会""迎百年巨变、发时代先声 广东文艺百年创新发展研讨会"，扶持广东青年评论家，编辑出版《广东青年评论家丛书》，等等。主办"广东青年作家批评家论坛"，肯定他们的成绩，鼓励他们继续发掘时代新经验，提升思想境界，讲好中国故事，弘扬中国精神。广东省重要的理论批评刊物《粤海风》也积极发挥评论阵地的作用，参与文艺评论有关主题研讨活动，举办第二届"鲁迅研究青年工作坊圆桌论坛""新文科视域下文学研究与文学理论创新研讨会""'新史料与新视野：中国传统戏剧前沿问题'国际学术会议"等。

二、活动与交流

2017年以来，广东省作家协会在中国作家协会的指导下，在中共广东省委、广东省政府以及中共广东省委宣传部的领导下，组织了多项活动，这些活动在推进广东文学事业的繁荣发展，打造文学精品等方面取得了切实、卓越的成效。

首先，在促进文学创作方面，广东省作协先后召开了广东文学攀高峰重大选题论证会、全省长篇小说创作推进会、全省长篇报告文学创作推进会、全省青年作家创作会议、全省儿童文学创作座谈会等会议。同时，大力扶持重点选题，先后确定2019年度广东重大现实与历史题材、2020年广东重大现实题材和红色题材、粤港澳大湾区文学精品创作选题等资金扶持选题，给予签约作家一定的资金扶持。这一举措对文学创作起到了一定的激励作用，广东文坛出现了一批有深度、有厚度的作品。如前文提到的报告文学《奋斗与辉煌——广东小康叙事》以及一系列红色题材纪实文学作品等。2020年，广东省作协积极开展"以笔为援，抗击疫情"主题文学活动，按照中国作协和广东省委宣传部部署要求，以"点对点"形式组织多位重点作家采写抗击疫情题材的重点作品，积极采写疫情防控一线的感人故事和先进事迹，彰显一方有难八方支援、守望相助的人间大爱，《千里驰援》就是国内首部描写"抗疫"报告文学。

其次，在文学评奖方面，广东省作协先后主办了第三届、第四届广东文艺终身成就奖，评选了第三届、第四届广东省德艺双馨中青年作家文艺家，举办了首届广东省有为文学奖等评选活动。其中，作家黄伟宗、黄树森获得广东文艺终身成就奖；阿菩等获得"中青年德艺双馨作家"称号。羊城晚报报业集团与深圳市委宣传部、深圳市福田区人民政府联合主办了"花地文学榜"；深圳市龙岗区举办了面向全国的专业文学奖"红棉文学奖"；南方都市报主办"南方文学盛典"，其中广东作家黄礼孩、冯娜、王威廉、黄灯等人获奖。

在文学惠民方面，广东省作协建设公益性文学场所"岭南文学空间"，策划组织"面向社会、走向大众"系列文学活动40多场，积极组织开展"文学进校园"、"诗歌进工厂"系列文学普及活动、"红色文学轻骑兵"文学惠民活动，举办"潮起珠江 风华文章——广东文学七十年"经典作品赏析会，组织"送文学精品到基层"文化惠民活动，向全省各地市作协、大中小学、农家书屋、贫困山区、工厂等赠送4万多册文学图书。这些活动显现了文艺工作者的人民立场。

在建构"粤港澳大湾区文学"方面，广东省作协也策划、主办了多场活动。2019年7月6日—9日，由广东省委宣传部指导，广东省作协主办了粤港澳大湾区文学周活动。内容包括粤港澳大湾区文学联盟成立签约仪式、召开粤港澳大湾区文学发展峰会、举办"粤港澳作家进校园、进企业、进图书馆"，组织粤港澳三地作家庆祝新中国成立70周年采风活动等。2021年10月25—27日，由中国文联指导，广东省文联、珠海市文联联合主办的"首届粤港澳大湾区文艺合作峰会"在珠海市举行。来自中国文联、国务院港澳办交流司、中国文联港澳台办公室、中央驻澳门联络办公室宣文部、广东省文联、澳门中华文化联谊会等单位的领导和专家以及广州、深圳、珠海、佛山、惠州、东莞、中山、江门、肇庆等9市的文联负责人参加了活动，分别就"共塑湾区人文精神、建立区域文化共同体"的核心议题对粤港澳大湾区文艺合作峰会的长效工作机制进行磋商研讨，并签署《粤港澳大湾区文艺合作峰会成员单位合作备忘录》，共同助力粤港澳大湾区文艺融合发展。会议拟定，第二届粤港澳大湾区文艺合作峰会由广州市文联承办，举办地为广州。2021年12月16日—19日，"南国书香节"首次走进澳门。澳门分会场紧紧围绕"奋斗百年路 启航新征程"的年度主题，设置了庆祝澳门回归、红色经典、广东出版精品、中华优秀文化、青少年读物、澳门历史与文化等优秀出版物展区，以及内地与澳门出版的澳门本地教材展区、国潮文创展区，充分展示中华优秀文化和粤澳两地优秀出版作品。

在对外交流方面，2017年5月，由中国作家协会主办、广东省作家协会承办的"第四次中国—澳大利亚文学论坛"召开，对文学创作、翻译、出版、文学批评、诗歌与社会等议题进行了深入讨论。自2017年起，实施广东文学"走出去"战略性工程——"当代中国广东文学译丛"，遴选了一批讲述广东改革开放故事、展现广东社会变化的优秀文学作品在国外翻译出版，推出俄罗斯语、日语、英语、匈牙利语、意大利语共五种版本。2018年，在中国作家协会的指导下，广东省作协主办21世纪"海上丝绸之路"文学发展论坛，来自埃及、印度、印度尼西亚等15个"海上丝绸之路"沿线国家和地区的文学组织负责人和知名作家围绕"广东文学的世界之路"主题，就"海上丝绸之路与广东文学""全球化格局下的文学创作""文学与译介""粤港澳大湾区文学构建"等议题进行了深入研究讨论，促进了广东文学与海外的联系。

截至2022年6月底，全省共有中国作协会员664人，广东省作家协会会员4142人，各地级以上市作协、广东省作家协会各分会会员11741人，广东网络作家协会会员607人，广东省小作家协会会员3389人。

三、问题与思考

总体来看，广东文学在创作、评论、活动与交流等方面都取得了一定的成绩，尤其在疫情防控常态化的情况下，以线上线下相结合的方式，不断推进文艺工作的发展建设，使广东文坛呈现出一片繁荣景象。但在创作方面有标志性、标识度的作品仍然不多，厚重的、有突破性的作品还有待进一步提升。目前存在的问题具体而言在于：精于文化表象的雕琢，而疏于宏观文化品格的呈现；精于对日常生活琐碎细节的津津乐道，而疏于对现实生活的深度把握。不少描写岭南地方风物文本能将地方性的文化表象描摹得丝丝入扣，但地方志式的文化书写缺乏开阔多元的文化视角；不少描写都市生活现象的文本写出了消费主义价值观对都市日常的复杂影响，但缺乏直面现实生存困境和对人性深度的穿透力。

四、趋势与建议

文学是以想象的方式对现实生活的回应，在文化多元共生、交流日益频繁的当下，广东文学呈现出创作题材多元化、写作手法多样化、人性关怀深刻化的整体趋势。为了继续推动广东文学的发展，促使其在文化强国建设征程中更好地发挥作用，对标党的十九届五中全会提出的2035年建成文化强国的远景目标，以及习近平总书记在中国文学艺术界联合会第十一次全国代表大会、中国作家协会第十次全国代表大会上的重要讲话，按照广东省学习习近平总书记关于文化建设的重要论述和对广东的系列重要讲话和重要指示批示精神，结合省委书记李希对广东建设文化强省的具体部署和文学发展实际，提出如下建议：

首先，实施习近平新时代中国特色社会主义思想传播工程，文艺主管和指导部门要根据党的文艺政策，落实把学习宣传习近平新时代中国特色社会主义思想作为文化强省建设的首要任务来抓。要继续做好重大选题、重点项目的扶植和管理工作，比如对重大历史题材、红色题材、经济发展题材等主旋律题材的倡导，充分发挥社会主流意识形态的引领作用，弘扬主旋律，汇聚正能量。紧贴时代脉搏，立足岭南文化，书写中华民族新史诗，并在全球化时代传递中国价值，助力人类命运共同体的价值构建。

第二，打造精品力作，加强高品质文学供给。以推动高质量发展为主题，以深化文学创作供给侧结构性改革为主线，大力推进文学观念、内容形式、风格流派、题材体裁、手段方法的积极探索，加强广东文学精品创作扶持与推动文学"双创"，推出一批彰显中国精神、时代气象的"扛鼎之作"。

第三，促进文化界与其他各界的合作与交流，让文艺工作者有机会更广泛地接触社会生活，了解人民需求，从而能够更好地坚持人民立场。加大写作培训的力度，明确作家心系民族复兴、书写新时代、新征程的写作观。以文化讲座、改稿会等形式帮助作家开阔文化视角，建构大历史观、大时代观，推动文学创作数量和质量的双提高，打造高水平的文艺精品创作生产体系。

第四，继续重点扶植纯文学期刊和文艺评论期刊，促进创作与评论相互推动，打造"双赢"的文学高地。加强对广东文学的宣传力度，大力推进广东文坛与其他区域文坛乃至世界文坛的交流，提升广东文学的影响力，在服务国家对外大局中展现广东担当、广东作为。

第五，进一步做好文化精品的推广工作。加大文学惠民的力度，以文学公益讲座、作品鉴赏会、作家见面会、小型读书沙龙、文化精品进社区、优秀作品进校园等形式实施高品质文化供给工程，更好满足人民群众对精神文化的美好向往。

协 会 专 家：蒋述卓
报告负责人：周西篱
主 笔 人：郭冰茹　潘旭科

02 广东戏剧发展报告

【引言】

　　广东2017—2022年的戏剧发展报告，是笔者以旁观者的一己视野，对这一时期广东（关联粤港澳大湾区）戏剧文化生态及其相关文化形象尽可能客观的、全面的回顾与观察。

　　这是一个特殊的时期，2020年初，一场突如其来的疫情袭击，人类生活受到巨大的冲击，戏剧文化活动和对戏剧的人文期许也有着观念和行为的转变。因此，5年的戏剧文化发展报告，一定程度上反映为两个时间段来表述，即以新冠疫情为时间节点。疫情发生前后，无论社会结构形态还是文化生活方式都有着明显不同。对于戏剧舞台而言，这是前所未有的改变，既遭遇生产和演出停滞的无奈，也引起戏剧人对人类社会命运和戏剧存在方式的新思考，带来新的传播技术革新、对新媒体的倚重和剧场表演形式结构的相应变化，甚至也带来了新的机会。

一、概述

　　舞台艺术中，戏剧是表现性最强的形式之一，也是人的思想情感承载最为丰富的艺术。戏剧往往与一个城市的文化底蕴、文化传统和创造力有着密不可分的联系，并能体现一个地区人们的整体文化素质。当今戏剧艺术呈现多元化的发展态势，越来越拓宽了体裁的边界，尤其是经济全球化和互联网普及的当下。优秀剧目的不断重复，成为文化话题和价值思辨，无形中提升人们的文化品格。像伦敦西区和纽约的百老汇，便是以此成为世界戏剧文化的高地，也是两座顶尖城市的文化实力体现。在国内的戏剧文化格局中，北京、上海是难以撼动的戏剧文化中心，更是戏剧文化未来发展的风向标。重要剧目的生产和接受，与世界的交流、接轨，也都最先发生在京沪两地。21世纪的新文化发展呈现新态势，在区域间的博弈中，广东处于较为尴尬的、不温不火的情势。

　　然而，广东作为新一轮改革的热点地区，文化的发展必定与经济发展联动，展现新常态。包括戏剧文化在内的新文化探索在广东一直是很活跃的改革因素，只是在影响力上没有新的突破，原有的格局尚未得到根本的改变。自2019年内地珠三角九市与香港、澳门形成的粤港澳大湾区上升为国家战略，大湾区的文化发展格局也是新时代国家战略的重要部署。粤港澳的文化交流和高度融合已经是一种客观存在与现实要求，即文化平台、文化主旨、文化张力更为密切、更为统一。"促进各类要素在大湾区便捷流动和优化配置"是大湾区面临的技术性课题。随着粤港澳区域性大市场的形成，文化资源必将进一步提升效率及水平。"十三五"期间《粤港澳大湾区发展规划纲要》关于"共建人文湾区"的要求和部署，是粤港澳新一轮文化发展的大好机遇。

　　对此，国家出台一系列文化政策做好上层谋划，如文化部和中共中央办公厅、国务院办公厅相继印发的《文化部"十三五"时期文化产业发展规划》和《国家"十三五"时期文化发展改革规划纲要》。在中央政策和文化强省的精神引导下，中共广东省委宣传部联合广东省文化和旅游厅，相应地颁布文件，提出具体要求。如2019年12月11日发布的《广东省关于加快文化产业发展的若干政策意见》中指出："大力发展演艺产业。实施文艺院团振兴提升计划，增强我省文艺院团创作生产和演出能力水平。实施艺术精品创作工程，提升舞台艺术原创能力。加大舞台艺术人才引进力度，加大国有文艺院团演出场次补贴和政府采购力度，支持舞台艺术精品演出。做大做强华语戏剧盛典等一批演艺活动和艺术行业品牌。支持一批艺术园区，依托我省在舞美设计、制作等传统优势，形成辐射华南地区的舞台艺术设计制作产业。"随之，全省各地相应制定文化规划，并有具体的戏剧文化发展描述。

如：广州市在通知中强调"文艺精品创作生产能力明显增强。坚持以人民为中心的创作导向，推出更多具有中国特色、岭南风格的传世精品。每年支持的戏剧孵化项目不少于6部"。深圳市的规划中有"组织开展文艺精品创作，在文学、音乐、影视、舞台艺术、美术、出版等领域，创作出能在国际和国家级平台出彩的精品力作，打造引领时代潮流的文艺精品生产基地……创作生产更多传播社会主义核心价值观，体现中国精神、深圳特色的优秀文化产品"的远景，并积极探索深化文艺院团改革、优化文艺院团治理结构，探索各种创作管理和激励机制。

在坚持以人民为中心的创作原则下，广东省围绕新中国成立70周年、建党100周年、改革开放40周年、经济特区建立40周年、全面建成小康社会等重要时间节点，政府主导性推出了一批主题鲜明、注重艺术质量和普及性强的优秀作品。同时，倡导题材多样化、形式多元化的创作，鼓励创新，与世界的联动，开创广东舞台艺术"百花齐放"的局面。党的十八大以来，全省共创作推出300多台大型主旋律剧（节）目，涌现出一批高质量的作品，获得中宣部"五个一工程奖"、中国艺术节"文华大奖"、中国舞蹈"荷花奖"、舞台艺术精品工程等国家级奖励。戏剧创作直面现实生活，积极提倡多种剧种多种体裁形式的创新。新冠肺炎疫情发生前，仅是2018年，广东省新创大型舞台艺术作品就有65台，包括粤剧《风起南粤》、话剧《广州站》、话剧《花好月圆》等18台以改革开放40周年为主题的现实题材舞台艺术作品。2019年，以新中国成立70周年、全面建成小康社会、建党百年等专题创作为中心，又推出潮剧《秘密交通站》、粤剧《红头巾》《东江传奇》、山歌剧《白鹭村》等重大革命历史题材、现实题材舞台艺术精品。2020年以来，虽然演出活动受阻，但文艺院团没有停止创作，甚至激发了抗疫题材作品创作的涌现。2020年，紧扣全面建成小康社会、建党100周年两个关键节点，不仅话剧《深海》、舞剧《岭南秋雨》、歌剧《红流澎湃》、现代舞剧《潮速》等剧目得到精工细作的打造，同时，广大文艺工作者以艺战"疫"，创作了一大批致敬抗疫英雄、讴歌平凡善举的精品佳作，如文献剧《致勇气》、话剧《抗疫2020》《呼吸》等，展示抗疫的大无畏精神，体现了人道主义和集体主义的精神力量。同时，文化部门贯彻省委、省政府的文化人才政策，推出以曾小敏为代表的新一代戏剧带头人"头雁工程"和大批中青年德艺双馨艺术家等，体现了南粤戏剧舞台上的优厚实力。

与此同时，政府相关部门还积极整合资源，举办了一系列具有广泛影响力的大型艺术品牌活动。如"岭南风华"（庆祝中华人民共和国成立70周年舞台艺术精品展）、"湾区花正开"（粤港澳大湾区文化艺术节）、"广东省艺术院团演出季"、"粤戏越精彩"、"华语戏剧盛典"等。在打造高端品牌的同时，采取政府购买服务、演出补贴等多种经济手段和方式，整合优秀剧目、文艺院团和各级演出场馆资源，广泛开展艺术精品的惠民巡演。鼓励省直文艺院团送文艺进企业、戏曲进校园，戏剧进社区、农村等活动。以低票价惠民方式扩大演出的受益面，提升艺术院团的市场竞争力的同时，丰富了戏剧文化的呈现方式，深化了戏剧的价值传递。

当然，由于受经济发展水平、地域等客观条件的限制，广东省的戏剧文化存在珠三角与粤东西北之间发展不平衡的问题。近年来，广东加快推进文化强省建设，已经重视全局性的战略部署，创造条件弥补局部发展动力的不足，扶持欠发达地区的文化建设，努力推动改革创新，优化艺术创作生产机制。继续利用毗邻港澳的对外开放优势，发挥粤港澳三地文化同源、人文相亲特色优势，协同港澳做好大湾区的资源融通和力量积蓄，让戏剧文化助力"人文湾区"建设，辐射岭南和全国。

二、主要成就

2017—2022的五年间，广东戏剧文化发展始终围绕中心、服务大局，其间虽然经受新冠疫情的袭击，但是仍然表现出很强的应对能力，取得瞩目的成就。以下拟从创作表现、演出、研究出版、教育、社团建设等方面作简要的观察叙述。

（一）新作品创作与项目

主要观察广东作者的戏剧创作情况，包括发表、获奖、国家艺术基金和地方文化基金的支持项目等创作剧目统计。以体裁分类，汇聚5年间主要的代表性创作剧目，并对其中产生较大反响和社会效益的个别剧目进行简介。

1. 话剧

《花好月圆》（2018，广东话剧院）；《广州站》（2018，广州文学艺术创作研究院、广东省友谊剧院）；《巨轮出海》（2019，广东艺术剧院）；《深海》（2021，广东话剧院）；《信仰》（2019，广东话剧院）；《龙腾伶仃洋》（2020，珠海演艺集团）；《战"疫"2020》（2020，广东艺术剧院）；《春雪润之》（2019，广州市话剧艺术中心）；《呼吸》（2021，广州大剧院）；《无人等候》（2021，深圳小品话剧团）。

2. 歌剧

《马可·波罗》（2018，广州大剧院）；《血色三河》（2019，梅州市客家山歌传承保护中心、大埔县广东汉剧传承保护中心）；《红流澎湃》（2020，南方歌舞团）。

3. 舞剧

《大地的女儿》（2018，深圳歌剧舞剧院、法国波尔图歌剧院）；《沙湾往事》（广东歌舞剧院）；《醒·狮》（2019，广州歌舞剧院）；《浩然铁军》（2019，广州芭蕾舞团）；《追梦人》（2019，深圳歌剧舞剧院）；《黄埔长歌》（2020，广州市黄埔区文化广电旅游局、广东省外语艺术职业学院）；《岭南秋雨》（2020，广东歌剧舞剧院）；《旗帜》（2021，广州芭蕾舞团）；《到那时》（2021，广州市文化广电旅游局、广州市黄埔区人民政府、中国歌剧舞剧院）；舞剧《侨批·家国》（2021，中共江门市委宣传部、江门市文联）。

4. 音乐剧

《酒干倘卖无》（2017，东莞塘厦松雷音乐剧剧团）；《再见，1990》（2019，广东歌舞剧院）；《重生》（2020，公安部新闻宣传局、腾讯影业）；《青春剧团》（2020，星海音乐学院、中共广州市委宣传部、中共广州市黄埔区委宣传部）；《少年袁崇焕》（2020，东莞石碣镇人民政府、广东艾利发剧院）；《魔豆时代》（2020，东莞厚街镇文化服务中心、魔豆时代剧团）。

5. 戏曲

广东汉剧《李坚真》（2017，广东汉剧传承研究院）；《虎口红线》（2021，广东汉剧传承研究院）；现代粤剧《还金记》（2017，广东粤剧院）；粤剧《疍家女》（2017，珠海市粤剧团）；粤剧《浴火凤凰》（2017，东莞市长安戏剧曲艺协会剧团）；粤剧《风气南粤》（2018，广东粤剧院）；粤剧《兰陵王》（2018，广东粤剧院）；粤剧《初心》（2018，广州粤剧院）；功夫粤剧《鸿胜馆》（2021，广东粤剧院）；《将军令》（2021，佛山粤剧院）；现代潮剧《红军阿姆》（2019，广东潮剧院）；白字戏《彭湃之母》（2019，汕尾市海丰县白字戏艺术传承中心）；粤剧《红头巾》（2020，广东粤剧院）；潮剧《秘密交通站》（2020，广东潮剧院）；雷剧《血焰》（2021，湛江市实验雷剧团）。

6. 国家艺术基金立项

2017年：粤剧《花笺记》，广州粤剧院；粤剧《八和会馆》，广东粤剧院；小舞剧《凤凰涅槃》，广州芭蕾艺术文化；舞剧《沙湾往事》香港演出、巡演，广东歌舞剧院。

2018年：潮剧《红军阿姆》，广东潮剧院；歌剧《马可·波罗》，广州大剧院；音乐剧《一缕阳光》，广东省音乐家协会；小舞剧《舞迹可循》，广州大剧院艺术教育培训中心。

2019年：粤剧《初心》，广州粤剧院；芭蕾舞剧《浩然铁军》，广州芭蕾文化艺术有限公司；民族舞剧《醒·狮》，广州歌舞剧院；小戏曲《八仙过海》，广州荔湾区少年宫。

2020年：《梁启超》，广州粤剧院。

7. 中国戏剧梅花奖

2017年（第二十八届）：曾小敏，广东粤剧院，表演剧目《白蛇传·情》；苏春梅，广州粤剧院，表演剧目粤剧《搜书院》。

2019年（第二十九届）：林燕云，广东潮剧院一团，表演剧目《李商隐》。

2021年（第三十届）：彭庆华，广东粤剧院一团，表演剧目《折子戏专场》。

8. 文华奖（表演）

2019年（第十六届）：曾小敏，广东粤剧院。

9. 五个一工程奖

2017年（第十四届）：舞剧《沙湾往事》，广东歌舞剧院。

其他奖项：（略）

以上所列部分剧目、立项和奖项，客观地反映了广东戏剧文化发展中的突出成就。大部分剧目都实现了打造精品的目标，在区域性演出中得到观众的认可，有个别作品登上国家大剧院，或在国内巡演，产生较大的影响。但走向国外、在国际舞台上获得声誉的作品较少。从产出数量看，舞剧的繁荣一直处于上升的势头；传统戏曲的创新有积极的作为；音乐剧由于市场的需求强劲，也相当活跃；话剧相对依赖政府的支持，创作动力不足；歌剧则是相对较弱的体裁，产出的数量最少。

（二）优秀作品撷英

在文艺创作繁荣的今天，广东打造了一批在国内演出市场中比较有影响的剧目，凝练了戏剧文艺工作者的心血，但也呈现这样的窘境：在庞大的体量中难见有广泛影响力和现象级的精品，即常说的"只见高原，不见高峰"的现象。现对《活动变人形》《深海》《白蛇传·情》《红流澎湃》《浩然铁军》《马可波罗》《呼吸》等代表性剧目作简要介绍。

（1）舞台剧《活动变人形》

《活动变人形》是北京中演四海文化传播有限责任公司与广州大剧院联合执行制作的原创作品，由中国对外文化集团有限公司出品。该剧改编自王蒙同名小说，汇集了国内一线的舞台剧主创团队。导演是国家一级导演李伯男、编剧为温方伊、灯光设计为邢辛、舞美设计为刘科栋、多媒体设计为胡天骥、服装设计为胡晓辉、作曲为于力。首演阵容：陈浩、张露、郭奕君、林阳、孙新雨等。《活动变人形》从主人公倪吾诚数十年沧桑的人生经历中概括了其间中国的历史风云和社会变迁，反映了生活的形形色色及其中的矛盾冲突，揭示了民族性格中的痼疾以及长期以来积淀的陈腐观念。舞台剧经过改编，塑造了一系列鲜活的舞台艺术形象，深刻展现出中国社会进步过程中的矛盾、艰难与曲折，传统与现代、中国与西方的碰撞仍在继续。极具文化含量和人文厚度，给人以现实思考和启发。

（2）话剧《呼吸》

《呼吸》由中演院线发展有限责任公司联合广州大剧院、广州话剧艺术中心共同创作，由中共广州市委宣传部、广州市文化广电旅游局、中国对外文化集团有限公司共同出品。2021年10月2日首演于广州大剧院。该剧是抗疫题材中的佳作，以艺术的方式讲述钟南山院士敢医敢言、勇于担当的故事。创作中集结了国内顶级主创团队，由著名剧作家唐栋和国家一级编剧蒲逊共同担任编剧，国家一级导演傅勇凡担任导演，国家一级舞美设计师秦立运担任舞美设计，著名作曲家石松担任作曲，国家一级舞美设计师刘凤恕担任灯光设计，著名影像多媒体设计师张松担任多媒体设计。首演阵容有：白文显、贾建立、董凡、王放、王瑶、周鼎恒等青年实力演员。并特邀广州医科大学原副校长、《还是钟南山》一书作者魏东海博士担任顾问。该剧被文化和旅游部列入全国抗疫题材重点舞台作品创作名单。

（3）话剧《深海》

《深海》是广东省话剧院创作演出的作品，是为中华人民共和国成立70周年、中国共产党成立100周年打造的献礼精品，表现共产党人的不屈意志和无私奉献的高尚品格，对党忠诚的坚定信仰和深厚的爱国主义情怀。2020年6月14日首演于广州友谊剧院。主创团队包括导演黄定山，编剧周振天（执笔）、陈萱，作曲杜鸣，灯光设计胡耀辉，服装设计秦文宝，造型设计梁雪艳，舞美设计周丹林，以及出品人杨春荣（主演），监制鞠月斌（主演）和制作人李华。该剧内容讲述著名科学家、"共和国勋章"获得者黄旭华院士为了祖国的科学事业隐名埋姓几十载的事迹。该剧以核潜艇深潜为叙事主轴，展现了步步惊心的下潜情景，戏剧性强，情感细腻；深刻刻画了黄旭华内心世界，展现了他跌宕起伏的人生历程，以及他与母亲、妻子深沉丰富而又复杂的情感世界。创作中突破了传统舞台的限制，在舞美、灯光设计中融合电影手段，借助多层次的光影变化，突出戏剧悬念，营造出开阔宏大的效果，反映了人物的内心变化，还加入潮汕英歌舞等广东地方特色元素，展现了独特的岭南文化，塑造了饱满的舞台形象。

（4）粤剧《白蛇传·情》

《白蛇传·情》是广东粤剧院精心创编的、具有创新意识的作品。编剧、导演为莫非，粤剧改编为陈锦荣，演员阵容有曾小敏、文汝清、朱红星、王燕飞等青年粤剧才俊。该剧在传统剧目《白蛇传》的基础上改编，着重"情"的戏剧元素，提炼升华"情"的实质与"爱"的内涵。大胆结合现代理念舞台样式，演绎具有内在人文情怀与现代审美品格追求，给人既有青春靓丽的视觉感受，又有浪漫唯美简约的艺术体验，契合现代观众的审美需求。2021年由珠江电影集团拍摄成4K全景声电影并在院线和互联网上映之后，受到人们的热捧，尤其是对年轻观众的强力吸引，被誉为"出圈"的粤剧。

（5）民族歌剧《红流澎湃》

《红流澎湃》由南方歌舞团创作出品，是广东省建党100周年重点文化项目，并入选为文化和旅游"庆祝中国共产党成立100周年舞台艺术精品创作工程"重点扶持作品（"百年百部"创作计划）。编剧为游暐之，导演为谢晓泳，作曲为杜鸣。首演阵容包括：毋攀、刘洺君、杨健新、黄晓婕等。女指挥家王燕携手珠影乐团担任伴奏。剧情以中国农民革命运动先驱彭湃同志的生平事迹为原型进行编创，展现百年前广东农民运动的波澜壮阔，体现主人公对于理想信念坚定执着的追求，为了党和人民的正义事业不惜牺牲的伟大精神。该剧叙事精巧，人物形象丰满，做到"既有音乐性的戏剧，又有戏剧性的音乐"。得到行家和观众的一致好评，并获得"广东省艺术节一等奖"。

（6）芭蕾舞剧《浩然铁军》

《浩然铁军》是广州芭蕾舞团创作、演出的原创芭蕾舞剧，由中共广州市委宣传部和广州市文化广电旅游局共同出品。该剧根据黄庆云长篇传记小说《刑场上的婚礼》改编而成，以陈铁军烈士的真实人生经历为素材，表现了一位大家闺秀经大革命浪潮洗礼而成为优秀革命战士的历程。从舞台设计到背景音乐的运用，都大量使用了广东元素，包括参考了陈家祠、骑楼等岭南建筑特点，在人物形象设计上更是还原了当时粤绣女、洗衣女的形象。2019年入选国家艺术基金大型舞台作品的资助项目，入围"庆祝中华人民共和国成立70周年——舞台艺术作品展演"活动。

（7）歌剧《马可·波罗》

《马可·波罗》2018年5月4日首演于广州大剧院。这部大型舞台作品具有国际化的主创团队，在国内大型歌剧创作中是特例。编剧为中国诗人韦锦，作曲为德国作曲家恩约特·施耐德，导演为卡斯帕·霍尔腾。首演阵容强大，执棒的是华人杰出指挥家汤沐海，深圳交响乐团和深圳歌剧舞剧院合唱团加盟参演。主角来自中国、丹麦、比利时和英国。有丹麦男高音彼得·洛达尔，比利时女高音爱丽丝·卡鲁瓦尔茨和中国女高音周晓琳，活跃于世界歌剧舞台的男低音田浩江，著名男中音王云鹏和袁晨野等。该剧被誉为史诗级的歌剧，讲述马可·波罗来到东方的神奇国家，见证了宋元的朝代更替和亲历的情感故事。该剧2019年分别在意大利和中国巡演，并于2020年6月25、27、28日在广州大剧院推出院庆十周年特别版。

（8）现代潮剧《红军阿姆》

《红军阿姆》是广东潮剧院精心打造的舞台艺术精品。该剧以吴南生的报告文学《松柏长青》为戏剧故事基础，讴歌了革命母亲对党的坚定信念。全剧分为"雨水""惊蛰""春分""清明""谷雨""立夏"，六场结构明晰的戏，立意鲜明，以节气为象征，发挥潮汕特色民俗和音乐特色。该剧导演为卢昂，编剧为莫霞，由詹少君、林初发、陈鸿飞等实力演员担纲主演。获得"第13届广东省艺术节最高奖剧目一等奖""广东省十一届精神文明建设五个一工程奖优秀作品奖"等，并被推荐参加第16届中国艺术节展演，亮相中央电视台戏曲频道，受到广泛的欢迎和赞誉。

（三）作品排演

具体来说，戏剧作品（包括新作品）创作、排演和演出市场的表现是衡量演出市场繁荣景气度的两个重要方面，也是考察戏剧文化的现实维度。除了专业院团机构的文化供给能力，更为普惠性的文化活动和基于特定场域（如校园）的美育培植活动，对戏剧文化可持续发展的作用同样值得关注。

1. 商业演出

商业演出的市场主要在城市，中心是珠三角地区。聚焦于广州大剧院、深圳大剧院、珠海大剧院、琼花大剧院、佛山大剧院、湛江影剧院、广东粤剧院、友谊剧院、广州话剧艺术中心十三号剧院等，由这些机构的演出排期基本上可以窥视全省戏剧演出市场的活跃程度。城市的戏剧文化生活中，广州大剧院和深圳大剧院是代表。由于戏剧受众集中，消费力强且稳定，两座现代化剧场的运作机制非常成熟。既承担公益性的演出，丰富城市文化，提升城市文化品质，也是地域性的演出市场风向标。同时，它们在经营中坚持自主性运作模式，有强大的团队，确立严密的管理制度，演出季和项目的策划、组织、创作、协作、传播，具有一套现代化的运作模式。基本上保持常年"热场"演出，票房和社会效益均在全国同行处于前列。据统计，广州大剧院建院十二年来吸引了超过500万市民走进剧场，上演了4000多场的演出、2000多场艺术活动。与世界顶级院团如意大利斯卡拉剧院、俄罗斯马林斯基剧院、法国巴黎歌剧院、柏林爱乐乐团、德累斯顿爱乐乐团等建立起良好的合作联系。在提升城市文化品位和培养高雅艺术观众上具有不可替代的位置。

相对于广深等大都市的演出市场，韶关、肇庆、江门、东莞、珠海、惠州、湛江、梅州、潮汕地区也有较大的潜力，但是大型演出因受多方客观条件影响而显得动力不足。这方面的信息采集目前也存在困难。而农村的商业演出主要体现在传统戏曲上。戏曲的演出中，农村地区的常态化演出与地方的民间信仰、民俗（睇大戏）紧密联系。在珠三角和粤西地区，每一个村庄几乎都有制度性地请戏班的风俗。也就是说，类似的准商业的演出市场散见于乡村，且相当广阔。但是演出质量和文化职能不一定符合市场的优胜劣汰原则，需要进一步的管理和引导。

2. 惠民公益性演出

除了市场主导下的商业演出之外，惠民性、公益性演出是广东戏剧文化的强有力补充，乃至是戏剧文化推广、普及的关键环节。通常体现为采取政府购买服务、演出补贴等方式，整合优秀剧目、文艺院团和各级演出场馆资源，广泛开展艺术精品惠民巡演、文艺院团惠民巡演等。包括各地规划的艺术节、戏剧节、演出季，还有文化基金支持的项目展示，结项演出或者巡演等，保证了地区性的戏剧演出和受众的均衡。其中，2018年省直文艺院团赴基层开展惠民演出885场次，2019年惠民演出约6200场。当然，就有质量、有序组织，推陈出新方面，集中体现在制度性举办的广东省艺术节、羊城国际粤剧艺术节、广州市艺术节、深圳大剧院戏剧节、东莞音乐剧节等活动的演出。而多年来，文艺轻骑兵戏剧小分队的演出常态化，深入社区、农村、厂矿等地方不断满足人民群众对美好精神文化的需求。

五年间，广东省艺术节分别于2017年和2020年举办了两届。第十三届广东省艺术节于2017年11月14—28日在广州（主会场）、东莞、江门举行。共评出剧目一等奖7个（粤剧《还金记》，广东粤剧院；潮剧《桑浦山花》，广东省百花潮剧院；粤剧《疍家女》，珠海市粤剧团；潮剧《红军阿姆》，广东潮剧院；话剧《韩文公》，广东省话剧院；音乐剧《烽火·冼星海》，南方歌舞团；话剧《穷孩子·富孩子》，佛山市南海区大沥镇文化站）。据观察，广州主会场31场演出平均上座率达80%以上。除了主办地的联动，艺术节还充分运用新媒体、线下线上相结合的方式，南方+、酷狗直播、网演中国星海直播等国内大型网络视频门户平台共进行了11场艺术节展演剧（节）目的直播及转播，场均超过20万人次观看。第十四届广东省艺术节克服常态化疫情防控的种种困难，坚持常态化地举办。于2020年11月20日至12月6日在广州、珠海、佛山、惠州等地展开，全省122个剧（节）目、60多场演出，涵盖了粤剧、潮剧、汉剧、雷剧、客家山歌剧等地方戏曲以及话剧、歌剧、音乐剧等14个艺术品种，呈现出鲜明的广东特色和时代气息。共评出大型舞台艺术作品大奖2个（话剧《深海》、粤剧《红头巾》）。还有一等奖8个、二等奖13个、三等奖12个、单项奖29个等奖项。广州、佛山、珠海、惠州4个地市16个剧场现场观演人数达3万多人次。通过星海直播、移动粤享5G、文旅中国和南方+四大直播平台在线直播的现场演出共计73场次，网络点击量累计超过1200万人次。

广州市艺术节此间也举办了第七届到第十届，且第七、八、九届均以戏剧为主题，广州大剧院为主会场，联动广州其他的演出厅、院，分别演出了22台（2017年）、56台（2018年）、48台（2019年）和40台（2020年）来自国内外的优秀剧目。其中，2020年7—9月的第十届广州艺术节，在疫情期间坚持举办，围绕"文艺抗疫"倡议，邀请了国家大剧院、国家京剧院、山东歌舞剧院等著名剧团的参加，包括享誉世界的钢琴家郎朗，导演张继刚，艺术家胡军、濮存昕、杨丽萍、于魁智、李胜素等名家的加入。艺术节演出了民族歌剧《沂蒙山》、舞剧《黄河》、京剧《龙凤呈祥》、话剧《战疫2020》等艺术精品。

一年一度的深圳大剧院艺术节，迄今已成功举办了二十五届，为观众带来近600场高品位的中外艺术精品，接待中外优秀演出团体300多个，观众达80万人次。2017年起，深圳大剧院艺术节被选入"深圳城市文化菜单"，是深圳的城市文化名片。

东莞国际音乐剧节是国内最具影响力的盛事，第六届（2018年）演出的剧目22部（台），第七届（2020年）演出的剧目32部（台）。音乐剧是时尚都市文化的代表，契合东莞"品质文化之都"的价值追求，而东莞又是全国唯一一个举办音乐剧节的城市，同样体现了敢为天下先的精神。多年来，东莞创编生产了众多原创音乐剧，为城市发展赢得了良多声誉。东莞大力发展音乐剧事业和产业，不仅激活了市场能量，也培育了更多音乐剧观众，丰富"湾区都市"的文化内涵，为"品质东莞"注入更强劲的活力。

在戏剧节的文化版图中，多个大学生艺术（戏剧）节也颇具特色，表现出较强的创新意识。尤为可贵的是，还有专属于儿童的戏剧节活动，即佛山市少儿粤剧艺术节。该艺术节由佛山市教育局、佛山市文化广电旅游体育局主办，佛山粤剧传习所（佛山粤剧院）、佛山市戏剧家协会等承办，创办于2018年，已经举办4届，逐渐成为少儿粤剧活动品牌和盛会，吸引了佛山、广州、东莞及澳门等大湾区城市的少年儿童参加，为粤剧的未来增加了希望。

3. 校园文化活动演出（美育）

作为传承戏剧艺术、活跃校园文化的有效方式，并带动学校戏剧教育事业发展，广东省教育部门一直注重联合艺术院团，积极推动"戏曲进校园"活动。2019年，广东省采取直接面向艺术院团购买演出服务的方式，在广州大学城戏曲演出基地演出20多场大型戏曲剧目或经典折子戏。同时，面向各地戏曲院团购买720场地方戏曲演出服务送到粤东西北地区中小学校。如"2019—2020年度广东省戏曲进校园演出"活动，声势浩大，得到各地大力支持，演出范围覆盖全省城乡学校，包括边远的山区学校。其中"广州市大学生戏剧节""高雅艺术进校园""传统艺术进校园"等戏剧活动已经形成校园文化传统。

另外，在有条件的大学，戏剧的创作演出是校园文化生活的亮点，也是专业院校的课程提升实践。譬如2016年11月星海音乐学院声乐歌剧系在广东演艺中心大剧院上演的莫扎特歌剧《魔笛》，2018年11月在星海音乐学院音乐厅上演的《爱之甘醇》，获得大学生的一致好评。华南师范大学音乐学院结合专业课程的需求，活跃校园文化，利用学校的场地资源，排演了《江姐》（2018年10月30日）、《伤逝》（2018年11月25日）等简版歌剧，大受欢迎，在广州大学城产生了积极的影响。

（四）戏剧文化研究与交流

1. 整理文献，成绩斐然

出版是戏剧智力成果的集中呈现，也是戏剧文化的重要传播途径，主要体现在相关戏剧文本的创作、学术专著的出版、学术研究文章的发表等。省内刊物，如《粤海风》《广东艺术》《红豆》《花城》《广州文艺》《佛山文艺》《南叶》《特区文学》等多有剧本和研究文章的发表，以及各高校学报关于戏剧文化的研究文论等。以下列举几项主要成果：

《粤剧表演艺术大全》的编撰出版。该书的编纂工程于2017年9月正式启动，目前已完成了五卷之二"做打卷""唱念卷"的编纂，由广州出版社出版。该书的编纂使粤剧成为国内戏曲界第一个系统化梳理艺术表演的剧种，得到国内戏剧界同仁的盛赞："是中国戏曲界的一次示范。"其中"做打卷"获"羊城书香节"十大好书评选榜首（2020年5月）；并在中国艺术研究院主办的"2019年度张庚戏曲学术提名"活动中，成为唯一获全国戏曲理论著作类奖项的著作（2020年9月）。

《广东戏剧文库》的部分出版。广东省艺术研究所自2018年启动的系列丛书出版工程《广东戏剧文库·优秀剧作选（1949—2019）》《广东戏剧文库·广东地方戏曲剧种史》《广东戏剧文库·广东地方戏曲研究论文集（1949—2019）》《广东戏剧文库·广东戏剧年鉴（1949—2019）》等。其中优秀剧作选的7卷22册（包括粤剧卷、潮剧卷、汉剧卷、韶关戏曲卷、客家山歌剧卷、雷剧卷、稀有剧种卷）已于2020年面世。

粤剧剧目的重新整理出版。《粤剧传统剧目汇编》（广东人民出版社，2020年）全书共6卷，收录粤剧剧目131个，是国家社科基金艺术学青年项目《粤剧传统剧目整理研究——以二十世纪五六十年代为中心》的阶段性成果。这项成果旨在通过粤剧传统剧目的挖掘、抢救，为粤剧舞台演出增添可供学习、利用的资源，为粤剧研究提供第一手资料，也为后世保留一份珍贵的非物质文化遗产。

另外，广东省艺术研究所和中山大学戏曲研究中心作为区域性戏剧学术重地，前者围绕理论研究和实践指导，近年编撰了大量的基础性文献，如上述《广东省戏剧文库》、粤剧文献的采集整理等，后者集结了戏曲研究的众多学者，组织多次高水平学术会议和成果发表。

2. 组织比赛，选拔优胜

组织比赛是广东文化部门和戏剧家协会组织一直积极推行的工作，秉承发现新人、鼓励竞争、激发创新的宗旨，发挥权威性奖项的作用，在多项制度性的比赛活动中获得较好的效果。如第九届、第十届广东省中青年戏剧演艺大赛在"十三五"期间顺利举行。大赛1994年由红线女倡议创办，三年一届。在中共广东省委宣传部支持下，由广东省文联、广东省戏剧家协会等主办。近年来，参赛剧种从粤剧延展到全省所有剧种，参赛团体从国有院团拓展到民营院团、新文艺群体，参赛对象从演员扩展到乐手，是全面检阅戏剧人才，发现新人的重要赛事。同时鼓励和协助民间、基层业余戏剧比赛活动，推荐优秀作品和人才参加全国性的戏剧比赛。

第九届大赛于2018年6—7月举行，共设有话剧赛区、汕尾赛区、梅州赛区、潮剧赛区和粤剧赛区等五大赛区，涉及话剧、粤剧、潮剧、广东汉剧、雷剧、正字戏、客家山歌剧等七个剧种。来自全省51家单位共394名选手参加了大赛，评出金奖49个、银奖72个、铜奖79个。

第十届广东省中青年戏剧演艺大赛于2021年9—10月举行，按剧种分为广州（粤剧）、潮州（潮剧）、梅州（汉剧、雷剧、山歌剧）、汕尾（白字戏、正字戏、西秦戏、采茶戏等多剧种）、广州（话剧）、广州（木偶皮影）六大赛区。其中粤剧赛区，汇聚省内各粤剧艺术院团的145名优秀青年选手和25名演奏员同场竞技，共产生26个金奖、35个银奖、40个铜奖、66个表演奖。比赛发掘了一批优秀新人新作，实现了出人出戏的办赛目标。

近年颇具影响力的综合性戏剧赛事"华语戏剧盛典"，是由广东星海演艺集团主办，广东省演出有限公司策划出品，星海音乐学院艺术管理系、广东省演业协会等单位参与协办，得到中国演出行业协会全力支持的戏剧盛事。自2017年开始每年一届，华语戏剧盛典作为一个展示华语戏剧成果的平台，多个奖项的设立全方位体现了当代戏剧文化。既有年度的最佳剧目、最佳导演、男女主角、男女配角，也有最佳制作人、最佳小剧场剧目、最佳复排剧目、最佳投资人等奖项。反映了时代对戏剧文化的深度理解，也基本反映了包括港澳台和华人世界的戏剧创作水平。该赛事已经举办了五届，一共有五部最佳剧目被评出，分别是《白鹿原》（陕西人民艺术剧院）、《亲爱的，胡雪岩》（香港话剧团）、《陈奂生的吃饭问题》（常州市滑稽剧团）、《德龄与慈禧》（香港话剧团、天津人民艺术剧院、北京巨龙世纪文化艺术有限公司）、《活动变人形》（广州大剧院）。

3. 办好社团，根植基层

（1）大学社团

中山大学、华南师范大学、暨南大学、华南理工大学、深圳大学、华南农业大学、广东工业大学、星海音乐学院等的校园文化中，戏剧社团是不可或缺的。如中山大学话剧社、深圳大学旧黑匣子戏剧工作室、华南理工大学笃行剧社、华南师范大学砚湖剧社、广州大学校艺术团话剧团、广州大学人文学院哼哈话剧社、华南农业大学生命剧社、广东工业大学玄武剧社、佛山市西贝戏剧艺术中心等社团不乏新作品的创作。其中，由中山大学话剧社2018年创演的话剧《一条流向乌布的河》、2019年华南师范大学砚湖剧社的《局外人》都很有质量，颇受欢迎。

（2）少年宫、中学社团

青少年宫在艺术教育上是学校美育的补充，戏剧课程在少年宫是颇受欢迎的课程板块，有条件的少年宫通常有着强大的创作力量。如原创合唱剧《摩星轮的传说》是由广州市天河少年宫创编并演出的新剧，该剧于2020年12月7日在广州市天河区文化艺术中心大剧院首演，受到好评。中学剧社也是一支不可忽略的戏剧队伍。如广雅中学繁星戏剧社、深圳中学话剧社、执信中学同声同气戏剧社、珠海一中AS戏剧社、广东北江中学荷风曲苑戏曲社等，都是常年开展活动的代表性社团。

（3）民间社团

南粤大地有着星罗棋布的粤剧、潮剧、汉剧、雷剧发烧友社团，这无疑是戏剧文化发展的一支强大力量。随着传统文化市集在戏剧的承载中的重要性越来越突出，这种自发性的戏剧社团值得重视。在珠三角地区，还有京剧、越剧、昆曲、黄梅戏的爱好者，他们组织社团，积极推广戏曲。譬如，广州黄梅戏联谊会于2019年8月30—31日在广州市天河区文化艺术中心大剧院就全本演绎了经典黄梅戏剧目《罗帕记》。戏剧爱好者以戏会友，有形式多样的戏剧活动，是连接专业戏剧与业余戏剧的纽带，譬如佛山的西贝戏剧艺术中心、空壳戏剧工作室、生白剧场等。以世界著名歌唱家邓韵为艺术总监的鳟鱼歌剧团，是活跃于广州舞台的一个知名社团。近年排演的歌剧和歌剧音乐会不少，歌剧《茶圣陆羽》（李国胜编剧、朱则平作曲）于2017年6月30日和7月1日在广州大剧院公演，观众反响热烈。

此外，广东在综合经济实力的支持下，戏剧文化的交流呈现多元化趋势。2017年以来，在时任省委常委、宣传部部长慎海雄和相关领导的关心支持下举办了多场高质量的研讨会，总结和推广曾小敏、李仙花、倪惠英、丁凡、冯毅刚、林榆等戏剧名家的艺术成就。又如，羊城粤剧国际论坛、大湾区论坛、高校学术论坛、民间论坛，图书馆的讲座、展览等、线上论坛，线上学术平台和资源分享已是新常态。同时，广东的信息工程建设发展快速，线上学术会议、展览、交流也是非常活跃的增长点。2017—2022年广东的戏剧文化发展在政府文化政策的推动、传统戏剧的创新焕发生命、校园戏剧被重视等因素作用下，形成相对繁荣的局面；剧目创作、排演，戏剧交流和研究，戏剧教育和社会文化活动都有可圈可点的地方。但也存在发展不平衡等问题，譬如珠三角的活跃与粤东西北的相对冷清，庞大的体量与精品的匮乏，舞剧的崛起与歌剧的羸弱，官方资助的热情与市场驱动的冷淡，等等，都需要得到正视和学术关照。

三、问题与思考

戏剧艺术，尤其是传统戏曲，正面临影视艺术和流行音乐的冲击。在新时代的发展中既存在竞争，也有自身路径的选择与开拓。戏剧人必然要在不断前行中思考和应对，指出问题，寻找解决方法和策略。广东是地域文化鲜明的地方，具有包容性格局的文化。对勇于"吃螃蟹""饮头啖汤"的广东人，从明中叶以来与全球的往来，直到改革开放先行地的使命，实践上的勇气一直备受嘉许，取得不俗成绩，但是文化理论的建设不足也常常备受议论。以下的观察思考，重在问题的提出，或者借助专家的部分观点作启示，深入探讨则期待方家的参与。

（一）专家视角

尽管广东戏剧近年来不断推出作品，演出活跃，但仍然存在诸多问题。

对于话剧、戏曲、音乐剧的发展，省内相关专家的观察思考值得关注。

戏剧专家、广东省艺术研究所所长王炜发表的《走出边缘——大湾区战略下的广东戏剧》①指出，在商业文化非常发达、戏剧市场比较活跃的广东，我们多年来看不到一部广东戏剧作品能够凭借口碑和票房走向全国，哪怕在区域市场取得成功也没有。结论是："广东戏剧，在文化大省、文化强省的建设中缺位了，边缘化了。"

戏剧家张晋琼在回顾广东40年戏剧创作时，聚焦于艺术表现上的问题：即生活基础薄弱，艺术构思还不成熟，缺乏艺术创新能力，剧作缺乏深刻的批判精神和先锋精神。这是导致创作上未能攀上高峰，未能出精品的原因。

理论家董上德对戏曲的"消亡说"，发表了这样的观点："中国古代戏曲对应的是农耕文化，比如在某些神诞节日，要请戏班演戏，娱神兼娱人，这是农耕时代的民间信仰，是农耕时代的一种文化现象。戏曲的观念形态、信仰形态都跟农耕文化密切相关。从这个角度来讲，戏曲的前现代性比较明显。随着社会的转型，这样的戏曲演出慢慢变少，渐渐淡出历史的舞台。但戏曲作为一种艺术，积淀为民族特色的文化，会随着时代的变化而发生内生性的变化，出现适应时代的形态。从这个层面来说，戏曲消亡是个伪命题。所以，我们不能刻舟求剑地要求现在的戏曲一定要完全百分百地对应过去农耕文明的那种戏曲。""现在的粤剧界，在很努力地调试着自己跟时代的协调关系，找到跟时代发展的契合点。这个契合点是粤剧的生命线。作为观众，应该从历史发展的大势来理解包括粤剧在内的中国戏曲的变化。从这个角度来讲，戏曲不会消亡，它会转化、提升、沉淀。……有价值的艺术不会消亡，它可能会传承，可能会转化。"

作曲家李海鹰在2020年12月7日对《羊城晚报》记者"广州的音乐剧市场现状如何？"的提问，作了以下回答：剧场艺术在北京、上海已经有了很大的发展。北京的各种小型戏剧非常繁荣，小剧场非常多，一张票几十块钱，演得贼拼命。像上海，引进一部著名音乐剧《猫》，就能演十几场，尽管很多剧场的票价挺高。音乐剧在广州也已经起步，广州也有发展的优势，

---

① 王炜：《走出边缘——大湾区战略下的广东戏剧》，《广东艺术》2019年第2期，第15页。

首先是政府对流行音乐、流行文化的支持力度非常大，大家对于二十世纪八九十年代那段音乐史也是非常引以为豪的。他认为，广东的音乐剧创作应该尽量挖掘岭南文化的元素，岭南文脉一直流淌在广东的音乐里。音乐剧《青春剧团》的音乐就是对广东元素的借重。

年轻学者中，张之薇发表的《粤剧的本土性与超越性——从〈山乡风云〉到〈红头巾〉看粤剧现代化探索》，有比较深入的思考："粤剧的生命力是不容低估的，这一方面离不开粤剧人在粤剧传统的基础上不断适应时代和观众的能力；另一方面更离不开那些超越某一时代固有观念的粤剧创作者。"通过对不同时期的两个典型经典剧作的分析，指出："时代主题从来就没有从粤剧中缺席过，无论是二十世纪初适应时代变革而变的粤剧，还是二十世纪二三十年代适应城市观众而变的粤剧，抑或是进入1949年以后适应新政权而变的粤剧。……很显然二十世纪二三十年代粤剧的繁荣，得益于对时代精神的世俗化表达，特定时代下的人情世故，或者借古讽今的时代隐喻成为标签。而随着粤剧进入1949年，她再次经历了世俗题材向政治倾向明显的古装戏以及革命题材现代戏的转型，时代主题自然再次成为二十世纪六十年代粤剧的高光时刻。而进入二十一世纪的《红头巾》显然又有所不同，它代表了个体意识凸显的大环境下人们对时代精神的书写。"①

（二）传承发展

岭南文化中，戏剧是一道非常靓丽的风景，粤剧、潮剧、广东汉剧、雷剧、客家山歌剧有着坚实的民间基础。但是与全国其他的戏曲一样，面临着新时期的传承和创新问题。戏曲是农耕时代的文化，进入工业化时代、信息化时代后，从形式到内容，都需要适合的生存土壤。对经典的保护相对容易，因为经典所凝聚的是人类的共同智慧与传统文化的共性基因。但要在传承的基础上蜕变出新的岭南文化精神就不是轻易的事情，这需要新的创作理念，对当代社会的深刻洞悉，对岭南人精神面貌和生活追求的仔细观察。

---

① 张之薇：《粤剧的本土性与超越性——从〈山乡风云〉到〈红头巾〉看粤剧现代化探索》，《广东艺术》2020年第3期，第32页。

1. 优势与短板

广东的人口规模大（1.26亿，2020年），经济总量超过12万亿元，占国内生产总值的10%以上，演出市场的份额也基本上是全国的10%（2019年数据）。我们知道，广东的经济发展存在地区的不平衡，珠三角地区贡献了大多数的份额。而以大湾区的概念看，超大的经济体量，加之科技文化的发达，是新经济的发动机，也是文化发展的优势。广州、深圳等城市已经是国际化程度较高的城市，但是文化的创新发展尚未与之匹配，与世界活跃的几大湾区相比，甚至与国内的京沪两地相比较，不难见到进取动力不足的势态。既然经济基础好，传统也厚实，目前的困境是需要也有能力破局的。

其实，回溯改革开放之初的广东戏剧文化，曾经有过蓬勃的发展阶段和喜人的成绩。但随着时代的变迁，长三角、京津冀经济圈的繁荣崛起，当年广东"孔雀东南飞"的人才聚集效应不再。目前最关键的短板在于戏剧人才的缺乏，即使是以两大一线城市为中心的珠三角地区，对人才的吸引优势仍不够明显。人才的来源有三：自身的培养、国内人才的交流引进和国外人才的回流。但广州、深圳这三方面都不具优势，是需要深入探究和各方付出努力。

2. 继承与创新

对于传统的价值认定之后，继承传统是一件重要的事情，但是继承并不意味着保守，而是要强调推陈出新，只有创新才是生命力的保证。这一方面，广东戏剧人近年的努力备受瞩目。在伴奏音乐上的改革，采用大型的管弦乐团，如广州粤剧院的粤剧《花月影》（倪惠英、黎骏声主演）与上海交响乐团的合作，广东粤剧院与深圳交响乐团联手的《"剧·说"交响音乐会》（2021年3月20日，深圳大剧院）等，都是颇为大胆的、对戏剧手段多样化的积极探索。在影视传媒发达的时代，粤剧已经积累了《刑场上的婚礼》《花月影》《睿王与庄妃》和汉剧电影《白门柳》等作品。尤其是戏曲电影《白蛇传·情》和《南越宫词》（2021年）的破圈，获得国家级大奖，引发现象级的文化讨论，无疑为粤剧的未来打开一个新路向。另外，广东音乐形式向戏剧靠拢，也是一种新的戏剧思维。如广州音乐曲艺团的情景器乐剧《扬帆大湾梦》（2021年7月16日，广州蓓蕾剧院），王耀庆、广州交响乐团和鳟鱼歌剧合唱队联袂演出的交响乐剧《培尔·金特》（2020年10月26

日，广州大剧院）等。拓展戏剧音乐边界，容纳戏曲音乐的表现手段，利用管弦乐作为伴奏是21世纪以来众多粤剧人的创新领域。能否作为一个正确的路向，尚需时间和实践的检验，但这是戏剧文化发展的一个选项是无疑的。

3. 理论与批评

戏剧理论的基础理论建设，需要整合，形成知识体系。例如，戏剧文库的出版是可喜的成果，但这一成果主要是剧本的集萃，文论和基础理论文献尚未得到全面呈现。对于现实戏剧文化发展的记录工作也是戏剧理论的重要环节，戏剧年鉴修编应该得到重视，客观记录戏剧文化活动，为文化现象的考察和研究提供客观材料。譬如，年度戏剧活动的调查研究，数据统计还没得到重视。

理论建设方面，粤剧是大剧种，影响力最大，在理论建设上有坚实的基础。但是其他的剧种就缺乏学术关注，缺乏对地方戏剧文化美学特色的论述和理论梳理，尤其是广东汉剧、潮剧、雷剧、客家山歌剧等特点突出的剧种，长期以来的理论关照是阙如的。比较迫切的基础理论建设包括对剧种属性的文化阐述，对艺术手段的深入探究和对艺术实践的批评总结。

还有一个非常重要的方面，就是对戏剧大家的成就总结，也是迫切的理论建设要求。尤其像红线女、陈笑风、罗家宝、姚璇秋等大师的离去是戏剧界的损失，但是他们的成就、戏剧思想、作品影像等，都需要及时得到保护、研究和传承。如中共广州市委宣传部指导、广州市文化广电旅游局监制、红线女艺术中心出品的纪录片《一代天娇——红线女》就是一次积极的尝试，真实、全面、艺术化再现了粤剧艺术大师的传奇。

戏剧，无论从内容到形式，从创作到表演，都是与人们的生活息息相关的文化。促进戏剧文化的建设、戏剧水平的提高，需要在审美接受上对戏剧提出积极的要求。因此，戏剧批评是非常重要的一环。这也是需要加强的方面，不能只依赖外援，忽视省内评论人才队伍的培养。对于根植于大众的文化，戏剧批评的缺失，不利于大众舆情的关注。戏剧的创作表演和市场运行是跛脚的，不利于形成健康的戏剧文化生态，势必影响戏剧文化的可持续发展。

（三）未来可期

尽管上文述及广东戏剧文化发展中的诸多问题，但在中华文化复兴、国家整体实力迅速提升的大背景下，广东作为新一轮改革创新的排头兵，文化的建设不容轻视。戏剧文化承载人们的精神追求和价值呈现，其分量不言而喻。2022年2月，广东省委在党中央的决策部署下，召开了扎实推进文化强省的建设大会，将文化强省建设纳入"1+1+9"工作部署，将实施"六大工程"的建设。因此，在"十四五"规划中，戏剧文化将迎来新的发展机遇。保持对戏剧文化的价值认定，夯实现有基础，充分发挥有利优势，未来可期。

1. 城乡的戏剧文化基础

作为一个文化大省，广东的戏剧文化具有较强的文化传统基础。戏剧（大戏）在广东人的精神生活中是颇受依赖的，有些更是宗教、民俗的刚性需求。

在戏剧表演空间的拓展上，广东省的文化设施建设在近些年有突飞猛进的进步，甚至相对于软件的建设，表演空间的硬件建设是超前的。地级市基本上都拥有城市地标性文化建筑，如大剧院、博物馆、音乐厅、图书馆、文化中心。这在珠三角的优势更加明显，一些县区、镇街也配备了高水平演出的场所。但粤东西北地区的戏剧表演空间建设相对滞后，民间院团的生存状态堪忧。粤东西北地区的戏剧文化各具特色，未来在硬件建设上也不一定追求同等用力，而是从审美场上体现文化的精神，也许大有可为。

2. 政府的积极文化政策

在文化政策方面，除了对标国家的文化发展规划，在考虑全局之外，地方也应当在自己的基础上，充分利用地方性传统优势，去芜存菁，并积极寻找途经，拓展新的文化格局。

2016年，《广东省人民政府办公厅关于促进地方戏曲传承发展的实施意见》印发。2017年，以省长令的形式颁布《广东省粤剧保护传承规定》。同时，广州、佛山、珠海、江门、汕头、湛江等地结合实际，也制定并实施进一步促进戏曲传承发展等计划，为粤剧、潮剧等剧种的保护传承提供了制度保障。为此，设立了专项资金或成立基金会，提供经费支持，并建立创作和人才培养的孵化机制。如，2021年广东省人大常委会同时审查批准了汕头、潮州、揭阳三地的潮剧保护传承条例。明确规定，三地应当加强政府相关部门之间的工作协作，通过区域会商、信息共享、联动执法等方式，提高区域潮剧保护传承水平。这是从立法层面为戏剧事业发展保驾护航的一个指引路向。最近，广东省委在文化大省的"六大工程"建设指导意见中指出："要打造高水平的文艺精品创作生产体系，建设覆盖城乡、优质高效的现代公共文化服务体系，构建具有国际竞争力的现代文化产业体系"，实施岭南文化"双创"工程，致力传承弘扬中华优秀传统文化。注重文化资源系统整体保护、品牌化提升和活化利用，推动岭南文化焕发新的时代光彩，在"各美其美""美美与共"中融入中华文化大美，是很有前瞻性的文化决策。将鼓励和扶持戏剧文化市场的积极力量，创造高端文化品牌。对此，广州大剧院、东莞玉兰大剧院等有很多可以借鉴的经验。譬如，广州大剧院背靠母公司的资源优势和院线网络，在国际化的文化产品打造和传播方面有丰富的经验。而东莞近些年的文化发展抓住了音乐剧的都市文化属性，进行精工细作，经过坚持不懈的努力，倾力打造音乐剧精品《蝶》《三毛流浪记》《王牌游戏》《钢的琴》《王二的长征》《啊！鼓岭》《虎门销烟》《酒干倘卖无》和话剧《银锭桥》等，已经成为舞台艺术的经典。

3. 大湾区的戏剧文化融合

省内的资源融合，协作发展，是新时代文化格局的基本要求。推动粤港澳大湾区戏剧资源的融合，更是摆在面前的课题。戏剧延续文化传统，反映人们的现实生活，珠三角地区是共情性最强的艺术形式。一直以来，戏剧界尤其是粤剧界在粤港澳三地的艺术活动中是难分你我的大家庭。近些年新一轮的合作联动，像戏曲音乐剧《一代天骄》（2017年）、《冼夫人》（2020年）和《妈祖》（2021年）创排演出，就是由粤港澳三地艺术家的联手打造。

回归20多年后，香港、澳门文化艺术生态发展也进入新阶段，面临新的文化政策和制度改革。要讲好中国故事、大湾区故事和广东故事。特别是被誉为东方明珠的香港，不仅仅是国际金融中心，在戏剧文化、影视文化、流行文化等方面对华人世界、尤其是粤港澳地区的影响是很深刻的。利用好港澳的国际化经验和对爱国爱港的新文化身份的渴望和认定，戏剧文化是最为切实可行的领域，通过协调合作，建立一套适合大湾区文化的指标，最大化释放文化价值、经济价值和公共价值效益的发展机制，也是指日可待的。

【结语】

　　新时代戏剧的文化力量是什么？除了对历史的关照，对价值观的宣传、教育，还要关怀人性的善恶以及新的历史时期戏剧文化的担当，延续戏剧的美。其最本质的精神力量是对人性完善的恰当手段和途径。发生在广东这块神奇土地的精彩故事，这里的人们每一个日子的酸甜苦辣，都值得在舞台上重温其中的况味，体现这种精神力量。这是一种文化责任，是人们对美好生活的期许，也是每一位戏剧人的担当。正如著名剧作家沙希德·纳德姆在2020年国际戏剧日的献辞中所言："我们需要补充精神力量，我们需要与我们世界里的冷漠、死气沉沉、悲观、贪婪、漠视斗争，而戏剧则能在其中扮演一个角色，一个能激励和调动人类自己摆脱滑入深渊困境的崇高角色，由此将舞台和表演空间变得神圣庄严。"

　　让戏剧成为庄严的文化行为，剧场便可以将表演艺术提升到更高的精神层面。相信戏剧的文化价值，相信戏剧的精神力量，广东戏剧人终将在岭南大地筑起一座座文化圣殿。

协 会 专 家：曾小敏
报告负责人：林金洲
主　笔　人：麦　琼

03 广东电影发展报告

【引言】

　　2019年2月，中共中央、国务院印发《粤港澳大湾区发展规划纲要》，制定了大湾区建设的远景目标：不仅要建成充满活力的世界级城市群，还要打造成宜居、宜业、宜游的优质生活圈。香港、澳门、广州、深圳之间的经济文化交流日益频繁。在此背景下，大湾区的电影事业呈现出一派欣欣向荣的景象。电影市场方面，广东省连续20年成为全国最大票仓，珠三角地区表现尤为亮眼。电影制作方面，大湾区佳作频出，动画片、文艺片、商业片、纪录片全面开花，在票房和奖项方面都有所收获。活动与交流方面，为了配合"改革开放40周年""新中国成立70周年""中国共产党建党100周年"等重要庆典，大湾区陆续推出了一系列主题观影活动；与此同时，大型电影节展和电影交流活动也举办得有声有色。电影思潮方面，全国各地的专家学者积极参与对大湾区电影的理论探讨，有效推动了大湾区电影理论的生成与建构，也为大湾区电影的创作提供了相应的理论指导。同时，大湾区的电影事业在发展过程中还存在着诸多问题，譬如电影人才的稀缺、对本土文化资源的开掘不够等，有待进一步解决。

一、大湾区电影市场概况

2020年伊始，一场突如其来的新冠肺炎疫情，使全国电影市场遭遇停摆。在党和政府的坚强领导下，在全国人民的齐心协力下，在积极有效的疫情防控之下，全国电影院线于2020年7月下旬开始陆续重启。受疫情影响，2020年全国电影总票房锐减至204.17亿元，而广东省的电影年度票房则为25.93亿元，占全国12.7%的市场份额，连续19年占据榜首位置，其中珠三角地区是广东省最大的电影市场。香港方面，由于疫情防控态势反复，2020年成为其电影历史上最为艰难的一年，在经历了三次影院停业之后，全年票房相比上一年缩水七成以上。在此背景下，笔者对近年来大湾区电影市场的观察，主要以2020年以前新冠疫情前的数据[①]作为对市场常态发展下的反映。

（一）珠三角电影市场

2014年至2019年，广东电影市场在线上映影片（含复映片，不含举办各类影展的影片）的数量经历了由急速增长至趋于平稳的变化历程。2015年至2016年，广东省上映影片数量从695部增至885部；而在2016年至2019年，这一数量稳定在850—890部的区间内。影院数量方面迅猛增长，在2019年虽略有放缓，相比上一年仍新增87个影院。银幕数量方面，整体看来增速相对稳定，表现较为突出的是2016年和2017年，银幕总量分别新增1307块和1467块。票房总收入方面，整体增速呈放缓趋势，2015年和2017年则是例外，跟上一年相比，这两年分别增长了20.94亿元和13.40亿元。究其原因，在于爆款影片对整个电影市场的拉动效应。全国市场上，2015年的国产影片《捉妖记》收获票房24.41亿元，力压《速度与激情7》成为年度冠军，在此之前，国产影片的最好票房仅在10亿元出头；而2017年的《战狼2》更以56.95亿元，将中国影史的票房纪录提高到了一个新的层次，有力拉动了市场大盘。2017年之后，广东电影市场的票房增速趋于平稳，尽管市场上的爆

---

① 本文中的数据，广东部分来自《2014广东电影年鉴》（暨南大学出版社2015年）、《2015广东电影年鉴》（暨南大学出版社2017年）、《2016广东电影年鉴》（暨南大学出版社2018年）、《2017广东电影年鉴》（暨南大学出版社2019年）、《2018广东电影年鉴》（暨南大学出版社2019年）、《2019广东电影年鉴》（南方日报出版社2021年），香港部分来自《香港电影业资料汇编2017》《香港电影业资料汇编2018》《香港电影业资料汇编2019》（该汇编工作由创意香港电影服务统筹科委托香港电影协会进行）。其他来源的数据将作特别注明。

款如《流浪地球》《哪吒之魔童降世》等时有发生，但总体还是进入了一个稳定发展的新常态。总体来看，变化较为明显的在于国产影片和进口影片的票房收入占比，2017年可以视作一个分水岭。在2017年之前，国产影片票房收入的增长并不明显，2015年至2017年的票房数据分别为36.77亿元、38.36亿元和39.98亿元；在总票房保持较高增速的情况下，国产影片的票房收入占比从2015年的58.90%跌至2017年的49.99%。相比之下，进口影片在这几年的票房增长尤为明显，2017年进口影片的票房份额甚至超过国产影片，高达50.01%。在2017年之后，市场见证了国产影片的崛起，国产影片的市场份额从2017年的49.99%增长至2019年的61.89%；应该说，以《战狼2》《红海行动》《唐人街探案2》《哪吒之魔童降世》《流浪地球》等为代表的国产影片，很大程度上挤压了进口影片的市场。我们看到，在市场总票房节节攀升的情况下，进口影片在2017年之后却在不断走低。从全省票房的分布来看，区域发展不平衡的现象明显。以2019年的数据为例，珠三角地区票房收入77.47亿元，占全省票房收入的86.50%；珠三角地区放映总场次达1366万场，占全省总量的82.91%；珠三角地区观众人数达19917万人次，占全省总量的85.28%。相比之下，粤东、粤西和粤北三个区域的票房收入均不足全省票房收入的5%。因此，很大程度上，珠三角电影观众的选择决定了整个广东电影市场的消费取向，广东电影市场的票房排名大体上反映了珠三角电影市场的基本情况。

表一　2014—2019年广东省电影市场主要数据

年份	上映影片数量（部）	电影院数量	银幕数量	票房总收入（亿元）	国产影片收入（亿元）	进口影片收入（亿元）
2014	339	571	3014	41.49	22.46	19.03
2015	695	701	3663	62.43	36.77	25.66
2016	885	930	4970	66.58	38.36	28.22
2017	852	1137	6437	79.98	39.98	40.00
2018	882	1311	7454	84.74	49.18	35.56
2019	864	1398	8424	89.56	55.43	34.12

注：根据《广东电影年鉴》（2014—2019年）的数据整理。

　　2016年至2019年，广东省国产影片票房前十名的数据整体上稳步提升。2015年，过亿的国产影片增加至8部；2016年始，票房前十的国产影片基本上全部过亿，且前十的门槛不断提升，从2014年的0.59亿上升至2019年的1.83亿，足足翻了三倍有余。当然，2017年是一个例外，这一年仅有8部国产影片票房过亿元，但《战狼2》高达8.61亿元，很大程度上挤压了其他影片的市场空间。2018年，过亿元的国产影片共11部，没有出现像《战狼2》那样破8亿元的现象级作品，但整体上表现更为均衡，4亿元以上的影片有3部，在2亿元到4亿元之间的影片有4部，在1.5亿元到2亿元之间的影片有3部，在1亿元到1.5亿元之间的影片有1部。2019年，广东市场共有17部国产影片过亿元。4亿元以上的同样有3部，榜首《哪吒之魔童降世》达到6.59亿元，第二名的《流浪地球》也有5.85亿元入账，相比上年头部国产影片的票房号召力更为显著。票房在2亿元到4亿元之间的影片数与上年持平，同为4部；票房在1.5亿元到2亿元之间的影片共5部，较上年增加2部；票房在1亿元到1.5亿元之间的影片共5部，较上年增加4部。以上可以看出，近年来广东市场上的国产影片在高票房区间的梯度趋向均匀，更多的影片迈入了"亿元俱乐部"。这一方面说明电影市场整体上呈现出稳健发展的态势，另一方面，也反映出国产影片在品质方面的提升，市场对现象级作品的依赖有所减轻。

表二　2014—2019年广东省国产影片票房前10名

广东排名	2014				2015				2016			
	影片名称	类型	票房收入（亿元）	全国排名	影片名称	类型	票房收入（亿元）	全国排名	影片名称	类型	票房收入（亿元）	全国排名
1	心花路放	喜剧/爱情	1.42	1	捉妖记	喜剧/奇幻	3.39	1	美人鱼	喜剧/奇幻	4.83	1
2	西游记之大闹天宫	动作/奇幻	1.29	2	澳门风云2	喜剧/动作	2.39	6	澳门风云3	喜剧/动作	2.28	4

续上表

	影片名称	类型	票房收入(亿元)	全国排名	影片名称	类型	票房收入(亿元)	全国排名	影片名称	类型	票房收入(亿元)	全国排名
3	澳门风云	喜剧/动作	1.24	8	港囧	喜剧	2.33	3	湄公河行动	动作/犯罪	1.92	3
4	爸爸去哪儿	喜剧/家庭	0.9	4	寻龙诀	奇幻/冒险/动作	1.71	2	叶问3	动作	1.49	15
5	后会无期	喜剧/爱情	0.85	6	夏洛特烦恼	喜剧/爱情	1.53	4	绝地逃亡	喜剧/动作	1.47	8
6	分手大师	喜剧/爱情	0.75	5	西游记之大圣归来	动画/奇幻	1.25	7	寒战2	动作/犯罪	1.45	20
7	小时代3：刺金时代	喜剧/爱情	0.74	9	煎饼侠	喜剧	1.17	5	使徒行者	动作/犯罪	1.35	23
8	匆匆那年	爱情	0.66	7	杀破狼2	动作/犯罪	1.13	13	长城	冒险/奇幻	1.32	7
9	智取威虎山	动作/战争	0.60	3	九层妖塔	冒险/动作	0.87	11	功夫熊猫3	动画/喜剧	1.24	6
10	窃听风云3	动作/悬疑/惊悚	0.59	15	天将雄师	动作/战争/古装	0.82	10	西游记之孙悟空三打白骨精	喜剧/动作/奇幻	1.20	2

广东排名	2017				2018				2019			
	影片名称	类型	票房收入(亿元)	全国排名	影片名称	类型	票房收入(亿元)	全国排名	影片名称	类型	票房收入(亿元)	全国排名
1	战狼2	动作/战争	8.61	1	红海行动	动作/战争	4.80	1	哪吒之魔童降世	喜剧/动画/奇幻	6.59	1
2	羞羞的铁拳	喜剧/奇幻	2.36	2	我不是药神	剧情/喜剧	4.47	3	流浪地球	科幻/灾难	5.85	2
3	功夫瑜伽	喜剧/动作	1.84	3	唐人街探案2	喜剧/动作/悬疑	4.10	2	我和我的祖国	剧情	4.06	3

续上表

4	西游伏妖篇	喜剧/动作/奇幻	1.57	4	西虹市首富	喜剧	3.37	4	中国机长	传记/灾难	3.88	4
5	追龙	动作/犯罪	1.39	9	捉妖记2	喜剧/动作/奇幻	2.50	5	扫毒2:天地对决	动作/犯罪	2.68	9
6	芳华	历史/战争	1.33	5	前任3:再见前任	喜剧/爱情	2.39	6	烈火英雄	灾难	2.28	7
7	乘风破浪	剧情/喜剧	1.31	6	无双	动作/悬疑/犯罪	2.29	9	少年的你	爱情/犯罪	2.12	8
8	杀破狼·贪狼	剧情/动作	1.07	14	后来的我们	爱情	1.98	7	反贪风暴4	动作/犯罪	1.99	15
9	悟空传	剧情/动作/奇幻	0.99	8	巨齿鲨	动作/科幻/惊悚	1.86	10	疯狂的外星人	喜剧/科幻	1.86	5
10	拆弹专家	动作/犯罪	0.86	18	一出好戏	喜剧	1.63	8	飞驰人生	喜剧	1.83	6

注:根据《广东电影年鉴》(2014—2019年)的数据整理。

从表二可以看出,喜剧通常是国产影片在广东市场收获票房成功的关键词。纵观2016—2019年以来的国产影片票房冠军,《美人鱼》和《哪吒之魔童降世》可归为喜剧片的范畴;从表二的"类型"一栏可以看出,喜剧片对其他类型元素的兼容呈现多元化的趋势,这一定程度上也反映了市场的多元化消费倾向。2015年之前,市场青睐爱情喜剧,如《心花路放》《后会无期》《分手大师》《小时代3》《港囧》《夏洛特烦恼》等;而在此之后,各类喜剧丰富了人们的选择,奇幻喜剧有《美人鱼》《羞羞的铁拳》《捉妖记2》《哪吒之魔童降世》;动作喜剧有《澳门风云3》《绝地逃亡》《功夫瑜伽》《西游伏妖篇》;甚至还出现了悬疑喜剧《唐人街探案2》和科幻喜剧《疯狂的外星人》的类型。

喜剧之外,动作含量高的影片在广东市场也有着不错的票房表现。从表二可以看出，近些年国产影片票房前十中，可被归为动作片的影片占有相当的比例。动作片同样善于兼容其他类型元素，除动作喜剧外，奇幻/动作片有《西游记之大闹天宫》《西游伏妖篇》《捉妖记2》；战争/动作片有《智取威虎山》《天将雄师》《战狼2》《红海行动》；犯罪/动作片有《窃听风云3》《杀破狼2》《湄公河行动》《寒战2》《使徒行者》《追龙》《杀破狼·贪狼》《拆弹专家》《无双》《扫毒2》《反贪风暴4》等。整体来看，国产动作片的"港味"十足，不少影片的主创班底几乎都来自香港，这当然与动作片对电影工业化程度要求较高有关。

结合动作和喜剧两大类型元素的影片，在广东市场有着一如既往的稳定表现。2016—2018年，动作喜剧从未缺席过国产影片票房榜单的前三。《澳门风云》三部曲和《功夫瑜伽》尽管口碑不尽如人意，但凭借广东市场对周润发、成龙等香港电影人的偏爱而票房大卖。《唐人街探案2》则算得上是票房口碑双丰收，该影片的人物形象便充分体现了"动作+喜剧"的设计思路。影片的叙事围绕"破案"展开，其中情节的发展更多地依赖"秦风"的推理能力，而另一个主要角色"唐仁"便承担起搞笑和动作的重任。单纯的犯罪推理电影，想做到逻辑严谨、环环相扣且引人入胜并不容易，在叙事合格的基础上，有节奏地增加笑料和动作戏份，往往更容易收获观众的认可。

2019年，动作和喜剧影片在广东市场有所降温。在年度票房前十的国产影片中，动作片仅有《扫毒2：天地对决》和《反贪风暴4》2部，喜剧片仅有《哪吒之魔童降世》《疯狂的外星人》和《飞驰人生》3部。与之相对的是，卖座的影片类型更加多元，科幻片有《流浪地球》《疯狂的外星人》，灾难片有《流浪地球》《中国机长》《烈火英雄》，另外还有青少年犯罪题材的《少年的你》。事实上，在类型多元的背后，市场的消费取向并没有发生根本的改变。无论是科幻灾难片《流浪地球》，还是传记灾难片《中国机长》，抑或是表现重大火灾事故的《烈火英雄》，其根本的市场核心竞争力在于视觉奇观，三部影片虽然因为题材的限制不适合在画面上过多强调"动作性"，但影片通过电影特效呈现的震撼场面足以确保其对观众的吸引。应该说，"动作"和"特效"都是强调对视觉奇观的消费，而《疯狂的外星人》至多属于"软科幻片"的范畴，其消费性主要还是体现在喜剧元素上。因此，2019年广东市场的消费取向看似变了，实则没变，我们可以将"视觉奇观"和"喜剧"归纳为国产影片收获票房成功的关键词。

既没有视觉奇观，又不具备喜剧元素，但同样进入国产影片票房前十的有2017年的《芳华》、2018年的《后来的我们》和2019年的《少年的你》。《匆匆那年》巧妙地抓住了当时"80后怀旧"的社会症候，并通过"明星文本"建构起"粉丝电影"，在粉丝亚文化的背景下红极一时。《芳华》可被视作一部文艺片，影片有对历史的追问与反思，也有对青春岁月的怀旧意绪，以情动人。《后来的我们》是著名歌手刘若英的导演处女作，尽管剧情存在明显的硬伤，但导演和演员的明星效应以及预售前期的情怀营销，同样使其收获了票房上的成功。《少年的你》是一部表现校园霸凌的现实题材影片，与近年来的社会热点相呼应，同时又由新生代人气演员易烊千玺、周冬雨分别担任男女主角，在叙事流畅的基础上，收获票房成功是十分自然的结果。

近年来，广东市场票房表现最好的一类国产影片当属新主流电影。《战狼2》的票房高达8.61亿元，《流浪地球》收获5.85亿元，《红海行动》收获4.80亿元，《我和我的祖国》收获4.06亿元。若不是2019年的《哪吒之魔童降世》的市场表现太过强势，新主流电影将蝉联近几年的票房冠军。除了票房霸榜之外，新主流电影也在不断丰富题材类型和艺术形式。《战狼2》《红海行动》延续了《湄公河行动》的跨国经验，彰显了祖国的大国气象；《八佰》《金刚川》《长津湖》将笔触落实到一个个鲜活的人物身上，在对革命先烈的缅怀中表达保家卫国的决心；《我和我的祖国》《我和我的家乡》《我和我的父辈》则将献礼片的视角由集体转向个人，更广泛地引发了人们的情感共鸣；科幻片《流浪地球》以宏大浪漫的想象，表现了中国人特有的家园情怀；《中国机长》《中国医生》《烈火英雄》还原了在灾难、疫情、重大事故之下人民生命财产安全得到高度重视的场景，在这背后是勇于承担责任的英雄们，是孕育英雄的这片土地。上述新主流电影，一方面更加突出个人的主体性，表现人物在具体情境中对主流价值观的践行，而非流于浅显的说教；另一方面强调故事题材的当下性，紧跟时代步伐，无论是"抗美援朝"题材的《金刚川》和《长津湖》，还是根据真实事件改编的《中国机长》和《中国医生》，都积极呼应社会议题、参与社会舆论。

广东市场国产影片票房前十名，与全国市场的情况出入不大，但省内观众相较于全国观众而言，对港产粤语片的消费倾向比较明显。2015年的《澳门风云2》《杀破狼2》，2016年的《澳门风云3》《叶问3》《寒战2》《使徒行者》，2017年的《追龙》《杀破狼·贪狼》《拆弹专家》，2018年的《无双》以及2019年的《扫毒2：天地对决》《反贪风暴4》等，省内排名较之全国排名都有所上升，其中《窃听风云2》《杀破狼2》《叶问3》《寒战2》《使徒行者》《杀破狼·贪狼》《拆弹专家》《反贪风暴4》在全国市场都排在十名开外，却在广东市场进入前十。从数量和排名上看，广东市场对港产粤语片的偏好在2016年达到最高峰，实现票房排名逆袭的港产粤语片有4部，为近年之最；此外，这些影片逆袭的位次足够惊人，《叶问3》从全国市场的第15名上升至广东市场的第4名，《寒战2》从全国市场的第20名上升至广东市场的第6名，而《使徒行者》更是从全国市场的第23名上升至广东市场的第7名。2016年之后，港产粤语片在广东市场渐显颓势，在2018年，仅有一部《无双》位列国产片票房前十，且排名逆袭幅度仅上升了2位。在笔者看来，之所以出现这种情况，原因有二。一是新主流电影的强势崛起，以巨大优势占据了大量的市场份额。2016年的《湄公河行动》广东市场票房1.92亿元，仅占国产影片前十票房总和的10.35%；而2017年的《战狼2》以8.61亿元的成绩占国产影片前十票房总和的40.36%，2018年的《红海行动》与《我不是药神》的票房之和占国产影片前十票房总和的31.54%，2019年的《流浪地球》《我和我的祖国》《中国机长》《烈火行动》的票房之和则占国产影片前十票房总和的48.49%。二是内地商业类型片的日益成熟和IP效应的积累。以喜剧为例，我们可以明显看到以"开心麻花"为代表的内地团队开始大展拳脚，陆续推出《夏洛特烦恼》《羞羞的铁拳》《西虹市首富》等卖座喜剧，不断建立起口碑而征服广东观众。一个数据上的证明是，2015年的《夏洛特烦恼》在广东市场的排名较全国排名是有所下滑的，而之后的《羞羞的铁拳》《西虹市首富》均在广东市场守住了全国排名的位次。IP方面，《唐人街探案》《捉妖记》《前任》等电影IP效应不断深入人心，这三个IP纷纷进入2018年国产影片票房前十。

此外，"港味"不足的内地喜剧片在广东市场的表现也相对遇冷。2017年，王宝强自导自演的《大闹天竺》全国排名第7，而在广东市场仅排在第13位；2018年，《唐人街探案2》和《一出喜剧》在广东市场的票房排名相比全国市场也有所下滑；2019年，《疯狂的外星人》和《飞驰人生》在广东市场的票房分别为1.86亿元和1.83亿元，仅占全国票房的8.40%和10.59%，均未达到广东市场在全国范围内12.7%的市场份额。作为对比，《反贪风暴4》在广东收获1.99亿元票房，占该片全国票房的24.90%，广东观众对港产粤语片的喜爱可见一斑。除粤语片外，广东观众还热衷于支持其他的广东方言电影，2018年的潮汕方言电影《爸，我一定行的》在广东市场收获4604.52万元票房，占该片全国票房的97.83%。

在广东省内，珠三角地区与粤东、粤西、粤北三个区域的市场消费取向也有所不同。首先，珠三角地区的观众容易对某类题材产生审美疲劳。2016年的《西游记之孙悟空三打白骨精》在珠三角地区的表现就逊于粤东西北地区，究其原因在于"西游"IP近些年过于泛滥，而经济发展相对滞后区域的观众在影片选择方面则保有一定的惯性。其次，香港电影明星在珠三角之外区域更受观众的认可。2017年的《西游2·伏妖篇》在珠三角地区的票房排名与全省排名一致，皆是第4位；而在省内其他区域，尽管该片的放映场次少于《羞羞的铁拳》，票房收入却跃升至第2位。再次，珠三角之外区域更倾向于消费接近本土经验的故事题材，对都市经验相对不热衷。2018年讲述小镇经验的《乘风破浪》在珠三角以外区域受欢迎程度更高；相比之下，2017年的《前任3·再见前任》在珠三角地区的市场反响要明显优于其他地区。最后，在对影片主题深度的接受来看，相比珠三角地区，省内其他地区更注重对轻松、搞笑、奇幻等娱乐性元素的消费。2017年，带有历史反思意味的《芳华》在珠三角地区的票房要明显优于《追龙》和《乘风破浪》；而在省内其他地区，《芳华》的票房在三部影片中垫底，甚至不及《追龙》票房收入的一半。2018年，现实主义题材的《我不是药神》是珠三角地区放映场次和观影人次最多的影片，票房仅比第1名的《红海行动》少几十万元；而在省内其他地区，该片的票房被更具娱乐性的《唐人街探案2》和《捉妖记2》所超越。

近年来，进口影片在广东市场上的表现在经历稳步增长后，于2017年到达峰值转而呈下降趋势。2016年至2019年，广东市场上票房过1.5亿元的进口影片数量分别为3部、9部、7部和5部。2015年和2016年榜单前三的影片票房均在2亿元以上，4—10名的票房呈梯度排布，且后一年比前一年在对应位次上略有上升。2017年，进口影片的票房迎来爆发式增长，第10名《猩球崛起3：终极之战》收获1.27亿元，这一成绩可以排在前一年的第5名，前9名影片的票房均在1.5亿元之上，榜首《速度与激情8》一枝独秀，其余影片则票房梯度均匀。而在2018年，进口影片前十出现了明显的票房断档现象，其中第7名的《狂暴巨兽》收获1.82亿元，而第8名的《蚁人2：黄蜂女现身》仅收获1.32亿元，断档区间高达5000万元。2019年的票房断档则进一步出现在第3名与第4名之间，《蜘蛛侠：英雄远征》与《大黄蜂》的票房相差4000万元左右。上述数据一定程度上说明，2017年之后，进口影片整体上的市场竞争力有所下降，影片之间的水平参差不齐，难以再维持"一枝（或几支）独秀+梯度均匀"的局面。当然，榜首位置的影片依然有着惊人的票房号召力，《速度与激情8》《复仇者联盟3》和《复仇者联盟4》均与第2名拉开巨大差距。

表三　　2014—2019年广东省进口影片票房前10名

广东排名	2014				2015				2016			
	影片名称	类型	票房收入（亿元）	全国排名	影片名称	类型	票房收入（亿元）	全国排名	影片名称	类型	票房收入（亿元）	全国排名
1	变形金刚4：绝迹重生	动作/科幻	2.91	1	速度与激情7	动作/冒险	4.08	1	魔兽	动作/奇幻/冒险	2.09	2
2	猩球崛起：黎明之战	动作/科幻/奇幻	1.12	5	复仇者联盟2：奥创纪元	动作/科幻/奇幻	2.38	2	疯狂动物城	动画/喜剧	2.07	1
3	美国队长2：冬日战士	动作/科幻/奇幻	1.09	4	侏罗纪世界	动作/科幻/冒险	2.28	3	美国队长3	动作/科幻/奇幻	2.02	3
4	X战警：逆转未来	动作/科幻/奇幻	1.05	3	碟中谍5：神秘国度	动作/冒险	1.35	4	奇幻森林	奇幻/冒险	1.48	4

续上表

5	星际穿越	科幻/剧情/灾难	1.03	2	终结者：创世纪	动作/科幻/冒险	1.13	6	X战警：天启	动作/科幻/奇幻	1.25	6
6	超凡蜘蛛侠2	动作/科幻/奇幻	0.99	7	蚁人	动作/科幻/奇幻	1.06	7	星球大战：原力觉醒	动作/科幻/奇幻	1.19	5
7	银河护卫队	动作/科幻/奇幻	0.86	6	末日崩塌	动作/冒险/灾难	1.04	8	奇异博士	动作/科幻/奇幻	1.17	7
8	敢死队3	动作/惊悚/冒险	0.71	10	霍比特人：五军之战	动作/奇幻/冒险	1.00	5	蝙蝠侠大战超人：正义黎明	动作/科幻/奇幻	1.00	9
9	哥斯拉	动作/科幻/奇幻	0.69	8	火星救援	科幻/剧情/灾难	0.84	9	惊天魔盗团2	剧情/犯罪/嫌疑	0.98	8
10	极品飞车	动作/冒险	0.67	11	007：幽灵党	动作/冒险	0.75	10	你的名字	动画/爱情	0.91	11

广东排名	2017				2018				2019			
	影片名称	类型	票房收入（亿元）	全国排名	影片名称	类型	票房收入（亿元）	全国排名	影片名称	类型	票房收入（亿元）	全国排名
1	速度与激情8	动作/犯罪	4.77	1	复仇者联盟3：无限战争	动作/科幻/奇幻	3.68	1	复仇者联盟4：终局之战	动作/科幻/奇幻	6.57	1
2	变形金刚5：最后的骑士	动作/科幻	2.36	2	毒液：致命守护者	动作/科幻/惊悚	2.89	2	速度与激情：特别行动	动作/犯罪	2.36	2
3	摔跤吧！爸爸	传记/运动	2.16	3	侏罗纪世界2	动作/科幻/冒险	2.82	4	蜘蛛侠：英雄远征	动作/科幻/冒险	2.12	3

续上表

4	金刚：骷髅岛	动作/奇幻	1.99	5	海王	动作/奇幻/冒险	2.80	3	大黄蜂	动作/科幻/冒险	1.72	4
5	极限特工：终极回归	动作/冒险	1.79	7	头号玩家	动作/科幻/冒险	2.14	5	惊奇队长	动作/科幻/冒险	1.61	5
6	生化危机：终章	动作/科幻/恐怖	1.73	8	碟中谍6：全面瓦解	动作/惊悚/冒险	1.92	6	阿丽塔：战斗天使	动作/科幻/冒险	1.43	7
7	加勒比海盗5：死无对证	动作/奇幻/冒险	1.72	4	狂暴巨兽	动作/科幻/冒险	1.82	7	哥斯拉2：怪兽之王	动作/科幻/冒险	1.39	6
8	神偷奶爸3	喜剧/动画/冒险	1.67	9	蚁人2：黄蜂女现身	动作/科幻/冒险	1.32	8	冰雪奇缘2	喜剧/动画/冒险	1.09	8
9	寻梦环游记	喜剧/动画/奇幻	1.55	6	摩天营救	动作/惊悚/冒险	1.28	10	狮子王	剧情/动画/冒险	1.02	9
10	猩球崛起3：终极之战	动作/科幻	1.27	12	神秘巨星	剧情/音乐	1.16	9	大侦探皮卡丘	动画/奇幻/冒险	0.88	10

注：根据《广东电影年鉴》（2014—2019年）的数据整理。

广东市场票房前十的进口影片，与全国市场的情况基本一致，近年仅有《极品飞车》《你的名字》《猩球崛起3：终极之战》三部影片在全国市场排在前十开外，其他影片则仅有排名次序上的调整。从类型来看，绝大多数排名前十的进口影片都强调动作元素，仅有2部印度影片《摔跤吧！爸爸》《神秘巨星》和6部动画影片《你的名字》《神偷奶爸3》《寻梦环游记》《冰雪奇缘2》《狮子王》《大侦探皮卡丘》是例外。上述8部影片，除了《摔跤吧！爸爸》排在2017年的第3位外，其余7部影片各自都处在当年前十排名的靠后位置，这也从反面说明了广东乃至全国观众过于热衷消费好莱坞大片的视觉奇观。排名前十的好莱坞大片几乎全部拥有强大IP，如漫威宇宙系列、DC宇宙系列、"速度与激情"系列、"变形金刚"系列、"加勒比海盗"系列等等，除了动作元素之外，科幻和冒险也是这些影片赢得市场的关键词。从省内四大区域的数据对比来看，粤东、粤西和粤北地区的观众更为青睐具有视觉冲击力的动作片，《摔跤吧！爸爸》这种不以动作见长的剧情片在这些区域相对遇冷，该片的票房在广东省排在进口影片的第3位，而在珠三角之外的区域却排到了7—8位，落差明显。

（二）香港电影市场

2017年至2019年，香港电影市场全年上映的首轮电影数量分别为330部、353部、329部，其中非香港电影的数量分别为277部、300部、280部，香港电影的数量分别为53部、53部、49部。而在香港电影中，港产片的数量分别为19部、27部、23部，香港与内地合拍电影的数量分别为32部、25部、24部。2017年香港全年票房收入为18.12亿港币，香港电影票房收入为2.49亿港币，占整体票房的13.74%，非香港电影票房收入为15.63亿港币，占整体票房的86.26%。2018年香港全年票房收入为18.99亿港币，香港电影票房收入为2.45亿港币，占整体票房的12.90%，非香港电影票房收入为16.54亿港币，占整体票房的87.10%。2019年香港全年票房收入为18.87亿港币，香港电影票房收入为2.55亿港币，占整体票房的13.51%，非香港电影票房收入为16.32亿港币，占整体票房的86.49%。整体上看，香港电影市场上映电影的数量和结构都趋向稳定，票房收入存在小幅波动。

从香港年度总票房前十的影片来看，好莱坞电影处于绝对的优势地位，具有视觉冲击力的超级英雄电影和动作片在榜单中大包大揽。而与内地电影市场不同的是，香港电影市场对奇幻类型片有着明显的消费偏好。2017年，《美女与野兽》成为香港的年度票房冠军；2019年，《阿拉丁》排在香港年度票房的第6位；而上述两部电影在内地分别排在当年引进片票房的第18位和第15位。[①]此外，香港电影市场还表现出对动画电影的消费偏好。2017年，《神偷奶爸3》高居香港年度票房的第4位，《宝贝老板》则排在第9

---

① 注：《美女与野兽》和《阿拉丁》在内地的票房排名数据来自"灯塔专业版"应用。

位；2019年，《玩具总动员4》是香港的年度票房亚军，《冰雪奇缘2》则排在第7位；相比之下，上述影片在内地电影市场的票房排名大为逊色。上述影片，从目标受众来看，更针对儿童群体，这一定程度上说明，影片分级制度能够较好地引导家长为儿童群体选择更适合他们观看的影片。

票房前十的香港电影（包括香港主导的合拍片），整体上以娱乐片为主，延续了其商业类型片的传统，譬如：都市爱情喜剧《春娇救志明》、警匪动作片《拆弹专家》、功夫电影《叶问4：完结篇》等。值得注意的是，一些关注边缘人物的现实题材影片，也在香港市场收获肯定。2017年的《一念无明》，将镜头聚焦于躁郁症患者与其父亲的生活；2019年的《沦落人》，则表现了一个瘫痪的中年男人与菲佣之间的尊重与爱。两部影片都是当年港产片的票房冠军，分别收获了1692万港币和1981万港币。

内地电影（包括内地主导的合拍片）在香港市场的表现一般，一系列在内地市场收获巨额票房的影片，在香港市场都相继遇冷。《战狼2》《红海行动》《流浪地球》三部新主流大片在香港的票房均未突破千万港币，其中《红海行动》的票房最高，收获870万港币；而像《芳华》《唐人街探案2》《西虹市首富》《中国机长》等影片，票房则均在百万港币以下。由此看来，内地电影在香港市场的受认可度较低，需要从文化认同、审美认同等方面着手改善。

二、大湾区电影制作概况

大湾区电影制作主要集中在内地珠三角地区和香港。近年来，珠三角地区在保持动画影片的高水准之外，还陆续推出了《过昭关》《小伟》《掬水月在手》《棒！少年》《中国医生》等一系列精品故事片，带动粤产影片的复苏。香港方面，与内地合拍片在合作模式上有进一步的探索，而港产片则更多聚焦本土经验和边缘人群，推出了《一念无明》《沦落人》《金都》等高分电影。

（一）珠三角电影制作

广东省的影视企业，主要集中在珠三角地区。近年来，随着《中国电影产业促进法》的颁布实施，该地区的电影产业进入了规范发展的新常态。在此背景下，粤产影片在质和量上都有所提升，呈现出一派勃勃生机。

以2020年前的数据为例，在电影拍摄立项方面，整体上实现了从过快增长到稳步增长的转变。2016年，广东省新闻出版广电局备案立项目通过的电影项目多达325个，相比2015年的210个，增幅高达54.76%。粤产影片在立项数据爆发增长的同时，票房却遭遇了滑铁卢。2016年，粤产影片年票房总收入仅为3.83亿元，仅为全国国产影片总票房的1.44%，与2015年的6.94亿元相比，年票房总收入下降44.81%。之所以出现如此大幅度的下滑，主要原因在于影片的质量和口碑都不理想，票房过1亿元的影片仅有1部。在此背景下，粤产影片的备案立项急踩刹车，2017年仅有235个项目通过，从源头上把控质量关。在粤产影片市场表现有所回暖的前提下，2018年和2019年获批的电影拍摄立项数才又逐步增加。

表四　广东省电影制作及票房概况

年份	获批电影拍摄立项数	公映影片数	全年票房总收入（亿元）	占全国国产片票房收入的比例
2014	180	24	7.17	4.42%
2015	210	30	6.94	2.56%
2016	325	19	3.83	1.44%
2017	235	34	10.95	3.64%
2018	282	33	8.98	2.37%
2019	325	43	10.28	2.50%

注：根据《广东电影年鉴》（2014—2019年）的数据整理。

广东省的制片单位在参投外省出品的电影方面，一直保持着较好的眼光。2015年，广东省参投影片的票房高达66.58亿元，占全年国产片总票房的24.5%，相比上年，年票房总收入增长194.34%。2018年，广东省参投影片的票房更是高达121.88亿元，占全年国产片总票房的32.16%；参投影片有三部位列年度国产影片票房前十，分别是《红海行动》《西虹市首富》和《无双》。2019年，广东省参投的影片更是占据了年度国产影片票房前十的半壁江山，分别是第2名的《流浪地球》、第3名的《我和我的祖国》、第8名的《少年的你》、第9名的《扫毒2：天地对决》和第10名的《攀登者》。

在政府资助方面，2014年6月，广东省财政厅与中共广东省委宣传部联合发布了修订后的《广东省文艺精品专项资金管理办法》（粤财教〔2014〕145号）。该年广东省共拨付文艺精品专项资金2000.71万元，其中电影类作品共获得各类扶持资金570万元，约占总金额的四分之一。2017年，广东省财政厅、广东省新闻出版广电局联合印发出台了《国家电影事业发展专项资金省级分成部分征收使用实施办法》。根据该实施办法相关规定，广东省新闻出版广电局对2015—2017年广东电影发展项目给予奖励资助，共计拨付了4900万元。近年来，受到奖励资助的优秀粤产影片有：《熊出没之夺宝熊兵》《传奇状元伦文叙》《熊出没之熊心归来》《熊出没之奇幻空间》《拆弹专家》《照相师》《熊出没·变形记》等。

在题材类型方面，近年来珠三角地区出品的故事片呈现出多元化的格局。一是弘扬时代精神的影片，如以振兴乡村、脱贫致富为主题的《那狗》《阿文的承诺》《南哥》，表现改革开放新面貌的《纯真年代》《照相师》《梦想之城》以及抗疫题材的《中国医生》等。二是还原儿童视角传递正能量的影片，如《小茜当家》《天籁梦想》《天使的声音》《梦想之战：踢球吧，阿妹》等。一是表现岭南特色和传统文化的影片，如《顺德人家之合家欢》《柳毅奇缘》《花月影》《榫卯》《白门柳》等。此外，文艺片方面，《过昭关》和《小伟》均在第2届平遥国际电影展上大放异彩，《过昭关》的导演霍猛获"费穆荣誉最佳导演"奖，而《小伟》的新人导演黄梓则收获"发展中计划·最佳导演"奖。商业娱乐片方面，除了《拆弹专家》《拆弹专家2》《天火》等几部卖座的动作片外，广东省还出品了众多悬疑惊悚片，如《借眼》《纹身师》《谜证》《你往哪里跑》《惊魂七夜》《芒刺》《惊慌失色之诡寓》《午夜整容室》《骨瓷》《致命梦魇》《夺命杀机》等，但这些影片整体上水平欠佳。动画片方面，近年来广东省已成功打造了多个IP，譬如《熊出没》《猪猪侠》《钢铁飞龙》《潜艇总动员》等，其中《熊出没》系列电影连续三年（2017—2019年）成为粤产影片的票房冠军。纪录片方面，广东省在近年陆续推出了《港珠澳大桥》《变化中的中国·生活因你而火热》《掬水月在手》《棒！少年》《海上来客》等精品。

从市场反响来看，粤产动画片表现出色。近年来，《熊出没》系列电影的全国票房稳定在5亿元以上，《熊出没·原始时代》（2019年）的票房更是高达7.17亿元；《猪猪侠》系列、《钢铁飞龙》系列、《潜艇总动员》系列的票房也都能保持在2000万元以上，其中《潜艇总动员：海底两万里》（2018年）和《猪猪侠大电影：恐龙日记》（2021年）的票房都超过了7000万元。此外，截至2022年7月24日，成人向粤产动画片《雄狮少年》的票房已达2.49亿元。①故事片方面，卖座电影偶有出现，近几年票房过亿元的有《拆弹专家》（2017年）、《天火》（2019年）、《拆弹专家2》（2020年）、《中国医生》（2021年），其中后两部影片的票房均超10亿元，使广东省成为全国第8个出品过单部影片过十亿元票房的省份。上述4部影片之外，粤产故事片的市场表现整体上十分低迷。以2017年至2019年的数据为例，票房过千万元的影片仅有《爸，我一定行的》《照相师》《坏爸爸》《太阳升起的时刻》；票房在百万元以上、千万元以下的影片也只有18部，仅占16.36%；绝大多数故事片的票房都在百万元之下。纪录片方面，《港珠澳大桥》收获755万元，《变化中的中国·生活因你而火热》收获623万元，《棒！少年》收获789万元，《掬水月在手》收获790万元，票房收入相对稳定。

从获奖情况来看，近年来粤产电影表现亮眼，其中戏曲片尤为出色。粤剧电影《传奇状元伦文叙》获第31届中国电影金鸡奖最佳戏曲片提名；汉剧电影《白门柳》、粤剧电影《柳毅奇缘》获第二届中国戏曲电影展优秀戏曲电影奖；粤剧《白蛇传·情》获第三届平遥国际电影展最受欢迎影片奖和第32届中国电影金鸡奖最佳戏曲片提名；粤剧电影《刑场上的婚礼》获第33届中国电影金鸡奖最佳戏曲片提名；粤剧电影《南越宫词》获第34届中国电影金鸡奖最佳戏曲片。剧情片方面，影片《榫卯》入围第26届中国电影金鸡奖国产新片展，还入围了首届塞班国际电影节最佳影片、最佳剧本、最佳男主角和最佳音乐等四个重要奖项，马悦荣获最佳男主角；抗疫作品《最美逆行》获中国力量·战"疫"短视频盛典纪录片单元二等奖；广东省影协副主席甘小二、会员李竞的剧本《沉默的极少数》荣获第33届中国电影金鸡奖民

---

① 注：《雄狮少年》的票房数据来自"灯塔专业版"应用。

族电影展映单元优秀剧本奖；广东省影协会员、广州大学人文学院戏剧与影视学系教授喻彬与学生王林创作的电影剧本《大地加木》获第33届中国电影金鸡奖民族电影展映单元创意剧本奖；影片《中国医生》获第34届中国电影金鸡奖最佳音乐奖；粤港合拍片《拆弹专家2》获第34届中国电影金鸡奖最佳剪辑奖。纪录片方面，来自深圳的著名导演李亚威荣获第三届加拿大金枫叶国际电影节最佳纪录片、导演成就大奖，其拍摄的纪录片《过端》荣获该届电影节最佳纪录片奖；《掬水月在手》获第33届中国电影金鸡奖最佳纪录/科教片；《点点星光》获得最佳儿童片奖。《棒！少年》获得第14届FIRST青少年电影展最佳纪录长片和2020中国（广州）国际纪录片节评审团特别推荐优秀纪录片奖。

（二）香港电影制作

近年来，香港电影的年产量呈现下滑趋势。以2020年前的数据为例，2017年开拍的香港电影共67部，其中港产片29部，合拍片38部；2018年这三个数据分别为58部、17部和41部；而在2019年，数据则进一步下降至36部、25部和11部，这是21世纪以来香港电影年产量的最低纪录。

港产片方面，影片的受众面很大程度上局限在香港本土市场。2017年至2019年，在香港市场票房过千万港币的影片有《一念无明》《小男人周记3之吾家有喜》《反贪风暴3》《逆流大叔》《沦落人》和《恭喜八婆》。在内地市场上映并有票房纪录的仅有3部，《反贪风暴3》收获4.43亿元，《一念无明》收获938.8万元，而《逆流大叔》则只有76.4万元票房。①事实上，《反贪风暴3》的前后作均为内地—香港合拍片，原因在于这类演员阵容强大、制作精良的犯罪动作片，往往需要较大的投资才能保证拍摄的顺利进行。而港产片的主流通常是中小成本制作，要么走文艺片路线而缺乏商业消费性，要么仅局限于香港本土的集体记忆，难以在内地市场收获较高票房。

合拍片方面，主要有以下几类。一类是以《春娇救志明》《29+1》《栋笃特工》《花椒之味》《西谎极落之太爆太子太空舱》等为代表的香港市民

---

① 注：《反贪风暴4》《一念无明》《逆流大叔》3部影片的内地票房数据来自"灯塔专业版"应用。

影片，这类影片的主创团队几乎都是香港人，即便有内地演员，也只是充当配角，和港产片中的中小成本制作一样，以市井气息专注于本土市场，像《春娇救志明》这样凭借明星效应和IP效应在内地市场收获较高票房的个例并不多。一类是以"香港导演+内地演员"为组合的影片，如：《西游伏妖篇》《红海行动》《少年的你》《长津湖》等。这类影片往往保留了导演本人的艺术品位，但在价值立场、人物选角等方面则主要以内地市场的消费倾向作为参照标准，因此影片在内地市场的反响通常大大优于香港市场。一类是内地参与投资的香港商业大片，如《拆弹专家》《追龙》《无双》《叶问4》《扫毒2：天地对决》《拆弹专家2》等。从主创团队来看，这类影片从导演、制片到演员皆以香港班底为主导，但通常会有内地演员在其中担纲一些重要的角色，譬如《拆弹专家》系列的女主角就分别由宋佳和倪妮出演；此外，这类大片在明星云集的同时往往兼具动作、犯罪等娱乐性元素，在内地和香港都具备相当的票房竞争力。

三、大湾区电影活动与交流

《粤港澳大湾区发展规划纲要》中明确指出，大湾区的战略定位之一，在于打造宜居宜业宜游的优质生活圈，文化上的繁荣昌盛是其中的应有之义。电影方面，大型电影活动的举办，不仅可以为行业内部的优秀作品和人才提供充分交流的平台，同时也势必带动当地电影事业的蓬勃发展。近年来，乘着粤港澳大湾区政策的东风，大湾区的电影交流活动也越发欣欣向荣，无论是规模还是数量，都可圈可点。

（一）大型电影节展活动

2018年11月7—10日，第27届金鸡百花电影节在佛山举行。这是时隔20年后，佛山再度牵手金鸡百花电影节。2018年是改革开放40周年，"讲述光影初心、展现新时代百花气象"成为本届电影节开幕式的主题。此外，电影节还特设了"改革开放40年中国电影成就影展"，通过15部影片再现"改革开放"这一伟大历程，而佛山题材电影《梦想之城》也作为献礼片位列其中。在本届电影节的中国电影产业投资影响力论坛上，《佛山市南方影视中心影视产业发展规划（2018—2025年）》和《佛山影视拍摄指南》正式发布，为打造佛山这一中国南方影视中心谋划战略布局。作为功夫之乡，佛山为功夫（动作）影片贡献了不少题材，本届电影节上，不少经典功夫电影重现银幕。而在2019年12月17—21日，中国大湾区功夫电影周在佛山举办。这是《粤港澳大湾区发展规划纲要》发布以来，首次以"大湾区"命名的电影盛会，对推动大湾区功夫电影产业的发展和南方影视中心的建设有着重要的作用。

2017年11月15—19日，第13届中国国际儿童电影节在广州举行。本届电影节以"中国少年儿童电影梦"为主题，吸引了近千名中外影人汇聚广州，为中国儿童电影的发展出谋划策。组委会共收到来自23个国家和地区的128部作品，与上一届相比，电影节的国际影响力有了显著的提升。此后，"中国国际儿童电影节"更名为"中国国际儿童电影展"，广州在2019年和2020年先后两次承办这一中外儿童电影盛会。2019年中国国际儿童电影展共征集了来自近30个国家和地区的146部中外优秀儿童电影参展，无论是国家（和地区）还是影片的数量都有所增加。2020年中国国际儿童电影展受疫情影响，仅有34部中外儿童影片参加展映。

中国（广州）国际纪录片节创始于2003年，由国家广播电视总局和广东省人民政府主办，广州市人民政府、广东省电影局、广东省广播电视局承办。从参评参展的规模来看，中国（广州）国际纪录片节俨然已成为全球最具影响力的纪录片专业节展之一。2011年，该节展仅有来自56个国家和地区的683部纪录片参展；而在2018年，则有122个国家和地区的4542部/集作品参展。此外，近年来境外参展作品的比例，也由2018年的54.36%攀升至2020年的81.93%；2019年，欧洲更是首次超越亚洲成为参评数量最多的大洲；2020年，"一带一路"沿线也有51个国家和地区的961部作品报名参评。大湾区方面，2021年有超过100部作品参与评选，其中香港TVB首次参展送选的《无穷之路》，真实记录了国家在扶贫之路上的奋斗历程与伟大成就，在播出后颇受好评。除了国际影响力的日益提升之外，该纪录片节还逐步成为指引行业趋势的风向标。2017年，节展举办了"4K纪实节目的内容制作与产业趋势"论坛；到了2019年，组委会就共计收到402部/集4K纪实作品参展，5G+4K+AI的结合已然成为行业发展的新趋势。在此背景下，2019年的节展特设了"4K超高清纪实内容与产业板块"和"5G""AI"等相关论坛，以期进一步探索科技变革和行业融合对纪录片产业所造成的影响。

中国国际影视动漫版权保护和贸易博览会（以下简称"漫博会"）是目前国内唯一一个国际级影视动漫版权专业展会。自2009年12月落户东莞以来，漫博会成功举办12届（2020年因疫情原因停办一届），有效整合了国内外动漫产业优秀资源，已发展成为国内知名的动漫产业盛会。近年来，漫博会通过专业品牌展、专业主题论坛、对接会、公众艺术专题展览等形式，致力于促进动漫品牌与其他产业的对接，催化品牌授权的拉动效应，推动"动漫+"产业的融合发展。此外，"动感金羊"扶持计划，通过设置专项扶持基金，不断发掘和鼓励优秀作品的创作和运营。2018年，该计划共征集扶持作品1260个；而2019年，扶持作品数量进一步增加，共计1324个。2019年的第十一届漫博会，特设粤港澳动漫专业展区，邀请了香港多媒体设计协会、澳门设计师协会、原创动力等多家企业机构参展，进一步推动大湾区动漫行业及产业人士的交流与合作。2021年的第十二届漫博会，采取"线上云平台"和"线下漫博会"协同推进的办展模式，向数字化、智慧化、平台化转型。为庆祝中国共产党成立100周年，此次漫博会还推出"百部动漫致敬百年华诞"主题展，以动画形式传承红色基因。

广州大学生电影节是华南地区唯一一个经国家广播电影电视总局批准的大学生电影节，2019年改名广州大学生电影展，被广东省委省政府作为大型文化品牌活动列入《广东省建设文化强省规划纲要（2011—2020年）》，在国内各高校中有着广泛的影响力。近年来，电影节进一步贯彻落实"大学生办、大学生看、大学生拍、大学生评"的原则，将主竞赛单元的奖项从2017年的5项增加到2019年的16项，很好地兼顾到了大学生群体对电影的多元化喜好；而电影节的原创剧情短片单元更是深受全国大学生的欢迎，2021年该单元共征集到480余部参赛作品；此外，像原创剧本、微剧本、影评、摄影等环节也均有数百至上千份作品报名参加。为进一步推动新时代电影事业繁荣发展，第十八届广州大学生电影展实施"2+2+2+4"十大举措，主要突出学生原创单元、电影推荐主单元两大单元；同时办好两个大会（开幕式和闭幕式）；特别建立青穗片单和年度观影趋势白皮书两个板块；实施青穗观影团、青穗大讲堂、青穗展映、青穗电影筑梦计划在内的四个青穗计划，以更为多元化活动形式，促进各个板块之间的强关联，增强大学生电影文化交流聚集辐射带动力。

粤港澳大湾区电影之夜发起于2019年，已连续成功举办了三届，系广州文化产业交易会的重要活动之一，旨在吸引全国优秀电影人和资源聚焦大湾区，共建粤港澳大湾区影视产业高地。电影之夜活动除了对近年来的优秀电影作品、电影人进行推优表彰之外，还促成了一系列的产业合作签约，并通过举办圆桌沙龙的形式，为粤港澳大湾区电影产业的协同发展出谋划策。2020年，电影之夜活动首次提出"中国新人文电影"理念，联合京穗两城的多家机构共同发起"中国新人文电影计划"；在当晚的活动上，五大国内知名电影平台中国（广州）国际纪录片节、中国国际儿童电影展、广州大学生电影展、新时代戏曲电影高峰论坛、粤港澳大湾区电影之夜，首度联合倡议成立"粤港澳大湾区电影推介联盟"，共同为粤港澳大湾区电影产业发展助力。

香港电影金像奖是由香港电影金像奖协会在香港地区举办的电影奖项，创办于1982年，见证了香港电影的黄金时代。从近年的获奖名单来，香港电影界的前辈仍是中流砥柱，第36、37、38届的最佳电影，最佳导演，最佳男、女主角等大奖几乎都由以许鞍华、庄文强、古天乐、林家栋、惠英红等为代表的老牌导演、演员所获得。新人方面，黄进凭借导演作品《一念无明》获得第36届的新晋导演，该片还入围了最佳编剧、最佳导演等多项提名，并获得了最佳男女配角两个奖项。另一位值得关注的新人导演是曾国祥，他主要在内地开展导演事业，其导演作品《七月与安生》和《少年的你》均取得票房和口碑上的双丰收，这两部作品分别入围金像奖的多项提名，《少年的你》更是一举夺得包括最佳电影、最佳导演、最佳女主角在内的多项大奖，成为第39届香港电影金像奖的最大赢家。2020年9月28日，香港电影金像奖官方宣布，因受疫情影响，第40届香港电影金像奖将延后一年举行。

澳门国际电影节是澳门电影电视传媒协会与中国国际文化传播中心于2009年创办的国际性电影节。从近年的提名名单来看，内地电影所占的比例较高，国际化程度有待进一步提升。从2017年至今，内地电影《芳华》《无名之辈》《流浪地球》《八佰》接连摘下四届金莲花最佳影片大奖。在形式内容上，2020年的第12届澳门国际电影节还增设了网络电影评选、中国影视文化产业博展览会、"一带一路"国际影展及影视产业发展高峰论坛、"电影沙龙"之影视高级研修班等品牌子活动。第13届澳门国际电影节于2021年12月20—29日举行。

（二）电影主题展映活动

2017年，广东省电影家协会发起"粤影风华"优秀广东电影展映活动，至今已连续成功举办了五次。2018年，为庆祝改革开放40周年，活动精选16部改革开放年代广东出品的经典影片，以公益放映、讲座研讨等形式，在省内各地进行了为期两个月的巡回展映。自2019年开始，"粤影风华"活动便开始走进校园，在向学生展现广东时代风貌的同时，也一定程度上培养了他们的艺术审美能力。在2020年和2021年，展映活动的规模进一步扩大至百余场次，并走向了全省各地的乡镇，且先后结合"新中国成立70周年""中国共产党成立100周年"的时代主题，通过电影公益放映更广泛地弘扬了社会主义核心价值观。在影片的选择上，既有反映改革开放之初市民风貌的《雅马哈鱼档》，也有还原扶贫使者带领人民脱贫致富的《南哥》，还有展现传统与现代之思想交锋的古建筑题材电影《榫卯》等，可谓精彩纷呈。

"我爱你，中国"庆祝中华人民共和国成立70周年广东优秀电影主题展映活动，由中共广东省委宣传部、广东省电影局主办，珠江电影集团承办，于2019年9月16日正式启动。活动通过影城主题展映、农村公益放映、记忆电影海报巡展等多种形式庆祝新中国成立70周年。展映的12部影片以1963年的《七十二家房客》为起点，以2019年的《港珠澳大桥》为终点，通过不同时期、不同题材的串联，为观众多层次地呈现了广东优秀电影的风貌。

"走，看电影去——广东优秀电影5元观影活动"由广东省电影局联合广州、深圳、佛山的党委宣传部门共同举办，于2020年7月20日正式启动。此举在于号召全省影院有序开展复工复产，积极带动广大影迷朋友们重回影院。此次复映片单中，一批具有本土特色的影片，从不同类型、题材出发，讲述着"小人物大时代"的中国故事、广东故事，是近年来粤产电影水平不断提升的集中体现，其中包括《梦想之城》《创客兄弟》《过昭关》《榫卯》《柔情史》《白门柳》等优秀作品。

广东省庆祝建党100周年优秀影片展映展播暨"看电影学党史"主题活动，由中共广东省委宣传部、中共广东省委党史学习教育领导小组办公室主办，南方报业传媒集团、珠江电影集团承办，于2021年4月1日正式启动。此次活动，在全省21个地级以上市同步发起，共计展映新中国成立以来的百余部优秀国产电影，涵盖重大革命历史题材、党史军史题材、现实生活题材、英模题材等。在放映形式上，除了城市院线外，还将通过电影频道陆续展播；此外，主题放映活动也不断深入到全国农村、城市社区和众多校园之中。

2021年2月18日，"人文湾区光影筑梦——粤港澳大湾区电影交流与合作主题发布活动"于广州大剧院举行。活动上，中国影协宣布，从2021年上半年起，与广州共同发起粤港澳大湾区金鸡影展。影展于每年上半年在广州启动，面向整个大湾区巡展。

近年来，除了广东省、大湾区、国内电影的主题影展活动面向社会广泛开展之外，许多国际影展也纷纷来到广州、深圳等地。2017年起，"日本电影广州展映周""法国电影展""加拿大电影展映周""是枝裕和电影回顾展""广州意大利电影文化周""法国新浪潮双杰电影回顾展""法语国家影展""国际戏剧影像展""国际歌剧电影展""2018欧盟电影展""西班牙电影展""巴西电影展""亚洲电影展"等活动相继开展，为粤港澳大湾区电影文化的发展，分享了国际性经验，也促进了大湾区电影行业与国际电影人的交流与合作。

（三）电影交流活动

"广东电影年会"由广东省新闻出版广电局指导，广东省电影行业协会主办，与会代表包括粤港澳地区电影创作、制片、院线、影院、设备厂商等相关行业的从业人员。在2018年的年会上，广东省电影行业协会联合深圳市中洲文化创意产业有限公司、广东百影汇电影产业有限公司，宣布启动"粤港澳大湾区电影产业中心项目"，致力于打造一个青年电影人才创业中心和现代电影全产业链基地；佛山市政府代表也介绍了该市对佛山影视产业的全方位扶持政策。在2019年的年会上，广东省电影行业协会、香港电影工作者总会、澳门电影协会三方现场签署"粤港澳电影行业合作框架协议"，对推动粤港澳影视产业的共商、共建、共享具有重要意义。

"粤港澳电影创作投资交流会"由澳门特别行政区政府文化局、广东省新闻出版广电局和"创意香港"联合主办，始创于2014年。2017年，创投会共吸引了粤港澳三地26家制片方和70家投资方参加，为历届之最。2021年，创投会侧重剧本评选，三地主办方推出"剧透行动——电影剧本深化计划"，向粤港澳三地征集电影项目，每地推荐2个电影项目剧本参加该活动的终评会，最后从三地6个项目中评出2个获奖项目，每个项目可得6万澳门币的奖励。为配合该活动，广东省电影局还举办"2021粤港澳电影创投会培训工作坊"，三地60名入围第一轮项目的作者参加了这次培训班，并邀请来自北京和香港的资深编导和制片讲师为学员授课。

"粤港澳电影考察交流活动"由广东省电影局、香港电影发展局、澳门特别行政区政府文化局联合举办，近年来分别去到广东省江门市、惠州市和梅州市。2017年，活动除了充分发掘江门市的电影资源、分享交流三地的政策优势和经验之外，还举行了广东百年电影纪录片项目启动仪式。2018年的活动大会上，粤港澳三地相关方面代表共同签署了三份意向书：一是三地联合打造"粤港澳大湾区影视中心"、"粤港澳大湾区青年影视周"、粤港澳大湾区影视学校（院）合作意向协议；二是三地联合拍摄纪录电影《蓝天下的澳门》意向协议；三是三地联合拍摄故事片《两航起义》意向协议。2019年，活动达成了一项重要协议，即佛山、梅州两地电影产业战略合作框架协议正式签订；双方将加强影视产业的交流与合作，并建立起互助交流机制，开发共享两地影视产业市场。

2018年12月10日，由广东省电影行业协会和香港电影沙龙公司联合举办的"2018大湾区中外电影合作峰会"在广州召开，来自亚洲、北美洲和大洋洲的11个国家和地区的60余名电影人出席了会议。此次会议有效推动了大湾区与参会国家和地区的电影文化交流，一系列的电影交流活动陆续开展，如：2018广东—艾伯塔电影交流合作会议、加拿大安大略省动漫企业代表团访粤、新南威尔士州—广东省电影圆桌会议、广东省电影行业协会组团考察加拿大艾伯塔省电影行业，等等。

2019年9月3—9日，中共广东省委宣传部、广东省电影局主办的"2019中国（广州）电影欧洲展映"以及广东省政府新闻办、广州市政府新闻办主办的中国—意大利、中国—希腊、中国—西班牙友好交流故事会暨"读懂中国"广州国际会议路演活动一同走进意大利、希腊、西班牙。此次展映活动中，与欧洲观众见面的有《白蛇传·情》《熊出没·奇幻空间》《全民目击》《照相师》《拆弹专家》等广东电影，深受好评。电影展映之外，广东电影代表团分别与意大利国家电影音像和多媒体工业协会、希腊电影人协会、菲诺斯电影公司、西班牙电影主管部门等机构进行了座谈交流，为中欧电影产业合作带来了新的发展机遇。

"粤海青年电影论坛"由广东省电影家协会主办，论坛的宗旨是"汇集青年电影力量，促进南粤电影发展"，积极推介市场上难以见到的优秀影片并组织专家学者、青年电影人与观众共同研讨。近年来，该论坛先后举办了《榫卯》《秋野春潮》《清水里的刀子》《慕伶、一鸣、伟明》等青年导演作品的观影交流会，在广大影迷群体中有着不错的反响，对激发青年电影创作者的热情有着积极意义。

（四）电影培训活动

"广东电影专题系列培训活动"由广东省文学艺术界联合会、广东省电影家协会等联合主办，从2017年起分别举办了"电影录音专题培训班""青年电影编剧培训班""'大梦想家'优秀电影剧本评奖及编剧培训班""电影美术培训班"等专题培训活动。培训班一般采用"名师讲座+现场指导"的形式展开，既有来自专业院校名师的理论指导，又有一线资深电影从业人员的现身说法与经验分享，学员们普遍受益良多。该活动的开展在提升广东电影从业人员专业素质的同时，也为广东电影事业的发展注入了新鲜活力。

2018年8月24—28日，由中国电影家协会主办，暨南大学、中共广州市委宣传部承办，中国文学艺术基金会协办，广东省电影家协会支持的"粤港澳大湾区电影及公共传播人才培训班"在广州举行。本次培训班云集了来自粤港澳大湾区电影行业及公共传播领域一众专业人才80余名，培训结束后各学员纷纷表示获益匪浅。粤港澳大湾区区位优势明显，兼具人才、技术和包容性三大文化创意产业发展优势，在电影创作上优势互补、大有可为。各学员通过几天充实的培训班课程，对粤港澳大湾区未来的发展态势和中国电影的发展有了充分了解，对讲好中国故事、提高文化软实力和中华文化影响力充满信心。

2018年11月5日，由广东省电影局指导，珠江电影集团联合广东省电影家协会主办的"珠江电影大讲堂"开讲。该讲堂旨在活跃广东电影文化氛围，更好地承担发挥好珠影作为广东电影龙头企业作用，锻造高素质专业化人才队伍，实现培训工作与人才链、产业链、创新链的有机衔接，使广东成为粤港澳大湾区乃至中国南方的电影人才培养和电影创作高地。大讲堂主要围绕电影产业发展趋势和政策分析、影视项目投融资、内容开发制作、营销发行等主题设置课程，邀请影视行业政策制定专家、专业院校教师、知名影视传媒机构负责人等业内权威人士授课。"珠江电影大讲堂"第一期邀请了中国电影家协会分党组书记、驻会副主席张宏，作"中国电影产业变局及电影国企发展机遇"主题讲座；第二期邀请到了北京无限自在文化传媒股份有限公司董事长朱玮杰，作"电影营销多样化"主题讲座；第三期本期邀请到了中国电影家协会副主席，中国文艺评论家协会副主席，清华大学教授、影视传播研究中心主任，澳门科技大学澳门电影艺术研究院院长尹鸿，以"中国电影产业走向与国有电影企业的机遇"为题进行讲座；第四期邀请到了著名电影人、国家一级导演、北京师范大学教授傅红星，以"新时代纪录电影如何更好地走进公众视野"为题进行讲座；第五期邀请到了欢喜传媒集团有限公司制作总监赵毅军，作"主流院线电影开发与制作"主题讲座；第六期邀请到了北京电影学院文学系副教授、硕士生导师杜庆春，以"中国电影市场爆款趋势带来的启示"为题进行讲座，从专业角度分析如何打造爆款电影。

由广东省电影家协会导演艺术委员会指导，广东方阵电影产业有限公司主办的"2019年第三期华南影视投资大师班"首讲在广东省电影家协会放映室顺利举行。该活动旨在为华南地区培养高端影视人才，同时集中影视行业各领域优势资源，提升华南地区电影行业的竞争力，全力推动华南影视产业蓬勃发展，共同振兴广东电影产业，为再创广东电影新辉煌而倾尽全力。大师班首堂课邀请到了《战狼2》的编剧刘毅作"从剧本到电影创作"的主题演讲。刘毅通过把专业理论与时下几部热门电影相结合的讲授模式，为学员们深入浅出地解释电影创作是如何为整个电影项目的成功孵化打下坚实的基础。刘毅在课程总结中说，一个职业的编剧除了自身要有过硬的专业素质，还需要了解电影拍摄、制作的流程；从内容创作延伸到电影拍摄、后期，影响着整部电影的完成度和质量，决定着电影的票房收益。

2020年12月14—16日，由广东省电影局主办，广东省电影家协会、广东省电影行业协会承办的"2020粤港澳电影编导与制片人培训班"在广州举行。本次培训班的举办是为贯彻党的十九届五中全会精神和习近平总书记文艺工作座谈会重要讲话精神，建立粤港澳电影编导与制片人员交流学习的平台，提高编剧、导演和制片人员的业务能力和专业素质，打造一支高水平的粤港澳大湾区电影编导与制片人团队。60多名来自粤港两地的从事编剧、导演和制片人工作的学员参加了这次培训。为期三天的培训内容包括《从现实素材到电影剧本》《拍摄华语喜剧电影的编导经验》《电影频道出品电影与中小成本电影创作、发行策略》《中小成本电影在院线市场打响的制胜智谋》《香港与内地合拍影片的合作体验》。课程涵盖了编导和制片人员所需的技能知识、市场知识和分工合作知识，有利于促进编导之间的理解与合作，提高了广东编导与制片人才的综合水平。

2020年12月24日，清远市电影电视艺术家协会在清远市糖果时光文创园"广东电影创作基地"举办了"北江影视沙龙暨2020清远市影像技术专业交流会"，清远众多影视从业人员和爱好者现场体验到各项影音设备展示和参与知识分享交流。举办此次活动，是以影视技术为纽带，为影视从业者、爱好者搭建一个展示、交流的平台，使更多清远影视人对新的影视器材、技术和知识有了更加全面且深刻的认识，让大家能够在这个平台互相学习、互相提高、增进友谊。更是通过大家集思广益、畅所欲言、互通有无、凝聚共识的交流热情和形式，为清远电影电视事业发展打下良好的技术基础。

四、大湾区电影理论思潮

近年来，"大湾区"作为一个地理区域名词不断深入人心，频频出现在人们的日常对话之中。应该说，目前人们对"大湾区"的认同，更多地体现在经济发展的协同合作上；然而更根本的认同，应该落实到文化心理层面。如此，从地缘学视域出发，归纳总结大湾区的地域文化特征，以探讨大湾区电影的概念、理论和创作路径的生成，对大湾区电影事业的发展同样有着积极意义。

（一）"大湾区电影"

2019年2月，中共中央、国务院印发《粤港澳大湾区发展规划纲要》，在此背景下，从地缘电影学视域开展对大湾区电影的研究，成为近年来学界关注的热点，"大湾区电影"的概念应运而生。

学者饶曙光在《地域文化与共同体美学——关于粤港澳大湾区电影发展的思考与展望》中认为，"大湾区电影可以说是新的历史条件下岭南电影的一个新称谓、新表述"。他指出："岭南文化不仅仅是属于岭南地区的文化，它本身就是开放、包容、融合的一种文化形态与文化存在。岭南电影则是建基于岭南文化之上，在外来文化和本土文化的'冲突与张力'中产生的一种电影创作。"在对大湾区电影发展的建议方面，他从"共同体美学"的立场指出三点：一是把握地域文化和"共同体叙事"的平衡点；二是注重粤港澳大湾区三地的内部差异，在整体性标识下注重差异化发展；三是强调巩固国内市场与拓展海外市场的平衡与统一。

学者周星在《粤港澳大湾区电影构想、发展的思考》中结合大湾区的经济实力和电影市场规模，认为大湾区电影"在国家的文化战略和经济战略之中其命名的基础已经确立"，大湾区电影"应当是以粤港澳大湾区的地域为紧密联系纽带，以南国文化历史与经济发展为支撑，以近现代社会文化变迁为主要对象，以几个核心地域生产创作为观照，以广州、深圳、香港、澳门等为重要节点，以中国第一的放映市场和逐渐增多的民营、国营、联营机构为支撑的辐射海洋文化、陆地文化并与南洋文化互为参照，在中国电影区域之中最有特色和容量的集创作、发行、放映、传输渠道、教育机构于一体的电影对象"。

在大湾区电影研究与西部电影研究、东北亚电影研究、江南电影研究以及"京派"电影研究一起，汇成一股声势浩大的中国地缘电影学研究浪潮时，学者贾磊磊在《中国电影的地缘文化阐释》中从地缘研究的理论基点出发，提出了五条方法论建议：一是从中国在整个世界地缘关系中的位置来研究中国电影100多年来发展变化的历史进程；二是在对中国电影的作者研究中，善于发现电影作者的创作路径与地缘文化之间的内在关联；三是在地缘文化的视域上，将研究电影的个性特征转向研究电影的共性特征；四是在建构中国电影的空间形态时，认识到中国本身是一个在地缘文化上呈现出多种可能性表现形态的国家；五是在对中国电影文化特质的研究中，意识到"中国式"的客观要求。

（二）"南派纪录片"与"南派电影"

"南派纪录片"这一概念，由时任广东广播电视台副台长的蔡照波先生于2007年的中国（广州）国际纪录片节上首次提出。而后，广东资深纪录片创作人郭际生先生给这一概念做了如下定义："有当代岭南文化风范的、鲜明地域特点的、思维开放的、广东公众喜闻乐见的、雅俗可赏的、真实反映本地情状或代表岭南审美观念的各类纪录片。"[1]在谭天、杨俊君看来，上述概念在严谨性方面还有待商榷。他们认为，"产于广东"可以认定为"南派纪录片"的地域身份。此外，通过对20部广东纪录片优秀作品的分析，他们推断南派纪录片在美学层面已基本成型，即"被纳入'南派纪录片'体系的作品在题材上更关注社会现实、在地域文化的反映上贯通中西，叙事中更显细腻贴近，记录中更注重人文关怀、整体呈现出与岭南文化相匹配的多元、开放、包容、创新的特质，同时也追求细腻感人、贴近生活的人文情怀。"[2]

自广东广播电视台提出打造"南派纪录片"的倡议以来，直至2017年，这一学术概念"凝聚了广东多个省市级电视台的制作机构，形成了一个兼具地域特色、文化特征和题材类型于一体的创作集群，也持续推出了一批具有岭南风格、中国风骨、世界风尚的纪录片，凝聚一了大批人才，建构了一个纪录片可持续发展的生态系统"。[3]

2017年，随着电视剧《铁血军旗》《秋收起义》《我的1997》的播出和

---

① 郭际生：《岭南文化烙印与"南派"纪录片》，《南方电视学刊》，2009年第2期，第66—70页。

② 谭天，杨俊君：《犹抱琵琶半遮面——南派纪录片的理论分析与现实判断》，《中国电视》，2010年第6期，第34—38页。

③ 郑伟，黄文峰：《十年一派继往开来——"南派纪录片"论坛综述》，《南方电视学刊》，2017年第3期，第20—24页。

电影《中国推销员》《南哥》的上映，对"南派作品"的讨论也从纪录片延伸到电视剧和电影范畴。广东省电影家协会艺术顾问祁海认为，"广东人生活在开放地区，敢为人先，乐观，务实，精细，善谋。广东电影人也具有这种个性，他们拍电影敢于创新，讲究谋略，不求虚名，力求观众爱看。因此，真正的南派风格电影，并不是只看故事、人物、环境有无贴广东标签，而要看影片内容能否体现广东人特有的个性，或影片的艺术表现形式能否体现广东电影人的特有的创作个性。"①根据知网的检索结果，目前国内电影学界对"南派电影"的讨论还相对较少，主要集中于对影片《南哥》的评论。在这部影片的观摩研讨会上，中国电影制片人协会理事长明振江认为，"片中充满了岭南的生活气息，有自然风光、人文情怀，'春江水暖鹅先知'的味道做得很足，把岭南的文化和岭南的生活气息挖掘得很好"②。北京大学艺术学院李道新教授认为，"影片在表现南哥这个'暖男'形象的时候用了很多心思，人物言行动机和南派表演风格紧密联系，做到了让人物回归他的人群、地域和文化之中，真正把他放在一个普通人的环境中去描写"。③

目前来看，无论是"南派纪录片"还是"南派电影"，从理论的阐述实践来看，都强调影片"产于广东"的地域身份，在对影像风格的把握上大体都注重地域特色（人文和自然）的呈现。

（三）"南方电影"

近年来，随着《路边野餐》《长江图》《地球最后的夜晚》《风中有朵雨做的云》《四个春天》《南方车站的聚会》《回南天》等一批带有鲜明南方地域色彩的影片与观众见面，"南方"成为中国电影研究"空间转向"的一个具体话题。王娅妹采用文化地理学的视野和逻辑对《路边野餐》《长

---

① 祁海：《以南派电影美学风格塑造全新的英模形象——论电影〈南哥〉的宏观创新思路》，《南方电视学刊》，2017年第4期，第32—34页。

② 郑中砥：《塑造"新暖男"形象建构"新南派"风格》，中国电影报，2017年10月11日，第9版。

③ 郑中砥：《塑造"新暖男"形象建构"新南派"风格》，中国电影报，2017年10月11日，第9版。

江图》等电影文本进行分析，通过对人与环境间关系及其文化表征的再发现，她指认出"在与'北'的二元关系外，在古典与传统的'江南'之外，作为地理和文化单元的南部自身，是一个尚待探索的多义影像空间，是内在丰富且不断更新的场域"。① 王士霖认为，"无论如何界定南方，南方对于中国电影研究的空间转向而言，首先应当是一个可以成立的文化地理学意义上的空间视角、视野，或是一种看法、一条路径，包含管窥之姿、审视之姿"。②

以上学者的论述，都强调了"南方"在地域理解上的多义性，以及"南方电影"作为方法之于中国电影研究"空间转向"的积极意义。然而，这些论述并非从粤港澳大湾区的电影创作出发。广州大学的陶冶教授认为，对粤港澳大湾区电影的命名，在找寻地域意义上"最大公约数"的同时，也应进一步探寻文化语义上的"最大公倍数"。在他看来，"南方电影"是相对合理的表述。他在《试谈"南方电影"——一种美学与历史的建构》中认为："'南方'不仅是超越'粤港澳大湾区'地理意义上的'南方'，而且在更大程度上超越了粤桂琼三省区的华南（岭南）地区并向中国以南地区辐射的一个文化辐射面。这个辐射面包括了普遍更认同中国南方文化的东南亚地区的广大华人，以及遍布世界的海外华人。"陶冶从文化影响力的角度所提出的"南方电影"，既是对广东电影辉煌历史的回顾，也是对粤港澳大湾区的电影产业面向未来应取得何种成绩所提出的殷切期望。

五、大湾区电影的发展建议

2021年，粤港澳大湾区的经济总量达12.6万亿元，较2017年增加2.4万亿，以不到全国0.6%的面积，创造了近12%的国内生产总值。在新冠疫情的背景下，大湾区依然保持着强劲的经济活力与韧性，成为引领区域发展与全

---

① 王娅姝：《地景想象与文化书写——近年来国产电影中的南方空间》，《艺术广角》，2020年第5期，第35—42页。

② 王士霖：《空间？景观？诗性：中国电影空间谱系中的南方镜像》，《电影评介》，2020年第1期，第96—100页。

球发展的重要增长极。政策方面，随着《粤港澳大湾区发展规划纲要》的印发实施，大湾区文化产业也得到了高度的重视，广东省各级政府陆续出台了影视产业相关的扶持政策，如《国家电影事业发展专项资金省级分成部分征收使用实施办法》《广州市扶持电影产业发展暂行规定》《佛山市扶持影视产业发展的若干政策》等。交通方面，通过近些年铁路网的规划与建设，"一小时生活圈"的愿景已基本实现。不仅如此，根据《广东省综合交通运输体系"十四五"发展规划》的目标，广州高速地铁还将与深圳、珠海、东莞、惠州等周边城市实现直连，进一步提升大湾区的一体化水平。在此背景下，大湾区电影需要把握时代机遇，以积极进取的姿态迈上历史新台阶。

首先，大湾区电影的发展需要有整体观，在大湾区内部积极推进粤港澳优势资源的整合，在协同合作中充分激发大湾区电影事业的潜能与活力。广东省的优势在于电影市场的规模和各处的影视基地；香港的优势在于成熟的电影工业体系和电影人才；此外，香港和澳门都是大湾区面向世界、世界认识中国的优先"窗口"。因此，大湾区电影事业的发展本身已具备良好的内生环境和对外交流的宣发平台。近年来，香港地区通过"首部长片计划"发掘出一批新人，执导《一念无明》的黄进便是其中的代表。但总体上说，由于香港本土市场狭窄及其竞争激烈，新人导演的拍片机会并不多。在大湾区建设发展的背景下，香港影视公司应该把握历史机遇，发挥人才与技术优势，积极转向广东省内的影视基地，融入大湾区电影建设中来。对于广东省来说，广阔的市场、充裕的资金，完全可以吸纳这些电影人才并给予其充分的创作条件，突破内容生产的瓶颈，打造国内龙头企业。当前，博纳影业已于2020年落户广州南沙，势必在带动广东省影视企业发展当中发挥重要作用。另一方面，广东卫视等广电集团和文艺院团介入影视产业的内容生产，这是从接受市场方面介入影视生产，从观众的角度调整故事内容。这方面可以借鉴日本影视产业的制作委员会机制。如果落在实处，必然促进大湾区影视产业的发展。

整体发展观要求在大湾区的层面上整合全产业链、全流程的优势资源。影视产业要实现集团化、规模化、有序化发展愿景，需要突出重点，错位发展，对重点区域的不同城市进行重点规划，如广州定位在动漫游戏之都，珠海的目标是演艺城市，佛山的重点是南方影视中心。这些都是根据已有的产业基础以及城市远景规划，进行产业的战略布局与差异化发展。笔者认为，"大湾区电影产业试验区"，应该实践一种国际影视产业的高端构想，更需要区域之间的联动、产业内部的互通。香港成熟的电影工业体系可以为广东省各大影视基地的集群化发展提供宝贵经验，助力发展汇集影视创作制作、技术研发、版权交易、成果展映、人才培养、影视旅游于一体的产业园区。国际交流方面，粤港澳三地均有面向全球的大型电影节展活动，如：中国（广州）国际纪录片节、香港国际电影节、澳门国际电影节等，这些电影节展在保留各自传统项目的同时，应当积极推广"大湾区电影"这一名片，设置相关竞赛或展映环节，鼓励本土电影人才的本土化创作，以形成大湾区电影独特的地缘文化标识。

其次，创意园、产业园，离不开优秀的从事内容生产、各有特征的影视制作公司；影视策划、制作、宣发的全行业离不开具体的影视作品。故事内容，是影视产业的核心地带。影视产业是用作品说话的，生产出优秀的影视作品，产生良好的社会效应与市场效应，才是最终的判断标准。因此，大湾区电影产业发展，离不开讲好大湾区故事，离不开对本土文化资源的挖掘。事实上，大湾区在悠久的历史岁月中，有着丰富的地域文化，广府文化、潮汕文化、客家文化以及港澳文化等，沉淀了无数取之不尽、用之不竭的故事。大湾区的影视资源非常丰富，包括民俗信仰题材、近现代革命历史题材、传统文化题材、改革开放题材，等等。在开发传统文化的过程中，我们应当认识到电影的接受始终处于现代的消费语境，传统的故事是展示给当代的观众看的。影视艺术需要对之充满人文精神的概括与富有感染力的讲述。既要还原传统的原汁原味，也要留心其在现代语境中可能面临的艺术困境，特别注重传统的当下性阐发。概言之，在"一带一路"的背景下，大湾区作为整体发挥了重要的支撑作用，这背后的故事具有鲜明的时代意义，也应成为大湾区电影题材的重要来源。大湾区的历史与文化，期待进一步与当下影视艺术的相遇。

最后，大湾区电影的发展，应重视对电影人才的培养。目前来看，广东省基本形成了"以阵地促培训，以培训推创作"的人才培养模式。广东省电影家协会先后打造了清远糖果时光文创产业园、广州花果山超高清视频产业特色小镇、广州1978电影小镇、岭南风光（惠州）影视管理服务公司、佛山市文化发展投资管理有限公司、广州市289艺术园区、深圳罗湖梧桐山宏博昌荣传媒文化谷等7家电影创作培训基地，构建基地—培训—创作一体化影视产业服务平台，为广东电影人才的培养和影视产业的高质量发展提供了强劲的内生动力。此外，对大湾区电影人才的培养，在塑造其国际视野的同时，也要善于引导其对本土文化的认同，根植于本土文化，讲好本土故事，既是大湾区电影人才培养的美好愿景，也是大湾区电影事业的源头活水。但从广东高校电影教育的角度来说，则起步较晚。到目前为止，广东省没有编导演服化道等各种专业环节完善、齐备的电影学院，很难培养出具有一种全产业的思路与眼光的影视人才。高校与业界、理论与实践处于明显脱节，掣肘广东省影视产业发展。但在大湾区建设发展的背景下，随着粤港澳三地间交流合作的不断深入，发挥香港浸会大学、澳门大学等相关高校电影教育、人才培养模式及其独立电影人的有效经验，推动大湾区高校电影教育发展，真正打通教学和实践之间的壁垒，培养出优秀的影视人才。

协 会 专 家：王垂林
报告负责人：肖小青
主　笔　人：陈林侠　詹少尉

04 广东电视与网络发展报告

【引言】

广东是国家对外开放的重点区域，在经济、政治和文化方面都具有重要的战略地位。"走在前列，当好窗口"是习近平总书记对广东工作的重要指示批示。作为粤港澳大湾区的核心引擎和深圳建设中国特色社会主义先行示范区的重要支撑，广东在文化传播上也扮演着重要的角色。在电视和网络方面，广东各地都有较为丰富的底蕴，是技术、人才汇集之地。在广东省委建设文化强省的号召下，在省委宣传部、省文联的指导下，广东省电视艺术家协会坚持以人民为中心的工作导向，大力培育和践行社会主义核心价值观，坚持文艺"为人民服务，为社会主义服务"的方针，积极履行团结引导、联终协调、服务管理、自律维权基本职能，走进基层、服务群众，开展好各项主题文艺活动，为繁荣广东省电视艺术、促进电视事业的发展、推进文化强省建设发挥了积极的作用。在2017年到2022年，广东地区的电视和网络都取得了不俗的成绩，深入挖掘岭南优秀传统文化，发挥最新科技的力量，创新创优。面对舆论生态、媒体格局、传播方式发生的深刻变化，各广电机构也都积极探索、大胆创新，围绕湾区题材和党史学习教育宣传加强策划，推动纪录片、综艺、电视节目、新闻栏目、融媒产品等优质内容的创作传播，努力抢占新时代下的主流舆论阵地，打造全链路、全业态的新型主流媒体。

一、机构设置与平台合作

电视发展首先体现在各大机构的设立和电视台之间的合作。近年来，广东推动协同发展汇聚最新技术和人才，从上至下搭建新的平台发出岭南声音，建立新的机制达成湾区合作、汇聚三地合力吸引人才，为媒体的内容生产奠定坚实的基础。

（一）广电联盟成立

粤港澳大湾区广电联盟于2019年在广州成立，大湾区各地区的广播电视机构都参与到联盟中，包括广州广播电视台、深圳广播电影电视集团、珠海传媒集团、佛山电视台、佛山电台、东莞广播电视台、中山广播电视台、江门广播电视台、肇庆广播电视台等10家广东省内广电机构，以及TVB、香港有线、Now新闻台、凤凰卫视、点心卫视、商业电台、新城广播、澳门广播电视、澳门有线、澳亚卫视等10家港澳广电机构，共21家大湾区广电媒体共同组成。①粤港澳大湾区广电联盟汇聚了三地的广电平台，使香港、澳门及大湾区珠三角九市媒体资源实现交流互通，粤港澳大湾区广电联盟推出《粤港澳大湾区广电联盟章程》，在此基础之上积极推动广电的实践。粤港澳媒体是大湾区的主流舆论阵地，联盟的成立不仅让三地形成更好的协同效应，也能够合力更好地发出湾区声音。

除此之外，广州电视台作为重点地方媒体还开展框架协议，2019年以来，积极联络、团结大公文汇传媒集团、香港圈传媒有限公司等爱国爱港媒体，2020年5月与澳门广播电视合作实现《中国城市报道》落地澳门，每周5期常态化播出；同年7月与大公文汇传媒集团签订战略合作协议，持续推动相关合作。

（二）中央广播电视总台粤港澳大湾区中心和大湾区之声启用

央媒的鼎力协助也尤为重要。2019年11月7日，中央广播电视总台粤港

---

① 高红波，杨娜娜：《5G赋能广电创新发展的理论思考与实现路径》，《声屏世界》，2019年第4期，第8—10页。

澳大湾区中心在深圳前海正式启用，该机构致力于落实党中央决策部署，推动大湾区的媒体舆论建设和内容产出。[①]中央广播电视总台粤港澳大湾区中心体现出融媒体时代的优势，承担广播电视、新媒体等综合功能。机构汇聚新技术与人才力量，结合传统的节目制作和最新的网络技术与拍摄技术，运用央视新闻客户端、央视频等新媒体制作发布平台，让信息传达更为迅速并且能够满足用户的个性化需求，体现机制创新。同时聚合社会资源，以粤港澳地区文化为中心，结合先进的体制机制和顶层设计创新，成功完成盛典、开幕式等重要仪式的直播工作。区别于大湾区广电联盟是地方媒体的合作机制，大湾区之声体现的是国家级新闻平台和中央级媒体对于大湾区的支持，作为新闻媒体中的"国家队"，在粤港澳大湾区形象建设过程中贡献主旋律舆论并提供内容支持。

（三）智慧广电示范区建设

技术是媒介信息发展的根本，电视、网络技术的发展促进智慧广电的推广，惠及民生。秉承着"智慧湾区数字生活"的理念，智慧广电是粤港澳大湾区广电新发展的目标之一，以提升广电惠民的效率为目标，用有线、无线、卫星、互联网等辅助，结合最新的云计算、大数据、物联网等技术，完善广电等的内容分发。广东省广播电视网络股份有限公司与32家单位签订战略合作协议，携手推进粤港澳大湾区智慧广电建设。[②]大湾区强劲的科技发展为智慧广电在地区的发展打下了良好的基础。广东省广播电视局还将智慧广电与乡村振兴结合起来，省内的惠州、珠海、阳江、韶关、汕头都较好地将智慧广电作为乡村振兴专项计划来落实。

（四）影视产业合作试验区成立

抓住重点地区发展影视产业，树立影视产业标杆是粤港澳大湾区在电视方面的重要举措。佛山作为广东影视产业发展的重地，通过政府的支持成立

---

① 高红波，杨娜娜：《5G赋能广电创新发展的理论思考与实现路径》，《声屏世界》，2019年第4期，第8—10页。

② 《2019年全国广播电视工作会议召开》，《传媒》，2019年第3期，第6页。

了影视产业合作试验区，部分影视产业高峰论坛也在佛山举办。当地也相继出台影视相关政策，如《佛山市扶持影视产业发展的若干政策》《佛山市文艺精品专项扶持实施意见》和《佛山市建设粤港澳大湾区影视产业合作试验区方案》。[①]这些影视产业扶持政策对重点文艺精品进行扶持，目前佛山的影视产业中已经生产出了许多优秀的影视作品，向全国乃至世界展示湾区形象、传递湾区声音。佛山也承办了相关的影视论坛与会议，如2020年中国大湾区影视产业高峰论坛，2022年中国网络视听艺术周等，持续发挥影视试验区的示范效应，探索行业最新趋势和发展动向。

（五）广州广播电视台推动超高清电视发展

粤港澳大湾区紧紧抓住超高清视频产业发展战略机遇，深入学习贯彻国家和省、市超高清视频产业发展行动计划，及早探索、抢先布局，积极谋划落实广州市委常委会和市政府要求，以坚定的决心和行动，深入打造4K产业生态链。广州广播电视台实现了全国第一个4K电视应用示范社区建设、开播出全国第一个城市台4K超高清频道、全省第一个实现超高清播出、建成全国首例全IP架构的超高清播出系统、改造完成全国城市台第一个智能国产化超高清演播厅、设立全国第一个"超高清视频创新产业示范园区"。[②]

（六）广东视协影视前沿活动的举办

五年来，广东省电视艺术家协会贯彻"百花齐放、百家争鸣"的方针，弘扬主旋律，提倡多样化，尊重艺术规律，发扬艺术民主，结合全省实际和自身特点，开展了具有艺术性、创新性、群众性特色的、丰富多彩的各类活动。在广东省电视艺术家协会与多方机构的合作下，与影视相关的前沿活动如2016中国一带一路微纪录"广东日"展、新时代影视剧发展前沿论坛、2020新时代全媒体影像创作前沿论坛—云直播、十九大精神和全国两会精神学习培训班、南方影视中心·首届粤港澳大湾区微电影节等在广东落地并取

① 盛慧，姚明强：《抓住大湾区文化产业合作机遇加快发展佛山影视产业》，佛山日报，2018年7月17日，第2版。

② 王丛璐，郑晓宁：《基于互联网IP架构下4K超高清远程制作方案设想》，《影视制作》，2020年第7期，第67—71页。

得良好反响，广东视协共举办了三届粤港澳大湾区新时代影视前沿论坛、两届粤港澳大湾区微电影节，推动了中国影视的发展创新，更在理论学术界掀起新时代浪潮。这些活动为鼓励粤港澳大湾区影视剧创作生产提供了强有力的学术引领和智慧结晶。

（七）广电人才建设

广东视协和广东电视台都为人才培养作出了诸多贡献。一是，广东省委宣传部提出的三个"一百亿基金"，在广电人才引进方面给予支持，在人才培训方面给予倾斜，有助于从现在自发和零散的状况，转变为常规化、经常化、全面化、专业化，进一步为大湾区文艺创作队伍保持旺盛创造力发挥积极作用。二是，广东省广播电视局积极响应全国广播电视和网络视听行业领军人才工程、青年创新人才工程，谋划人才建设新发展。近年来，按照政策推举广播影视名家、青年创新人才、全国广播电视和网络视听行业领军人才，从各地电视台中列入人才工程名单的高级记者、高级编辑及工程师将成为广东广电发展的有力保障。新鲜专业人才的引进，将会极大提升广电文艺创作的品位。三是，广东视协创建美育工程"影视小屋"29间，2021年度被推荐为广东省党史学习教育我为群众办实事重点民生工程。视协举办多届"穗苗"编剧培训班，邀请国内知名编剧传经送宝，为广东培养"文艺两新"影视编导人才，夯实创作基础。此外，广东视协还组织了"岭南佳果系列"微电影创作采风活动，召开微电影剧本创作交流座谈会，邀请当地领导和果农到场现身说法介绍情况，艺术家和专家教授们为如何创作好岭南佳果系列微电影建言献策。2018年初启动的"红色文艺轻骑兵"活动中，相关人员每隔一至两周去一次基层乡村，以文艺形式宣讲党的精神、习近平总书记系列讲话精神和全国两会精神，以流动乡村学校少年宫形式大力支持当地小学艺术教育。此外，各地电视台还和高校深入合作建立专业人才培养基地，如广东广播电视台与中国传媒大学确立合作培养项目，为后续广东国际频道的发展储备人才。网络安全方面，在广东省委、省学联等组织的指导下，暨南大学、华南师范大学等省内七所高校，共同发起成立广东青年大学生网络空间安全人才培养联盟，吸引青年为网络安全建设贡献力量。

二、电视剧内容生产

电视剧作为一种艺术形式，源于生活高于生活，是现实生活的生动写照。广东在电视剧内容生产方面守正创新，从人民生活出发，书写时代变迁。针对近年来密集的献礼节点推出的重点题材电视剧亦是异彩纷呈，弘扬主旋律和英雄精神。

（一）聚焦初心使命，弘扬主旋律精神

广东各媒体机构聚焦初心使命，创作多部重大题材电视剧。广东卫视围绕庆祝新中国成立70周年这一大事进行选剧，推出《老酒馆》《外交风云》两部首轮大剧，献礼新中国70周年华诞。《老酒馆》从民国时期的山东老酒馆切入，展现了那个时代的芸芸众生相。以一个酒馆为舞台，将陈掌柜、谷三妹等角色刻画得入木三分，从底层百姓生活的记录到述说抗日战争的不易，从小处切入，申明大义。《外交风云》将新中国的外交历史娓娓道来，以宏大的历史视角将各个重要的历史事件串连，表明新中国一路走来的坎坷，纪念老一辈革命家和外交官们在外交场上的贡献。还有反映我党建军历史的建军90周年献礼作品《热血军旗》和《秋收起义》、表现古代反腐倡廉的古装历史大剧《开封府传奇》，这些作品的主旨都与当今时代推崇的主旋律精神契合，从过去的历史中精心选材拍摄，为社会主义精神文明建设设立典范。年代献礼剧《新世界》在广东卫视首轮播出，该电视剧聚焦新中国成立前夕的故事，记录下一家三兄弟在伟大历史时刻经历的故事。除此之外，还有《扫黑风暴》《太行之脊》《湾区儿女》《夺金》《追梦》《如果岁月可以回头》等多部电视剧在央视播出。这些作品在央视和主要卫视播出后，创造了多项全国收视纪录。其中电影《点点星光》《南越宫词》获得了"金鸡奖"，其他作品也屡获"华表奖""飞天奖""金星奖""金鹰奖""五个一工程奖"等殊荣，被业界誉为"领航现象"。这些电视剧题材不一、年代各异，但都牢牢紧扣"主旋律突出、正能量强劲"的总要求，聚焦中国共产党人的初心和使命，讲好中国人民奋斗圆梦的故事。

（二）立足人民生活，记录时代变迁

近年来，随着地区之间城市的联系逐渐紧密，人们对时代发展飞速的变化有了更多共情与感受，以生活为题材的电视剧也将粤地生活的样态记录在了作品中，赢得广泛关注。曾经，广东的本土剧《外来媳妇本地郎》和《七十二家房客》讲述了独特的本地故事、宣扬了美好品格。而如今，则出现了如《我的1997》（2017年）、《澳门人家》（2019年）、《湾区儿女》（2020年）、《追梦》（2020年）、《星辰大海》（2021年）等生活题材的电视作品，用电视剧作品展现独特的粤地人文记忆，展现大湾区人们的拼搏与乐观。

《湾区儿女》是一部为纪念澳门回归祖国二十周年而拍摄的献礼电视剧，讲述了女主角辞职创业克服重重苦难后取得成功的故事。电视剧中加入了城市普通居民、创业商人和学生三个视角，通过典型人物在特定时代的遭遇对澳门回归后的发展进行了精准的刻画。对于诸多较为重大的历史事件，如《内地与澳门关于建立更紧密经贸关系的安排》及其六个附件文本文件的签署、金融危机、澳门回归、大湾区建设等进行了记录。

《澳门人家》围绕百年梁记饼家展开，讲述了梁家五代人的故事，运用以小见大的手法，巧妙地运用人物的成长经历来反映时代的变迁，时代景观则通过人物的成长经历表现而出。澳门人家中的梁家历经动荡，随着澳门回归一家人的生活逐渐步入正轨。

广东广播电视台投资并主导制作的电视剧《追梦》，是一部以深圳建立特区40周年为背景的现实题材剧，通过讲述小人物的奋斗与成长，展示特区建立40年的巨大成就。此外，还有表现第一代美国华侨艰苦奋斗的史诗巨作《漂》，讲述出生于广东台山的主人公在异国他乡拼搏打工，成为华人领袖，并资助建成了清朝第一条铁路，实现了其实业救国的人生理想。其他优秀的电视剧也在广东卫视进行了播出，如《瞄准》《隐秘而伟大》《小欢喜》《在远方》《精英律师》，等等。

广东人民的生活经历和创业故事为文艺题材作品提供了创作土壤，电视剧的关注视角也从简单的家里长短放到了其背后的政策和时代变迁的格局，这些剧集表现了人民生活越来越好的同时，又深切反映了国家的变化。

三、综艺内容生产

广东的综艺坚持岭南文化特色，特别是广东的方言综艺节目，在全国具有较高水平。坚持以社会主义核心价值观指导文艺节目生产，对综艺节目在政治性、思想性上严格把关，显现主流媒体责任。广东地区的综艺从岭南本土文化出发，在语言、音乐、文化等方面开拓出更多题材的特色综艺，电视机构也联合港澳制作播出粤语音乐节目和粤剧粤曲节目等，以老百姓喜闻乐见的方式呈现地区特点，增进大湾区文化交流。以广东卫视为例，综艺内容生产贴合"国潮音乐"和"美好生活"两大板块，以传统文化和本地民众生活为本，以创新手法和技术为翼，制作出脍炙人口的新作品。

（一）深耕粤地文化，拓宽节目广度

综艺节目作为具有一定娱乐性质的节目，当与人民同心，与时代同行。广东的综艺创作中不乏贴合人民爱好的综艺作品。如音乐竞演节目《国乐大典》、音乐文化节目《劳动号子》《流淌的歌声》、文博推理秀节目《诗意中国》、经典对比照分享节目《图鉴中国》、文化竞演节目《木偶总动员》、亲子类节目《考不好没关系》、家庭美育节目《周六问爸爸》、创业类综艺《众创英雄汇》、杂技文化竞演节目《技惊四座》、老年生活综艺《老会玩儿了》、美食综艺《粤菜好师傅》、社会观察类节目《你会怎么做》、科普类节目《生活大数据》，等等，挖掘美好生活的方方面面。

围绕地区特色，展示粤语文化，各地电视台制作出了《你好，大湾区》、《见多识广》（广东卫视）、《国潮粤品》（珠江频道）、音乐类综艺节目《粤港澳大湾区青年歌唱大赛》（南方卫视）、青少年影视专业表演展示综艺《梦想召集令》（广州广播电视台影视频道）等节目。珠江频道保持在全国地面频道中的领先地位，主打节目《粤语好声音》《越讲越掂》等，收视长期飘红，在全球粤语人群中影响较大，评价良好。南方卫视的《谁语争锋》，以对传统文化进行创造性转化和创新性发展的思路进行节目创新，具有较高文化品位，取得了收视、口碑和经营的三丰收。广东广播电视台音乐之声频率多年来一直推动华语歌坛的繁荣和发展，现在频率拥有全国最早创立并发展成为由全国23家省级电台（包括港澳台地区电台）共同主

办的《音乐先锋榜》、由粤语地区16家电台电视台共同主办的《粤语歌曲排行榜》《广东流行音乐榜》等节目，以及由节目延伸打造的一年一度的《音乐先锋榜颁奖典礼》《全球华语歌曲排行榜颁奖典礼》《粤语歌曲排行榜颁奖典礼》等在华语歌坛颇具影响力的品牌活动。[①]通过这些有影响力的节目和活动，近4年来音乐之声所制作的广播文艺节目连续获得广东省广播影视奖一等奖与中国广播文艺专家奖各大奖项。

在展示党委政府相关工作成果方面，综艺也发挥其传播效果。在联合广东省委农办、省农业农村厅在珠江频道推出的全国首档乡村振兴主题综艺《乡村振兴大擂台》中，20位市委书记1位市长上阵为各自的乡村加油。专题栏目《乡村振兴纪事》集中围绕脱贫攻坚和乡村产业振兴，提炼广东乡村振兴经验，围绕2020年的第三届中国农民丰收节推出《粤乡话丰收》专题策划。广东卫视的专题节目《从农场到餐桌》用创新的方式探索扶贫的新路径。

（二）融合科技元素，创作精品晚会

在晚会等节目方面，广东地区大型节目部门保持较强的团队战斗力，将新兴科技运用于晚会节目中，在不同的时间节点奉上视听盛宴。广东台举全台之力打好三场晚会《最美岭南春》《粤乐飞扬》《南国梨园庆元宵》攻坚战役。《最美岭南春》结合岭南本土文化，结合新时代技术，为观众呈现了一场异彩纷呈的节目盛会。为庆祝新中国成立70周年，还有创作播出的70周年民族音乐会等重大晚会活动，主题鲜明，风格突出。多台重大主题晚会体现了广东本土文艺晚会节目的较高创作水平。湾区晚会方面推出《湾区共明月　家国人梦圆》粤港澳大湾区城市台中秋特别策划、《湾区花正开——首届粤港澳大湾区文化艺术节开幕式晚会》，澳门广播电视有限公司及9个大湾区城市台共同参与，唱响爱国、团结、奋进的主旋律，在粤港澳三地反响良好。

---

① 黄红星：《策划为先打造广播频率品牌——以广东电台音乐之声为例》，《中国广播》，2014年第3期，第73—75页。

四、电视新闻专题与栏目生产

在新闻栏目生产方面，近年来广东各地方媒体拓宽视野，立足新的媒介生态进行新闻栏目规划。与此同时，传统的新闻栏目也迎来改革，贴合融媒体发展的趋势。广东卫视、深圳卫视及21个地级市电视台的名牌栏目如雨后春笋，以《中国城市报道》和《湾区全媒睇》为首，多角度、多方面地展现新闻，传播最新消息与思想。

（一）创新传统新闻，紧贴主题主线

一是，在传统新闻栏目方面，广东地区不断推动新闻栏目更新。2019年7月，在广东省委宣传部的指导下，广东卫视启动全新改版，加大每天新闻播出量，形成全新新闻矩阵，全面提升广东卫视在全国的舆论影响力、引导力、传播力、公信力。《广东新闻联播》扩版，从内容、形式、版面、融媒等方面"改革创新再出发"。改版以后，节目气象焕然一新。通过狠抓选题、打造"头条工程""新闻大片"，《广东新闻联播》收视率进入全国卫视联播类新闻排名前十。同时，持续发力融媒体传播，在省级新闻联播移动传播力上走在前列，每天22：00推出的《晚间新闻》，与《广东新闻联播》形成承接和呼应，紧贴主题主线，创新时政报道方式，从时政话题中寻找民生视角，贴近性强，及时延伸、解读《广东新闻联播》播发的主要时政新闻，扮演好"喉舌"和"传声筒"的角色。[①]广东台新闻栏目坚持移动优先，通过多种融媒技术赋能，创新性实现广播可视化，从而全方位、立体化展现广东的活力、实力和魅力。二是，紧贴主题主线，唱响主旋律，为庆祝中国共产党成立100周年，广东依托广播电视和移动端全媒体宣传矩阵，先后推出《回望建党百年珍藏红色记忆》《光荣在党50年》《档案中的广州党史故事》《学党史办实事》《百年辉煌路》《声入人心红动广州》《共见幸福时代》《脱贫攻坚答卷》《出新出彩新活力》《"十四五"开新局》《瞰广州》《新使命大未来》等30多个专栏。通过一系列独具特色的新闻报道和

---

① 刘科伟：《广东卫视改革振兴初见成效，守正创新破局而出》，《中国广播影视》，2019年第23期，第88—89页。

新媒体产品，探寻红色足迹，传承红色精神，全方位、多角度、立体式地呈现中国共产党波澜壮阔的百年历程和丰功伟绩。七一当天，广州电视台综合频道联动多个城市台重磅推出《百年风华花城礼赞——庆祝中国共产党成立100周年特别节目》；广州广播电视台新闻资讯广播联合全国十家电台推出大型融媒直播节目《伟大的征程》。为庆祝建党100周年，广东卫视还特别推出融媒体直播节目《飞越广东》，和全省21个地方电视台合作，用直播的形式展示广东的风土人情。此外，高端访谈节目《邓璐时间》聚焦杰出人士，对话业界大咖，探讨成功经验，展示经济社会发展的鲜活实践。

（二）联合多方渠道，传播地方新闻

以湾区为关注点的新闻栏目涌现，具有代表性的有《湾区全媒睇》（广州广播电视台和香港电台联合制作）、《行进大湾区》（广东卫视）、《直通粤港澳》（珠江频道）等。广州台成立驻香港记者站并投入使用，组建队伍并向香港前线团队派驻人员，站内成立临时党支部，建立对港传播采编制作基地，打造对港、对外舆论宣传桥头堡，建成兼具生产录制功能的小型演播厅、保密传输等基本设施设备，并与香港电台和爱国爱港媒体合作，稳步打造涉港舆论建设和省、市对外宣传工作的战略支点和重要渠道，意义重大。在海外上线自主可控的网站、客户端等平台，并与相关机构合作，开展平台业务、节目内容关联业务、跨境数据传输业务等。依托由广州台牵头的广州网络舆情数据研究院，组建数据和信息队伍深入分析境外舆论场，研判核心议题，强化分众引导，培养在地KOL。站点与广州台总部间架设网络专线，确保传输高效、安全。与香港电台联制联播资讯节目《湾区共同睇》，在海外社交平台开设账号"正新闻"，打造原创粤语融媒外宣品牌矩阵；培育原创新媒体资讯号"廣讲港"，发展系列垂类子品牌，实现圈层化精准传播；开设海外主流平台新媒体号，与香港爱国爱港媒体广泛合作，积极宣传大湾区政策和广东、广州科创、城建、文化等经济社会发展成就和深化改革成果。《直通粤港澳》（珠江频道香港版）于2017年起正式在大湾区和国外地区同时开播，是一档原创的名人高端访谈节目。该节目得到广东省港澳办、广东省粤港澳合作促进会、香港特区政府新闻办、香港特区政府驻粤等部门的大力支持。《湾区全媒睇》是广州广播电视台和香港电台推出联合制

作的新节目，携手为湾区8000万人口全力打造一档真正意义上的湾区节目，在对港澳舆论宣传和粤港澳大湾区形象国际传播工作上跨出重要一步，中联办、广东省委宣传部给予高度评价，香港电台广播处处长兼总编辑李百全向时任香港特区行政长官林郑月娥汇报双方合作成果，获高度肯定。2021年国庆之际，《湾区全媒睇》在香港电台主电视频道31台（新闻资讯电视频道）逢周二及周四下午播出，东方日报专版推介，首期视频《香港最萌升旗队从小培养爱国情操》获全国政协副主席梁振英点赞。节目内容突出反映大湾区城市新形象、新风貌、新动态、新成就，并创新采用广州台—香港电台双主持模式，正逐步推进栏目扩版。同时，联手央媒，拓宽传播渠道，打造精品，推进优质内容扬帆出海，为提升我国国际传播质效、扩大知华友华国际舆论朋友圈、构建对外话语体系贡献力量。广州台在内地主流媒体中率先与港澳公营主流媒体合作，《中国城市报道》2020年落地澳门。另有《行进大湾区》特别节目献礼中国共产党建党100周年。节目中选取典型代表人物革命先烈，向观众介绍杨匏安、彭湃、杨殷、周文雍等革命志士的英雄事迹，用红色精神引领新一代的人民。在这些节目中邀请到了革命英雄的后人，并通过采访的形式对革命英雄的事迹进行了刻画。

这些优质新闻栏目常态化报道粤港澳大湾区民生、政务发展，表达年轻化、传播垂直化、站位高、内容实、接地气、入人心，有力提升了广东、特别是大湾区城市在国际上的形象。

五、纪录片内容生产

在纪录片生产方面，首先是在南派纪录片已有的成绩之上进一步发展与开拓，对岭南题材进行了纪录片题材的挖掘与摄制，纪录片《海上来客》《湿地的力量》《钟南山》《幸福落地》《四大百货》《寻味顺德》等震撼人心，此外还有以重点题材为创作核心的精品纪录片，在近年来的重大节点中拿下了诸多奖项。

（一）记录人物群像，聚焦奋斗身影

广东广播电视台为献礼新中国成立70周年拍摄的纪录片《青年强中国

强》聚焦中国青年的胆识与担当。改革开放40周年纪录片《风云四十年》记录改革以来的光辉历程，获得"五个一工程奖"。纪录片《钟南山》《2020，不可忘却的春季》在全国网上网下传播火热，在疫情期间达到了良好的传播效果，宣传了抗疫人员的伟大精神。从《哈军工》《慧能大师》《诗人叶剑英》《大抗战》到马志丹工作室的《追梦在路上》《我们的青春》系列纪录片，奠定了以广东台为代表的广东的纪录片创作在全国的重要地位。广东的纪录片不仅在国内外获奖无数，还成功试水海外市场，以市场化的途径，为外国观众讲述真实可亲的中国故事。《海上来客》是首部4K超高清大型纪录片，该纪录片从"安菲特利特号"的历史故事开始讲起，从而把"一带一路"的故事娓娓道来。还有多部脱贫攻坚题材纪录片，包括《同饮一江水——广东、广西携手协作脱贫攻坚纪实》《跑好最后一公里——广东脱贫攻坚纪实》《镜头下的西部乡村》等。《技行天下》系列纪录片围绕"广东技工、粤菜师傅、南粤家政"三大工程，聚焦技能人才的奋斗身影。脱贫攻坚4K纪录片《新山海经》2021年初首播后入围国家广电总局2021年第一季度国产纪录片推优目录、其衍生微纪录片《新山海经故事》获得广东省广播影视奖一等奖。广东广播电视台制作的纪录片《幸福落地》（第一季）入围"2021年第四季度优秀国产纪录片推荐目录"，该纪录片选题立足广东、放眼全国，拍摄地包括北京、陕西、贵州、江西、海南等，以小见大地呈现了国家富强、民族振兴、人民幸福的画卷。

（二）讲述岭南故事，展现城市风情

广东卫视岭南饮食文化纪录片《老广的味道》连续推出五季，第五季收视率仍高居全国第7，广东台积极投身引领南派纪录片创作生产，在广东国际频道和境外新媒体平台开设专栏，先后推出《一个美国制片人眼中的粤港澳大湾区》《中欧班列》《童唱岭南》等特色纪录片，面向海内外讲述中国故事、广东故事。精选策划制作的8集大型精品纪录片《头啖汤》拍摄走访了广州改革开放40进程中不同领域的人物代表，记录了广州的发展历史。另有推出创新表达、网感十足的历史体验纪录片《十三行》，以网络化手法讲述大湾区的历史故事，让年轻人爱上了一段有意义又有意思的历史。广东台参与制作出品的纪录电影《港珠澳大桥》获得第15届"五个一工程奖"。

出品的广州首部自然类纪录片《湿地的力量》对生活在湿地的动物进行跟踪拍摄，展示了珠江等地的生态状况，为大湾区城市生态发展提供了参考。《粤港澳大湾区》《纵横大湾区》、粤港澳首部时装纪录片《时尚出行》《潮涌伶仃洋》、微纪录片《人文大湾区之人文江门》等从不同的角度展示了城市的魅力。

纪录片是对现实生活的记录，这些珍贵的影像聚焦近年来的科技发展成果、扶贫事迹、美丽自然变迁、抗疫记录等，铭记发展历程，不忘来时之路。

六、网络发展

根据广东省互联网信息办公室发布的消息，近年来，广东省从网络相关政策法规内容普及、网络传播内容推广、网络安全维护、企业信息化数字化转型、媒介融合发展等方面进行了工作推进，取得了较多的成果。

（一）网络政策法规普及与落实

广东省互联网信息办公室就"十四五"国家信息化规划、新版《网络安全审查办法》《互联网信息服务算法推荐管理规定》《中华人民共和国网络安全法》《互联网信息服务管理办法》《网络信息内容生态治理规定》《中华人民共和国网络安全法》等重要规定进行专家解读、记者会问答和文件公示，并且严格按照国家规定履行监管职责，根据中国网信办发布通告，广东省仅2021年就查处违规网站393家，广东省网信办一直致力于普及法律法规知识、维护良好的网络生态。①

广东重视每年的网络安全宣传周，结合新技术，采用线上加线下的方式普及网络安全教育，如线上有展会、课程、线上展览、小游戏、短视频、表情包等多种形式向各大人群普及网络安全知识。而在线下则联合企业、社

---

① 中华人民共和国国家互联网信息办公室：《广东省互联网违法和不良信息举报中心2021年依法受理处置违法违规网站393家》，中国网信网，最后访问日期：2022年3月7日。

区、学校进行创意宣传活动，这些知识普及活动为提升人们的媒介素养起到良好的作用。在2020年，广东作为主会场召开了儿童互联网大会暨未成年人网络素养论坛。联合广东省网信办、省教育厅、省公安厅等单位将青少年的网络素养提升作为重要议题进行讨论。

总体而言，近年来面对着网络发展日新月异的变化，广东省与时俱进，在网络方面加强对违法和不良信息的审查、保护个人隐私信息的保护、打击网络盗版等方面作出了贡献，同时也致力于提升人们的网络信息素养，普及网络安全知识，与广大人民共同建设良好的网络生态环境。

（二）网络内容精品化发展

广东汇合了众多技术人才和企业，在技术创新、技术赋能的大背景下，广东也同时背负起网络内容传播精品化的责任。近年来，在平台建设、产品制作、技术创新、产业发展等方面加快融合步伐，取得了积极成效。在2021年末，中国网络媒体论坛展示会在广州开展，各大新闻单位、互联网企业都前来参展，展示新技术、新应用、新业态。

广东广播电视台等机构也加强顶层设计，推进传播体系一体化和组织机构一体化，打造融合互动的全媒体传播平台，充分发挥全媒体矩阵作用。与此同时，建设广播、电视融媒中心，通过重塑采编发流程、平台优化再造，推动形成"一次采集、多种生成、多元传播、全方位覆盖"的新模式。在广东省委宣传部的指导下，广东广播电视台积极参与广东县级融媒体中心建设，与南方报业传媒集团联合承建县级融媒中心省级技术平台，核心技术由广东台自主研发。该平台具备全媒体内容生产、制作、分发、通联、审核，以及云端服务、技术能力支撑、指挥调度、舆情监管等功能。目前，依托全省统一技术平台，开平、四会、封开、高州四个县（市）已陆续建成县级融媒中心。全省有20多个县正在积极推进县级融媒中心建设。①

广东地区各机构通过打造触电新闻APP、粤听APP、荔枝台APP、无线广东等移动客户端来发挥网络的作用。开设官方微信微博，其中"广东公

---

① 巢吉欢：《省级广电融媒发展的困境和出路》，《视听》，2020年第8期，第219—220页。

共DV现场"微信公众号粉丝数达180万，"广东卫视"新浪微博粉丝数超过400万。触电新闻APP与全国174家电视台达成合作，广电融媒模式领先国内同类媒体。粤听APP于2017年9月上线，致力于打造全球最大的粤语节目平台，入驻的省内广播电台达37个。入围2017—2018年度全国广播融合创新品牌案例20佳，被中广联评为"2018年中国广播创新融合十佳案例"。

广东广播电视台坚持守正创新，强化互联网思维，大力推进内容生产供给侧结构性改革，旗下触电新闻、粤听APP以及"马志丹工作室"等专业工作室创新推出一批口碑好、点击高、传播广的融媒体产品。2017年，触电新闻制作的融媒产品《砥砺奋进》MV，全网点击量达到1.2亿。在2018年台风"山竹"的报道，全网点击量近3亿人次。另一方面，通过自主研发关键核心技术，以触电新闻项目为依托，构建融媒新生态，已初步建立一支完备的互联网技术团队，拥有全屏新闻客户端、大数据智能推荐、手机直播、融媒体生产管理平台和广电舆情监测等核心技术。触电新闻开发了双项核心技术，获得35项软件著作权、2项技术专利和49个注册商标。[①]

广东地区媒体也积极联手央媒，有效拓宽内容传播平台、渠道，通过网络扩大在国际传播领域的影响力。广州台和新华社主办的中国新华新闻电视网（CNC）深度合作，发布大湾区相关新闻信息，覆盖全球多个地区。又有通过网络直播《习近平时间》粤语版、《连线新时代花开幸福年》《连线新时代环球看两会》等大型直播节目实现跨洋连线、跨媒介海外传播。让更多反映广东、大湾区乃至全国新发展新风貌新成就的新闻在境外传播。

（三）推动政务企业信息化变革

广东作为经济大省，拥有广大的企业群体，在互联网信息技术高速发展的大环境下，推动企业利用网络技术完成信息化、数字化转型也是广东近年来发展的重要举措。根据广东省网信办公开发布信息显示：截至2021年6月，广东已推动1.7万家工业企业数字化转型，数字经济占广东经济增加值约5.2万亿元。

---

① 《广东省2018年新媒体发展概况》，《中国新闻年鉴》，2019年第1期，第193—197页。

自2017年以来，中国工业互联网大会暨粤港澳大湾区数字经济大会已经在广州和深圳两地共计召开五场，广东推动广州、深圳、佛山、东莞四地打造制造业数字化转型城市、初步形成了全球最大的5G产业聚集区，并且通过网络技术实现了广交会在线上线下的融合举办。数字化还体现在惠及特殊人群，面对中国残疾人生成数字化服务平台"粤群通"。中国"5G+工业互联网"创新活跃，在建项目超过1600个，多层次、系统化的工业互联网平台体系加速构建，具有区域和行业影响力的平台超过100家，连接设备超过7600万台。[①]

七、不足与展望

2017—2022年广东地区电视与网络方面都取得了较大的进步，广东对外交往频繁，国际化程度较高，加强境外传播、提升国际化传播水平，是广州城市文化综合实力出新出彩、广东省"走在前列，当好窗口"的重要组成部分。但是目前电视和网络方面仍然有以下不足之处。

（一）制作成本较高

广电文艺节目生产成本较高。以广东卫视为例，经营的压力越来越大，广告市场下滑，政策限制较多，卫视的收入无法支撑整个频道的发展，达到收支平衡十分困难。在电视剧方面，广视传媒规模、体量小，利润微薄，利润极低，但人员支出庞大。生产储备资金捉襟见肘，无力应对资本时代。

（二）创作人才老化

人才的流失、老化和新人才引进不足，在电视行业已是普遍现象。专业人才严重短缺，后备力量同样严重缺乏。专业的广播文艺节目生产流程长、投入人力、精力、经费大，在"广播快餐"、广播节目直播年代，人才迭代未能与时俱进，阻碍了广播文艺精品生产发展。随着媒介技术的进步，部分

---

① 广东省互联网信息办公室：《广东已推动1.7万家工业企业数字化转型》，中国网信网，最后访问日期：2022年3月7日。

传统节目未能很好地适应新媒体时代受众的需求，而创作人才对新平台的学习和适应能力还有待加强。

（三）创新力不足

广东的综艺类节目在国内强势卫视和新媒体崛起的背景下，综艺节目创新能力相对薄弱，资金不足，人才老化，缺乏在全国爆款的节目。相对北京上海，缺乏高质量的专业人才，缺乏可执行的创新模式。在具体的节目内容生产方面，部分湾区题材的电视剧和综艺内容比较流于形式，导致电视剧中的细节与历史细节不符，让观众无法代入特殊年代的情景。

（四）网络传播影响力有限

目前网络建设虽然已经有了一定的成绩，但是还没有达到真正的"出圈"。在目前的线上传播活动中，广东地区的媒体还未形成品牌效应，在网络传播上的影响力还有待加强，在广东地区有"广东共青团""深圳卫健委"等较为优秀的新媒体账号，但港澳地区在主流网络媒体方面的布局仍较少，影响力有限。

（五）粤港澳资源整合程度有待提高

在传统媒体方面，地方媒体已经加强合作，通过签订协议，建成新机构等方式进行资源整合，但在网络发展和网络媒体布局方面，近年来相关的合作力度仍有进一步发展的空间。网络能够破除时间空间的限制，将粤港澳三地民众紧紧联系起来，在今后的发展中，可在已有的基础上推进网络方面的资源整合，促进合作。

八、对策建议

广东的广电和网络不断发展，艺术与时代共同前行，人民的需求也呼唤更多的精品创作和技术应用。基于以上存在的不足之处，报告根据广东省在2022年提出的文化强省"六个工程"提出相关建议，以便后续进一步创新创优，弘扬广东省的文化魅力。

（一）重视主旋律题材，弘扬新时代思想

重视习近平新时代中国特色社会主义思想传播，强化重要的时间节点策划相关的节目创作，大力弘扬主旋律文艺作品，歌颂新时代，努力打造文艺精品力作，以现象级节目作为综艺节目的突破口是对策之一。在未来的广东广电和网络内容出品时，全面深化习近平新时代中国特色社会主义思想，深入阐释习近平总书记对广东重要讲话和指示批示精神。围绕省委省政府中心工作，后续推出各类重大主题宣传的相关专题。面临重大事件节点，应进行作品的提前规划。网络方面，对于重大的事件直播和新媒体内容的发放，要做好全面的部署，以求达到更好的传播效果。新节目和栏目应做好市场调研，充分了解当今时代受众的需求，以求达到社会效益和经济效益的双丰收。

（二）提升精神文明建设，推出高品质作品

要加强业务学习，提升精神文明素质，建设高素质创作队伍，提升文化自信和价值观自信。深刻领会文化自信，增强做中国人的骨气和底气的核心观念，更多地参照岭南文化中的优秀因素，如务实、开发、兼容、求新等，在实践中有机融合。对媒体平台要在已有的基础上进一步完善制度。从媒体内部来看，要在目前的规章制度基础上，根据实际需要，对人才的引进培养和管理、作品的拍摄、体制机制的建设等方面进行完善。在锤炼好文艺创新人才的基础上，对产出的广电作品严格要求，以高标准指导文艺创作实践，推出高品质作品以满足广大人民的需求。从外部来看，围绕对外合作、拓宽渠道、引进新技术等方面，在合作协议基础上寻求更多的支持。

（三）植根岭南文化，发扬本土特色

岭南文化博大精深，内涵丰富。广东地区同根同源，有非常多相似的文化习俗，不同的元素不断给岭南文化注入新的活力，岭南文化也亟待进一步发展。后续的文艺创作应以岭南文化为主打方向，栏目中设置、反映大湾区的奋斗精神、牺牲精神、公德意识等内容。从人民群众中汲取创作养料，让节目汇入主流、引导潮流、为普通群众所喜闻乐见，让优秀的民族文化真正

起到示范作用。

（四）做好对外传播，讲好湾区故事

加大国际传播工作的资源配套，并给予专项扶持。将国际传播工作纳入全省经济社会发展总体规划，与相关发展战略深度融合、统筹考量，设立省级层面的国际传播工作专项资金。建立全省大外宣工作格局和运行机制，整合相关部门资源，形成推进合力。完善相关的管理制度、工作措施，以适应新时代国际传播工作的发展需要。在重大项目立项，相关人员、设备出入境管理，对外文化交流活动审批等方面，对现有的制度、规定结合实际需要作进一步的完善优化，形成适配新时代国际传播工作需要的、系统科学的管理制度和系列推进措施。

协 会 专 家：蔡伏青
报告负责人：邢瑛瑛
主 笔 人：张步中　周　颖

05 广东音乐发展报告

【引言】

近五年来，随着《粤港澳大湾区发展规划纲要》《横琴粤澳深度合作区建设总体方案》和《全面深化前海深港现代服务业合作区改革开放方案》等政策文件的出台，围绕《广东省建设文化强省规划纲要（2011—2020年）》，广东音乐文化获得前所未有的发展机遇。回顾这五年来广东音乐文化的发展，我们可以清晰地看到，在深刻领会、积极贯彻习近平总书记在文艺工作座谈会上重要讲话精神基础上，广东音乐文化主动回应新时代赋予的历史命题，开启数字化音乐发展的新动力，积极搭建大湾区城市音乐文化交流平台，始终遵循以人民为中心的创作理念，把"培根铸魂""守正创新"作为广东地区音乐创作及音乐文化交流的主旨，并通过创作、演绎一批思想价值、艺术价值和观赏价值俱佳的优秀作品，推动着广东地区音乐不断取得新的成绩，建构新的发展空间。

一、音乐创作：在传承中前行

习近平总书记指出："好的文艺作品就应该像蓝天上的阳光、春季里的清风一样，能够启迪思想、温润心灵、陶冶人生，能够扫除颓废萎靡之风。"①近五年来，广东音乐文化发展整体上坚持以人民为中心的创作导向，通过抵制历史虚无主义、消费主义等，自觉将理想主义、浪漫主义融入音乐创作，通过创作优秀音乐作品，在作品的优与劣、美与丑、真与假等方面强化审美标准、筑牢文化自觉，营造良好的社会文化氛围和人文环境。在新的时代精神召唤下，广东音乐创作及演出以历史的、辩证的、审美的思维方式端正创作态度，融入新时代的话语语境和全球性视野，同时通过举办广东省音乐创作人才专项培训，壮大中青年音乐创作人才队伍等措施，使全省优秀作品不断涌现，创新意识不断增强，呈现出蓬勃发展的良好发展态势。

（一）书写伟大时代回应历史召唤

在这五年的文化日历上，有多个重要历史节点——党的十九大胜利召开、香港回归20周年、改革开放40周年、新中国成立70周年、中国共产党建党100周年等。围绕这些历史节点，广东地区音乐以弘扬主旋律和歌颂新时代建设为主基调，涌出一批具有一定影响力的音乐作品。其中广东省音乐家协会以交响组歌的形式，每年都开展重大主题音乐活动，如2018年以改革开放40年为主题的《大江潮》、2019年以中华人民共和国成立70周年为主题的《我的中国梦》、2020年以脱贫攻坚为主题的《这就是我们》、2021年以中国共产党成立100周年为主题的《伟大力量》等，从歌曲创作到舞台呈现和全媒体宣传推广，致力推动原创音乐创作。

2018年是改革开放40周年。肇始于1978年的改革开放一路走来，体现的是以深圳为代表的中国人民那种拓荒、创业、追梦的伟大时代精神和情怀。2018年，广东省音乐家协会在星海音乐厅举办了大型交响组歌《大江潮》音乐会，用14首歌曲，以合唱、独唱、重唱等形式立体呈现了改革开放的浪潮；深圳市音乐家创作的16首歌曲，以大型交响组歌《我们就是河流》的形式，在深圳大剧院演绎着时代的激情；广东音乐人的原创音乐通过"唱响我们这四十年——庆祝改革开放四十周年2018寻找广东原创好歌曲征集活动"唱响改革开放的赞歌。

---

① 中共中央文献研究室编：《十八大以来重要文献选编》（中），中央文献出版社，2016年，第134页。

为了庆祝新中国成立70周年和建党100周年，广东音乐界相继推出了一大批精品力作，礼赞新中国、致敬新时代。在庆祝新中国成立70周年，一大批以庆祝中国共产党成立100周年为主题，讴歌了中国共产党百年来一直秉承为人民谋幸福、为民族谋复兴的初心，讴歌了中国共产党领导人民群众不断走向富强昌盛的伟大壮举。其中，在由广东省文学艺术界联合会、羊城晚报报业集团和广东省音乐家协会主办的庆祝中华人民共和国成立70周年原创大型交响组歌"我的中国梦"音乐会上演唱的《亲爱的中国》（瞿琮作词、隋晓峰作曲），在2020年央视春晚压轴唱响，享誉全国。

同时，在广东省庆祝中国共产党成立100周年交响音乐会中，李海鹰创作的交响幻想曲《中国1921》，吸取了广东音乐、京剧、湖南花鼓戏等元素，歌颂着共产党人的初心；韩东辰创作的《你的生日》、唐跃生和庞振合作的《天底下》等11首音乐作品则代表广东地区获评为"百年百首"全国优秀新创歌曲；广东省音乐家协会还与《人民日报》社新媒体中心联合出品主题MV《我爱你中国》，制作了大型交响音诗《我爱你中国》MV等；梁天山、黄智骞共同创作的粤语歌曲《追梦百年》则登上中央电视台，在大江南北传唱。一首首激昂的旋律，演绎着时代的激情，回应着历史的召唤。

（二）传承传统岭南文脉，讴歌湾区美好家园

让音乐唱出乡情、留住乡愁，是广东民族音乐人的不懈追求。民族歌谣与地方特色主题音乐，以悠扬的旋律，唯美的歌词，唱出了岭南民众对幸福生活的无限憧憬。习近平总书记要求"优秀作品并不拘于一格、不形于一态、不定于一尊，既要有阳春白雪，也要有下里巴人，既要顶天立地，也要铺天盖地"。[①]五年来，广东音乐民族创作题材多样、类型丰富、艺术手法多变，诞生了一批叫得响、传得开、留得住的作品。

长期以来，岭南地区独特的自然风貌和珠江水乡的风土人情，孕育了颇具特色的广东音乐、潮汕音乐和客家音乐，成为千百年来滋养广东民众精神内涵的源泉。近年来，围绕新岭南、新风尚，许多音乐人立足本土文化，创

---

① 中共中央文献研究室编：《十八大以来重要文献选编》（中），中央文献出版社，2016年，第123页。

作了一批展示家乡新风情、新风貌的优秀作品。得一提的是，2019年在星海音乐厅上演的"岭南雅韵——广东音乐新作品展演"中，以李复斌、余乐夫等为代表的广东音乐人创作和演绎的《小鸟天堂》《乡间小童》《珠江随想曲》等11首岭南乐萃，呈现出广东音乐的新意境。而在2018年的广东咸水歌（渔歌）歌会上，《哭嫁歌新唱》《渔歌情》《花城春韵》《月夜水乡》等创编歌曲诠释了千年咸水歌的新风情；2021年的广东省第五届客家新民歌创作大赛则以客家新民歌《茶山对歌》《客家恋歌》《日头光光》《昂罗喂》等，唱出了传统客家音乐的新风尚。此外，广东新文艺群体"五条人""马帮乐队""九连真人"等乐队，近年来也通过演绎广东地方方言歌曲在摩登天空等线上平台，获得了广泛的好评，构成了广东地方方言歌曲在全国大众化、媒介化传播时代的新气象。

2017年国家提出了乡村振兴战略，脱贫攻坚工作走向新阶段。为此，广东音乐界也从传统到现代、从城市到乡村，积极关注乡村振兴背景下的乡情、乡韵、乡貌，守望新时代的乡愁，致敬一线扶贫干部和乡村振兴发展。其中，广东省音乐家协会主办了唱响精准扶贫主题的大型原创情景交响组歌《这就是我们》，开展了"唱响小康幸福歌"主题公益歌曲展播活动，同时还通过举办广东原创乡村民谣征集活动，助力推动乡村振兴。深圳市扶贫办连续推出的扶贫主题歌曲《美丽约定》《我们走在康庄的大道上》等获新华网等各大媒体刊播，邱劲松、王怀坚创作的《山菊花开》《和你说说话》等也随广播剧《高山上的银杏》的开播二传播开来。另外，朱明和林秀花创作的扶贫题材歌曲《喝一杯热茶再走》、沈青和刘泽湖创作的《怎能落下你——写给革命老区的扶贫歌》、蒋耘《扶贫在路上》、黄国平和崔臻和创作的《扶贫书记》等从不同角度关注扶贫攻坚和乡村振兴。而《我们的乡村有多美》《喊一声幸福跟我走》《村官谣》等歌曲的创作更是脱离开直抒胸臆的真情表达，表现出较高的审美意蕴。

近五年来，随着《粤港澳大湾区发展规划纲要》实施和"一带一路"倡议的深入推进，广东音乐界积极关注湾区文化建设，为建设人文湾区、塑造湾区人文精神也创作了一系列的音乐艺术作品。如粤港澳大湾区发展宣传主题曲《共同家园》，集合了香港、澳门和内地歌手如谭咏麟、容祖儿等，他们一起共唱："让我们一起牵手追寻一个梦……"。而丘树宏创作的《粤港澳放歌》以及他和刘长安共同创作的《我爱大珠江，我爱粤港澳》等作品，也为大湾区的建设发展放声歌唱，绽放精彩。由胡训军和何沐阳创作的《大湾区的风》、陈旭光和张盛金创作的《大湾区颂歌》也都传达出粤港澳大湾区肩负改革开放再出发的使命。此外，在"音乐工程·鹏城歌飞扬——2018年度颁奖音乐会"上，由印青、田地创作的《南方有座山》和惠雷、临渡共同创作的《湾区风来》，也反映了大湾区城市——深圳的改革开放历程。特别值得关注的是，由广东民族乐团出品的《丝路粤韵——海上丝绸之路大型民族交响套曲合辑》，包括了全部七个乐章的CD唱片、DVD光碟、花絮光碟等，已经成为广东对外文化交流的一张靓丽名片。

（三）助力抗击疫情，共同传播正能量

新冠肺炎疫情发生以来，在中共广东省委宣传部、广东省文学艺术界联合会的统筹协调下，广东音乐界积极行动，涌出了一批有温度、接地气、高质量的音乐作品，众志成城，助力战"疫"。其间，广东音乐工作者自觉自发创作了战"疫"主题歌曲974首，其中有65首歌曲入选全国优秀战"疫"公益歌曲展播之列，入选全国优秀抗疫歌曲平均每5首里面就有1首是广东的音乐工作者创作、演唱的。另外，由广东音乐人担纲主创的歌曲作品《一路执着》《保重》《我们一定会胜利》，还吸引了韩磊、廖昌永、黄晓明等众多明星共同完成，获得大量网民关注。值得一提的是，由苏虎作词、金旭庚作曲，25位广东音乐中坚力量共同演唱的广东音乐人"声援"武汉的抗疫MV《有一种力量》，从创作到高质量完成，仅用了3天时间。粤语公益歌曲《无言感激》也向奋战在抗疫一线的勇士们致敬。而《大爱无疆》《我们不怕》《爱，不会隔离》等广东原创歌曲，还被制作成MV，在哔哩哔哩等各大媒体中传播，有力助推了全国抗疫热情。

而宋可佳、姚立娟则耗时8小时在录音棚打磨出了抗疫歌曲《武汉念想》，也引起民众的共鸣。"戴口罩，勤洗手，交谈距离一米九……"一段短短几百字的台山市方言防疫顺口溜，也在疫情时期传唱于台山的大街小巷。类如以上的这些抗疫歌曲在南方+客户端、广东卫视等播出后，获得社会民众的广泛好评。

特别值得一提的是，粤剧、粤曲、潮曲、汉剧等多个广东地方特色剧

种，以抗疫为主题，创作了不少于60部的作品。如由曾小敏等8位粤剧名家同唱的粤曲《共镇华夏关》大气磅礴，唱出了粤剧界齐心战"疫"的最强音；而广东潮剧院编排的《抗疫潮剧组曲》、广东汉剧传承研究院推出汉歌《归来无恙》也用潮汕、客家民众喜闻乐见的戏曲形式，把对人们的祝福化作深情有力、耳熟能详的乡音，将防疫抗疫意识入脑入心，体现了传统音乐文化旺盛的生命力。

二、数字音乐：在创新中发展

随着网络科技的发展和人们日常需求的改变，音乐不仅在创作、传播和接受中实现了从实体音乐向数字音乐的转变，同时又进一步由线上再一次回归到线下，拓展了音乐产业园区、智能音乐硬件、音乐直播与在线K歌等有关数字音乐产业链条的全方位发展。根据中国音乐产业年度报告及相关资料显示，虽然受到疫情影响，到2020年中国音乐产业总规模已经接近4000亿元。这背后折射出来的是，近年来中国音乐产业整体结构和服务体系的不断优化，原创音乐活力的技术不断升级，用户需求的不断增加。数字音乐产业步入快速发展轨道的同时，以数字技术、文化创意为核心的音乐产业链条已然成为当前音乐市场化、大众化传播的主阵地，数字音乐产业已经进入了存量用户的深耕时代，传统实体音像业进一步下滑。而数字音乐付费用户的快速增长以及商业模式的创新，更是让"整合、重构、新生"成为这一产业的关键词和新的发展动能。

在全国数字音乐产业进入新旧动能转换的关键节点，近年来，广东数字音乐产业实现快速发展，特别是处于粤港澳大湾区的广州、深圳已然成为国家数字音乐产业的重镇。广州拥有广东国家音乐创意产业基地主园区羊城创意产业园、星海艺术产业园等音乐产业园区，以及酷狗、荔枝、天翼爱音乐、沃音乐等多个国内知名的数字音乐企业。而深圳的腾讯QQ音乐则是全国最大的网络音乐平台，深圳A8音乐集团也是中国电媒音乐市场中的领先者。不仅如此，广东数字音乐还在音乐直播、智能音乐硬件、音乐直播和在线K歌等细分领域率先取得了多项突破。

（一）音乐产业园区建设取得显著成效

从2009年首个国家音乐产业基地批准组建至今，我国音乐产业园区发展势头不断向好，产业集聚带动效益日益显现。目前，粤港澳大湾区汇集的音乐产业园区主要有国家音乐创意产业基地主园区羊城创意产业园、深圳音乐科技园区、星海艺术产业园、广州珠江钢琴创梦园、广州南方广播影视传媒园区等，这些园区的发展与建设将进一步助推数字音乐产业的集聚发展。（1）羊城创意产业园。2017年，羊城创意产业园正式成为广东国家音乐创意产业基地广州园区的主园区。羊城创意产业园主园区现有酷狗、荔枝等国内数字音乐龙头企业，已成为广州数字音乐产业的中心地带。迄今为止，园区已先后举办了"亚洲网络音乐节""草坪音乐节"等，积极推动数字音乐产业创新发展。其中，酷狗作为目前中国最大的数字音乐服务提供商之一，以酷狗音乐、酷狗直播、酷狗KTV、酷狗唱唱、酷狗硬件等音乐娱乐产品，突破数字音乐营利模式单一的发展瓶颈，打通音乐产业上下游，形成在线付费数字音乐、网络直播打赏、线下演唱会等多元商业模式。而"荔枝"作为一款国内知名的声音互动APP，则通过手机移动服务功能，通过录音、剪辑、音频上传和语音直播，打造声音社交，着力发现和分享优质音乐内容，汇聚了海量的音乐及声音内容。数据显示，2017年，其用户规模已在行业内排名第三，达到1058.32万人次。（2）星海艺术产业园。星海艺术产业园位于广州南沙区榄核镇，于2016年由羊城晚报报业集团和榄核镇联合打造，近年来，星海艺术产业园注重融数字音乐商务园区、音乐创作孵化园、高等院校培训实践基地、民间艺术馆等项目于一体，积极开展音乐创作、乐器制造、音乐教育等。（3）深圳音乐科技园区。由中国音像出版协会音乐产业促进工作委员会指导，以音乐为核心，同时发挥深圳国际科技之都的优势，用高科技赋能音乐产业跨越式发展，在民族音乐文化数字化升级、AI人工智能音乐应用、音乐创作工作室、音频技术开发实验室，以及企业数字化展示等方面进行发力。（4）广州珠江钢琴创梦园。珠江钢琴集团建设于荔湾花地河畔的创梦园，积极推动粤港澳大湾区孵化培育文化创新和科技创新平台建设，而于2021年推动成立的"广州市文化艺术名家叶小钢工作室"，也为广州数字音乐提供更高质量的源动力。

（二）音乐文化产业蓬勃发展

智能音乐硬件是数字音乐产业发展的重要推手。在这一方面，广深地区作为全国展览业最发达的地区之一，首先通过展会的形式为智能音乐的发展提供助力。如广州国际乐器展览会，截至2021年已举办十八届，该展会成为华南地区最具影响力的乐器行业展会，助力广东发挥行业影响力。而作为当前国内唯一一个以耳机和数字音频为专题的展会——Hi-Fi耳机与数字音频展，从2014年举办以来，已经成为耳机及数字音频行业重要的产品发布、宣传以及行业内合作洽谈的盛会。另外，中国（广州）国际专业灯光、音响展览会，GET Show广州（国际）演艺设备、智能声光产品技术展览会等，虽然这两年受疫情影响，或推迟举办，或受到限制，但都仍然是中国乃至亚洲地区具有重要影响力的专业性展会。

不但通过展会的形式，让智能音乐硬件从广东走向全国，近年来酷狗、珠江钢琴集团、国光电器等广深企业还相继在智能乐器、智能音箱等领域发力，加快推动广东音乐产业数字化的转型。一是在智能乐器方面，珠江钢琴集团主要通过控股子公司艾茉森开展数码钢琴业务。近年来艾茉森保持了快速发展态势，产销量已进入中国市场前三名，2018年更是成功挂牌新三板。广州"音乐猫"也专注于智能乐器研发、生产、销售，推出了智能钢琴、"钢琴+"、智能电子鼓、智能吉他、智能小提琴等系列产品。二是智能音箱（蓝牙音箱、AI音箱和AI耳机）技术应用不断取得新的突破，广东地区代表性企业包括酷狗、天翼爱音乐、国光电器、爱浪智能、安望科技等。酷狗推出了蓝牙耳机、酷狗潘多拉互联网蓝牙音响、酷狗智能音响等，2017年天翼爱音乐推出了爱音乐音响，爱浪智能还与腾讯合作，于2017年推出了首款内置腾讯叮当语音助手的AI语音耳机等，满足了消费者多元场景的需求。

（三）音乐直播与在线K歌快速发展

据FastData和前瞻产业研究院的数据，2020年，腾讯音乐市值超过1800亿元，是中国国内最大在线音乐平台，它旗下拥有酷狗音乐、QQ音乐、酷我音乐等。截至2020年10月，QQ音乐的月活用户数量达到20122万人，酷狗音乐月活用户数量达到18769万人，发展势头迅猛。近年来，中国音乐直播和在线K歌互动呈现快速增长的态势，已然成为数字音乐新的业务增长点。这里主要以广深地区的酷狗、荔枝、YY LIVE、天翼爱音乐等为例，阐释和说明它们近年来的强劲发展动能。

其一，音乐直播方面。酷狗近年来大力推进的"音乐+直播"，倾力打造在线视频互动演艺平台。其中，基于粉丝经济的"直播+数字专辑"销售模式，为音乐人提供从音乐制作、发行、推广、销售到粉丝运营等一系列服务。据统计，2017年酷狗直播帮助2017295位直播歌手发行了约700张付费数字专辑，获得2亿元的收入，而在疫情时期，酷狗音乐人于2020"国际博物馆日"带线上网友"云游博物馆"，吸引线上观众超20万人次。同样，荔枝也积极拓展语音直播领域，致力于打造泛娱乐化互动社交的声音平台。其中，2018年荔枝推动品牌战略全面升级，将主营业务全面转向语音直播，通过"谁是女王直播大赛""我的男友直播大赛"等挑选优质播客资源。截至2018年，荔枝平台月活跃的主播数量达300多万人，居于全网领先地位。欢聚时代旗下YY LIVE将业务拓展到泛娱乐市场，通过开启"直播+音乐"新玩法，使平台诞生了众多音乐主播，着力打造粉丝经济下的音乐产业形态。在主要泛娱乐移动直播APP同领域用户渗透率上，YY LIVE以48.9%渗透率位居行业第一。由此可以发现，酷狗、荔枝、YY LIVE等广东音乐文化背景下的音乐直播，是在传统音乐产业模式之外音乐文化产业新的增长点。

其二，在线K歌方面。酷狗、天翼爱音乐通过移动K歌应用、KTV歌曲下载服务、线下迷你KTV等，积极运用互联网思维，推动在线K歌音乐平台的建设。酷狗近年来通过推出"酷狗KTV""酷狗唱唱"两款平台应用，满足年轻人"听看唱玩"的音乐心态，其2018年发布的酷狗超级K歌机，搭载安卓智能系统与酷狗音乐曲库，将音乐场景延伸到了家庭娱乐中。中国电信旗下的"天翼爱音乐"则将业务延伸到智能电视终端，通过"电视音乐屏"将爱听4G手机终端移植至电视，打造出一款家庭K歌产品。而作为目前全球最大的专业卡拉OK内容提供商，广州宝声信息科技有限公司专门针对KTV行业开发了一款智能管理平台，先后增进了《中国好歌曲》《中国之星》等热播综艺节目的卡拉OK歌曲资源。

不仅在线上K歌领域，广深处于全国领先地位，在线下迷你KTV方面，广深地区的艾美网络、玖的等也迅速兴起。近年来，仅仅在广州就涌现了诸如咪哒miniK、聆哒miniK等国内知名品牌。在2017年中国线下迷你KTV品牌影响力排行中咪哒、聆哒分别名列第2位、第5位，这种通过线上线下相结合，打造O2O音乐社交新玩法，并以VR科技打造虚拟演唱舞台，创新沉浸式唱K的模式，打造了数字产业背景下KTV的娱乐新生态。

综上所述，近年来广东数字音乐文化产业得益于移动数字技术、园区展会和智能音乐硬件的发展，获得长足的进步，在全国处于前沿和领先地位。

三、音乐活动：在交流中沉淀

近五年来，广东音乐界在积极推动广东地区音乐的多样化发展基础上，传承岭南文脉，推进粤港澳大湾区文化建设和交流，搭建以粤港澳大湾区主要城市为支撑点，覆盖粤港澳大湾区城市群的艺术展演和文化交流平台。近五年来，主要通过上百场的音乐文化活动和学术论坛研讨，推进音乐文化在岭南地区特别是粤港澳大湾区的繁荣发展。这主要体现在如下三个方面。

（一）围绕国家和地方文化需求突显文化特色

近年来，围绕庆祝香港回归20周年、庆祝改革开放40周年、庆祝新中国成立70周年、庆祝建党100周年，广东省和香港、澳门都相续组织举办了一系列主题大型文艺汇演。其中，2017年6月，庆祝香港回归祖国二十周年文艺晚会在香港会展中心举行，晚会以"心连心·创未来"为主题，从《回归颂》《东方之珠》《我的中国心》，到《香港·我家》《友爱长存》，唱响了爱国爱港的主旋律。2018年12月，广东省庆祝改革开放40周年文艺晚会在广州市海心沙亚运公园举行，晚会以"花开新时代"为主题隆重庆祝改革开放40周年，展示了广东改革开放的光辉历程、成功实践和创新成果。2019年9月，由中共广东省委宣传部主办、广东广播电视台承办的"国乐颂中华——广东省庆祝新中国成立70周年民族音乐会"在广州中山纪念堂举行，戴玉强、吴彤等内地著名艺术家，内地顶尖乐团、民乐世家、国乐新秀和港澳著名演奏家齐聚一堂，奏响广东音乐名作，创新传承岭南文化，为中华人民共和国成立70周年献礼。2019年10月，"我爱你中国——庆祝中华人民共和国成立70周年深圳群众文艺晚会"在深圳举行，其中来自深圳、香港、澳门、广州、珠海等地的音乐艺术家同台献艺，联袂献唱，他们通过联唱经典粤剧《湾区风来百花艳》等，共同庆贺新中国成立70周年。2021年5月，为庆祝建党100周年，由中共广东省委宣传部指导，广东省文化和旅游厅、广州市文化广电旅游局主办的"永远跟党走——广东省庆祝中国共产党成立100周年百场精品展演"通过历时5个月的展演，通过"大型舞台艺术精品展演""艺术名家新人专场演出""'烽火学堂'华南研学基地专场演出"等3个板块，从全省范围内遴选优秀作品约50部，并以广州的剧场为主要舞台，辐射全省各市，共举办了超过100场次的演出，营造了全省庆祝建党100周年的浓郁文化氛围。

近五年，在围绕国家重要节庆节点开展系列主题音乐文化活动之外，广东地方音乐文化展示也开展得如火如荼。这包括2017年在东莞举办的"绽放的玉兰"艺术普及系列公益活动："粤乐弦辉情　传莞城传统——广东音乐专场音乐会"、2017年由广东民族乐团主办的"岭南三韵——流行国乐系列音乐会"、2018年于广州中山纪念堂举行的"《粤韵芳华》——粤语经典音乐会"、2021年于星海音乐厅举行的广东民族乐团"广东音乐五架头小组演奏粤乐经典的无限音乐会"、2020年12月的"荔枝红了——广东音乐主题音乐会"以及"中国影视好声音·流行国乐音乐会"等，这些主题音乐会将一幅幅既具历史文化底蕴又欣欣向荣的岭南风情画展现在民众的面前。另外，2019年二沙岛户外音乐季——"纪念《黄河大合唱》诞生80周年音乐会"，也通过演绎《黄河颂》《黄河怨》《黄河大合唱》等冼星海经典音乐作品，推动星海精神的传承。2021年12月的"琴动花城——广东高校教师钢琴重奏音乐会"则由广东地区11所高校27位名师汇聚一堂，共同演绎，推动广东地区钢琴演奏水平的提升。特别要指出的是，作为流行音乐的发源地和前沿地，2017年由著名音乐人、时任广东省流行音乐协会主席陈小奇领衔一众广东音乐人改编创作的"《致敬经典》——纪念广东流行音乐40周年"于3月份开始在网络上发行上线，《致敬经典》整曲长约14分钟，充分集合了20世纪90年代初期广东流行音乐经典代表作品，致敬广东流行音乐40周年。

（二）打造以"大湾区"为主旨的音乐文化品牌

近年来，为了整合粤港澳大湾区音乐资源，实现湾区内音乐交流和深度融合，推动大湾区音乐艺术的更快发展。不管是在组织层面，还是在实践层面，广东省乃至粤港澳大湾区城市群之间都举行了以大湾区为主旨的多项音乐文化活动。2017年12月，由星海音乐学院牵头，率先成立了粤港澳大湾区音乐教育与艺术发展联盟，并在此基础上签署了《粤港澳大湾区音乐教育与艺术发展联盟广州共识》。该联盟成员覆盖整个粤港澳范围内24个联盟成员单位，其中包括14所艺术院校，5个演出团体及5家剧场机构，是大湾区内音乐教育与艺术发展的高端合作共享平台。而后，粤港澳大湾区音乐艺术联盟于2018年9月在广州成立，由李海鹰、向雪怀、刘志文、许建强、林颐等粤港澳三地的多位音乐人共同发起，旨在构筑音乐艺术交流、音乐产业合作的平台，以"音乐+"为引领，创意音乐文化及创新音乐产业。2019年6月，粤港澳大湾区中小学音乐教育联盟在星海音乐学院成立。联盟由星海音乐学院附中、广东实验中学、深圳中学、香港嘉诺撒书院、澳门浸信中学等21所中小学校联合发起，174所大湾区内中小学校成为第一批联盟成员单位，旨在整合粤港澳大湾区音乐教育的优质资源，建立优势互补、互利共赢的教育合作机制，推动大湾区艺术教育事业发展。

应该说，相关组织的建立为粤港澳大湾区的音乐艺术交流和合作提供了更为充分的平台。2019年，由粤港澳大湾区音乐教育与艺术发展联盟主办的首届粤港澳大湾区文化艺术节国际音乐季在广州开幕，开幕式上，中国音乐家协会主席叶小纲表示，希望三地因音乐而共鸣，共同奏响"大湾区之音"，向世界展示开放、活泼、奋进的粤港澳大湾区。从6月至12月历时半年，首届粤港澳大湾区文化艺术节国际音乐季陆续在粤港澳三地上演30多场音乐会，体现了粤港澳大湾区音乐教育与艺术发展联盟共建、共赢、共享的共识。同时，2018年12月在东莞举行的"粤乐集结号——粤港澳大湾区青年民乐家广东音乐专场"、2019年9月在深圳大剧院举行的"2019年深港澳青年音乐会"、2020年由中共深圳市委宣传部指导的"2020深圳湾吉他艺术周"、2021年在广东省文化馆举行的在粤系列活动之"放怀大湾区——诗歌朗诵音乐会"、2021年的粤港澳大湾区（广州）文化周等，都以岭南文化为纽带，以广东传统音乐为载体，粤港澳三地艺术家同台展示大湾区同根同源的人文风采。其中，中央广播电视总台推出的"2020新年音乐会——扬帆远航大湾区"，以"迎接新年，祝福祖国"的形式首次集结了深圳、广州、香港、澳门四地交响乐团的近300位演奏者，汇聚了来自大湾区多座城市的近500人合唱团进行现场合唱。除此之外，围绕"一带一路"这一主题，自2017年开始，深圳连续举办了四届"一带一路"国际音乐季。通过邀请全球近40多个国家和地区的近千名音乐艺术家，用一个月左右的时间，给观众带来了几十场的音乐盛会。其中，2020年的第四届"一带一路"国际音乐季以委约创作的形式，广邀艺术家以"一带一路"概念为主题进行创作，培育了诸多原创剧目和艺术精品，并通过"深圳骄傲——赤子致敬春天专场音乐会""湾区迴响——原创现代交响音乐会"和"华乐苏韵——苏州民族管弦乐团音乐会"等，展示了深具深圳特色的音乐作品。另外，自2017年以来广东每年都会举行广东国际青年音乐周活动，邀请国际名家和相关团体为大湾区民众带来诸多音乐盛会。虽然受疫情的影响，2021年广东国际青年音乐周以"特别项目"的形式改为线上举行，但国内外163万的网络播放量仍让其在中外音乐活动发展史上留下了浓墨重彩的一笔。

（三）致力于构建高品质的音乐文化研讨活动

为了促进岭南地区音乐文化的多样化表达，推进粤港澳大湾区的音乐文化交流，拓展广阔的创作空间与多维的理论研究视域。近年来，广东省内文化机构和媒体着力于高品质文化精品的打造，通过线上线下的文化交流、学术论坛和主题研讨等形式，推动广东地区音乐文化理论的发展。比如，2019年11月在广州举行的"第二届粤港澳大湾区传统音乐文化研究暨纪念广东音乐大家黄锦培先生百年诞辰·音乐文化学开展30年回顾"，通过对"粤港澳大湾区广东音乐文化的现状与发展前景""如何整合湾区内的广东音乐资源开拓研究和传承""广东音乐的艺术风格、特点和美学观"以及对"黄锦培先生百年来的历程、人格魅力、为师之道和对广东音乐文化的贡献"等话题，赵宋光等人展开了热烈的对话和研讨。而全新文旅融合大背景下，2020年11月"听见花开，湾区未来——首届大湾区现代音乐产业论坛"在广州举行，此次论坛通过3场主题演讲、4个圆桌论坛、3场主题对谈的形式，分享了广东及大湾区演艺市场的概况，探讨了以广州为核心驱动力的大湾区音乐泛娱乐产业的发展，对中国音乐行业新格局、新趋势带来了诸多的思考。

围绕相关音乐主题，广东音乐、教育、媒体等方面的专家学者聚焦本土传统音乐文化的传承，提出了诸多推动广东传统音乐发展的建议和意见。如于2019年的"广东改革开放30周年流行音乐高峰论坛"中，陈小奇等人就"流行音乐在改革开放30年来中的变迁与发展"等命题进行了研讨，提出要关注流行音乐与其他艺术的融合、新闻传播中的流行音乐、从视觉艺术试点观察的流行音乐等前沿问题的主张。而在2017年由广东省文学艺术联合会、中国艺术研究院音乐研究所、中共海丰县委、海丰县人民政府共同主办的"中国音乐教育一代宗师陈洪先生诞辰110周年学术研讨会及图片展"，与会学者在高度评价陈洪先生一生为我国音乐教育事业所做出的杰出贡献的同时，着重提出要更新对岭南音乐文化的再认识。2018年10月，广东中华民族文化促进会主办的"国家级非物质文化遗产汕尾渔歌学术研讨会"在北京举行，期间来自全国各地的30多位专家学者围绕汕尾渔歌的历史源流、艺术特征、在新时代的传承发展等方面进行了深入的阐述，一致认为要在新时代继续传承好汕尾渔歌。2018年于星海音乐学院举办的"粤港澳大湾区民族声乐表演与教学研讨会"，立足于表演与教学对当前民族声乐的演绎提出了很多建设性的建议。2021年于星海音乐学院举办举行的"广东汉乐学术沙龙暨李德礼先生手稿捐赠活动"，与会者则提出要创造性地转化和创新发展广东汉乐。值得一提的是，2021年在星海音乐学院揭牌成立了岭南音乐文化协同创研孵化基地，并就"如何在当前跨界、跨学科、岭媒介等整体社会文化转型背景下，让岭南音乐焕发新生并让其产生新的生长点"等诸多问题进行了探讨。

综上所述，近年来广东音乐文化文化论坛和学术交流，始终以传承岭南文化为己任，并借助粤港澳大湾区的"双区驱动"优势，在"一带一路"的桥头堡上讲好中国故事，讲好岭南故事。

四、特征呈现：在新的历史方位中回应召唤

广东是中国现代音乐艺术领域中具有重要影响的地区，广东地区音乐文化作为中华民族音乐殿堂的组成，特色鲜明，声名远播。2018年由广州歌舞剧院演绎的大型民族舞剧《醒·狮》荣获了中国舞蹈界最高奖——第十一届中国舞蹈"荷花奖"舞剧奖，全剧音乐具有浓郁的岭南地方特色，注重广

东音乐典型器乐的使用。而2021年基于中国漫画电影《雄狮少年》由栾慧创作的同名原声音乐，则通过融合舞狮鼓点、香港功夫片等岭南文化元素，构成了一部极具中国传统气势和地方文化的主题动画音乐，也是具有代表性的中国传统文化再获新生的一种音乐文化新现象。穿梭于百年广东音乐发展历史的"时光隧道"，萧友梅、吕文成、冼星海、马思聪……名家辈出，星光熠熠，而《赛龙夺锦》《雨打芭蕉》《思乡曲》《春天的故事》《弯弯的月亮》《涛声依旧》等源自于广东地区的音乐名作勾连岭南乡愁，沉淀着厚重历史，唱响了大江南北。习近平总书记指出，要"通过更多有筋骨、有道德、有温度的文艺作品，书写和记录人民的伟大实践、时代的进步要求，彰显信仰之美、崇高之美"。①基于此，近五年来广东音乐文化界恰是通过学习贯彻习近平总书记的系列讲话精神，围绕国家重要节庆、粤港澳大湾区、抗击新冠疫情、脱贫攻坚和乡村振兴等主题，推陈出新，取得了一个个让人称道的成绩。从另一个层面，我们也发现，在广东省文化管理部门的牵头带动下，数字技术和媒介发展相互促成，音乐产业线下园区建设和线上智能互动共振，数字音乐生态结构持续优化。并通过QQ音乐、酷狗、荔枝、天翼爱等平台，不断深化智能化、精品化的发展方向，在音乐产业园区建设、音乐文化产业、音乐直播与在线K歌等方面也是亮点纷呈。这些都将在国家"十四五"规划与迈向第二个百年奋斗目标的征程上，凸显其独特的意义和广阔前景。

站在新的历史方位，回顾近五年来广东音乐文化的强劲发展势头，其所呈现出来的多样化和前沿化发展态势，堪称当前广东社会文化领域中最为活跃的板块。作为广东社会文化的晴雨表，广东音乐文化以积极姿态回应时代召唤、呈现时代风貌、弘扬时代精神。无论是以大型文化汇演的形式，还是在数字音乐文化产业，抑或是学术论坛交流，都凸显出在建设文化强国、文化强省过程中的广东音乐文化的时代担当。因此，广东音乐文化总体特征可以归结为：反映时代生活主题成为音乐新使命，大湾区和"一带一路"构成音乐新热度，数字音乐及其线上直播激活音乐新动能等。

---

① 中共中央文献研究室编：《十八大以来重要文献选编》（中），中央文献出版社，2016年，第122页。

其一，反映时代生活主题成为音乐新使命。为实现2035年建成文化强国的战略目标，作为社会艺术文化的重要组成部分，音乐要在这一历史进程中承担应有的责任。近年来，广东音乐文化不仅仅提供大众消遣娱乐，更重要的是它在广东"文化强省"过程中起到了重要的价值引领和精神彰显作用。近五年来，广东音乐文化领域通过作品创作和主题活动，反映时代生活，表达人民心声，围绕党的十九大胜利召开、庆祝香港回归20周年、庆祝改革开放40周年、庆祝新中国成立70周年、庆祝建党100周年等主题，以弘扬主旋律与歌颂"中国梦"为主基调，唱出了新时代新风尚。如2020年全国20首第八批"中国梦"主题新创作歌曲名单中，由广东音乐人创作的歌曲《亲爱的中国》《此生最爱是梨园》就成功入选。特别是在建党100周年之际，广东省音乐家协会组织了庆祝中国共产党100周年"寻找广东原创好歌曲"征集活动，广州交响乐团承办了"广东省庆祝中国共产党成立100周年交响音乐会"等，唱响了新时代主旋律。面对传统音乐文化的传承与传播，2021"广东音乐新创作品音乐会征集"、2021"第二届广东原创乡村民谣作品征集活动"、"听见·非遗——佛山非遗音乐作品征集活动"等，也弘扬了传统广东音乐文化，展现了美丽岭南的传统风情风尚。在中国音乐家协会主办的中国当代歌曲创作精品工程（2017—2021）——"听见中国听见你"年度优秀歌曲推选活动中，广东省选送音乐作品获奖数量也连年在全国数列前列。

值得关注的是，疫情期间广东音乐界创作了很多抗疫歌曲，从一开始声援武汉的《有一种力量》（苏虎作词，金旭庚作曲），到后来的《胜利的那一天》（尹继红、尹梓瑶作词，李高泽作曲）、《一路执着》（苏虎作词，栾凯作曲）、《保重》（任卫新作词，李需民作曲）等，有些还制作成MV在网络媒体得到几十万上百万次的点击，彰显着广东地区音乐在践行人类命运共同体，建设文化强国中的主动担当，在网络媒介时代传导出了独特的文化价值和精神力量。

其二，大湾区和"一带一路"构成音乐新热度。近年来，为了贯彻落实《粤港澳大湾区发展规划纲要》《横琴粤澳深度合作区建设总体方案》和《全面深化前海深港现代服务业合作区改革开放方案》，广东不断推动粤港澳三地音乐艺术文化交流，建设开放平台，打造音乐品牌。五年来，大湾区城市音乐文化建设取得一系列成绩，区域内音乐文化产业协调发展。同时，配合"一带一路"倡议，作为海上丝绸之路发祥地的珠三角地区，广东音乐人也利用音乐主题活动积极回应这一时代的命题，优秀原创作品成为创作新热度。

2021年10月，由中共广州市委宣传部、广州市文化广电旅游局主办的"粤韵飞扬，乐美湾区——粤港澳大湾区（广州）文化周"系列活动正式启动，其中的湾区城市主题音乐会汇聚三地名家，充分凸显了湾区城市的文化魅力。活动由民乐合奏《湾区步步高》拉开序幕，由梁玉嵘演唱的原创粤曲新作《人民就是江山》深情地表达了民众对党和祖国的深沉挚爱，《南国红豆竞芳菲》《落雨大》《旱天雷》等作品则成为联结粤港澳三地民众内心的桥梁。几乎同一时间，线上的活动"同心筑梦·文化湾区——粤港澳青年音乐家云端音乐会深圳专场"在深圳欢乐港湾"湾区之光"摩天轮下启动，这场公益性质的云端音乐会以移动互联网为传播渠道，并在触电新闻、N视频、抖音直播、网易云音乐、YY直播等进行在线直播，为网民聆听音乐，了解深港澳三地音乐文化提供交流平台。而2021年12月，在广州举行的粤港澳大湾区青年音乐节，为粤港澳三地音乐行业合作创造新机遇、探索新模式。

应该说，自2017年以来，作为深圳对外推广的一张高含金量文化名片，深圳"一带一路"国际音乐季吸取了来自近40个国家和地区的近千位中外艺术家的参演，其中的青年艺术家音乐会更是向世界展示了深圳在培养青年音乐家方面的成就。其中，吴蛮与丝路音乐大师及华阴老腔皮影引起了《华尔街日报》的关注，在国内外引发广泛的反响。应该说，大湾区和"一带一路"主题音乐活动已经成为广东音乐文化的一个名片，在珠三角地区形成了新热度。

其三，数字音乐及其线上直播激活音乐新动能。国家"十四五"规划明确指出，要实施文化产业数字化战略，加快发展新型文化企业、文化业态、文化消费模式，壮大数字创意、网络视听、数字出版、数字娱乐、线上演播等产业。2021年，由广东省工业和信息化厅牵头起草的《广东省培育数字创意战略性新兴产业集群行动计划（2021—2025年）》，其中提到广东省数字创意产业规模和发展水平要达到全国领先，数字音乐、游戏、动漫、电竞要居全国首位，酷狗等5家数字音乐平台要入选全国前十。数字音乐作为由新一轮科技革命和产业变革催生的新业态和新模式，广东数字音乐产业发展迅猛，为音乐文化的整体发展提供了新动能。

近年来，广东省在大力发展国家音乐创意产业基地——羊城创意产业园等的基础上，积极扶持"科技+文化"互联网企业。以酷狗音乐为例，这个在广东本土发展起来的音乐公司，十分重视优质原创内容的创作和精品IP打造工作，并借助平台优势，大力扶持鼓励原创音乐人入驻酷狗音乐开放平台，目前已经形成较为完善的原创音乐人扶持培养流程和激励机制，已经将一批优秀的原创音乐作品和年轻的原创音乐人推向了前台。其中，古风音乐人"等什么君"在酷狗拥有183.6万粉丝，1.3亿人听过她的歌；傅如乔在平台上自主发行的单曲《微微》，登上了酷狗TOP500榜单第二位，收获超过2万热评。众多音乐领域的科技企业汇聚于2021年的第二十三届高交会上，同时展示在音乐数字领域所取得的突破。其中，酷狗音乐展示了自主研发的酷狗K9 K歌一体机，深圳韶音科技展示了获中国专利金奖的骨传导蓝牙耳机，深圳创客展示了自主研发设计并兼备了语音实时转录功能的蓝牙耳机等，这些智能数字音乐硬件，显现了当代智慧生活数字在音乐领域的新玩法。值得关注的是，酷狗还在线上音乐平台致力于文化遗产数字化保护和传播，在其音乐平台可以搜索到10余种传统地方戏曲的10137个戏剧曲目，据平台数据显示，每个月有1亿多"90后"和"00后"新生代用户在酷狗音乐对非遗有所关注。

应该说，近年来广东省音乐文化的发展取得不少的成绩，与广东省委省政府着力打造广东文化大省，出台《广东省建设文化强省规划纲要（2011—2020年）》密切相关。但不争的事实也在于，广东音乐文化的发展仍存在一些不足。比如广东音乐文化界除了广东省音协推荐的张文沁、王传亮、蔡静雯等人获中国音乐金钟奖声乐（美声）金钟奖，广州歌舞院的《醒·狮》荣获中国舞蹈界最高奖"荷花奖"之外，在国内外重要的赛事中获奖的数量还不够多，这也从另一个角度反映出近年来广东音乐的原创水平及其在全国中所处的位置，广东原创音乐还缺乏在社会传播中有着重要影响力的一批音乐作品。同时，对传统地方音乐文化也是宣传倡导的多，创作研究的较少，很多音乐传统文化活动中都是重复演奏一些传统音乐名曲如《步步高》《彩云追月》《怀古》等，新作难得一见其社会影响力也还有待提升。另外，虽然广东数字音乐有酷狗音乐、QQ音乐一度领跑全国数字音乐行业，但近年来网易云音乐、咪咕音乐等的异军突起，广东数字音乐发展面临着强大竞争，优势也不再明显。最后，由于地处南方，对以北方为政治中心及其衍生的历史政治文化的距离较远，音乐艺术家对相关主题性音乐的创作意识和驾驭能力都还有待加强。针对以上问题，广东省音乐文化的发展仍需继续做好以下几个方面：一是抓住粤港澳大湾区建设这一重要发展机遇，依托广东文化强省战略部署，继续给予政策支持、资金扶持和项目加持，通过重大项目孵化，重要人才培育，重要品牌构建，全方位提升党委政府在音乐文化建设中的引领和导向作用；二是民间要重视对广东地方传统音乐乐种的资源传承和价值挖掘，特别要关注广东音乐、客家音乐、潮州音乐、雷州音乐等的传承创新，继续推动音乐"非遗"传承人工程，创新音乐传播途径，利用新媒体构建传统地方音乐的新形态、新风尚，并促成其较强社会影响力的形成；三是加强音乐理论评论人才的培养，特别是对广东流行音乐、数字音乐和音乐文化产业等领域出现的新问题、新情况，要加大理论引导，创新研究视角，利用媒体及时作出理论回应，让理论引领创作、推动创作、反哺创作；四是对重大节庆活动的规划要更加合理和科学，要注重文化的内生性和长期导向性，淡化短期效应和规模形式，并在其中寻求民族性与世界性、地方性与全国性、传统性与现代性、专业性与大众性等的统一，最终让音乐从主题策划走向大众自觉，从宏大叙事走向日常生活，成为民众美好生活的一部分。

检阅近五年来广东音乐文化的发展态势及其表现出来的特征，其所取得的成绩是有目共睹的。广东以其强大的经济推动力、较为健全的音乐人才培养体系、深厚的艺术人才吸引力，立足国家发展战略，紧跟时代要求，丰富了人民群众的日常文化生活需求。广东省音乐家协会通过在"人民号""新华号""央视频"、抖音、哔哩哔哩、酷狗音乐等融媒体平台开通动态传播平台，促进音乐作品多渠道、多维度、可视化的立体传播。加之广东数字音乐文化企业如QQ音乐、酷狗音乐、荔枝、天翼爱音乐等的推动，以及省委省政府的高度重视和民间对文化较为包容开放的姿态并愿意尝试先进艺术观念与创作形式等一系列因素的影响，广东音乐文化在全国仍占据重要地位。客观来说，广东音乐人无论是在回应时代的宏大主题叙事，抑或是对中国音乐数字化发展的整体格局的推动，还是致力于大湾区传统音乐文化的传承传播等方面都做出了不懈的努力，获得了显著的成绩。我们坚信，立足于国家粤港澳大湾区整体规划，进一步推动广东文化强省战略，广东音乐文化发展必将在下一个五年迎来更为灿烂的成就。

协 会 专 家：唐永葆
报告负责人：金旭庚
主 笔 人：陈 超

06 广东舞蹈发展报告

【引言】

    广东作为全国改革开放先行区和粤港澳大湾区核心支撑，正积极打造国际一流湾区和世界级城市群，以传承岭南文化、构建人文湾区。2017—2022年，五年之局初见，广东舞蹈以时间作为基底，以作品立传，回溯初心，为时代、为人民而舞。

一、五年之局：多维并"舞"

五年来，广东舞蹈界在以习近平同志为核心的党中央坚强领导下，不断增强政治意识、大局意识、核心意识、看齐意识，深入贯彻落实党的十八大、十九大精神，以习近平新时代中国特色社会主义思想为指导，持续深入学习贯彻习近平同志关于文艺工作的重要论述，不断增强"四个意识"，坚定"四个自信"，做到"两个维护"，坚持为人民服务、为社会主义服务，坚持百花齐放、百家争鸣，坚持创造性转化、创新性发展，自觉将党的文艺路线方针和中央决策部署落实到位，紧随时代的步伐，切准现实生活的脉搏，紧贴改革开放40年、中华人民共和国成立70年、中国共产党成立100年以及实现全面建成小康社会、"十三五"规划收官、"十四五"规划开局、迎接党的二十大召开等社会实践与重大历史节点，面向未来中国的发展远景，建设改革开放先行区、粤港澳大湾区。

1. 勇攀艺术创作高峰

广东舞蹈艺术坚持以人民为中心的创作导向，向人民和生活学习，倾心书写人民，倾情塑造英雄，倾力反映人民心声。广州歌舞剧院、广州芭蕾舞团、广东现代舞团、广东歌舞剧院等国内知名院团创作的《醒·狮》《龙·舟》《浩然铁军》《潮速》《岭南秋雨》等凸显区域—中心、传统—现代碰撞融合的新时代优秀舞剧作品，或摘获中国舞蹈"荷花奖"，或获得国家艺术基金资助等，受到业内肯定与市场认可。

2. 打造特色人才品牌

广东省舞蹈家协会与各地市舞蹈家协会，在广东省文联以及中国舞蹈家协会的指导下，积极发挥人才组织与凝聚作用，以岭南舞蹈大赛、中南六省（区）"十佳青年领军舞者"展演、"深圳舞蹈英才计划"等高水平赛事展演活动与人才孵化项目，发挥组织优势，突出专业亮点，打造特色人才品牌，为广东舞蹈艺术人才搭建成长与交流平台与机制。

3. 传承区域传统文化

广东省内各级各类高校舞蹈院系充分挖掘本土资源，依托岭南舞蹈的历史文化资源和艺术创新实践，积极推动非遗舞蹈普及教育，在非遗活动进校园、非遗知识进教材、非遗传承人上讲台等方面，积极开展非遗教学实践、展示展演和体验活动，为非遗舞蹈在大中小校园的传承与创新发挥了中坚作用，获批舞蹈类教育部中华优秀传统文化传承基地1个、省级基地2个。此外，以舞蹈美育为抓手，积极贯彻落实教育部"美育浸润行动计划"，积极探索新时代具有广东特色的中小学美育工作，充分利用高校和社会力量，帮扶粤东西北美育薄弱地区，促进区域协调发展，推动全省美育改革整体发展，发挥现代大学通过人才培养与科学研究的功能，反哺服务社会、文化传承创新。

4. 提升学科建设水平

在深入贯彻落实广东省教育发展"十三五"规划的基础上，广东舞蹈专业建设水平与理论评论意识逐步提升。2017—2022年间，华南师范大学、星海音乐学院、深圳大学等省内知名高校舞蹈院系在舞蹈学（二级）、舞蹈编导、舞蹈表演等专业建设基础上，获批舞蹈学一级博士学位授予点1个、省级一流专业3个、软科中国大学专业排名（2021）A级4个、获批省级高水平中职学校建设专业1个，获国家社科基金艺术学项目立项4项、国家级文艺评论奖1项、省哲学社会科学奖1项等。

二、五年之业："舞"彩岭南

2017—2022年，广东舞蹈在艺术创作、人才培养、文化传承、服务社会等方面，充分调动与发挥舞蹈艺术家的创新精神，打造精品，勇攀高峰，积极服务国家文化战略与区域文旅经济。

（一）优秀作品繁荣新时代文艺创作

广东舞蹈创作充分体现出为人民而舞、为时代而舞的责任和担当，无论是主旋律舞蹈创作，还是街舞等新文艺群体的活跃，凸显出广东的社会活力区位优势与特色。五年来，广东舞蹈不断推陈出新，在顺应当代中国舞蹈主流创作趋势之余，主动挖掘区域特色，在以凸显区域风格、张扬特区精神、引领文化想象的初心指引下，积极探寻。

1. 攻坚主旋律创作，谱写时代新篇章

近年来，广东舞蹈顺应时代潮流，充分体现出主流意识形态下对革命历史题材和现实主义题材的创作倾向；弘扬主流价值观、讴歌人性的艺术作品层出不穷，且在题材、模式、表达形式等方面进行了多维度的探索，如舞剧《到那时》《醒·狮》《浩然铁军》《旗帜》《龙舟》等一批优秀作品释放出具有穿透力和感染力的时代价值。

其一，传统题材"旧瓶新酒"式的当代演绎。红色经典作为一种文化样式和精神镜像，是广东舞蹈创作的重要命题；而为红色经典注入新的时代内涵是广东舞蹈创作的使命与担当。前有舞剧《星海·黄河》（1998年，广州歌舞团）、《风雨红棉》（2002年，广东歌舞剧院）、《沙湾往事》等（2014年，广东歌舞剧院）代表着广东舞蹈事业的红色火种。近五年来，广州歌舞剧院、广州芭蕾舞团、广东歌舞剧院、深圳歌剧舞剧院等单位不断承接红色经典，以追求"内在的精神必须传承，外在的形式需要创新"的"三精"标准，不断挖掘改编红色经典的全新艺术创造空间，先后创作出《醒·狮》《浩然铁军》《岭南秋雨》《旗帜》《与妻书》《烈火中永生》

《红棉红》等剧作。这些通过改编传统题材展开对红色经典的重新阐释，为广东舞蹈在当代中国舞蹈发展历程中留下了浓墨重彩的一笔：一方面将宏大叙事的主题聚焦于个人生活，置之于英雄、伟人的情感世界，凸显戏剧性的主要表现方式，是广东舞蹈创作的敲门砖；另一方面通过时空碎片化地切割典型红色经典的革命事迹，却凝聚起共通的革命情感与理想信念于一处，是广东舞蹈创作的接力棒。前者如舞剧《醒·狮》《岭南秋雨》、舞蹈《与妻书》《红棉红》，这些作品皆在大时代小人物的事迹中，找寻到特殊革命时代的民族精神，以小见大地唤起当代社会对革命记忆的共鸣与共情；后者如舞剧《旗帜》、舞蹈《烈火中永生》以革命年代代表集体精神的故事碎片、英雄形象，抽象传递着中国革命事业的艰辛与坚毅，使革命事业在当代社会变得更具诗意与红色浪漫气息，是当代人对红色经典事迹的全新阐释。

其二，时代精神脱胎换骨式的独特发声。艺术作为表意文化，其所承载的精神内核是体现时代文明的重要标识。广东作为改革开放先行地，其所彰显的时代精神是广东舞蹈创作的应有之义。舞剧《到那时》便是应运而生的产物，被称之为"时代精神的天火，是现实主义的浩瀚流体"的力作。作品在时代浪潮的时空结构下，极力呈现着一朵朵浪花激荡起的波澜，在完成舞剧叙事理念和视觉模态的前提下，实现了主题隐喻与形态建模的高度统一，成为舞蹈工作者向建党百年表达的一个由衷的意愿和敬献一份真诚的心意。此外，始终坚持以时代精神激活中华优秀传统文化生命力为创作理念的广州歌舞剧院，继中国舞蹈"荷花奖"获奖作品《醒·狮》后，又一传统文化当代表达的舞剧力作《龙·舟》，彰显着该院用舞剧对话中华优秀传统文化，承续其时代精神凝聚力、感召力与文化导向力的典型审美范式，展现中国当代青年同舟共济的精神。该剧以青年视角引领时代风尚，一方面强调对现实生活的关注和对传统文化精神内核的重新回望，另一方面也为当代主旋律舞剧艺术的表达形式找寻到全新路径，充分体现出广东舞蹈创作惯有的创新精神。同时，历年来依托本土赛事"岭南舞蹈大赛"涌现出的一批"三精"作品中也可见现实题材的主旋律舞蹈作品，如广东歌舞剧院取材于中国维和部队真实事件改编的《蓝盔行动》，广东舞蹈戏剧职业学院表现工人阶级形象的《顶硬上》等作品。此外还有以改革开放以来的历史巨变为故事背景的舞剧《潮速》《追梦人》等，这些反映大时代的舞剧作品均从不同角度切入，并及时反映了时代的主题，在生活场景的还原、舞台细节的打磨、特定时代情感的表达等方面也都做足了功课，呈现出清晰的时代印记和独特的文化价值。

2. 依托创新理念，凸显区域新风向

推动中华优秀传统文化创造性转化和创新性发展，是新时代文艺工作者实践的重要抓手。广东是改革开放的前沿阵地，广东舞蹈历史文化底蕴深厚、时代精神鲜明，不断积极寻求创新、力争多元发展，这便造就其具有广泛选材的天然优势，既有对改革开放开拓精神的表达，又有着对岭南民俗的现实转化。这不仅体现出岭南区域独特的文化气质与审美风格，还融入中国民族化审美元素及韵味，表现着广东舞蹈力图将西式审美过渡到中国审美模式的努力探寻。五年来，广东舞蹈持续依托"岭南舞蹈大赛"等多项展演赛事涌现出一批"思想精深、艺术精湛、制作精良"的作品，引领了区域舞蹈创作新风向。

2017—2022年，通过对不同题材创作类型的梳理，可以发现广东各舞种类型舞蹈的风格特色、时代立意鲜明：

其一，现代舞勇立潮头。作为中国第一个现代舞团体的发源地，广东的现代舞发展趋势在中国舞蹈业界具有举足轻重的行业地位，每年一届的广东现代舞周、粤港澳大湾区现代舞周更是孵化出诸多佳作，可见广东现代舞创作趋向的变换可谓是对舶来艺术本土化改造的典型范式。一方面是以较具有先锋、前沿意识的审美理念，"挪用"西方现代舞技术并附之以自我情感意识流为主的个体创作；另一方面是执着于舞蹈剧场的群体探寻，一种综合视域的舞台审美导向、多元形式的舞台合成机制下，试图建立起与观众沟通对话的桥梁，营造出双向主体"在场"的共情场域。如广东现代舞团为响应改革开放40周年进行的主题创作——现代舞剧《潮速》，将对宏大主题创作的剧情切割，融于舞者身体运动规律与舞台运作机制呈现为不同时期、不同时代的变迁，展现着一个个浪中人、一个个弄潮儿在春雷乍响、巨浪冲刷着大地的洗礼中，冲破了藩篱，也带来丰饶的无限生机。广东歌舞剧院原创舞剧《田园》为现代舞创作带来崭新篇章，充满诗意的意识流输出，为剧中每一个个体生命平添了浪漫主义的唯美光环，可见在人生的时光流转、无尽轮回中，他们在喜、怒、忧、惧、爱、憎、欲中缠绕翻腾。此外，还有如第十二

届中国舞蹈"荷花奖"现代舞获奖作品《肖像》《等》，更是表现出广东的现代舞发展迈入了一个崭新的阶段，从艺术家个体的自我表意到运用现实主义创作表现当代人、当代社会的现实生活，着力强调原创性与艺术个性的品质。再如强调极简、抽象写意风格的《云上》《天使》《虹》，运用身体具身实践感悟人生哲理与现实生活碰撞间的《空房子》《孩子》《花落谁家》等作品。

其二，民族民间舞蹈独领风骚。近年来，岭南传统舞蹈的当代表达在多方努力下，已形成当代中国舞蹈历史书写中现象级的典型品牌。其中，广东舞蹈占据较大比重，尤其是广东民族民间舞蹈创作成为岭南传统舞蹈当代表达的主要载体；2017—2022年，广东民族民间舞蹈试图构建起以形式创新唤起重新阐释传统文化的新风尚。如选材于广东粤绣、以钱鼓舞形式编排的舞蹈作品《绣花舞》《绣影叠香》《粤绣悦美》（原《锦绣春情》）等，通过将钱鼓舞的典型动作、风格特征在绣女的群像间缓慢铺开，或三三两两、或成群结队，仿若一幅生动的岭南民俗彩画，绽放着钱鼓舞以及广东粤绣的岭南风情。再如探索传统傩舞创新性表达的《雷公佑红土》《傩焰》，前者取材于湛江傩舞的原生型符号形式，描绘出"雷将军"和"红土"两种人物形象，并进一步对其性格作出文化记忆的编织，尤其是"红土"的性格塑造被不断赋予高度抽象的精神表达，进而使其符号形式高度凝练出舞者主体的内心视象，传达出一种由虚像的直观显现概括实像的意境升华——傩舞"人""神"相和、净化心灵、自我慰藉的境界；后者则是运用肢体的多样表达在力求原生型符号形式向剧场派符号形式的转换中达到对宇宙万物奥秘的窥探，且在此过程中营造出舞者内心视象中对宇宙生命的敬仰和敬畏之心，同样运用了虚实结合的表现手法，但却营造出不同的意境世界。此外，还有诸如《月光光》《客家禧》等随时代变迁，反映乡村与城市变化、人民安居乐业的生活现状的佳作纷至沓来。

其三，当代舞创作焕发生机。现实题材始终是中国当代舞创作的立身之本，近年来，广东舞蹈在现实题材的追逐也始终创新不断，先后涌现出诸多大型舞剧与中小型舞蹈作品，纷纷在国家级、省级赛事中赢得佳绩。更是吸引了国内最高奖项的第12届中国舞蹈"荷花奖"首次落地深圳，这一现象更加说明广东当代舞发展的如火如荼之势。广东当代舞创作也始终紧跟时代主题，不断抒发当代舞蹈编导对社会生活的整体认识与审美发现，呈现出综合性、跨界性与互通性的成熟特质。如先后获得中国舞蹈"荷花奖"当代舞奖的《不眠夜》《烈火中永生》，及在第六届、第七届岭南舞蹈大赛中推陈出新的佳作《顶硬上》《蓝盔行动》《单身又一年》《封箱》《来自星星的你》《莞香》《我心中的声音》《母亲的歌》《涟漪》《跃然书简》《红棉红》《红棉》等，这些作品的出现不仅彰显出广东舞蹈置身于时代潮流之中集体意识作用的当代性，更是强烈表现了属于这一时代不同层次编导群体的艺术个性与对原创作品的自觉追求，同时更具有以当代舞之名重新审视传统与自身个体经验流变的审美转向。

其四，古典舞、芭蕾舞融合并举。从宏观上讲，古典舞、芭蕾舞基于形式与内容两个方面体现了在广东舞蹈发展中的参与比重与审美趋势；尤其以芭蕾舞的创作较为明显，以其集中阵地——广州芭蕾舞团为例，2017—2022年广州芭蕾舞团在复排西方芭蕾经典与创演本土原创舞剧两大发展路径中不断探索，出现了一批区域特色鲜明，具有先锋艺术精神的优秀作品，如红色记忆的悲壮史诗《浩然铁军》《旗帜》，婀娜多姿、抽象灵动的《在水一方》《彩云追月》，还有代表老广特色的《映巷·麻石街》，更有体现个体意识的现代芭蕾《我我》等作品。以原创芭蕾群舞《彩云追月》为例，可见广东芭蕾舞试图以诗性写意创新舞台表现形式的追求，舞者亦云亦月，在由内而外的层层推进中，抒发着"当时明月在，曾照彩云归"的浪漫诗意。反观古典舞创作，亦是出现了一批表征地域历史文化符号的佳作，如取材于敦煌壁画的《并蒂莲》，重现西汉南越王墓玉人舞姿的《玉舞行》，展现汉唐乐舞风姿绰约的《湘云飞》……这些不断融合中西方不同审美特色的舞蹈作品，同样引领起广东舞蹈创作的新风尚。

3. 扶持新文艺群体，催生创作新格局

新文艺群体胎生于改革开放的现代化建设与大众文化的现时语境之中，在互联网技术和新媒体的作用下，催生出大批新的文艺类型，同时也在不断革新着当代艺术的创作理念与创作模态。反观广东舞蹈创作趋势，从创作个体、院团院校到新文艺群体进行的视野转移，也可发现前述创作趋向同样正在面向社会各阶层的动态前沿领域发酵。广东作为改革开放的前沿地，较早接受外来文化，同时也是较早涌现较多新文艺群体的地区。因此，在全方位、多层次的开放环境中，广东舞蹈的新文艺群体以其自身的艺术创作和文化服务，不仅丰富着人民群众的精神文化生活，更是以当代艺术的多面性、开放性，推动广东舞蹈在打破传统单一文艺形态的同时，迎来舞蹈艺术创作的崭新格局。

其一，街舞艺术融合破圈、携手共创。自中国舞蹈家协会成立街舞委员会以来，广东省街舞行业紧随其后，以新文艺群体占据主要力量，尤其注重方向引领，通过顶流传播，潮流驱动等方式，以开放、创新理念，树立国际视野，以中国创造讲好中国故事，创作出具有中国传统文化特色、民族风情、鲜明时代精神、反映社会现实的街舞作品。如由中共广州市委宣传部指导，中共广州市委宣传部、广州广播电视台出品的全国首部街舞梦剧场《我们的故事》，用街舞艺术生动讲述了广州故事，其艺术审美指向真实、指向信仰、指向爱、指向力量、指向公益，"燃""炸"之外，承载着一代街舞人梦想与奋斗，爆发的是他们青春的火焰，同时展现的更是广东街舞力量置身于当代时代洪流中的艺术态度，彰显了广东引领文化艺术新风潮的自信和对新文艺群体人才的发现、挖掘和培养。其实，街舞艺术很早就在广州、深圳等地有大量的爱好者，产生了一批例如SPEED（极速街舞团）、STO、民工街舞团等影响广泛的街舞团队，影响了一批又一批的年轻人，产业潜力巨大。

其二，城市舞蹈活跃，成为一种日常化的审美文化形态。突飞猛进的物质生产带来了精神文明需求的极速增加，新文艺群体组织逐渐浮出水面，其力量举足若轻。近年来，广东省新文艺群体机构层出叠现，为广东舞蹈的多元发展提供崭新格局。一方面，为满足人们对精神文明的不懈追求而"舞"进千家万户，现如今越来越多不同时代、不同阶层的人积极主动地走进舞蹈世界，或强身健体、或娱乐审美、或塑形、培养气质……这些不同目的的参与皆推动着广东舞蹈艺术的发展如繁花似锦，形成了当代城市文化中真正意义上的"人人皆可舞"局面，这也恰是实现了中国舞蹈之母戴爱莲先生的美好愿景。广东省各项群众文艺的专业赛事为这一城市舞蹈的存在提供了用武之地，有广东省文化和旅游厅主办的"广东省群众音乐舞蹈花会""广东省艺术节"，广东省文化艺术界联合会、广东省舞蹈家协会主办的"广东省中老年舞蹈展演"，中共深圳市委宣传部主办的"深圳青少年舞蹈展演"，深圳市舞蹈家协会主办的"深圳中老年舞蹈展演"等赛事活动。另一方面，城市舞蹈以其有容乃大的共享空间为舞蹈创作提供更多可能，一批职业舞者随时代潮流涌动，纷纷自立门户，以独具个体意识的社会认知与审美体现诉诸舞蹈艺术呈现着艺术家主体精神与主流审美形态对话融合的过程。如张娅姝舞蹈剧场（代表作品《二月三日·晴》）、胡沈员舞蹈工作室（代表作品《流浪》）、智仁舞蹈剧场（代表作品《黑洞》《纸偶》）等先锋团体。

概言之，广东舞蹈艺术的发展生态应既有"桃李"满园香，也有"荷花"映日红，舞蹈艺术在以动觉形象展示身体之美的同时也在以文化的形态将美的观念渗透到社会各个层面。为此，对于广东舞蹈发展而言，创作生态的多样无疑是它与其他当代文艺在冲突、融合、对抗、发展中实现共存的审美追求。

（二）舞蹈人才积极助力文化强国战略

新时代社会主义文化事业的繁荣发展亟需加大对艺术人才的高水平、高层次需求。如何贯彻尊重劳动、尊重知识、尊重人才、尊重创造的方针，深化人才发展体制机制改革，全方位培养、引进、用好人才，充分发挥人才第一资源的作用，无疑是新时代文艺工作的基本前提与基础。2017—2022年，广东省文化产业的迅速发展让培养高质量艺术人才成为日益紧迫的问题。其中舞蹈人才的培养主要依托传统的舞蹈专业教育和职业教育体制，以及新兴的新文艺群体人才孵化机制；在人才类型上，主要培养的是编导、表演、研究、教育、管理等舞蹈专业与职业人才。

1. 人才培养体系改革与建设的推进

2017—2022年，广东舞蹈的专业教育与职业教育思路与方向上的理论研讨与我国职业教育改革、中小学教育改革、高级专业人才培养的思路与方向相一致，从而实现打造全方位舞蹈行业人才培养体系。以星海音乐学院、华南师范大学、广州大学、华南理工大学、深圳大学等本科院校为代表的舞蹈专业教育，和以广东舞蹈戏剧职业学院、广东省外语艺术职业学院、广东文艺职业学院、珠海艺术职业学院、广东亚视职业艺术学院等高职院校为代表的舞蹈职业教育，为广东舞蹈事业发展培养、输送了各类舞蹈艺术人才。

广东舞蹈专业教育起步于1959年建立的广东舞蹈学校的中等专业教育。

20世纪90年代末到21世纪初，随着舞蹈高等教育走进普通大学横向扩展，我省各级各类普通高校也先后开设舞蹈专业，主要培养舞蹈教师、舞蹈编导、舞蹈演员等人才。2017—2022年是广东舞蹈高等教育发展重要提升阶段。在广东省教育发展"十三五"规划收官、"十四五"规划开启的背景下，通过外引人才和内部培养相结合，突出专业特色、加强学科内涵、提升办学水平，加大本科教育的综合培养、强化研究生教育的办学特色。星海音乐学院、华南师范大学、广州体育学院等高校舞蹈类专业入选省级一流专业，有望冲击国家级一流专业；华南师范大学获批"音乐与舞蹈学"一级博士学位授权点，这也是目前华南地区唯一一个舞蹈学一级博士学位授权点，助推我省加快建设研究生教育强省的步伐。

作为舞蹈人才培养的基础与摇篮，广东舞蹈戏剧职业学院和广州市艺术学校（广州大学附属艺术学校）、深圳市艺术学校，是广东省中等职业舞蹈人才的重要基地，为省内舞蹈院团、高校以及北京、上海等地的国内一流舞蹈院团和高校输送了一批舞蹈专业表演人才。此外，广东省外语艺术职业技术学院、广东舞蹈戏剧职业学院、广东文艺职业学院、深圳职业技术学院的舞蹈艺术高等职业教育，通过深化产教融合、校企合作，系统性推动舞蹈艺术职业教育的全面发展，为广东省公共艺术建设乃至粤港澳大湾区建设提供艺术人才支撑。

从近年舞蹈专业、职业人才培养体系建设与完善的实践来看，广东省作为改革开放前沿阵地、中国当代舞蹈艺术勃兴的重要先行示范区域，要在新时代再创辉煌，精准、精细的高水平人才培养是基础与核心。舞蹈艺术教育要面向未来、走向世界就要转变观念才能与国际接轨，立足历史实践、借鉴国际经验，以展现中国艺术教育的生命力，即以开放包容的理念，一方面夯实自身的教学体系，一方面积极引进国外先进的教育理念，实现现代化、国际化办学的跨越式发展。

2. 顶尖人才孵化模式的创建

党的十九大报告指出，人才是实现民族振兴、赢得国际竞争主动的战略资源。2021年中央人才工作会议进一步凸显党管人才原则，鲜明体现党中央将人才工作摆在治国理政全局中重要位置的深刻考虑。五年来，广东舞蹈界聚焦于"做人的工作"，大力实施文艺人才培养计划，推进人才储备和梯队建设，构建舞蹈人才孵化新模式。

其一，以高水平展演平台挖掘舞蹈顶尖人才。近年来，广东舞蹈界构建了一系列有地方特色的高水平舞蹈展演平台，如广东省岭南舞蹈大赛、广东省群众音乐舞蹈花会、广东省中小学生艺术展演、广东省大学生艺术展演等，这些展演平台已成为广东省舞蹈编创和表演人才健康、快速成长的孵化与助推器。2020年，广东省舞蹈家协会发起并联合江西、湖北、湖南、广西、海南等五省区舞蹈家协会，创新打造"中南六省（区）十佳青年领军舞者展演"品牌活动，这一区域性"舞林争霸"活动为六省区专业艺术院团的首席演员、艺术骨干提供了充分展示、交流的平台，朱瑾慧、依力凡·吾买尔、李奥、常宏基、冯浩然、桑怀刚等32名青年舞者通过原创剧目、即兴舞蹈、个人技术技巧等方面的展示，最终荣获"中南六省（区）十佳青年领军舞者"荣誉称号。《中国艺术报》《南方日报》《羊城晚报》等主流媒体对本次活动纷纷报道，对"十佳青年领军舞者"进行个人宣传推介，这一活动为推动新时代舞蹈人才梯队建设、中南地区舞蹈艺术新高地建设作出了积极的努力。

其二，以创作扶持项目培养本土舞蹈编创人才。近年来，在中国文联文艺创作扶持、中国舞蹈家协会青培计划等国家级人才培养项目机制的带动下，广东省各级舞协、各级文化馆、文化站、艺术院团、院校结合自身实际情况探索建立区域性舞蹈创作人才培养机制，成效初现。如2017年广东省舞协于举办的"广东省中青年舞蹈编导创作扶持计划与成果展演"，以及深圳市舞蹈家协会举办的跨年人才培养项目"深圳舞蹈英才计划"，均是在一定主题范围内筛选有潜力打造为精品的作品，为其提供二次创作经费，聘请全国知名编导进行阶段性跟踪辅导，并搭建成果展示平台的形式培养舞蹈编创人才。目前，在以上平台扶持的多个作品入选国家级、省级展演平台，培养的编导也逐步成为广东省舞蹈编创人才的中坚力量，这一方式对于广东省舞蹈作品从"高原"迈向"高峰"是一种积极且有效的探索。

其三，以专项人才培训班拓展舞蹈骨干队伍。在做好专业舞蹈人才队伍培养的同时，广东省还积极拓展基层舞蹈骨干，夯实舞蹈人才培养的群众基础。2017年，广东省舞协在全国率先针对新文艺群体开设培训班。2019年，广东省舞协针对粤港澳大湾区舞蹈编创人才开设专题培训班。此外，广东省舞协还开设了近百期新农村少儿舞蹈教室乡村骨干教师培训班、广东省百姓艺术健康舞师资培训班，培养了千余名基层舞蹈骨干，一定程度上促进了基层舞蹈工作者的编创、表演、教育等业务水平的提升。同时，广东省舞协积极申请承办了中国舞协主办的"2019顶尖教师巡回课堂（广州站）""中国舞蹈家协会2019年文艺骨干和文艺管理干部培训班（广东）""全国中小学舞蹈教师培优计划2021年度广东站"等培训活动，积极推荐广东省优秀舞蹈人才参加中国舞协主办的"舞蹈维权工作培训班""全国中青年舞蹈创编人才高级研修班""舞蹈舞台美术设计培训班""中国舞蹈影像培训班"等全国性专项人才培养项目。广东省教育厅近年来开展的"强师工程"，广东省文化系统面向群文舞蹈工作者开展的"艺术骨干培训班"以及"广东省文化馆特聘创作员制度"的设立，都对广东省舞蹈顶尖人才孵化及建立人才梯队输送长效机制起到了积极地促进作用。此外，星海音乐学院2019年度国家艺术基金艺术人才培养资助项目《岭南舞蹈编创人才培养》，在创作方式、审美观念、舞台视觉、剧场空间上大胆结合实际展开"岭南舞蹈"艺术想象，同时，增加了实地采风环节，人才培养的指向性更强；深圳大学"当代创意创新型编舞人才培养"获得2022年度国家艺术基金艺术人才培训项目立项资助，未来值得期待。

3. 新文艺群体机制的完善

随着改革开放和社会主义市场经济发展、文化体制改革的深化，以及各艺术门类互融互通，各艺术表现形式交叉融合，加之互联网、大数据、人工智能等科技手段日新月异，在舞蹈创作和大众舞蹈的发展中，催生了一大批新型的文艺样式和文艺业态，也带来了文艺观念和文艺实践的深刻变化。习近平总书记深切关注"文艺两新"。在中国文联第十一次全国代表大会、中国作协第十次全国代表大会开幕式讲话中，习近平总书记对文联工作提出要求，强调要做好对新的文艺组织和新的文艺群体的教育引导工作。如何发挥行业建设主导作用团结引领"文艺两新"是文联、舞协组织面临的新课题新挑战，也是拓展文联、舞协工作的新空间新机遇。近年来，广东省文联不断延伸工作触角，扩大工作覆盖面，持续开展"文艺两新"调查研究，全面掌握新文艺组织和新文艺群体基本情况，系统分析特点规律、发展趋势及存在的瓶颈问题，努力联合党政职能部门出实招、办实事、做好事，协调有关部门完善政府采购服务相关政策，规范引导"文艺两新"健康发展。同时，在会员管理、采风创作、项目申报、教育培训、展演赛事、宣传推介、评比奖励、创作扶持、志愿服务、社会购买服务、权益保护、职称评定等方面创造条件，提供便捷有效的服务和帮助。目前，广东省舞蹈方面的新文艺群体主要集中在舞蹈艺术培训机构、街舞从业者这两大块，他们有着数量规模大、艺术活力强、融入社会深、服务群众效果好等特点。实践证明，广东省舞蹈的"文艺两新"已成为推动本省少儿舞蹈、街舞在全国占领先优势的生力军。近年来，在广东省文联的统一部署和要求下，广东省舞协结合自身行业特点，不断完善新文艺群体服务机制，发挥新文艺群体独特作用。

其一，注重思想政治引领。广东省舞蹈家协会从2017年开始定期举行"广东省新文艺群体舞蹈人才培训班"，至今受益人数约计2000人次。培训课程中积极引导新文艺群体听党话、跟党走，践行社会主义核心价值观，弘扬主旋律、传播正能量。

其二，建立健全党建引领。为更好地团结街舞青年，引领街舞青年传递正能量，注重发挥新文艺群体中党员队伍的作用。2021年，广东省舞协联合有关部门成立了共青团CHUC广东联盟及广东省舞协流行舞蹈委员会党支部。不仅组织主题街舞作品创作，还助力社会公益事业，积极参与抗疫志愿服务工作。多名街舞青年成为政协委员，发挥出街舞青年的社会力量。

其三，加强创作评比导向。近年来广东省舞协通过"广东省岭南舞蹈大赛""广东省少儿舞蹈大赛""广东省中老年舞蹈展演"等品牌项目对新文艺群体的关注与扶持，引导"文艺两新"通过创作生产出更多有筋骨、有道德、有温度的文艺作品，真情讴歌党、讴歌祖国、讴歌人民、讴歌英雄，引导新文艺群体中的优秀人才成为德艺双馨的艺术家。

其四，提升组织机制建设。不断吸纳优秀的自由职业舞者、培训机构舞蹈教师、街舞教师等新文艺群体加入省舞协，建立新文艺群体人才库、增加省文联代表大会代表、省舞协代表大会代表、主席团成员、理事中新文艺工作者的比例，为新文艺群体成长、成材搭建平台，使他们在主流渠道中"发声"。

（三）群众舞蹈构建新时代和谐社会

不断满足人民群众对美好生活的向往，是新时代文艺工作者的初心与动力。广东舞蹈在乡村文化振兴与城市文化建设中充分发挥美育教育、协调情感等社会文化功能作用，构建社会主义和谐社会。

广东省自2012年开始推广"新农村少儿舞蹈教室"项目，这是为广大农村少年儿童量身定做的、以舞蹈素质教育为主要手段的文艺惠民活动，旨在将"送"文化变为"种"文化，填补农村少儿舞蹈素质教育的缺失。2017年后，该项目以"惠民+服务+采风"创新模式，启动省市县三级文艺工作者挂点联系新时代文明实践中心活动，推进"新农村少儿舞蹈教室"，先后在清远、韶关、汕尾、河源、肇庆、阳江、茂名、云浮、揭阳、梅州、汕头、湛江、潮州等地的农村小学建立舞蹈教室。目前，已在广东省县镇级以下偏远、艺术资源匮乏的农村小学建立了83间新农村少儿舞蹈教室，覆盖率达71%；招募并培训舞蹈志愿者教师及农村小学艺术骨干教师170余人，将83间舞蹈教室改建为专业的舞蹈课室，为近5万名农村少儿提供了每周不少于2个学时的舞蹈教学，带领近千名农村少儿走进专业剧场，用具有地方文化特色的原创少儿舞蹈作品展示舞蹈教学成果。2019年4月28日，"广东省新农村少儿舞蹈教室街舞公益课堂"正式启动，街舞这种青少年喜闻乐见的舞蹈形式也加入到新农村少儿舞蹈美育教育工程中。

广东省舞蹈家协会充分发挥舞蹈艺术在社会生活中的功能性作用，先后组织"5·15一起舞群众舞蹈网络展演""'戴爱莲杯'人人跳全国群众舞蹈展演"等公益活动，让舞蹈走进百姓生活，为民服务、与民同乐。

2020年初，疫情防控阻击战打响，舞蹈艺术工作者在广东省舞蹈家协会的组织下，编创了40多个百姓艺术健康舞教材视频，其中既有《武汉，你好吗？》《我相信》《stay with you》《你要平安归来》等振奋人心的观赏类舞蹈作品，也有适合青少年、中老年人等不同群体居家健身的教学类舞蹈作品，如《舞蹈少年防疫倡议书》《抗疫三字歌》《七步洗手舞》《洗手舞》等。街舞工作者们编创的作品《you are the heroes》《战疫舞》《防疫disco》通过采用青少年喜爱的"说唱+街舞"的形式，传播疫情防控知识。澳门舞蹈家协会用舞蹈《信·心》传递澳门同胞对奋战在抗疫一线的医疗卫生工作者、科研人员和所有抗疫人士的爱和敬意。中国舞蹈家协会"中国舞蹈考级"金牌教师广东省团队录制了战"疫"手势舞《有爱就会赢》，为抗击疫情贡献自己的力量。

（四）舞蹈交流促建粤港澳"文化湾区"

粤港澳大湾区是文化交流交融的重要窗口，是我国开放程度最高、经济活力最强的区域之一，汇聚了最活跃的创新思想和创造力量，是推进新一轮大发展大繁荣的重要战略支点，是展示新时代中国形象、讲好中国故事的重要窗口。近年来，围绕服务粤港澳大湾区建设这一国家战略，推进人文湾区艺术事业高质量发展，是全省文化文艺单位的重要工作之一。在中共广东省委宣传部、广东省文学艺术界联合会的统一领导和部署下，在中国舞蹈家协会的大力支持下，广东省舞蹈家协会以舞蹈交流为载体，积极助力粤港澳人文湾区建设。

一是以舞寻根。2019年，省舞协成功承办了"首届粤港澳大湾区文化艺术节国际舞蹈季"活动。该活动为期半年，包含"粤港澳大湾区舞蹈精品展演""粤港澳大湾区舞蹈编创人才培训班""全国街舞创作作品展演"等子项目。粤港澳三地舞蹈家、舞蹈工作者相聚一堂、以舞会友，以情聚情，充分发挥文化同源、人缘相亲、民俗相近的优势，不断激活岭南舞蹈文化DNA，携手保护、活化和利用共同的文化根脉，为促进粤港澳大湾区舞蹈事业合作交流与繁荣发展作出了成功的探索和实践。

二是以舞会友。深圳作为粤港澳大湾区四个中心城市之一和粤港澳大湾区的核心引擎所在，正不遗余力地助推粤港澳人文湾区建设和舞蹈文化影响力的提升。2020年12月，由深圳市龙岗区文化广电旅游体育局、龙岗区文化馆主办的首届"粤港澳大湾区舞蹈周"在龙岗区文化中心精彩上演。通过"璀璨舞台""伶俐学坊""缤纷展厅""铿锵论坛"4大活动板块，连续上演六天六晚的不同精彩，从学、论、练、演等多个维度挖掘现代舞内在精髓与魅力，为粤港澳三地乃至全国现代舞团搭建起展示交流的优质平台。

三是以舞谋篇。省舞协积极发挥港澳副主席的作用，积极搭建同港澳地区文艺机构、文艺人才联系的桥梁和纽带。2019年，在广州举办的首届粤港澳大湾区街舞青年交流会，使大湾区街舞青年增强了民族文化认同感、自豪感以及强烈的责任感。2021年，省文联建立了文艺发展推进机制——粤港澳大湾区文艺合作峰会，搭建起文艺创新交流平台——粤港澳大湾区文艺创新论坛，分别在珠海、中山两地举行。文艺合作峰会勾画"同心圆"，形成文艺发展强劲合力；文艺创新论坛增添"源动力"，共媒湾区文艺创新未来，开启粤港澳文化交流合作的新篇章，为深入推进大湾区文艺事业高质量发展打下坚实基础。

三、五年之思：高峰之"距"

（一）舞蹈创作题材的同质化

近年来，广东舞蹈界致力于岭南舞蹈文化的挖掘、创作与发展，"岭南舞苑"成果颇丰，呈现一派欣欣向荣之景象。同时，广东舞蹈界围绕改革开放40周年、中华人民共和国成立70周年、中国共产党成立100周年以及实现全面建成小康社会、抗疫等重大历史节点和事件创作了一大批主题舞蹈作品，从创作数量上而言，广东在全国舞蹈、舞剧创作中应属于领跑的第一方阵。在肯定成绩的同时，我们也要看到重大题材创作同质化的问题较为凸显。如在庆祝中国共产党成立100周年的主题舞蹈和舞剧作品中，取材于广州起义的作品较多，当然这也是情理之中的。

其一，舞蹈创作的创新能力与历史意识、文化涵养的复合度有待提升。中国舞蹈家协会主席冯双白曾强调：深入研究中华舞蹈史的文脉与当代舞蹈史的关系，从而在古代与现代的艺术历史坐标系里确认当代舞蹈史的历史成因和历史地位，才能真正把握未来舞史的发展方向。舞蹈编导应充分了解舞蹈的发展历史，从我国悠久的舞蹈历史中获得丰富的舞蹈经验，在扎实的舞蹈理论基础上，对于作品立意高度、结构解构有清晰的自主意识与足够的把握，练就独立思考与判断的能力，而不是只重视动作技术层面的拆解、重构，摒弃已形成的思维模式与程式化的编创套路，通过深厚文化底蕴、思想高度、美学价值的综合呈现，逐渐形成个人独立、鲜明的艺术风格与艺术气质，坚持守正创新，用广博的知识结构和储备来支撑艺术道路，而不是一味的故步自封、陈陈相因、自娱自乐。

其二，舞蹈创作与社会生活的结合有待进一步深入。广东是岭南文化的中心地，是近代民主革命的策源地，是改革开放的排头兵、先行地、示范区，少数民族的数量及风情虽不及云南、贵州等地丰富、多姿多彩，但也拥有得天独厚的文化资源。但从目前呈现的作品来看，挖掘不够深，创作较为浮躁，而且未站在当代中国文艺的历史方位来进行个性化、时代化创作思考。岭南舞蹈作为区域性舞蹈文化，不同地域对于文化认同存在一定的局限性，我省部分作品尤其是民俗民间舞蹈作品，若没有相同文化背景、审美认知，以当代审美追求放在全国视角来看较难产生共鸣与共情。

其三，舞蹈创作与时代发展的结合有待进一步升华。习近平总书记在中国文联十一大、中国作协十大开幕式上的重要讲话中提出："广大文艺工作者要紧跟时代步伐，从时代的脉搏中感悟艺术的脉动，把艺术创造向着亿万人民的伟大奋斗敞开，向着丰富多彩的社会生活敞开，从时代之变、中国之进、人民之呼中提炼主题、萃取题材、展现中华历史之美、山河之美、文化之美，抒写中国人民奋斗之志、创造之力、发展之果，全方位全景式展现新时代的精神气象。"[1]目前，我省舞蹈创作中现实题材舞蹈作品占比不高，质量也有待提升。广东是现实主义题材的富矿，岭南大地风云际幻的近现代史，广东人民贡献突出的民主革命和新民主主义革命史，南粤大地日新月异的改革开放史，都是我们的创作宝库。这要求编导善于观察、善于捕捉生活的细节，从细节中提炼展现自我美学价值、符合时代审美，彰显时代精神，又有别于其他人的艺术视角，激发创作灵感，创作接地气、受欢迎、有共鸣的优秀舞蹈作品，是改善同质化，筑就广东舞蹈艺术的高峰。

（二）舞蹈顶尖人才总体匮乏

专业型人才培养模式的制约、舞蹈高等教育模式的同质化以及现有人才发展管理机制尚不完善，人才行业培养与市场培养的整体布局不完善等，造成顶尖人才培养的局限性，使得人才需求的创新能力、竞争力以及人才数量总体不足，顶尖人才效用未得到充分发挥。

---

[1] 习近平：《在中国文联十一大、中国作协十大开幕式上的讲话》，《人民日报》，2021年12月15日，第2版。

首先，从高校人才培养体系来看，舞蹈专业的人才培养方案的标准是按不同方向如舞蹈学、舞蹈编导、舞蹈表演和舞蹈教育来制定的，而非按学校类型、层次的不同。这就意味着无论是高职类院校还是综合性大学，对开设相关专业的总体要求是不变的，其课程设置大体上也是雷同的。标准化的结果是高校舞蹈教师在实际的教学课堂中，教学行为反映出来的教学观与教学行为的一致性、差异性在同一维度上极为相似，无法体现不同专业在培养目标上的差异性，舞蹈表演、创作、研究人才的精准化不够，顶尖人才自然难以脱颖而出。此外，舞蹈类国家级一流专业空白，省级一流专业总量不多，暴露出学科建设定位不当、学科梯队的仍需优化等问题。

其次，从文化体制改革来看，近年来，尽管广东省国有艺术院团在文化体制改革中体现了独具特色的"广东模式"与"广东速度"，但是受到政策、市场等各方面因素的影响，舞蹈人才总量不足、缺乏优秀领军人物、人才队伍断档、管理人才缺乏等现实问题，困扰了院团生存与发展，亟须深化改革，进一步加大政府扶持与创新力度，解放和发展文艺生产力，为解决相关的创作短板等问题提供根本性的支持。

最后，从人才培养孵化机制来看，近年来广东省入围国家艺术基金的青年人才项目"舞蹈舞剧编导"仅有2项，青年人才舞蹈编导入围也仅4人；省内具有一定行业影响力和市场品牌力的舞蹈人才孵化项目只有"深圳舞蹈英才计划"和"广东省中青年舞蹈编导创作扶持计划与成果展演"，人才培养的力度与广度有限。因此，需发挥"经济大省"的优势建设"文化强省"，加大省内扶持力度，扩大财政对包括舞蹈在内的文化艺术人才培养的投入规模、投入方式，如设立"广东省文化艺术基金"，定向资助和奖励重点、重要和重大题材创作与人才培养，激发行业创造活力。

（三）理论评论建设有待加强

一直以来，广东舞蹈创作的繁荣之势与理论评论的"气候未成"形成一定的反差。尽管丰富的艺术实践为岭南舞蹈的学术研究积累了一定数量的成果与样本，但是综观现有学术成果，呈现出研究视域、研究手段、研究内容的同质化、套路化倾向，研究水平在省内及国内的获奖与学术影响力偏低；以舞蹈家、传承人等人物为核心的历史与区域舞蹈发展研究，以及在"区域—中心"格局中对国内"舞蹈学"共有的学术成果的吸收与综合等有所忽略，以文化研究前沿方法论进行的研究成果也有待进一步丰富。

艺术批评潜在地包含了人们评价艺术的价值标准和审美取向，并且通过影响艺术家创作趋势的方式，在艺术发展过程中起着或显或隐的支配作用。习近平总书记在文艺座谈会的讲话中指出："要高度重视和切实加强文艺评论工作。文艺批评是文艺创作的一面镜子、一剂良药，是引导创作、多出精品、提高审美、引领风尚的重要力量"。[①]由此可见，文艺批评并非一般意义上地解读、阐释和品评艺术对象，更不仅是褒优贬劣；无论哪个时代、哪个艺术门类，艺术的话语体系都关系到如何看待艺术和如何选择艺术的题材、风格、手法等。众所周知，广东地区的岭南文化艺术有独特传统和鲜明个性，且有其自身的美学逻辑。当代岭南舞蹈艺术的健康发展既需符合艺术发展的普遍性规律，又需以切合当下艺术实践的理论话语对其做出深度的解析，从而实现其文化传承与批判价值。

在构建艺术理论评论话语体系的过程中，高水平学科建设是重要的学术支撑与学理基础。中国舞蹈家协会驻会副主席、秘书长罗斌曾指出：基础理论是属于一个学科最根本、最本质的界定，是纯粹抽象理性的逻辑推演，是一个自洽的学术术语系统，具有相对完整的逻辑表述体系。广东省舞蹈专业的学科建设大多起步于2000年以后和2011年艺术学上升为艺术门类之后，起步相对较晚、基础相对薄弱，在舞蹈理论评论方面的人才培养、资源整合方面有待学科精细化与综合化并举发展。2018年，在省舞协主席李永祥的主导下，"岭南舞蹈论坛"与"岭南舞蹈大赛"结合，以推动岭南舞蹈理论研究发展。由此，对于岭南舞蹈的创作、文化、理论研究成为近年来广东舞蹈研究的热点，这些研究成果不仅是对艺术实践的思考与总结，同时也成为岭南舞蹈发展乃至中国当代舞蹈发展的历史书写文本。需要注意的是，在彰显区域特色的同时，岭南舞蹈的实践与研究，还应面向粤港澳大湾区以及中国民族民间舞蹈、当代舞蹈等"中国舞蹈""中国舞蹈学"的实践与研究。

---

① 习近平：《在文艺工作座谈会上的讲话》，新华网，最后访问日期：2022年3月27日。

四、五年之期："舞"动奇迹

2022年下半年，我们将迎来党的二十大，各项事业要继续围绕全面建设社会主义现代化国家、向第二个百年奋斗目标进军的新征程。广东舞蹈如何走稳"十四五"，在文化强国、粤港澳大湾区等国家重大发展战略中"舞"出新气象，"舞"出新成效？

立足湾区、展望未来。充分发挥广东在"共建人文湾区"中的核心与主导作用，在舞蹈创作中继续坚持"与时代同行"，勇于回答时代课题、从当代中国的伟大创造中发现创作的主题、捕捉创新的灵感，深刻反映我们这个时代的历史巨变，描绘这个时代的精神图谱，标注舞蹈人的担当和奋斗。

激浊扬清、引导创作。依托"粤港澳大湾区文艺创新论坛"，联动发挥高校专家、学者，加强理论研究，健全舞蹈评论标准，把政治性、艺术性、社会反映、市场认可统一起来，把社会效益、社会价值放在首位，发挥"粤派批评"文艺评论特有的"批评精神"，提高舞蹈作品的思想水准和艺术水准，提升人民鉴赏水平、审美能力、艺术修养。

打破常规、探索新规。在人才培养上，要大力、精准培养与扶持一批舞蹈创作、表演、评论、管理等中青年艺术人才，打造一支德艺双馨的创新型舞蹈人才队伍；打破文化、教育的条块分割，构建起多元化的舞蹈教学评价体系与"产学研"一体化培养模式；专业院团找准自身定位、运用市场机制、深化人才服务，促进省直文艺院团专业人才队伍建设，以期进一步夯实我省文化强省建设的人才基础。

以舞成人、助力美育。国家"双减"政策实施，以及将美育纳入中考政策的即将推行，使得舞蹈教育要进一步加快教育观念的转变、拓展校园美育实施的途径、提高舞蹈美育的水平，更好地服务社会，培养有专业知识、有人文素养、有历史底蕴、有创造力的时代新人。

2021年12月，习近平总书记在中国文学艺术界联合会第十一次全国代表大会、中国作家协会第十次全国代表大会开幕式上强调："增强文化自觉坚定文化自信，展示中国文艺新气象铸就中华文化新辉煌"，讲话指出："文化是民族的精神命脉，文艺是时代的号角。新时代新征程是当代中国文艺的历史方位。广大文艺工作者要深刻把握民族复兴的时代主题，把人生追求、艺术生命同国家前途、民族命运、人民愿望紧密结合起来。"①这是对社会主义文化发展的深刻把握，也是对文化规律和时代要求所作的总体概括；集中体现了文化发展的时代要求，也为新时代文化艺术的发展提供了根本遵循，指明了发展方向。

展望未来，广东舞蹈艺术工作者将继续以舞蹈创作和舞蹈研究深刻回应时代命题、反映人民要求、构建区域文化，从实践到理论索骥"岭南舞蹈"内涵与外延的衍变，在"区域—中心"的全局视野中认识当代中国舞蹈构建"各美其美""美美与共"的主体意识与价值追求的艺术实践与学理思考；坚持把满足基层群众精神文化需求作为出发点和落脚点，以文艺惠民为抓手，深入生活，扎根人民，广泛开展丰富多彩的舞蹈志愿服务和惠民活动，满足人民群众精神文化生活新期待，在让人们喜闻乐见的同时，彰显新时代的世道人心，用文化自信推动广东文艺繁荣。

协会专家：李永祥

报告负责人：汪 洌

主笔人：仝 妍 李 琼 芦 莹 王 情

---

① 《增强文化自觉坚定文化自信 展示中国文艺新气象铸就中华文化新辉煌》，《光明日报》2021年12月15日，第1版。

07 广东美术发展报告

【引言】

　　文艺工作任重道远，文艺工作者大有可为。习近平总书记在全国文代会、作代会开幕式上对文艺工作者深情地提出"五点希望"，还在清华大学考察时强调"美术、艺术、科学、技术相辅相成、相互促进、相得益彰。要发挥美术在服务经济社会发展中的重要作用，把更多美术元素、艺术元素应用到城乡规划建设中，增强城乡审美韵味、文化品位，把美术成果更好服务于人民群众的高品质生活需求。要增强文化自信，以美为媒，加强国际文化交流"。[①]我们要牢记嘱托，在矢志不渝弘扬中华民族优秀传统文化的同时，以宏大的国际视野，找准本民族文化的世界定位，提升中华文化的世界话语，向世界讲好中国故事，在守正创新中努力勾勒大美中国的万千气象，为推动新时代美术事业踏上新征程、担负新使命作出积极贡献。

　　广东是改革开放的排头兵、先行地、实验区。过去五年，广东美术在李劲堃主席的带领下，开风气之先、领时代之新、走变革之路坚定历史自信，增强历史主动，踔厉奋发，勇毅前行，为繁荣发展岭南美术事业、扎实推进文化强省建设作出了新的贡献。

　　五年来，广东美术记录和弘扬了伟大的时代。广东省美协积极

---

　　① 《习近平：美术、艺术、科学、技术相辅相成更好　服务人民和社会进步》，中国社会科学网，最后访问日期：2021年4月20日。

协调各方，整合广东各美术机构力量，共同推进重大创作、重要展览、重大研究项目；精心组织开展重大主题美术活动，成功策划"曙色——二十世纪前期广东中国画变革之路""其命惟新——广东美术百年大展""大潮起珠江——庆祝改革开放40年全国美术作品展"，以历史变革的视野审视广东美术的贡献，积极探索以"党史＋艺术史""经典＋新作"的展览模式，坚定了广东美术界的文化自信；广东美术构建了岭南和大湾区美术新格局。推介岭南美术大家，加强对岭南美术发展脉络的系统梳理与展示，组织一系列名家作品研讨活动，如"许钦松、李劲堃艺术研讨会""行健——潘行健艺术研究暨捐赠作品展""铭刻时代——汤小铭艺术研究展""天地生灵·方楚雄的艺术世界""尘土——邵增虎风景油画展"；积极搭建粤港澳美术合作平台，联合三地院校成立"粤港澳大湾区美术与设计教育发展联盟"，组织粤港澳大湾区城市间的各种交流活动，助力大湾区文化圈建设。广东美术持续完善创作人才梯队培养机制。结合国家、省重大题材美术创作工程，开展主题性创作的实践、研究和指导，催生具有中国气派、岭南特色、时代魅力的美术作品；实施各类人才培育计划，广州美术学院同时获批美术学和艺术学博士点授予单位、设立"新世纪之星"奖项、持续"星河展"系列青年提名展、"1 荐 1"行动、"青苗计划"，加强对中青年优秀创作人才的培养和扶持。广东美术还促进了广东美术场馆的普惠发展。在广东省美协力促广东省政府启动了广东美术馆、广东非物质文化遗产展示中心、广东文学馆"三馆合一"项目，"广州美术馆新馆建设项目"，主导了广东美术馆、广州艺术博物院、广州美术学院三馆、深圳美术馆等数十家重要美术场馆加大了合作力度，采用"多馆联动"机制，形成展陈空间有机体，为群众提供更多优质的社会公共服务。五年来，在广大美术工作者团结一心、奋发努力下，广东美术的整体实力与影响力得到进一步彰显。①

① 《广东省美协：在守正创新中勾勒大美中国》，《羊城晚报》，2021年12月28日，第A10版。

一、百年征程时代新声——五年来重大美术活动的策划与组织

五年来，为记录社会主义建设的伟大成就、社会生活的巨大变革、展现人民群众精神风貌，广东省美术家协会精心策划举办了一系列记录历史进程、弘扬时代精神的重大美术展览活动，如中国改革开放40周年、中华人民共和国成立70周年、经济特区建立40周年、全面建成小康社会、中国共产党成立100周年等重要节点。这一系列的重大美术活动中，广东省美术家协会充分发挥组织引领和平台作用，用美术作品讲好广东故事、中国故事，用重大展览活动传递出广东美术的风范与新声。

（一）广东美术百年系列活动

2017年3月7日"曙色——二十世纪前期广东中国画变革之路"展览开幕式在广州美术学院美术馆举行。由中共广东省委宣传部指导，广州美术学院、广东省美术家协会、岭南画派纪念馆、广州美术学院美术馆、广东省博物馆、广州艺术博物院、广东美术馆联合主办。本次展览依托扎实的文献资料，从新的角度重新梳理近代以来中国画的发展脉络，呈现了晚清至20世纪上半叶广东地区整个的艺术面貌，对理解与思考的百年广东国画的发展历程有着重要的历史与现实意义。

相较于从文献角度梳理广东近代美术史的"曙色——二十世纪前期广东中国画变革之路"，"其命惟新——广东美术百年大展"则注重从作品本身展开叙事。2017年7月8日至23日，"其命惟新——广东美术百年大展"在中国美术馆展出。本次广东美术百年大展规模庞大，以"其命惟新"为主题，按照近百年来的历史发展轨迹，从北京、广东、上海等地调集了554件经典作品，是广东近百年来美术精品佳作的一次集结，是对广东近百年来美术较为系统、全面的总结和展现。"大展锁定主题'其命惟新'，非常自信地展示广东美术的创新精神。"[1]

---

[1] 中国美术家协会副主席、广东省文联主席、广东省美协主席许钦松的访谈，中国美术馆网站，最后访问日期：2023年2月15日。

2017年8月4日至9月5日，"其命惟新——广东美术百年大展·广东站"在广东美术馆举办。"其命惟新——广东美术百年大展·广东站"的展览主题、板块与北京站大体相同，但在布展中更突出艺术家个人的连贯性与系统性。

（二）改革开放与广东文艺40年相关活动

为庆祝改革开放40周年，检阅40年来广东美术创作取得的丰硕成果，展现广东美术所呈现的繁茂态势，增强文化自信，广东美术界推出了许多精彩的美术展览和组织出版活动。其中影响较大有"大潮起珠江——庆祝改革开放40年全国美术作品展"、《改革开放与广东文艺40年》的编辑出版。

2018年7月27日至8月6日，"大潮起珠江——庆祝改革开放40年全国美术作品展"在中国美术馆开幕。展览共展出约270件优秀美术作品，展览分布在中国美术馆一层全部展厅，作品包括中国画、油画、版画、雕塑、水彩等。展览围绕改革开放各时期重要事件人物，以美术的形式塑造历史丰碑，抒写时代华章生动展现了广东省作为改革开放最前沿领风气之先的精神面貌。

《改革开放与广东文艺40年》中的《美术书法卷》部分由主编许钦松，副主编王嘉、陈向兵、张新英负责。书中述评的文艺作品，多数是获得全国性奖项或者具有全国性影响力的名篇名作。这部作品既是广东文艺发展演变史，也是广东人的心灵史和精神史。这部丰厚的广东文艺40年发展史，是一部理论功底扎实、史料翔实、富有学术底蕴、分量厚重且富有新见的广东文艺40年发展史。[①]该书的出版，能更好地展示广东文艺的实力，擦亮广东文艺的品牌，也对提升广东文化影响力、促进岭南文化发展、建设广东文化强省发挥积极的推动作用。

（三）庆祝中华人民共和国70周年的相关活动

2019年是中华人民共和国70周年，在这个普天同庆的时间节点，广东美

---

① 唐恬：《一部丰厚的广东文艺40年发展史》，广东作家网，最后访问日期：2022年4月10日。

术界举办了多种类型的美术活动欢庆祖国70华诞。在美术展览方面，"庆祝中华人民共和国成立70周年——广东省美术作品展览""我和我的祖国——庆祝中华人民共和国成立70周年广东优秀美术作品展"值得关注，2019年7月4日，"庆祝中华人民共和国成立70周年——广东省美术作品展览"在广东美术馆开幕。作为广东省五年一届、规模最大、规格最高的综合性省展，展览公开征集了6646件作品，臻选486件展出，所选作品以独特的当代视角歌颂国家建设的伟大成就与丰硕成果，展现新时代新风貌，体现了艺术家以图像记录历史的职责。

同年9月28日举行的"我和我的祖国——庆祝中华人民共和国成立70周年广东优秀美术作品展"则是以回顾展的形式，按照新中国70年的历史轨迹，分为激情岁月、先行路上、走在前列三个篇章，挑选具代表性和影响力的经典作品，展现广东美术与共和国共同成长的70年里的一幅幅经典名作，勾起观众的岁月记忆。此外，参展的艺术家既有岭南画坛的常青树，也有目前广东中坚的创作力量，同时也涵盖了近几年涌现的画坛新秀，是广东地区历年来最具代表性、最具影响力的优秀美术作品汇报展出之一。

（四）庆祝中国共产党成立100周年的相关活动

2021年6月28日至7月11日，"广东省庆祝中国共产党成立100周年美术作品展"在广东美术馆举办，展览紧扣建党百年主题，以百年党史为主线，生动展现了中国共产党百年来带领中国人民进行革命、建设、改革的壮美画卷。展出优秀党史题材及现实题材作品共230件，涵盖国画、油画、版画、雕塑等多个艺术门类，其中既有广东各个时期名家大师经典之作，也有近年涌现的优秀中青年美术家新品佳作，这些作品具有相当的思想高度、情感温度和艺术深度，能让观众接受党史学习教育和爱国主义教育的同时，也能切身感受到作品中的蕴含艺术魅力和澎湃力量。

2021年1月24日至2月23日，"时代先声——广州文艺百年大展"专题展览在广东美术馆展出，展示了百年来在中国共产党领导下广州波澜壮阔的文艺史实。展览通过现当代的文艺精品、历史文献、报纸期刊、名人信札、音像实物等1000余件珍贵藏品，展示了百年来在中国共产党领导下广州灿烂辉煌的文艺创作成就，记录岭南文化中心广州的文艺历史发展进程。"广州文艺百年大展”是迄今为止对广州文艺发展历程跨度最大、规模最大的一次回顾总结与巡礼，是广州文艺优秀成果的全面展示，是站在新时代精神高度对广州百年文艺史的一次庞大集体创作与研究。[1]

（五）第十三届全国美术作品展览相关活动

全国美术作品展览是中国美术界最权威、规模最大的顶级展览，每五年举办一次。2019年，第十三届全国美术作品展览（后简称全国美展）上，广东省成绩十分亮眼，共入选作品总数382件，位列全国第一。相较于上一届的位列第四，已有跨越式的进步。其中获奖提名15件，位列全国第一。水彩粉画、综合画种入选数位居全国第一，中国画、油画、漆画、雕塑、版画、壁画、实验艺术等画种的入选作品数均位居全国前三，显示出近年来广东美术创作队伍从思想和创作上发生的变化，与整个广东美术界积极进取的新面貌、新风尚、新景象。

此外，第13届全国美展三大展区落地广东，也让广东成为了第十三届全国美展展区最多的省份。其中“第十三届全国美展综合画种·动漫作品展”在广东美术馆举办，彰显广州作为“动漫之都”的历史底蕴。对此次展览广东美术馆进行了精心策划，选择“线上线下两开花”，打造“互动+艺术”的观展体验。VR线上展厅、“听，动漫家说”线上云语音、独立动画展映等环节的设置，为本次展览增添了动感趣味的新元素，展现了中国动漫的新时代风采。

“十三届全国美术作品展港澳台·海外华人邀请作品展”在广州美术学院大学城美术馆举办。本届港澳台、海外华人展区的参展作品类型也非常丰富，其中有油画、版画、国画、水彩粉画、漆画、雕塑等，表现形式各具特色。参展的港澳台及海外华人美术家的生活经历和成长背景与祖国内地美术家有所不同，他们的作品饱含着自己强烈的个性，呈现出“各美其美”的多样性与差异性，同时蕴含着中华民族浓浓的血脉亲情与爱国情怀。

“第十三届全国美术作品展览水彩·粉画作品展”在深圳市关山月美术馆举办，体现了水彩·粉画的探索创新和不断精进，写实的造型精微尽

---

[1] 资料引自《南方日报》，2021年1月26日，第A13版。

致，写意的手法淋漓酣畅，水性语言氤氲化醇，作品意境引人入胜，具有思想精深、艺术精湛、制作精良的新时代艺术水平，整体呈现出新时代中国水彩·粉画强劲发展的态势。

二、多元并进引领湾区——广东美术发展新格局

（一）岭南名家新推介

近五年，对岭南名家的推介呈现出更为繁荣的景象。在近现代岭南名家的方面，部分大型展览立足于广东美术的整体研究、梳理与展示，从中发现艺术家个体的新价值。比如"曙色——二十世纪前期广东中国画变革之路"集结了2011年的"岭南画派在上海"国际学术研讨会和2013年"国画复活运动与广东中国画"国际学术研讨会的大量研究成果，从美术史研究的角度对近代广东画坛、岭南画派，国画研究会等话题进行深入探讨，为我们重新认识广东美术与广东艺术家在近代中国画变革的作用提供新参照。在2017年举办的"其命惟新——广东美术百年大展"中，为更好地展现广东百年美术开风气之先、领时代之新、走变革之路的艺术特征，广东美术百年大展学术委员会特别评选出21位在百年中国美术史上具有卓越成就和重大影响的美术大家，并通过设立专题展览版块，出版专门画册等方式进行重点宣传推介。这21位大家以创造性和思想性的艺术实践与思想观念开创了时代的高度，推动中国近代美术史的发展。

除了从整体展示中凸显个体的推介活动之外，五年来近现代岭南名家的推介活动更多是采取个人纪念展或研究展的形式进行呈现，比如"南国：谭华牧的画日记"（何香凝美术馆，2018年），"百幅精品百年回顾——致敬古元暨古元先生生平与艺术精品展"（古元美术馆，2019年）"伟大的风格——王肇民艺术研究展"（广东美术馆，2019年），"春睡梦先觉——纪念高剑父诞辰一百四十周年展"（广州艺术博物院，2020年），"时代先锋的现场：胡一川艺术与文献展"（广州美术学院美术馆，2021年），"拓荒者——20世纪广东美术进程中的胡根天"（广东美术馆，2022年）等等，此类个人纪念展与研究展，往往会有相应的研讨会、专题论文征集及宣传推广

等活动，从不同的角度深化了对艺术家的认识与思考。

在当代岭南名家的推介方面，五年来广东美术通过举办个展的方式引导评论界对当代艺术名家进行档案研究，打造新时代文艺名家名片。其中比较重要的展览有"行健——潘行健艺术研究暨捐赠作品展"（广州美术学院美术馆，2018年），"铭刻时代——汤小铭艺术研究展"（广东美术馆，2019年），"尘土——邵增虎风景油画展"（广东美术馆，2020年），"天地生灵·方楚雄的艺术世界"（中国美术馆，2021年）等等。值得注意的是，在2018年举办的"许钦松、李劲堃艺术研讨会"中，集结了全国美术界知名专家学者，对引发岭南乃至全国画坛关注的"许李现象"进行深入探讨解剖，为探寻岭南画派的现代转型，解决广东美术有"高原"缺"高峰"等问题提供了新的思考路径。

广东美术"987口述史工程"研究项目同样是一项创新举措，是一项当代岭南名家推介活动，"987口述史工程"是广州美术学院2018年重点推进的口述史项目，重点在于抢救式收集学院老一辈艺术工作者的口述史料。工程定位于广东美术界90岁、80岁、70岁三个年龄段的老艺术家、老教授、老专家及当事人作为访录对象，通过对艺术家们的访谈和展示，以鲜活生动的第一手口述史料填补现有文献史料的空白，这些口述资料分别于2018年、2021年的两次口述史工程的汇报展中呈现，填补现有文献史料的空白。

（二）艺术交流联动新气象

1. 面向大湾区的美术交流

粤港澳文脉相通，历史上三地之间经贸往来、人文交流十分密切。随着2019年《粤港澳大湾区发展规划纲要》提出"共建人文湾区"之后，三地间的人文交流愈加频繁。美术作为湾区文化交流的重要组成部分，在5年中也呈现出许多令人振奋的新气象。

在团体组织建设方面，由广州美术学院联合三地院校成立的"粤港澳大湾区美术与设计教育发展联盟"，为粤港澳大湾区发展构筑起"人才培养—艺术聚合—设计再造—成果转化"平台。成立至今，广州美院已举办了三届粤港澳大湾区学校美术设计与作品展，充分展现了粤港澳艺术教育和文化建设广阔的合作空间。2019年1月20日，广州市美术家协会联合深圳、珠海、佛山、中山、东莞、惠州、江门、肇庆、香港、澳门特别行政区的美术家协会及艺术团体成立"粤港澳大湾区美术家联盟"。成立3年来，粤港澳大湾区美术家联盟通过举办一系列美术活动，团结粤港澳大湾区各个城市的美术工作者，加强粤港澳地区的美术沟通与交流。这些以交流互鉴为目的的新举措，有效统合大湾区内部的美术力量，激发了大湾区的美术新活力。随着广东美术对"人文湾区"内涵的深入挖掘，越来越多的交流合作活动与项目落地，必将对强化大湾区文化认同、美术融合发展起到重要推动作用。

在美术展览方面，从2018到2020年，省美协与省教育厅共同主办了三届"粤港澳大湾区学校美术作品展"，着力打造粤港澳大湾区独具特色的高校艺术专业学术品牌。2019年的"同心筑梦——粤港澳大湾区书画联展""粤港澳大湾区美术作品展"，省美协召集11个城市的重要美术团体与美术家们参与其中，发挥粤港澳大湾区的经济、文化优势和人才优势。2021年的"奋进粤港澳大湾区——全国中国画、油画作品展"作为推进粤港澳大湾区文化发展的一大激动人心的美术盛事，向全国人民展现粤港澳大湾区取得的各项成就以及粤港澳大湾区建设的奋进历程。

在美术创作方面，广东美术集体创作模式体现了粤港澳台文化艺术的根脉相连。例如，在林蓝、李东伟、黄国武、郑阿湃等主持的《南粤先声》《南国的风》《百花齐放》等几次大型系列主题创作的创作团队不仅集结了广东画院国画家和广州画院、广州美院的青年画家，还邀请到港澳台地区与深圳、珠海、汕头、厦门经济特区的老中青艺术家加入。其中包括来自台湾的欧豪年和他的学生胡九蝉，来自香港的司徒乃钟、林天行，来自澳门的黎鹰与李得之，还有深圳美协的陈湘波、珠海美协的古锦其、汕头美协的许自敬、厦门美协的林涛等，充分展现湾区美术创作上的新尝试。再如，2018至2020年，广州美院承办了三届粤港澳大湾区学校美术作品展。三地的艺术教育交流与合作将携手共进，创造出富有湾区特色的艺术瑰宝，打造出世界级湾区的文化名片。

2. 省内外交流活动

近五年来，广东美术持续全国美术交流中积极践行"走出去""请进来"策略。在"走出去"方面，如上文提到的"其命惟新——广东美术百年大展"在中国美术馆举办之外，比较重要的"走出去"展览还包括2017年在北京画院举办的"心曲人间——黄新波艺术研究展"，本次展览通过作品、书籍、照片等文献资料立体呈现展现这位身处动荡变迁的20世纪中国的艺术家的创作与人生。2021年"天地生灵——方楚雄的艺术世界"在中国美术馆展出，该展共展出方楚雄各个时期的代表作品、手稿等120多件，展现了方楚雄多年来在花鸟画方面的探索与思考。

除此之外，近5年广东美术还有诸如"当代院风·时代精神年度大展""墨尚大观·当代长安、当代岭南中国画邀请展"等30多场在北京、山东、云南、山西、陕西、天津、重庆、河南、广东等地巡展，高密度呈现来自岭南的中国画作品，展示广东美术的传承与延续，扩大岭南美术在全国的影响力。

在"引进来"方面，五年来比较重要的展览活动有2019年的"第十三届全国美术作品展览综合画种及动漫作品展""第十三届全国美术作品展览港澳台·海外华人邀请作品展""第十三届全国美术作品展水彩·粉画展""2019·大美观音山——首届全国中国画山水作品展"，2021年的"第四届山东省青年美术作品展暨'大地的文脉·学术一百'全国巡展""繁英意远·北京画院花鸟画作品展"，"第四届'朝圣敦煌'全国美术作品展览巡展（深圳）"，第一、二届"深圳大芬国际油画双年展"，第六、七届"观澜国际版画双年展"，第五、六、七、八、九届"全国（大芬）中青年油画展"等，这种高质量展览的引入，对广东美术开拓艺术视野，增加学术交流都起到积极作用。

3. 拓展工作方式、延伸工作手臂，服务"文艺两新"

近年来，新文艺群体发展迅速，无论在数量、影响力都在不断扩大，省美协对新文艺群体的扶持也渐次展开，包括推荐申报中国文联青年文艺创作扶持计划、创作研修班，组织参加政治学习，增加新文艺群体在会员代表大会、理事会和主席团中的比例等，得到了新文艺群体的热烈响应。

为了积极强化协会功能建设、适应现代化办公的需求，广东省美协探索推进"互联网+协会"工作模式，研发网上工作服务管理平台，为信息发布、艺术展示、作品投稿、线上评选、展览申请、会员查询等业务提供便捷的网上服务。开发手机投票系统，由评委在手机上对作品进行表决，最大程度减少相互影响，并提高点票的效率和准确率，保证评选的公平性，为出精品、推人才提供坚实的基础。在2020年举办的"美好生活——广东省美术作品展"中，省美协还设置了20个委托创作名额分配给主题创作能力较强的新文艺群体，为他们搭平台、推作品。

（三）美术话语平台新构建

1. 强化专业理论建设，发挥艺委会优势

2017年11月，在广东省美协的艺委会换届大会上，新成立了动漫艺委会、美术教育委员会、综合材料绘画与美术作品保存修复艺委会，实验艺术委员会，更健全的艺委会不仅适应当今美术发展的需要，也与中国美协达到更密切的衔接。五年来，省美协各艺委会在组织策划等方面呈现多元繁盛之势，中国画艺委会、油画艺委会、版画艺委会、雕塑艺委会等继续在常设品牌展览上深耕细作，策划举办了广东省第七届中国画（工笔）展，广东第七届当代油画艺术展等，并通过提高学术含量、鼓励创新在本领域发挥领航作用。综合材料绘画与美术作品保存修复艺委会主办的"回响——中法文物艺术品保护修复交流展"被纳入中法两国文化交流平台"中法文化之春"项目。设计艺委会参与策划和组织的"塔外：创·享——创意让生活更美好"系列展览分别在意大利、英国、法国展出。策划艺委会协办了"广东省美术馆馆长高级研修班"，漆画艺委会连续主办多期"漆画创作研修班"，陶瓷艺委会组织了"首届广东当代陶艺高级研究班"，努力培养新人，为美术发展储蓄后备力量。新成立的美术教育委员会、综合材料绘画与美术作品保存修复艺委会开设了"广东省美术教师作品展"及"理念与方法——艺术品保存修复研究展"两大品牌展览，进一步拓宽了美协展览的覆盖面。理论艺委会、版画艺委会参与主办多个全国性学术活动，漆画、水彩画艺委会多次组织跨省的交流，雕塑、设计艺委会立足大湾区，努力打造独具大湾区特色和影响力的高端文化活动品牌。

2. 美术科研平台建设与科研成果

五年来，广东美术科研平台建设取得了长足进步。其中以大湾区唯一独立建制的高等美术学府广州美术学院在科研平台建设表现最为突出，从2017年至今，广州美术学院先后成立了中国近现代美术研究所、图像与历史高等研究院、新美术馆学研究中心、美术学研究中心、视觉文化研究中心、冬奥

视觉文化设计中心等一系列科研机构，聘请了梁江、尹吉男、王璜生、郑工、邓启耀、曹雪等一批国内外有影响力的专家学者作为研究中心负责人，进一步打造高水平科研团队，提高学校学术团队核心竞争力。

在实验室建设方面，2019年广州美术学院建成了"广东省艺术品保护修复与材料研究重点实验室""工艺美术传承与创新重点实验室"等省级重点实验室，像"广东省艺术品保护修复与材料研究重点实验室"，核心团队由法国蓬皮杜当代艺术中心藏品保护修复首席技术官等13位具有相关中外教育与研究背景的专家组成，先后获批国家艺术基金人才培养项目、广东省级油画实验教学示范中心等多个国家级、省部级项目，2019年举办了首届"艺术遗产保护与修复"国际高端学术论坛。2021年举办了"一树百获——首届广州美术学院油画修复人才培育成果展"，对国内相关领域的专业教学和研究起到了重要的推动作用。未来将力争建设成为国际知名、国内一流与艺术品保护与修复相关的多学科高度融合的人才培养基地和研究合作平台，在国际交流中为世界提供观看中国艺术教育的新窗口。

五年来，广东美术在科研上积极探索，勇于突破，取得了一个个丰硕的科研成果。以获国家社科基金艺术学项目立项为例，2017年，广州美术学院胡斌主持的《李铁夫与中国早期油画研究》，广东工业大学邹建敏主持的《当代水彩画中国化研究》获国家社科基金艺术学一般项目，2020年，广州美术学院郑工主持的《中国现代革命题材美术作品研究》获国家社科基金艺术学重点项目，深圳大学肖芳凯主持的《明代园林绘画研究》，广东工业大学姚丹主持的《"物"的文化隐秘性："湖笔"与元代江浙文人圈的互动研究》获国家社科基金艺术学一般项目，2021年，广州美术学院尹吉男主持的《20世纪中国美术史的知识学研究》获国家社科基金艺术学重点项目，2022年，广州美术学院范勃主持的《艺术品保护与修复的中国实践与理论创新研究》获国家社科基金艺术学重点项目，广州美术学院王璜生主持的《国家文化战略视野下的美术馆跨学科发展与新美术馆学研究》获国家社科基金艺术学一般项目，广州美术学院邓启耀主持的《苗族服饰纹样谱系梳理与研究》获批国家社科基金一般项目。国家级课题的持续获批立项，是广东美术在提升学术核心竞争力和影响力的显著成效。

三、经典传续南粤新风——五年来广东美术的创作与人才培养

回望百年广东美术，继承性是其底蕴深厚的坚实基础，革命性是其精神内涵的思想底色，兼容性是其开拓创新的百川之源，时代性是其别开生面的主要特征，创新性是其生生不息的动力所在。[①]一个世纪以来，广东美术界英才辈出，他们执笔丹青、挥洒意气，向世人奉献了无数具有新创意、新语言、新内涵、新意趣的时代经典。其中，实力雄厚的美术创作队伍与科学健全的人才梯队建设无疑是广东美术长久成为中国美术重镇的主要原因。

（一）攀登高峰——重大题材美术创作

1. 重大题材美术创作

重大题材美术创作在广东美术中具有的深厚传统，得益于国家对重大历史题材创作方面的高度重视与大力倡导，近年来历史题材创作已日渐成为美术界关注的焦点。在近5年广东的美术工作者积极参与多场国家历史题材创作工程并取得了不俗的成果。2021年，在新中国成立以来国家投入最大、作品最多、专业水准最高、社会参与度最广的主题美术创作工程之一"不忘初心 继续前进——庆祝中国共产党成立100周年大型美术创作工程"中，广东共有包括李劲堃、廖宗怡、张树军、郭润文、叶献民、林永康、孙洪敏、孙黎、谢楚余、梁宇、范勃、罗奇等人创作的12件作品入围。同年，李劲堃、潘嘉俊、张弘、孙黎、谢楚余、林蓝等人创作的9件作品入围由中国文联、中国美协主办的"红船颂"庆祝中国共产党成立100周年全国美术精品创作工程，展示了广东美术界勇攀文艺高峰的最新成果。

在这两次重大主题美术创作中，艺术家们赓续广东美术敢为人先，勇于创新的优良传统，不负历史使命，将主题性美术创作与个人领域的学术探索相结合，用多元形式呈现主题性美术创作，开拓新时代主题创作的新样式，给人带来了耳目一新的感受，展现了广东艺术家们对历史宏大叙事与个人艺术探索两者关系的深入思考，彰显时代风采。

---

① 中国美术馆馆长、中国美术家协会副主席吴为山的讲话，中国美术馆网站，最后访问日期：2023年2月15日。

2. 岭南题材与集体创作

岭南传统文化是广东文艺资源的"富矿"，也是创作灵感的源泉。近五年来，广东美术工作者作为岭南画学的传承者，自觉肩负起弘扬岭南画学的使命，逐渐形成"直面当代、立中研西、以古鉴今"的艺术自觉。

2021年1月22日至2月23日，"致甜蜜的生活——二十世纪以来岭南风物研究展"在广东美术馆展出。作品种类涵盖中国画、油画、版画、雕塑及综合媒材等，展示了岭南历代名家和当代名家的代表作品，共约120件参展作品。该展览以时间为线索，重点突出党的十八大以来具有岭南地区文化特色的优秀美术作品，喻指广东近年来在经济、科技、文化等方面取得的骄人成就。

集体创作是广东美术界的优良传统，通过"组织化"这一模式，以"集体创研"的方式精研主题创作，推动了广东美术一大批精品力作的问世，比如广东画院从经济特区建立40年到建党百年，历时两年推出的《南粤先声——庆祝中国共产党成立100周年》《南国的风——深圳、珠海、汕头、厦门经济特区》《百花齐放——庆祝中国共产党成立100周年》3幅大型系列主题创作，艺术家通过高强度、高密度与超大尺幅的创作历练，积累了经验，充分打磨了技巧、激发了潜力。2022年恰逢北京冬奥会召开之际，广东画院再次推出大型集体主题创作，以"冰雪精神"为主题的一组集体创作国画作品让传统水墨与冬奥文化擦出奇妙"火花"，其中由郑阿湃主笔的山水画《冰雪精神·飞跃》，由黄国武主笔的人物画《红—冰球》《黄—速度滑冰》《蓝—跳台滑雪》《紫—高山滑雪》，用深具中国文化特色的方式，展现冰雪运动的独特魅力和竞技场上的拼搏精神。广东美术在既有成绩的基础上，打破区域化，在当代美术创作的前沿发挥了应有的作用。

3. 重要获奖作品

全国美术作品展览是中国美术界最权威、规模最大的顶级展览。在2019年第十三届全国美术作品展上，广东画家李小军的漆画《折山入梦》获得铜奖。该作以山和折线为创作题材，采用纪念碑式的构图，以平视、层叠、剪影的传统造型手法，把山型概括为简约粗犷、雄浑有力的图式，把折线根据山势塑造得简洁有力，使二者有机融为一体。此外，黄涛、罗文勇、肖海波、谢郴安、吕学晶、梁国辉、吴君茹、吴建毅、梁冰、陈史军、叶凤华、陈春鸣、刘莹莹等人作品获得获奖提名。在广大美术工作者的奋发努力下，广东美术的整体实力得到进一步彰显，广东省美协也在不断的自我完善中成为覆盖面更广、凝聚力更强、专业程度更高的美术家之家。

此外，2018年，根据中国美协网站公布的展览入选名单，广东省共有222件作品达到"入会资格作品"级别。其中，32件作品入选第六届全国青年美术作品展览，当中2件获得直送第十三届全国美展资格；10件作品入选"大道有痕——2018·中国百家金陵画展（版画）"，当中1件获得典藏作品奖（最高奖）。在2020年的"一带一路国际美术工程美术作品创作"项目中，叶献民的油画《郎世宁与中西画的融合》《心中的太阳——库尔班大叔与毛泽东》、方土和陈川的中国画《广交会》、王卓的油画《踏古》、崔弥莱的油画《匈奴西征》等作品入选。

（二）青出于蓝——放眼未来的人才培养

1. "星河展"与"新世纪之星"

"星河展"是广东省美术家协会的重要学术品牌。自1986年设立至2021年已成功举办了73回展览，"星河展"旨在推介出艺术思考、语言探索、视觉经验上有独到见解和创新发展的优秀中青年艺术家，通过展现他们的实践方式与成果，呈现当代美术探索中的阶段性群体形象，为美术发展带来前瞻性的思考。过去五年，广东省美协联手版画、油画、水彩画及雕塑艺委会举办四回"星河展"，推荐出44位成绩瞩目的新人画家，发掘出更多具有实验精神、探索意识的优秀青年艺术家。

作为广东省文联主办的广东省优秀中青年文艺人才的推介品牌，"新世纪之星"评选活动自1996年至今已举办10届，评选活动成功地向社会发掘推荐了一批优秀中青年文艺家，不少已经成为广东省文艺界领军人物，为推动文艺事业繁荣发展作出了突出贡献。近五年来，广州美术学院教授罗奇、广州画院专业画家段远文、广州美术学院教师谢郴安、广州画院专业画家陈川、岭南画派纪念馆研究项目策划部主任莫菲、广东工业大学设计学院副教授叶凤华分别获得第十、十一、十二届广东省"新世纪之星"称号。这几位艺术家都属于广东中青年美术人才的佼佼者，他们坚守"以人民为中心"的立场，在守正创新上实现新作为，创作了许多展现时代风采的精品力作。

面向青年艺术家的"星河展"与"新世纪之星"对广东青年美术力量的激励，起到了引导社会价值、引领时代精神的重要作用，也给更多文艺工作者树立了正确的价值导向。

2. 高层次办学新突破——广美获批博士学位点

2021年11月，经国务院学位委员会审议批准，广州美术学院正式获批成为博士学位授予单位，美术学和设计学获批为一级学科博士学位授权点。广美博士学位授予单位的成功获批，填补了粤港澳大湾区乃至华南地区美术学和设计学科博士点空白，为推动广东省美术高等教育办学层次和办学质量迈上新台阶开辟了路径。在未来，广州美院将以博士人才培养为切入点，在服务国家重大战略和区域经济社会发展重大需求中进一步凝练学科特色、打造高峰学科，引领湾区美术和设计话语，做好高层次艺术人才培养和科研创作和服务社会。

3. "1荐1——广东省美术名家荐才行动"与"青苗计划"

"1荐1"是广东美术界选拔人才的一项新举措。自2014年成功举办第一届后，"1荐1——广东省美术名家荐才行动"项目关注和扶持广东青年美术家的艺术实践。2020年，为进一步壮大广东美术创作人才队伍，打造更多的中青年美术创作生力军，在中共广东省委宣传部的指导下，广东画院、广东省美术家协会、广东美术馆联合举办第二届"1荐1——广东省美术名家荐才行动"，沿用第一届荐才行动的导师选拔机制，选出广东省内45岁以下有潜力、品艺兼优的优秀青年美术人才，并通过"一对一"的学术帮扶，培养广东未来的艺术名家。"1荐1——广东省美术名家荐才行动"的人才选拔实践，使中青年艺术家能够得到名家导师的言传身教、关键点拨等长期帮扶，朝着更高更远的艺术境界迈进。[①]

"青苗计划"作为独树一帜的青年美术人才培养计划，是广东美术关注文化建设的又一创举。"青苗计划"的目的是弥补学历教育之后、成为画家之前这一阶段的空白，对传统的人才培养有借鉴意义。[②]2019年5月24日至6

---

① 资料来源：广东美术馆网站。

② 《"广州国家青苗画家培育计划"启动》，中国文明网，最后访问日期：2023年2月15日。

月1日，由中国国家画院、广州画院、广州美术学院主办的"青青之苗——青苗二期优秀画家汇报作品展"在中国国家画院美术馆开幕。此次汇报展的作品分中国画、油画、综合材料，共展出39位画家的150余幅（件）作品，展现出了青年画家坚守"深入生活、扎根人民"的创作导向，继承了岭南画学的优秀文化传统，关注人民生活，深挖时代题材，积极探索个性化笔墨语言，为人民画像，为时代而歌，获得了广泛的好评。[①]

4. "7号空间·广东美术馆青年艺术家学术提名展"

"7号空间"是广东美术馆在2017年启动的青年艺术家扶持项目。广东美术馆为青年艺术家提供了一个呈现创作现状、整理创作逻辑、表现创作成果的独特空间。"7号空间·广东美术馆青年艺术家学术提名展"是广东美术馆结合青年人才培养的展览项目，旨在为青年人才提供优越的展演平台。该项目至2022年已成功举办四届，陆续呈现了二十八位（组）来自广东及全国各地的优秀青年艺术家。通过学术性和探索性的策展实践，广东美术馆挖掘与呈现中国艺术新生力量风貌，也为观众欣赏和解读青年艺术家当代视野下的创作实践提供了多元渠道。

5. 其他重要的人才培养计划

此外，近5年重要的人才培养计划还包括，广东省美协与清远、湛江、珠海、汕尾、中山五地美协举办"地市美协赴穗调展"，推动地方美术均衡发展，提升广东美术的整体实力。省美协艺委会举办多个面向青年美术家的展览，如"灼灼其华——青年综合材料绘画展""广东省首届青年漆画作品展""粤先锋——广东省美术家协会策划委员会中青年艺术家推介工程第二回作品展"等，为各画种优秀青年人才提供丰富的展示平台。

四、空间传导美育化人——广东美术公共空间的建设与展望

文艺作品需要在服务社会、服务人民中体现价值、发挥作用，美术作品

---

① 《广东省美协：在守正创新中勾勒大美中国》，《羊城晚报》，2021年12月28日，第A10版。

也需要通过空间载体彰显视觉的意义。美术场馆集收藏、研究、展览、公共教育、文化交流等于一体，既是公共文化服务平台，也是公众的精神文化家园。近五年来，广东各主要美术场馆根据自己的学术定位和办馆特点，逐渐增强自身的策展能力，努力打造品牌特展、学术策展，推动美术场馆向专业化、规范化、标准化方向发展。同时，美术馆建设致力于赋能全民美育，满足人民群众多层次、多方面、多样化的精神文化需求。同时，在大湾区规划纲要的引领下，大湾区艺术概念推动艺术展呈的创新发展，凝聚美育空间的力量，广东主要美术馆建设呈现出蓬勃发展的态势。

（一）国家重点美术馆的建设与发展

1. 广东美术馆

广东美术馆以"中国近现代沿海美术，海外华人美术，中国当代美术"作为学术研究和收藏的方向，围绕立足本土、关注国内、加强国际交流的思路，强调"沿海性"与"当代性"。[①] 近五年来，依托丰富的近现代广东美术大家作品收藏，广东美术馆对20世纪广东美术研究与展示方面保持很高的学术性与专业性，如2019年的"图绘新中国——广东国画的改造与转型（1949—1978）"从近现代广东国画创作中梳理归纳出艺术家在新中国成立后创作流变中的语言变革与风格转向，2022年的"乡土人间——1949年以来乡村题材美术作品研究展"以新中国成立以来描绘农村题材和农民形象的美术作品展现乡土在美术创作的演变过程。在弘扬本土美术和传统文化的同时，广东美术馆创立了具有国际影响力的"广州三年展"和"广州国际摄影双年展"等文化品牌，并不断创新和丰富其展览模式和学术主张，以更大的开放性推动了中国当代艺术的发展。2017年，广东美术馆重启"广州国际摄影双年展"这一品牌项目并更名为"广州影像三年展"。近五年来，"广州影像三年展"立足于媒介现象发展的观察与思考，把研究的重点从"社会人文的摄影"拓展为更具包容力和学科性的"视觉研究的影像"，不断拓展着品牌的价值属于与文化外延。

除此之外，广东美术馆一直强调对青年艺术人才的培养和扶持，并以展

---

① 资料来源：广东美术馆网站。

览、研究、收藏等方式鼓励具有创新性、学术性的创造。自2018年起，广东美术馆的青年策展人四度入选"全国美术馆青年策展人扶持计划"，并成功举办展览。广东美术馆还提供了丰富的主题活动、讲座、工作坊、小课堂活动，让观众在参观、学习、体验、互动中感受艺术魅力，实现全民美育、终身美育。

2. 广州艺术博物院

广州艺术博物院富藏的中国历代书画作品，特别是以岭南地区的书画作品，馆内常设多个专题陈列馆，赖少其、关山月、赵少昂、黎雄才、黄新波、廖冰兄、杨之光等艺术家的作品和欧初、赵泰来等收藏家的藏品均设专馆展出。五年来，广州艺术博物院的策划多个精彩展览，2017年"容庚捐赠书画特展（书法专题）"是广州艺术博物院的年度特展，该览除了展示容庚捐赠的书法作品外，还有部分青铜器铭文拓片和古碑拓片以及容庚年表和历史文献资料等。2018年"天海高旷水月清华——康有为、梁启超书法展"年度特展在广州艺术博物院举办，展览共展出康有为和梁启超作品70余件，在戊戌变法120周年之际梳理中国近代维新运动的领袖和杰出的启蒙思想家康有为、梁启超的书法成就。2022年的"青绿调成见天工——山水画色彩研究展"集结了唐宋临摹作品、广州艺术博物院和广东省博物馆珍藏的明清青绿山水画作品，邀请了多名当代岭南山水画艺术家，以不同作品勾连了青绿山水创作从兴盛到转变的发展过程。

3. 关山月美术馆

位于深圳的关山月美术馆藏有大批岭南画派大师关山月的作品及相关文献，建馆20多年，关馆逐步形成以20世纪中国美术史和中国当代设计两条主要的办展线索。近五年来，关山月美术馆通过举办一系列关山月专题展，全方位、多角度地探索和展现关山月的山水艺术。其中，2017年"关山月和他的时代——二十世纪山水画研究展"，汇聚了关山月及其同时代的黄宾虹、林风眠、潘天寿、傅抱石、齐白石、吴冠中、李可染等诸多艺术名家的画作，探索关山月的山水艺术和20世纪中国画发展变革；2019年的"轻舟已过万重山：关山月与近代以来的江峡图景"重点考察关山月长江写生创作，并依此延伸对"长江"题材美术创作的思考；2022年的"高路入云端：井冈山水之精神形塑与回望"，展出关山月井冈山题材美术创作，并与相关革命文物有机联结，生动展现井冈山背后的文化精神与革命精神。

（二）广东其他主要美术公共空间的建设与发展

1. 广州美术学院美术馆

广州美术学院美术馆在学术定位上力图结合馆藏，将展览、研究、教育与学校以及广东乃至相关国际区域的历史脉络与现状紧密联系起来，凸显美术馆在整个粤港澳大湾区艺术格局中的价值和意义。其中，昌岗校区美术馆侧重于近20世纪中国及广东美术史、广东美术教育等的研究、展览与收藏，大学城美术馆侧重于青年艺术的推动、研究与展示，强调当代性、实验性、国际化。岭南画派纪念馆主要纪念、研究中国现代美术史上的"岭南画派"中国画革新探索历程与成就的专题性美术馆。[1]近五年来，广州美术学院三个美术馆根据不同办馆理念不断优化展览模式，共同构成广州美院对内对外学术交流的窗口与阵地。比如广州美术学院昌岗校区美术馆在2022年举办的"岭南画学之路——教学文献展"从"岭南画学"的概念出发，通过整合各类文献、口述实录和相关例证，对广州美术学院中国画70年以来的教学思想、教学理念和教学方法进行分析总结，为当代中国画教学的继续深入和开放提供交流机会；2022年在广州美术学院大学城校区美术馆展出的"首届泛东南亚三年展序列研究展项目：向雨林学习"，以"雨林"作为展览的切入点，邀请来自东南亚和中国本土的艺术家、摄影师、科学家和研究者参展，共同探讨东南亚、南美、非洲，艺术与自然、原始族群、地域文明等话题；2018年在岭南画派纪念馆举办的"鸿雁传春声——赵少昂、黎雄才、关山月、杨善深合作画展"，展出岭南画派四位大师在20世纪80年代合作的50多件作品，彰显岭南画派的强大生命力。

2. 何香凝美术馆与古元美术馆

位于深圳市的何香凝美术馆与珠海市的古元美术馆都是以个人名字命名的美术馆，但在具体办馆思路上却有所不同。作为国家级美术馆，何香凝美术馆以何香凝研究为中心，关注女性艺术，弘扬传统文化，兼容并蓄，面

---

① 资料来源：广州美术学院美术馆网站。

向未来为发展方向①。古元美术馆则以古元和与他同一时期的艺术家以及其学生的艺术作品为收藏研究重点，以中国近现代各类艺术作品为展示和收藏主体。在近5年的发展过程中，何香凝美术馆与古元美术馆结合自身藏品进行深入研究、找准定位举办各类具有广泛影响力的展览活动。比如2021年的"何香凝与中国女子书画会：20世纪前半期女性艺术运动图景"则本次展出了何香凝、冯文凤在内的12位女艺术家的民国女性美术实践，体现了民国女性自立求存、以书画立足于社会的魄力与拓展。2019年举办的"百幅精品百年回顾——致敬古元暨古元先生生平与艺术精品展"是近五年来古元美术馆举办的重要活动之一，此次展览内容包含"古元馆藏作品及生平文献展""古元版画精品展""古元水彩画精品展""师恩难忘——曹文汉与古元等艺术名家往来信札、纪念文章暨捐赠文献资料展"，从不同角度展示，彰显古元先生德艺双馨的大师风范。

（三）广东画院、广州画院美术公共空间的建设与发展

1. 广东画院美术公共空间

五年来，广东画院的创作十分活跃，围绕学术立院、人才强院的办院宗旨，从艺术、生活、社会责任等方面要求画家积极创作。随着2020年新址启用，广东画院在创作与展示、研究、收藏等方面迎来更为广阔的发展空间。同年"广东画院优秀作品展"在广东画院新址举办，作为新址启用的首次展览活动，该展以六大展厅的体量，展出了方人定、王肇民等7位艺术大家，黄新波、关山月、王玉珏、刘斯奋、许钦松、李劲堃、林蓝7任院长以及14位艺术顾问和12位在职艺术家的近300件代表作，展出作品涵盖中国画、油画、版画、水彩等画种，在凸显其学术特色、创作优势的同时，传承和创新岭南画派的学术传统，弘扬中华优秀传统文化，是广东画院成立60余年来美术精品佳作的一次集锦。

2. 广州画院美术馆

五年来，广州画院也取得了丰硕的成果。广州画院自1982年成立以来，创作出一大批具有时代精神、地域特色、人文关怀、鲜明风格的精品力作，

---

① 资料来源：何香凝美术馆网站。

走出了刘仑、陈永锵、张绍城、方土等一大批具有时代影响力的画家。2021年12月20日，广州画院美术馆正式开馆，在开馆当日举办了"百年风华——花鸟画名家作品展"和"致敬新青年——新时代青年艺术家作品展"。活动现场举行了《中国国家画院花鸟画所、广州画院战略合作框架协议》的签署仪式以及"岭南青年艺术的创作现状与未来"学术研讨会。广州画院美术馆是继"先生画馆""美育青创中心"之后，广州画院搭建的又一文化交流重要平台。[①]

作为广东主要的综合性专业美术创作、研究机构，广东画院与广州画院相继拥有了配套的美术公共空间，这无疑对这两所机构的美术创作与研究带来更多的可能性。

（四）大湾区文化艺术中心的未来设想

五年来，广东美术界立足广东改革开放前沿阵地的优势，不断推陈出新，展示广东文艺新气象，铸就广东美术新辉煌。特别是《粤港澳大湾区发展规划纲要》提出"共建人文湾区"的发展目标之后，为广东美术在"人文湾区"的框架下推动合作，促进交流提供新契机。

1. "三馆合一"项目彰显特色湾区艺术生态

作为中国经济发展的核心区域，大湾区雄厚的经济实力为文化艺术的发展奠定基础。据统计，2016年到2018年，粤港双向文化交流812批14163人次，粤澳双向文化交流229批5117人次。[②]频繁的人员往来与文化交流活动为了大湾区艺术蓬勃发展的"加速器"，在崭新的历史节点上，湾区的不断涌现的新的公立艺术机构、民间美术馆与艺术空间，正助力大湾区艺术生态的不断完善。其中尤为引人关注的是正在建设中的广东省重点文化工程"三馆合一"项目（广东美术馆、广东非物质文化遗产展示中心、广东文学馆）。该项目旨在通过"三馆合一"的建设模式，将收藏、研究、陈列展览、教育、交流、服务六大功能相融合，最大限度发挥三馆的文化功能并形成互补

---

① 《广州画院美术馆落成开馆》，《广州日报》，2021年12月21日，第A10版。

② 《人文大湾区：传承发展优秀传统文化》，粤港澳大湾区门户网，最后访问日期：2023年2月20日。

效应，满足人们多元化文化需求。该项目将成为彰显广东特色、具有国际水平的重大标志性公共文化设施，对建设文化强省，提升文化软实力具有重要作用。

2. 数字化技术促进大湾区文化交流

在"互联网+"浪潮的驱动下,数字化技术开始广泛应用于美术馆展览活动中，

近年来新冠疫情的常态化防控，更是推动了美术馆从实体展览转向"线上展览""云端讲座"，飞速发展的数字化进程给美术馆带来了更多新的尝试与机遇，湾区内部各美术馆之间对数字化技术的探索和应用也成了大湾区文化交流的新路径。

广东美术馆自2017年构建"数字化美术馆"计划以来，便加快美术馆的数字化进程，成为国内第一家实现从数据采集、数字化布展、虚拟化看展、大数据管理、数字藏品档案、全终端传播到AR、VR等沉浸式、体验式交互技术的应用方面都实现数字化、虚拟化的美术馆。[①]从2017年至今，广东美术馆已有50个大型的线上展览被保存为数字档案，成为艺术史研究的重要材料，让美术馆的知识生产提高到新的台阶。在构建数字档案同时，广东美术馆也积极尝试数字传播的展览模式，AR、VR技术打破了传统线上展览观看角度的限制，让观众"身临其境"感受作品魅力。近几年来，相继推出了"花语@春风——广东美术馆迎春花木主题特展""伟大的风格——王肇民艺术研究展""自然与田园——林丰俗的绘画世界"等线上展览，在全国美术馆在数字化探索和应用方面领风潮之先。除广东美术馆之外，广东省内主要美术馆也在最近几年上线虚拟展厅，同样，数字化发展也在港澳地区的美术活动中广泛应用，近年来，香港的巴塞尔艺术展虚拟展厅、香港艺术节网上演出、NFT数码艺术品交易等等，都带有明显的数字化标签。突破固有框架，以多维、多元、多样的体验为观众带来更多可能性。湾区美术馆与美术活动中飞速发展的数字化进程，对全方面提升湾区的文化传播力及影响力，为日后大湾区美术馆数字化的长远发展提供参考。

---

① 《广东美术馆将持续推出线上虚拟大展——"云游"三大经典展赏花品果看"敦煌"》，《广州日报》，2020年2月14日，第11版。

3. 多馆联动，着力打造多层次的展览体系

近几年，在广东省美术家协会的主导下，广东美术馆、广州艺术博物院、广州美术学院美术馆、深圳美术馆等数十家重要美术场馆加大了合作力度，采用"多馆联动"机制，形成展陈空间有机体，共同打造多次重要美术展览活动，多维度、多层面的充分展示党和国家事业发展新成就，弘扬社会主义价值观、传递正能量，有力地推动了广东省美术创作的繁荣发展。同时，广东美协在近几年通过精心搭建粤港澳美术合作平台，举办好粤港澳大湾区"9+2"城市间的各种交流活动以及岭南美术课题研究，共同促进美术研究人才、美术藏品资源的交流互动，努力建构大湾区美术收藏、研究、展陈的大格局。这些新合作模式的出现，有效团结了湾区内部的美术力量，激发了湾区的美术新活力，让我们对大湾区文化艺术中心的未来发展充满期待。

【结语】

百尺竿头，更进一步

五年来，广东美术家把美术创作与现实生活紧密结合在一起，创作出了许多具有中国气派、岭南特色、时代魅力的美术作品。在充分肯定成绩的同时，仍存在一些不足和需要改进之处：一是"热度"高，"精度"还不够高，好作品、好画家不断涌现，但有分量的作品仍然稀缺，在主题创作方面，出新出彩的作品数量还不够。二是"起点"高，"后劲"不足，人才培养的后续机制还有待完善，高精尖人才相对缺乏。三是展览规模大，但吸引力仍需提高，在满足群众精神文化需求和树立学术标杆两方面上还须达到平衡，展览的策划与展陈创新性有待进一步加强，还须发挥好各大美术专业机构的协同合作优势。四是"走出去"的力度还不够大，在拓展广东美术的知名度和影响力方面有所局限。

2022年是"十四五"开局之年，广东美术将继续深入贯彻落实习近平总书记关于文艺工作的系列重要论述精神，坚持为人民服务、为社会主义服务，坚持百花齐放、百家争鸣，坚持创造性转

化、创新性发展。相信在未来的发展中，广东美术还将继续立时代之潮头、通古今之变化、发思想之先声，以高质量精品力作满足人民精神文化生活新期待，奋力推动"文化强省"建设，做到百尺竿头、更进一步！

协会专家：林　蓝
报告负责人：王　永　叶正华
主　笔　人：王　嘉　江粤军　华新越

08 广东摄影发展报告

【引言】

    2017—2021年是党和国家发展进程中极不平凡的五年。摄影，作为最直观形象和生动参与记录社会、表达和传播生活变化发展的视觉媒介，每一幅照片都能呈现出时代的动人细节，反映时代特征，展示人民追求美好生活的奋斗历程和历史光辉。而数码化之后出现的智能手机摄影，使得摄影从此进入真正的"全民时代"，促成了摄影的大众化与繁荣。与此同时，越来越多的艺术家也开始使用新的媒体技术介入摄影领域，增强了摄影多元的表达。五年来，广东省摄影家协会在开展群众文化摄影活动、举办摄影展赛、理论建设、打造摄影精品、推优评奖、培养人才队伍等方面都取得了不错的成绩，极大地推动了广东摄影事业的发展和繁荣。可以看出，广东摄影人用相机真实、全面地记录了广东的发展与成就，用影像构建集体记忆，广东摄影事业始终与时代发展变革同步。

一、五年来广东摄影的新现象

随着摄影技术的发展，人们生活的不断改善提高，摄影业界的生态发生了变化，摄影人员、创作方式、传播方式等许多方面都出现了一些新现象、新动向。

（一）摄影人群的范围不断扩大

随着经济生活不断改善，越来越多人能够抽出时间和精力去追求艺术梦想，把摄影作为艺术爱好进而爱上摄影的业余摄影人队伍在不断壮大。智能手机摄影使全民摄影得到真正的实现，摄影变成一门群众性艺术。进入移动互联网时代，手机摄影更加全方位改变人们的生活习惯与方式，拍摄、传播、分享成为民众日常生活的重要组成部分，这也促成了摄影的大众化与繁荣。比如"美丽广东"摄影大赛收到近2万件作品的成绩，打破了历年来的单项摄影赛事的收稿记录。由于大量拍客的出现，导致传统以摄影为职业的新闻记者、影楼摄影师和艺术工作者，其谋生的空间逐渐被压缩。数字影像替代胶卷相片，适合网络传播和（手机）屏幕观看的图像，能获得更多的关注。而且随着智能手机静态和动态摄影像素的提高，其成像品质逐渐接近微单，专业和业余摄影之间的边界开始模糊，许多专业摄影师也开始选择使用手机进行创作。为适应多媒体融合时代的新趋势，2017"伯奇杯"中国创意摄影展还首次创新开设了手机创意摄影单元，吸引更多的摄影师和爱好者用"小手机"实现"大创意"，拍摄生活的美好。

（二）摄影艺术迎来了新的创作工具

在硬件层面，摄影"上天入海"成为可能。以深圳大疆为代表的无人机摄影，对突破摄影固有疆界、改写摄影版图作出了重大贡献。无人机改变了摄影视角的高度，能够像鸟儿一样以"上帝之眼"从空中俯视大地、拍摄风光地貌。航拍照片的拍摄角度和视觉效果令人震撼。过去租借飞机航拍是一项一般人无法承受的奢侈消费。但现在，深圳大疆推出的消费级航拍无人机，使普通人的飞行摄影之梦更容易实现。作为全球飞行影像系统的开拓者和领导者，深圳大疆开启了飞行摄影的新时代。航拍飞行器重新定义了人类感知世界的方式，满足了世人换个角度看世界的渴望，提供了观察世界的全新视角。越来越多摄影爱好者投入到无人机航拍的队列，以无人机的视角发现世界前所未见的视觉奇观和壮丽景色。"上天"已经毫无问题，"下海"也不是难题。配套齐全的潜水设备，使得潜水摄影进一步发展。只是由于对摄影人的体质和潜水技能的限制，潜水摄影还是相对小众，但它有机会成为热门的新兴摄影技术。这也说明，一项又一项摄影技术的飞跃发展，必然引发整个摄影生态链上的各个方面发生连锁反应。

在软件层面，步入数字艺术时代后，摄影艺术具有更多的无限可能性。摄影师可以利用数字图像处理软件（如Photoshop、Lightroom、Adobe Illustrator）对影像进行超现实的内容修改。数码新技术的运用，改变了传统影像呈现方式，使得摄影艺术创作可以进行更加天马行空的创新。特别是近几年来，智能手机的普及让我们进入了计算摄影（Computational Photography）的时代，算法、软件在摄影中的重要程度逐渐提升。手机和相机虽然同属数码摄影，但两者有着不同的特点。手机拍摄受限于硬件，因此算法在很大程度上控制了图片的成像质量，也让各类手机厂商可以根据定位和受众提供不一样的成片效果。而且智能手机包括了相机算法、处理图片的人工智能算法，比如滤镜功能、美颜功能，手机摄影带来了"全民摄影""社交摄影""算法摄影"等颠覆性新现象，视频抖音、美颜直播等动态摄影更成为了新潮摄影的大趋势，也在缓慢改变大众的摄影观念。

（三）大湾区摄影合作交流的兴起与繁荣

在20世纪八九十年代，广东有不少摄影人跟随港澳大师取经学艺、采风创作。随着"北风南下""时过境迁"，港澳摄影爱好者开始反思沙龙唯美摄影的不足，接受纪实摄影理念，向多元化方向发展。由于珠澳毗邻的便利，澳门摄影人开始走向珠海拜师学艺，走进纪实摄影的行列，如澳门女摄影人严芳，到珠海向时任中国摄影家协会副主席、广东省摄影家协会主席的李伟坤和中国摄影金像奖获得者吴旗学习。此外，不少机构也参与其中为粤港澳三地摄影交流搭建平台，其中最为活跃的有珠海的中国摄影在线和深圳的港深珠澳摄影联盟。珠海的中国摄影在线与港澳摄影社团一直保持密切的合作，多年来联合举办摄影创作和交流活动，并提供展览策划、作品梳理、摄影创作引导等方面的帮助。澳门摄影人谢炳润与珠海中国摄影在线总编陈伟录合作，经过近两年的研究选题、制订方案、提升主题、编辑作品，在2017年成功举办"重构·谢炳润摄影展"，这是珠澳摄影人深度合作的又一成果。2018年1月28日，第二届"西江能见度——珠中江摄影联展"再次开幕，联展作品主要以纪实摄影的形式，突出珠三角地方特色，反映三个城市的风土人情、百姓生活、自然生态，记录变革时代的新特征。2019年8月，"粤港澳大湾区影像"的概念在第六届中国东莞·长安摄影周上正式提出，致力于用影像梳理、归纳、呈现、传播中国的海洋文明景观。该摄影周以"海边的风景"为主题，进行了两个方面探索：一是力争以影像志的方式积累大湾区建设的历史文献；二是以粤港澳大湾区为基地，全球各个大湾区影像文化艺术的相互比较，推进粤港澳大湾区影像文化和艺术研究和学术积累的进程，这为未来粤港澳大湾区及全国的摄影家有意识地集中拍摄湾区建设提供了重要的学术支撑和方向。

（四）"摄旅融合"成为广东摄影创作的新趋势

随着广东旅游业的发展，摄影成为广东文旅宣传的重要窗口。近五年来，广东省摄影家协会配合地方政府，以摄影为媒介，开展了各种主题鲜明、地方特色浓厚的展赛活动，如"丹霞山杯"第三届"善美韶关"全国摄影大展、2020"岭南明珠·生态始兴"全国摄影大展、广东省"美丽蓬江——从良溪古村到滨江新区"摄影大赛、2020"醉美乳源"风光摄影大赛、郁郁水乡情——广东省梦里水乡乡村振兴主题摄影大赛、"多彩江门"广东摄影季赛等，通过影像展现出美丽的广东图景和奋进新时代的广东精神，取得了良好的社会效果。此外，2018年广东省摄影家协会与广东公安文联编辑出版了《广东摄影指南》，引导广大群众热爱广东之美、发现广东之美、表现广东之美。2020年、2021年还组织评选两批"广东摄影目的地"，充分发挥了本土资源优势和摄影快速传播的作用，助推地方旅游经济发展。摄协有组织、有计划地开展活动，让大众能明确拍摄目标、聚集人气，使大众创作热情更加高涨，既丰富了群众摄影文化生活，又提升地方形象、拉动旅游等第三产业发展。

二、五年来广东摄影的活动与创作

（一）为人民写真：丰富群众文化摄影生活

摄影作为一种记录的方式和手段，可以给"时代和社会看一看自己的印象与印记"。近五年来，广东省摄影家协会组织开展了一系列丰富多样的群众性文化摄影活动，引导大众关注身边事物、家乡、城市的新变化、新发展、新形势，进一步延伸大众记录日常影像的广度和深度。

2017年，广东省摄影家协会在广东省文联的领导下，先后举办了"美丽红海湾"摄影大赛、"花开广州·天河醉美"摄影大赛、"新社区·新风貌"中山火炬开发区摄影大赛、纪念海陆丰苏维埃政权成立90周年暨"红都之旅"旅游风光摄影大赛、"健康东源"摄影大赛、"花城美筑"优秀建筑摄影大赛、"喜迎十九大·全景看罗浮"广东省摄影大赛、"全民运动健康从化——碧水湾杯"（广州·从化）全国摄影大赛、"美丽南溪——梦里水乡'吉之旅'杯"全省摄影大赛、"岭南画卷——寻找广东美丽乡村摄影大赛"及"最美家乡——寻找广东美丽乡村微信摄影大赛"。通过摄影镜头关注广东美丽乡村建设工作进展，展现广大新农村建设的风貌亮点，通过报道和图片记录、传播建设瞬间，留存乡村建设的重要史料。

2018年，广东省摄影家协会举办的"美丽广东"摄影大赛引起了社会的广泛关注，2万件作品打破了历年来的单项摄影赛事的记录。活动的举办和选出的获奖及入选作品，引导大众把眼光集中到广东改革开放以来取得的伟大成就，在经济、政治、文化、社会、生态文明建设取得的巨大成果上来，取得了较好的社会反响。各地市摄协也围绕"改革开放40周年"举办了一系列活动，珠海摄协的"美丽珠海"摄影大赛、"我们的中国梦——珠海市建设新成就"摄影展、"港珠澳大桥"图片的征集、惠州摄协的"舞动惠州"摄影展、"惠州设地级市30周年城乡建设成就"摄影大赛、清远摄协的"豪美"杯清远高新区纪念改革开放40周年、火炬计划实施30周年摄影大赛，展现出各地市的发展新面貌。

2019年围绕乡村振兴发展战略，广东省摄影家协会联合相关组织开展了"乡村振兴·美丽仁化"全省摄影大展、"走进乡村看振兴"摄影（视频）大赛、广东桂城"美丽乡村迎振兴"摄影大赛、"乡村振兴·美丽良溪"摄影大赛、郁郁水乡情——广东省梦里水乡乡村振兴主题摄影大赛。通过视觉影像让人们更加生动形象地感受到乡村振兴战略成果，更全面地发现、了解本土文化。还组织了"我们的中国梦——向新中国70周年华诞献礼粤港澳大湾区摄影大展""粤澳追梦家国情怀——庆祝澳门回归祖国20周年摄影大展"展览活动，以影像的形式为实现中国梦振奋精神，为粤港澳大湾区建设汇集力量。

2020年新冠肺炎疫情来势汹汹，广东省摄影家协会在网站和微信公众号开辟了"疫情非常时期""广东战疫影像"专栏，刊登、转载全省各地摄协、摄影人创作拍摄的抗疫摄影作品，并开展"广东战疫"影像网络展征集活动，图像画面展现奋战在抗疫一线医护人员、公安干警、志愿者以及默默无闻坚守在后勤岗位工作者的精神风貌。

2021年，为了庆祝建党百年，广东省摄影家协会组织了一系列群众性广东红色主题摄影展活动，举办了"百年风华村改力量——海创大族杯"顺德村改主题摄影大赛作品展览，展现广东在党的领导下所发生的沧桑巨变。并且积极配合地方政府文化宣传部门工作项目，在2020年、2021年两次评选"广东摄影目的地"，配合各地市加强文旅摄影发展，在从化、翁源、深圳、始兴、顺德等地举办具有地方特色的摄影展，着重用影像展现地域文化风采，如罗洞工匠小镇杯"乡约"从化全国摄影作品展、"兰韵翁源·诗画田园"全国摄影作品展等。这些群众性摄影活动既丰富了群众文化生活，又繁荣了广东摄影创作。

（二）为时代造像：打造主旋律摄影精品

五年来，广东摄影人在新时代着力打造粤派纪实摄影的精品力作，在创作中既重视传统文化的积淀，又注重针对现实、面向未来的实践性和创新性。广东省摄影家协会从不同角度推出了一批有格局、有重点、有层次的摄影精品展览，记录、展示改革开放40周年、澳门回归20周年、脱贫攻坚奔小康、抗击疫情、建党百年等历史篇章。

2017年，为传承经典影像和敢为人先的广东精神，广东省摄影家协会举办岭南摄影名家展和"艺术人生·三人行"廖衍强、蔡江瑶、黄汝广摄影作品展，整理了珍贵的影像资料和岭南摄影名家的艺术档案，展示了广东摄影传承、创新、多元、融合繁荣发展的生动景象。开展广东公安百名英模肖像摄影创作活动，以影像艺术的形式呈现百名公安英模事迹，是传承和发扬英模精神的创新之举。这次展览对中国摄影界来说是第一次以英模为主题，是一项具有计划性、讲品德、重传播的影像工程。

2018年，为全面回顾广东改革开放40年来的重大历史进程，运用纪实影像展示广东的巨大变化，广东省文联、广东省摄影家协会主办了"时代影像——广东改革开放40载变迁摄影大展"，从政治、经济、文化、社会、生态等方面选取具有典型性、节点性、时代性的纪实影像，通过摄影展品的艺术感染力，凸显改革开放时代特征，以典型的影像瞬间见证历史，定格40年来广东改革开放重大历史变迁。东莞摄协举办"发现东莞制造之美"摄影展，宣传新时代新东莞的新世纪工厂形象，同时还与文化馆联合启动"发现东莞'非遗之美'"影像拍摄项目，为广东非遗留影。2018年还举办了"时代的观看——广东·安哥、张新民、李伟坤纪实摄影精品展"，该展览以广东纪实摄影家安哥的《生活在邓小平时代》、张新民的《包围城市》、李伟坤的《原乡人》等3组作品为内容，反映在改革开放40年进程中，当代中国发展进步的故事和社会变迁的人文画卷，具有岭南地区标志性的影像价值，是珍贵的全景影像史料。

2019年，恰逢新中国成立70周年华诞和澳门回归20周年，广东省摄影家协会策划了"我们的中国梦——向新中国70周年华诞献礼粤港澳大湾区摄影大展"和"粤澳追梦家国情怀——庆祝澳门回归祖国20周年摄影大展"，向海内外讲述湾区故事，展示湾区人文特色，用影像传递出湾区精神风貌。在"庆祝澳门回归祖国20周年摄影大展"中，澳门地区的摄影家和摄影组织提供展出的作品数占总数的三分之一，此展览题材广泛，既有记录重大事件、标志工程等宏大题材，也有追溯澳门历史、聚焦日常民生、关注人文精神等微观视角的作品。

2020年，在疫情常态化防控下，广东省摄影家协会组织了"潮涌珠江"广东复工复产摄影展和"时代的观看——抗击新冠疫情纪实摄影的使命与担当"系列活动，展出了中国摄协主席李舸、副主席居杨等5人的抗疫主题摄影联展及中山摄影家梁厚祥的《战疫最前线》专题纪实摄影作品，从多角度多方位展现疫情常态化防控下广东加快经济发展，有序恢复推进复工复产的场景，以典型环境和人物细节来展现社会大局。8月16日，由广东省摄影家协会、东莞市摄影家协会、《中国摄影家》南方影像学术研究中心主办的"从具象到抽象——东莞智造影像呈现的N种可能"展览，广东省摄影家协会副主席李志良的工业摄影团队在传统的工业摄影上进行了突破，拍出了抽象、不一样的工业，开创了国内工业摄影从具象到抽象的先河。9月"北滘杯"广东省第28届摄影展览如期开展，百名摄影名家走进顺德北滘采风，展现了广东摄影新的文艺气象。12月，"北滘杯"广东省第28届摄影展览在北滘成功展出。此外，广东省摄影家协会还组织协办了"脱贫攻坚看广东"书法美术摄影主题展，展示了一批有思想、有温度、有品质的脱贫攻坚作品，用镜头记录了脱贫攻坚奔小康的动人画面，为夺取脱贫攻坚战全面胜利留存了丰富而宝贵的时代影像。

2021年，围绕"奋斗百年路启航新征程"庆祝中国共产党成立100周年，广东省摄影家协会联合相关单位举行了一系列广东红色主题摄影展活动，包含"奋斗百年路启航新征程——庆祝中国共产党成立100周年广东红色主题摄影展览""广东摄影百年百位名家作品展"。此次展览甄选出一百位摄影名家的作品，以时间为脉络徐徐展开广东摄影叙事，构成一部宏大的以广东地域摄影为视角的中国摄影史。而"为了新中国前进！——李洁军专题摄影作品展"则通过观念+创意的艺术摄影作品，让观众回到历史现场，触摸历史细节，唤起历史意识，重塑红色记忆。还举办了中国制造（顺德篇）主题摄影展，展示出顺德制造业在"智造"化升级转型过程中发生的一系列探索和成果，并通过镜头记录顺德工业企业发展和腾飞的进程，集中展示顺德制造业的风采。这些作品展反映出建党百年来广东在党的领导下所发生的巨大变化，体现了广东光荣的革命历史传统、深厚的红色文化底蕴和鲜明的红色精神图谱。

五年来，在广东省摄影家协会的努力与引领下，广东摄影在精品参展方面也取得了一定成绩，在近几届的国展中，入选率名列前茅。还有6位摄影家斩获中国摄影金像奖。2018年第十二届中国摄影金像奖，岳鸿军获艺术类创作奖，叶健强获记录类创作奖，唐小平获商业类创作奖。2020年第十三届中国摄影金像奖，李志良获艺术类创作奖，王景春获记录类创作奖，马国彤获商业类创作奖。这些摄影家或是用相机真实地、全面地记录广东或国家的发展与成就，或是运用新技术拓展摄影多元的表现力，展现了新时代广东摄影的强劲实力。

（三）为粤港澳三地聚心：促进粤港澳摄影合作交流

粤港澳三地之间的摄影家和摄影组织一直都有交流合作。各地摄影师相互交流切磋，才能使三地真正的推动与融合。为展现香港回归20周年和澳门回归20周年的社会发展成果，广东省摄影家协会组织了"庆祝香港回归20周年香港摄影家作品广州展"与"粤澳追梦家国情怀——庆祝澳门回归祖国20周年摄影大展"，此外大公网还联合广东、香港两地摄影家协会共同举办"镜头下的湾区"庆祝新中国成立70周年粤港澳大湾区主题摄影巡展活动。为了使作品更加充实丰富，加强粤港两地摄影师交流互动，亦组织了两场采风拍摄活动。这些展览活动加深了粤港两地摄影家的相互了解，也凝聚了共识。2018年，在广东省摄影家协会成立60周年之时，首次对在摄影创作、教育、交流、传播、技术、公益等方面为广东摄影事业繁荣发展作出贡献的人士予以表彰，在83位获颁"致敬奖"的老前辈、摄影家和334名获得"贡献奖"的摄影者中，港澳两地的摄影家就占了约40位。恰逢广东省摄影家协会、香港中华摄影学会、澳门摄影协会三个组织成立60周年，三家单位联合举办摄影60年经典作品展——"岭南摄影名家作品展""广东香港澳门摄影60年经典作品展"，展览的成功举办加强了粤港澳摄影组织的联系，加深了摄影家之间的联系，更增强了广大摄影家的精品意识，取得了良好的社会反响。

各地市级摄影协会与港澳摄影组织交流也很频繁，如广州市增城区新塘摄影协会与香港大众摄影协会、澳门数码摄影协会联合主办的"荔林磋艺"摄影活动，一年一聚，到2018年已经连续举办21届，三地摄影家一起采风创作、座谈联展。佛山市顺德区乐从镇摄影协会与香港元朗长青摄影学社，从2012年起就每年进行一次两地间的摄影轮流展，如2017年的"内地与香港两地摄影家作品交流联展暨大城小景专题摄影比赛"、2018粤港两地"七一庆回归摄影联展"，各类摄影比赛和联展活动为摄影爱好者搭建互动交流平台，活跃推动摄影事业发展。东莞市摄影家协会为体现"同饮东江水，共聚两地情"，在2017年就与东莞市归国华侨联合会共同举办"莞港同心，荔影情浓——莞港摄影联谊活动"，邀请香港35摄影研究会、影联摄影学会、英国皇家摄影学会香港分会、香港大众摄影会等11个香港摄影学（协）会的会长和摄影家参加联谊摄影活动。东莞市文化馆与香港人像摄影学会举办"罗托恩廿年师生摄影展"展览，到东莞茶山、塘厦等多个镇街展开巡展。深圳与香港、珠海与澳门，更因邻近的地理便利，双方民间摄影活动交往更加频繁。2019年，粤港澳大湾区文化交流系列活动之"光影·梦"湾区青年摄影展暨粤港澳大湾区香港青年创新创意创业基地揭牌仪式在深圳元匠坊举行，6位香港青年摄影家展出的近百幅独具香港特色的摄影作品，见证了香港的变迁，折射出传统文化底蕴与当代气息的完美交融。2021年江门还举办了粤港澳写生摄影文化节，还吸引众多国内外摄影家亲临江门摄影采风、讲学。

三、五年来广东摄影的理论研究

广东省摄影家协会一直致力于摄影理论的研究与建设。广东省摄影家协会在全国各省级摄影家协会中率先成立摄影理论委员会。2017年，广东省摄影家协会理论委员会换届后，在李楠主任的带领下，创立广东摄影学术微信公号"思想Yue"，该公众号分享传播国内国际文化艺术及摄影发展的新观念、新思维、新表达和新趋势，也为广东摄影学术研究成果和摄影评论的新见解搭建了发声平台。在理论评论家方面，成功、吴吕明、吴玩清、张楚翔、杜江、陈嘉顺、公元、杨莉莉等人多次在《中国摄影报》《人民摄影》等发表理论或评论文章，成为粤派摄影理论和评论的生力军。2020年，广东省摄影家协会精心编辑的会刊《广东摄影》开设"理论之窗"专栏，追踪社会动态，先后围绕抗疫、脱贫攻坚等重要题材，汇聚大家之言，展示多维思考的方向和方法，以创新、创优、创历史摄影经典佳作为范例，为摄影人提供了多元的学术理论知识，从而推动摄影创作实践向前发展。同年，广东省摄影家协会还策划组织编撰《广东摄影史》，回顾梳理近180多年来广东摄影的发展历程，这对厘清广东省的影像历史脉络具有重要意义，也为后人研究广东摄影历史提供传承资料。其次，粤派摄影评论还在推优评奖方面崭露头角。邓启耀的《归来不知我是谁——还乡影像的身份错位与记忆失焦》被评为2019年第四届"啄木鸟杯"中国文艺评论年度优秀作品；李楠的《从"观看"到"观念"》一书和杨莉莉的《深圳纪实摄影四十年：超级城市化下的叙事与趣味》获得2021年第六届"啄木鸟杯"中国文艺评论年度优秀作品。该次摄影门类共有三位获奖者，而广东占有两席，这是广东摄影理论研究发展的又一重要成果。

五年来，在广东省摄影家协会和理论委员会的策划主持下，各种学术研讨活动也取得瞩目的成就，特别是在"纪实摄影""本土摄影""红色摄影"与"写意摄影"等领域进行了多元有益探索。2017年，广东领风气之先，国内首个摄影学术研究基地——广东省摄影家协会理论委员会学术基地在汕头建立，促进了跨省、跨界学术活动的开展，推动了广东摄影理论工作发展。2018年，在汕头市举办广东省第九届摄影理论研讨会上，来自全国各地的摄影专家、学者围绕"历史现场的不同观看——多元与多维视角的广东影像"这一主题，根据广东摄影的历史脉络、风格特征、人物风貌、态势走向等史料收集与研究成果，结合近两年来本土摄影个案和摄影史论以及从"纪实摄影的责任与功能""摄影的多重身份探索""摄影的存在方式"等角度对摄影的新发展、新现象、新问题、新思潮进行学术阐释和理论解读，进一步推动了广东摄影理论层次的提升。同年，还在南海大沥举办"时代的观看——纪实摄影的功能与责任"研讨会上，围绕庆祝改革开放40周年，就纪实摄影在中国发展的历史脉络、阶段特征、成就问题进行梳理和回顾，还围绕"纪实摄影的功能与责任"展开讨论，从视觉文化、图像范式、概念界定的学理层面与多元丰富的生态层面，并结合世界格局和艺术版图下的摄影现象、思潮观察，对纪实摄影的局限与困境进行了反思，对纪实摄影的突破与创新提出了展望。2019年，在汕头召开的"从汕头摄影看广东摄影的本土叙事与多元演进"学术研讨会，以"潮汕之潮"为样本，围绕"本土叙事与多元演进"的主题，对广东摄影保持锐意创新、开放多元的先锋之姿，以及如何触及真正的本土性格，如何实现本土题材创造性的影像转化等问题进行了探讨。还在邹伯奇故里南海大沥举行了"纪念邹伯奇诞辰200周年——当代摄影的创新与重构"主题研讨会，第九届"伯奇杯"评审团成员、国内外摄影理论专家、学者、邹伯奇后人和族人，多维、深入、集中探讨了当代摄影的新思潮、新面目、新问题与新动向；三场研讨会分别从"历史""本土""当代"维度，结合当下生动鲜活的创作生态进行了热烈、尖锐的观点碰撞和理论探讨，对复杂多变的潮流现象进行了厘清与梳理，被《中国摄影报》《中国摄影》《人民摄影报》《中国摄影家》《中国文化报》等权威媒体大篇幅报道。2020年，在广东中山举办的"时代的观看：抗击新冠疫情纪实摄影的使命与担当"学术研讨会，在顺德北滘举行第28届的"省思与展望——2020广东摄影本土发展学术研讨会"，围绕"省思与展望"的主题，结合"省展"梳理广东摄影近年态势，探讨广东摄影本土力量建设与未来发展设想。2021年，举办"岭南无地不春风——成功、李好、张鉴来纪实摄影展览"关于"纪实摄影长期项目的实践与思考"研讨会。在江门开平第三届沙飞摄影周上还开展了"当代摄影的本土发展"理论研讨会，会上李楠的专题文章《广东摄影：多元身份的当代演进》，从整体角度分析和呈现了广东摄影多元身份探索和演进的脉络，尤其是对改革开放以来广东摄影的当代思考作了生动评述。

广东摄影理论界非常重视红色摄影价值挖掘与再发现。红色摄影是广东摄影的财富，也是广东摄影对中国摄影作出的贡献。2019年6月，在江门开平首届沙飞摄影周"时代的观看"暨广东红色摄影家学术研讨会上，国内多位研究学者就红色摄影代表人物和代表作品，对广东籍红色摄影家的作品意义和历史价值进行挖掘和梳理研究。而且"世界的开平"沙飞摄影周自2019年举办以来，始终以世界旅游遗产文化+红色影像文化为主题，摄影展览与学术交流相继进行，搭建起了一个多元化摄影学习交流平台。2021年7月在东莞大朗举办的广东红色主题摄影研讨会和广东省第十届摄影理论研讨会上，分别就"广东红色主题摄影"和"平行与交错——视觉转向中的广东摄影"两个议题进行研讨，讨论广东红色摄影的历史价值与现实意义，探究广东本土摄影与当代摄影发展研究的新趋势、新现象、新成果，推动纪实影像走深走实。

此外，也涉及一些新现象、新领域。2018年深圳大学传播学院副教授杨莉莉提出了"社交摄影"的全新概念，她针对社交网络媒体的图像行为，提出社交摄影是一个"新物种的进化姿态"。并从传播学的角度，将当代艺术的观点与社交摄影联系起来进行研究。2021年"心游物外相由心生——杨可偏画意摄影作品展"和学术研讨会召开，摄影家杨可偏在照片的基础上，铺以绘画（国画）相衬、书法（小篆）说明，三者有机结合组成艺术摄影。此次研讨也为积极推动了广东艺术摄影融入更多中国传统文化元素，探索岭南画意摄影提供了更多艺术可能。

四、五年来广东摄影的体系建设

在组织建设方面，广东省摄影家协会成立专业委员会，包括纪实摄影、摄影教育、商业摄影、当代摄影、民俗摄影、航拍摄影、摄影理论等九个专业委员会，选出专业人士担任主席。并对摄协组织的行业服务和工作模式进行创新，健全完善专业委员会的工作机制，制定了《广东省摄影家协会专业委员会年度表彰工作办法》《广东省摄影家协会专业委员会管理办法》，努力为广大摄影工作者特别是"文艺两新"办实事、解难事、做好事，并鼓励各专业委员会开展学术活动，加强学术建设，发挥引领作用，推动广东摄影走向真正的多元化发展。此外，广东省摄影家协会还十分重视同港澳文艺界的联系与合作，2016年特别增设了两位港澳籍副主席，极大地便利了大湾区摄影家的协作交流。

在摄影人才培养方面，广东省摄影家协会重视人才梯队建设，积极举办各类摄影大讲堂、创作指导讲座、工作坊等活动，促进摄影爱好者向摄影家转化，加大对摄影专业人才的培养，提高摄影专业人才的理论水平，为挖掘、培养、宣传青年摄影人才做了大量工作。五年来，广东省摄影家协会多次开展"百家千场艺术讲座下基层"和"到人民中去——摄影大篷车下基层"活动，先后在江门江海区、恩平市、深圳龙岗区、佛山高明区、东莞市常平镇等地举行摄影讲座、比赛、名家面对面、作品点评、采风创作指导等，走遍全省各地级市、乡镇等地区，进一步提升影友的摄影技术及艺术修养。积极鼓励摄影爱好者加入各级摄影组织，参与各类摄影比赛，鼓励优秀人员加入广东省摄影家协会、中国摄影家协会，积极培养摄影新生力量。积极与企业合作，与佳能（中国）有限公司华南区域总部联合推出2017年"广东摄影之家"摄影公益大讲堂活动，邀请国内著名摄影家胡武功、赵迎新、傅拥军、孙京涛、任悦、陈小波、严志刚、张国田、那日松、鲍昆来粤讲座，吸引3000多人次参与学习。

多层次摄影教育格局也逐步形成。普及教育、提升教育以及专业教育的出现，充分满足不同层次人群对摄影学习的需求。北京摄影函授学院广东校区常规开设基础班、专修班、提升班，2020年还新设了创意人像摄影提升班、《广东摄影指南》系列网络课程——佛山传统文化专题摄影班、作业练习册专修班等特色课程，给广大摄影爱好者学习进修营造了一个理论与实践相结合的教学环境。在培养青年人才方面，广东省摄影家协会2017年起推出东莞塘厦"深度+"摄影青年专业工作坊活动，该工作坊在广东乃至全国摄影界引起强烈反响，所培养的学员在摄影理念和摄影艺术水准上都明显提升，工作坊的摄影作品展也受到了各级领导和群众的认可。2018年第二届"深度+"摄影工作坊，由著名摄影家胡国庆担任导师，以小班授课，课程内容采取"1+1"方式，由理论学习与实地拍摄相结合，师生互动、教学相长，一对一有针对性地帮助学员突破专业瓶颈、提升摄影水准，探索新时代摄影的专业价值与可能性，有助于提升广东本土摄影力量，发掘培养更多的青年摄影人才。2018年，广东省文联、广东省摄影家协会还举办了"星河展——第八届广东青年摄影家作品展"，有计划、有步骤地推介在摄影艺术创作中有一定成绩、具有发展潜质的优秀青年艺术家，推进摄影艺术的"新峰"建设。广州青年摄影家协会还先后与广州市儿童图书馆、番禺桥城中学、石楼中学建立了合作关系，为中小学生免费提供优质摄影教育培训资源，进行美育教育，引导青少年形成高尚的艺术情趣。

五、未来展望：从"高原"走向"高峰"

广东摄影多元生发，未来摄影需要追求更高层次的发展，需要从"高原"走向"高峰"。岭南文化渊源深厚，广东省摄影家协会应该继续在创造性转换和创新性发展中践行摄影工作，抓好红色革命文化、岭南优秀传统文化、广东改革开放再出发、大湾区建设等题材的主题摄影创作，打造摄影精品和文化活动品牌，在展示时代性、人民性、创新性上下功夫，在讲好中国故事、广东故事、大湾区故事上下功夫。鼓励广大摄影家深入生活、扎根人民，组织更多的群众性文化摄影活动，让更多的群众参与到摄影艺术当中来，努力创作更多讴歌党、讴歌祖国、讴歌人民、讴歌英雄的精品力作。

由摄影史进入到艺术史已成为发展的必然。作品是创作者思想的艺术表达，摄影作品内在价值的差异其实源于文化层次的差异。随着通俗流行文化完成了过渡期的历史使命，"糖水片"成为过去式。摄影，进入到一个编辑策划时代。通过专业的策划重新编辑组合之后，不成体系的碎片便可能"华丽变身"为全新的篇章，这背后有理论的支撑、有学术作为引领。

广东摄影人学习理论文化的热情和投入（包括投资）仍不及江浙等地区，广东有不少摄影功力和作品俱佳的艺术摄影家，他们有作品，但普遍缺乏学理性的支撑，缺少文化内涵的表述和阐释，没有形成自己的体系和体量，甚至还没有意识到文艺评论的价值，因此大部分只能成为地区性的名家。当代摄影作品必须增强文化含量、体现艺术精神，摄影家要懂得借助摄影评论作为加持力，并做到学术研究与本土实践的相互结合与促进，同时在各类摄影奖项评选环节，完善和科学地制定评选制度，在制度上实现质量把关，实现有艺术水准的公平、公正，推选出更多的好作品。

当今摄影的范围越来越广阔，学界需要进行更多可能性的探索研究。除了新闻档案摄影须严守客观记录的底线，是理性的写实摄影。其他摄影，大多是一种主观的、感性的、即兴的、写意的行为，更有甚者是一种创意的、虚构的创造，比如新出现的对电子游戏、虚拟世界的截图摄影。而广东的文化产业具有科技化、创意化、国际化的特点，数字内容、动漫游戏、视频直播、互联网文化、数字出版、社交媒体、工业设计等新兴文化业态发展强劲，未来摄影研究应更多地与其他学科门类融合跨界，在学术性，文化性，社会性、技术性方面引导摄影创作。

"以文化人，以美育人"是时代的强音，紧扣时代的脉搏，调动一切积极因素，为建设广东"摄影强省""文化强省"添砖加瓦的奋进号角已经吹响，期待广东摄影谱写出新的篇章。

协 会 专 家：李洁军
报告负责人：陈益刚
主 笔 人：吴吕明 华新越

09 广东书法发展报告

【引言】

书法是中华民族的传统艺术形式，博大精深、源远流长，作为中华民族的"根"与"魂"，具有深厚的群众基础。聚集广东书法2017—2022这五年的发展，伴随着"文化强省""人文湾区"等理念的提出，书法艺术的发展也进入了新的阶段，表现在书法创作、理论研究、展览策划、人才培养、自身建设、对外交流、发展群众性书法事业等多方面，展现了岭南书艺特点，开创了岭南书法的新局面。

一、举旗帜：创作当紧随时代

（一）与时代同步，建构主题性展览新模式

"时代征程远，书坛谱华章。"广东书坛的艺术家们认真学习贯彻习近平新时代中国特色社会主义思想和党的十九大精神，习近平总书记对文艺工作重要讲话、重要指示批示精神。近五年在中共广东省委宣传部的支持和指导下，广东省文学艺术界联合会、广东省书法家协会策划举办了一系列影响重大的主题书法展览，为实现中华民族伟大复兴的中国梦营造良好的氛围。

2017年，为庆祝党的十九大胜利召开，在中共广东省委宣传部的指导下，省书协举办了"庆祝党的十九大胜利召开——广东省书法篆刻作品

展"，书法家们用潜心创作的195件优秀作品向十九大献礼，向广大人民群众宣传党的方针政策和传递社会正能量，是凝聚书法人自身力量的一次展览活动和成果展示，为党的十九大胜利召开营造浓厚的文化艺术氛围。

2018年，"庆改革开放40周年广东书法大展"举办，展览以反映改革开放的诗词联句为主要创作内容，包括入展作品和特邀作品约200件。作品深入宣传广东改革开放的光辉历程、成功实践和创新成果，激励全省人民继续推进改革开放、凝心聚力共圆中国梦。

2019年，"岭南风华·我爱你中国——庆祝中华人民共和国成立70周年广东书法大展"举办，共展出163件作品，参展作者包括广东省书法家协会名誉主席、顾问和主席团成员及其他理事，各地市书法家协会主席和省内近年来经常在全国展入展、获奖的作者。老、中、青三代书家，用书法的表现手法讴歌党的光辉历程和辉煌成就，抒写当代中国社会和谐、民主、幸福景象，展现了书法家们浓浓的家国情怀、人民情怀、人文情怀。作品艺术水准较高，在一定程度上代表了广东省书坛现阶段的创作水平。

2021年9月，作为全国书法界庆祝建党百年系列展篇章之一，由中国书法家协会、广东省文学艺术界联合会主办，广东省书法家协会承办的庆祝中国共产党成立100周年系列书法展·广东篇"奋斗百年路启航新征程——广东书法大展"在广州开幕。大展以弘扬伟大建党精神为主题，在策划筹备上从参展对象、创作主题、创作过程、作品审读等全流程全环节严格把关。例如，在创作主题上要求十分明确：一是选择当地在大革命时期、土地革命战争时期、抗日战争时期、解放战争时期和抗美援朝战争中的革命先烈留下的诗词、文赋、对联等作为创作内容；二是到当地民政部门、党史馆、革命纪念馆、档案馆、方志馆、图书馆等相关部门搜集本地革命先烈档案资料并从中提取创作题材；三是到红色教育基地采风，根据当地红色题材自行撰写诗词、文赋、对联等作为创作内容。因此本次展览不少作品的内容是以广东本土的老一辈革命家和革命先烈的诗词联赋以及革命事迹为题材创作的，紧扣主题的同时还宣传了岭南地区的革命征程。在展览策划上还特邀部分老将军的书法作品参展，表达了老一辈党员对党、对国家、对人民的无限热爱。

2022年1月，由广东省文联、广东省书协主办"弘扬伟大建党精神——广东书法特展"，以弘扬伟大建党精神为主题，精心挑选紧密围绕主题的作品163件展出。既有特邀省书协第六届理事的作品，又有近两年加入省书协的新生力量和书坛新秀的作品，达到以老带新、新老结合、互学互鉴、共同进步的目的。参展作品整体质量高，书体涵盖行、楷、篆、隶、草，形式多样，书风大气沉稳，体现岭南书艺特色。这两次弘扬党建精神主题的大型展览是广东文艺界、书法界深刻领悟伟大建党精神，弘扬中华优秀传统文化，挥毫礼赞党领导中华民族开辟伟大复兴之路的初心使命、光辉历程的具体行动和生动实践。书法家们以艺术才华展现广东书法界扎实开展党史学习教育，深入学习贯彻习近平总书记七一重要讲话精神，用翰墨书香描绘壮丽辉煌的百年党史，具有积极的意义。

这些重大题材的主题创作，以家国情怀、建党精神为引领，是新时代书法工作者对老一辈革命家和革命先烈的崇高敬意、深切怀念，并将使命担当付诸笔端的写照。作品表达了广东书法界感党恩、爱祖国的殷殷之情，充分表达了广东书法家们砥砺前行、接续奋斗的坚定信念。

（二）与时代同步，讴歌时代主题主旋律

2020年初，一场突如其来的新冠肺炎疫情，打破了新年的热闹，以习近平同志为核心的党中央始终把人民生命安全和身体健康摆在第一位，向全国发出"生命重于泰山，疫情就是命令，防控就是责任"的号召。全国人民众志成城，以钢铁般的意志与疫情展开一场严峻的斗争。

广东的书法家们以笔为援、同心战"疫"，积极参与宣传文化战线"文艺战'疫'的工作"。2020年初，广东省书协、广东书法院通过微信公众平台发出倡议，号召全省书法工作者迅速行动起来，围绕全国人民抗击疫情主题，潜心创作出有温度、有高度、有情怀、有力量的书法作品，迅速得到了广大书法工作者的回应，收到了数以千计的书法作品，内容上有讴歌奋战在抗疫、防疫一线的医务工作者的自作诗，有积极宣传防疫常识和防护知识标语，有鼓舞鼓舞斗志、坚定必胜信心格言，在省书协的微信公众号平台上共推出8期"坚决打赢疫情防控阻击战广东书法界在行动"主题书法网络展，并且特辟1期为女性书家专辑。广东书法院推出了"愿祈春暖—广东书法院助力抗疫书法篆刻精品展"及3期"'奋笔疾书，共同抗疫'广东书法院以书法艺术的形式助力全国战胜疫情主题作品展"。这一幅幅以防控新型肺炎

疫情为题，或是自作抗疫诗词，或是振奋人心的口号的精品力作，以书法艺术作为表现形式，彰显书法界在大灾大难面前的担当和作为。在网络推出后，受到了社会各界的广泛关注，取得良好的宣传效应。

2020年7月，由广东省文联指导、广东省书法家协会主办的"同舟共济·艺起战疫——广东省抗击疫情主题书法作品展"在广州文联艺术馆开幕。参展作者包括广东省书协名誉主席、顾问、主席团成员以及广东省近年来在全国展、省展屡创佳绩的优秀作者，范围涵盖了老、中、青书家，从众多作品中精心挑选出来的力作175件，参与面广，代表性强，主题鲜明，书体多样，形式新颖，风格各异，精彩纷呈。展览将疫情发生以来我省书法界抗疫主题作品集中起来向社会展出，寄托着每位作者浓浓的家国情怀、责任情怀、人文情怀，具有较高的艺术水准，在一定程度上代表了广东省书坛现阶段的创作水平。展览上省书协主席张桂光表示，以传统书法艺术形式，展示广大书法工作者在抗击疫情中强烈的责任感和担当意识，传递正能量，为打赢疫情防控阻击战贡献力量，向奋战在一线的医务工作者、英雄致敬！希望通过本次作品展示，促进书法同道在今后的学习创作中启迪思维、强化责任、把握方向、共同进步，也让广大书法爱好者在品味书法艺术所蕴涵的特殊魅力中提升文化自觉与担当意识。

防控疫情是一场正在进行的人民战争。在这场战争面前，文艺工作者既是命运共同体，也是责任共同体。为抗击疫情，无数医务工作者响应号召，日夜奋战在遏制疫情蔓延、救治感染病人第一线，忘我工作，可歌可泣，为广大文艺工作者树立了榜样。书法界虽然不是战斗在抗疫最前线，但广大书法家始终以书法作品为"武器"，积极参与到抗疫工作中。这些抗疫书法作品，书写人民、讴歌英雄、温暖人心，共同凝聚全社会战胜疫情的强大精神力量。以网络展的形式将这些精品奉献给所有奋战在抗击新冠肺炎疫情第一线的勇士们，助力全国战胜疫情，为打赢这场疫情防控阻击战贡献自己的力量。

（三）与时代同步，推进艺术为民之风尚

艺术与公益代表着美与爱，将文化艺术和志愿服务相结合所产生及创造出的价值意义十分重要。广东书法艺术家们在省书协带领下一直十分积极参与志愿服务活动，开展形式多样的公益为民活动。

迎新纳福贴春联是中国的传统习俗，也是根植在老百姓心中"年"的味道，省书协在每年新春来临之际都会组织书法家前往各地挥春，分别策划了"同心同德·祖国新春好——广东省书法家送万福进万家志愿服务工艺活动""我们的中国梦——文化进万家书法志愿服务活动""不忘初心牢记使命——广东书法家送文化进去波美社区""我们的节日·春节——广东省道德春联进万家"等活动。即便受到疫情影响，近两年依然在坚持送"福"，配合防疫工作，灵活采用"线上点单·线下挥春"的形式，将一幅幅对联和一张张福字送到千家万户，让大家感受到年的喜庆。据不完全统计，书法家们的足迹遍布粤东、粤西、粤北和珠三角1000多个服务点，已先后开展"书法家送万福进万家"公益惠民活动达1000多场次，受益群众近50万人，参与活动的书法家2000多人次。为百姓挥写春联超过10万幅，送出"福"字作品25万多件。

在省书协的倡导下，全省各地市、县（区）书法家协会先后组织开展义务挥春活动累计一万多场次，受益群众一千多万人，参与活动的书法家超过5万人，累计为老百姓义务创作书法作品超过450万件。书法志愿公益活动贴近群众需求，注重实际效果，真正体现了以人民为中心的文艺工作导向。书法家参与志愿服务的热情高、氛围厚，这些高品位、上档次的书法作品进入千家万户，受到了群众的好评，营造了和谐幸福的社会氛围，取得了良好的社会文化效益。

广东省书协连续六年被中国文联、中国书协评为"中国书法进万家活动先进集体"称号，2017年揭阳市书协、肇庆市书协等被授予"中国书法进万家活动先进集体"称号，书法家个体有20人次被授予"中国书法进万家活动先进个人"称号；2021年度"广东省书法家协会书法进去万家公益惠民活动"被评为广东省学雷锋志愿服务先进典型广东省最佳志愿服务项目。

习近平总书记指出："德不优者，不能怀远；才不大者，不能博见"，在这个伟大的时代，广东书法工作者积极践行社会主义核心价值观，始终坚持"深入生活、扎根人民"，坚持以人民为中心的创作导向，把为人、做事、从艺统一起来，成为先进文化的践行者，互相尊重、互相促进，在为祖国、为人民立传抒写中成就自我、实现自我。自觉融入和沉潜到生活中去，做有信仰、有情怀、有担当的新时代文艺工作者，创作出更多无愧于人民、无愧于时代的优秀作品，为广东文化强省建设作出新的更大的贡献。

二、树"品牌"：赛事中展现"艺"与"技"

近年来，广东书坛根据地域文化特色打造了一系列赛事，经过几年的承续，已经具有品牌效应，如"南雅奖""大沥杯""康有为奖"、新人新作展等。这些展览不断延续，成为繁荣创作、推出精品、培养人才的有效载体。

（一）南雅奖：以政府力量助推岭南书艺

"南雅奖"自2002年经过省有关部门批准成立，是广东书法篆刻创作最高奖，由广东省文联、广东省书法家协会主办，每三年一届，是广东省最具学术性、艺术性、原创性的书法品牌之一，经过近20年的沉淀，已经顺利举办了七届，成为展示广东书法创作水平、推介艺术精英、孵化精品力作的重要平台。通过"南雅奖"涌现出一大批年轻优秀作者，并逐渐成长为我省书坛的骨干力量，展现了岭南书法发展的之路，振兴了岭南书风。

2018年、2021年广东省文联、广东省书法家协会、东莞市长安镇人民政府联合主办行了第六届、第七届广东省"南雅奖"书法篆刻作品展。"南雅奖"自2006年永久落地东莞市长安镇以来，在东莞党委政府的重视与支持下，每届的展览、活动都取得圆满成功。第六届"南雅奖"共有2048件作品参赛，评出入展作品199件，入展提名83件；第七届共收到投稿作品3000多件，共评出入展作品193件，入展提名作品81件。历届获奖、入展作品都经过了评委严格的审核与仔细的品读比较。对比这两届的作品，首先投稿数量有了大幅度的增长，说明展览的专业性和知名度在提升，其次通过这些获奖作品可以看到秉持传统的特点十分鲜明，体现了较高的艺术水准和书坛发展的方向。

（二）康有为奖：以名家续扬岭南书风

康有为作为晚清时期重要的政治家、思想家、教育家。因清末著名的

"戊戌变法"为世人所熟悉，其实康有为在书法艺术上的成就并不比其在政治舞台上逊色，其所著的《广艺舟双楫》是对碑学的一次全面系统的总结，尊碑思想对碑派书法的兴盛有着极其深远的影响。南海丹灶作为康有为的故乡，为了弘扬康有为书学精神，传承中华优秀的传统文化，建设康有为书法艺术院，并以其姓名命名与广东省书协共同举办"康有为奖"书法展，作为广东省内最早面向全国征稿的一项书法赛事，至今已经成功举办了5届。

2018年1月22日，由广东省书协、广东书法院、佛山市南海区丹灶镇人民政府联合主办的第五届全国"康有为奖"书法评展获奖作品展在佛山康有为书学艺术院隆重开幕。展览收到了国内内地和港澳台地区以及国外如美国、加拿大、新加坡等地的3600多份作品，其中中国书法家协会会员作品就有500多件。展览评出特等奖2件，创作奖10件，优秀奖106件。每三年举办一届的全国"康有为奖"书法评展致力于弘扬康有为书学，培养书法人才，扩大"康有为奖"在全国书法界的影响力。举办这样的高水平的赛事，有助于让全国书法家了解广东、了解南海，对扩大广东书法在全国的影响，促进文化交流起到了积极作用。

（三）大沥杯：聚焦书坛中青年群体

21世纪初，广东省书协与佛山市南海区里水镇人民政府共同举办"广东省第一届中青年书法篆刻作品展览"，随后的第二届展览由大沥镇人民政府长期承办，并正式定名为"大沥杯"，至今已经成功举办了6届。作为聚焦广东省中青年书法家群的展览，"大沥杯"逐渐成为广东书坛最具活力的展览活动之一。

2017年、2020年由广东省文学艺术界联合会作为指导单位，广东省书法家协会、佛山市南海区文化广电旅游体育局、佛山市南海区大沥镇人民政府联合主办第五届、第六届"大沥杯"广东省第五届中青年书法篆刻作品展，比赛自征稿启示发布就收到了省内书法爱好者的热烈响应，第五届从近3000件作品中评出优秀作品35件、入展作品263件。第六届收到近2500件投稿作品，评选出优秀作品35件，入展作品265件。展览评审以尊重多种风格、鼓励艺术创新、回归传统书风为原则，从这两届展示的作品中可以看到整体的创作水平有了显著提升，创作手段和形式也呈现了更加丰富的变化。

经过近20年的沉淀，"大沥杯"中青展已陆续评出获奖书法家100多位，有些书家多次获奖，他们绝大多数已成长为广东书法界的领军人物和创作骨干；而每届入展的300余位书法家，则成为了广东书法创作的主要力量，在全国性书法展览中佳绩频传、大放异彩。可见，通过举办展览已经成为广东书法界的一个重要举措和培育书法人才、促进书法发展的重要平台，形成了一支独具创作活力、想象力和阵容强大中青年书法家队伍，成为引领时代书法风尚、振兴岭南书风的中坚力量，为弘扬岭南书法文化、建设广东书法强省作出了积极的贡献。

大沥镇也以长期承办"大沥杯"为契机，专项规划、建设广东书法园，创建岭南书法文化重镇，打造了一个广东省中青年书法家创作、学术的高端平台，在书法界具有高度和品位的艺术空间。在建设中青展大本营的同时，大力推动本土书法艺术的发展，支持与推动群众对研习书法、参加书法活动的热情，为"振兴岭南书风、建设广东书法强省"添上浓墨重彩的一笔！

（四）新人新作书法展：挖掘书坛新生代的力量

广东书坛在发展中青年力量的同时也积极挖掘书法新人，为新生代提供平台和空间，"新人新作书法展"就是一个典型。

广东省书协每两年举办一次"新人新作书法展"，旨在努力做好联系广大书法爱好者的桥梁纽带，发现和培养更多书法界的新晋英才。比赛采用"地市推送，集中评选"的办法，由省直、各地级市书协按分配的名额向广东省书协推送，每届从中评选出优秀作品200件，获奖选手具备加入广东省书协资格。每一届的征稿都受到广大书法爱好者的热烈响应。据了解展览作品作者有很多是"90后"，青年朝气蓬勃，敢于担当与创新，敢于警醒与批评，在承前启后继往开来的同时，又兼有困惑与迷茫。这些特质在青年书家的书法上体现得淋漓尽致。

"广东省新人新作书法展"连续举办了9届。例如，2018年12月"第八届广东省新人新作书法作品展"，2020年11月"第九届广东省新人新作书法展"都在广东省文联艺术馆举行。每一届获优秀奖的200件新作，让人感受到每位作者积极认真的创作态度和积蓄的创作能量，也让人感知到书法艺术朝气蓬勃的未来。书法展具有发现和培养书法界新晋英才的意义，发现、选拔和扶持了一批批新晋英才，成为省书协源源不断的新鲜血液，体现了岭南书法艺术朝气蓬勃的未来。

这些延续多年的赛事已经成为岭南书坛品牌，通过比赛、展览促进书法同道相互影响、相互借鉴、共同提高，让广大书法爱好者在品味书法艺术所蕴涵的特殊魅力中提升文化自觉与担当意识。

岭南地区一直以来都遵循着书法艺术传统，追求雅正醇厚的书风，在重技法的同时不断强调加强文化修养，融古出新，对于如今略显得浮躁的社会来说，这是难得的现象。体现了岭南书人，既能坚守传统，也能引领创新，在传承中发扬，在自信中前行，不断打造地域品牌，吹响岭南号角，为建设广东"书法强省"，推动中国书法事业繁荣发展贡献力量。

三、育人才：书法教育的专业与普及

（一）高等教育书法学科专业化

自20世纪90年代初，我国的高等院校就开设有书法课程。广东高校的书法教学工作早在20世纪80年代就已经开始，1987年广州美术学院开始招收书法方向的研究生。2006年暨南大学开设中国书画鉴赏本科专业（2020年调整为书法学），开启书法本科教育之路。2010年广州美术学院开设书法篆刻方向本科生，随后岭南师范学院、肇庆学院、广东技术师范大学、广东第二师范学院等高校都开始有书法本科专业或者研究生教学。随着学科的开设、专业的发展，师资力量也在不断地扩大，迄今为止已经引进了20余名来自中国艺术研究院、中国人民大学、首都师范大学、南京艺术学院等专业类院校的书法博士，如广州美术学院的吴慧平教授，暨南大学的陈志平、朱圭铭教授，岭南师范学院的李吾明、李永、段永成博士等，这批老师专业素质强，都取得了一定的成绩。如第五届中国书法兰亭奖理论奖有陈志平的《北宋书家丛考》专著获二等奖，第六届中国书法兰亭奖理论奖有李永的《清初孙承泽及其法书碑帖鉴藏研究》等系列论文、徐学毅著作《二王书学丛考》、梁晓庄著作《岭南篆刻史》等入选，第七届书法兰亭奖理论奖有朱圭铭著作《吴中海岳——祝允明人生与书学考论》入选。

这些老师在高校任教过程中，着重培养学生的学术科研能力，形成了以高校为中心的书法理论研究的场域。在人才培养的方向上要求技法与文化兼顾，讲求技法的同时更注重文化内涵的提升，着力培养学识深厚、基础扎实的书法艺术人才，更好地传承中国书法的传统和精髓。据统计，目前广东具有书法本科专业的学校有7所，开设书法选修课的高校有20余所。近些年已经毕业的一批优秀的青年书法家，逐渐成长为各高校、高职院校及中小学的书法教育工作者。

2021年由广州美术学院美术教育学院牵头，广东省高等教育学会书法教育专业委员会成立大会暨学术研讨会在广州美术学院大学城校区召开。学会书法教育专业委员会集结了全省书法教育工作者，将省内高校书法教育专业力量团结和凝聚在了一起，成立大会后的学术研讨会围绕书法教育专业委员会发展策略与模式创新、广东省高等书法教育育人模式、书法教育教学、书法教育学科研究、书法教育对外交流和合作等议题深入探讨，更好地促进了高等书法教育学科专业建设、师资建设、课程建设、教材建设、教学创新、教学评价、学术研究和经验交流。

随着省内新增的高等院校书法专业，报考书法类的考生增多，广东省对普通高等学校书法学专业术科考试方式进行了一项重大的变革，2020年6月《关于广东省普通高校书法学专业术科考试实行省统一考试的通知》公布，从2021年起，广东省普通高校书法学专业术科考试实行省统一考试，由原来的每校单招单考改革为书法学专业术科统一考试，测试考生对中国书法经典作品的观察能力、理解能力和表现能力，书法创作能力，审美能力和文化品质。包括临摹和创作两门科目。临摹考试，考查考生对中国书法经典作品的观察能力、理解能力和表现能力，对笔法、字法和章法的综合把握能力。创作考试，考查考生书法创作能力，对笔法、字法和章法的综合把握能力，对书写技能与表现形式的理解能力。对于书法术科考试的改革进一步完善了广东省艺术类专业考试招生制度。

2021年12月，按照国务院学位委员会第三十六次会议决议，2022年2月，国务院学位委员会组织开展新一轮学科专业目录修订工作，在深入研究论证、广泛听取意见的基础上，发布了《博士、硕士学位授予和人才培养学科专业目录（征求意见稿）》及管理办法征求意见。《征求意见稿》中书法学已与美术学并列成为"美术与书法"一级学科。可以预见随着书法成为一级学科，办学的规模势必会随之扩大，招生的名额也会增加，以后书法专业的学科点以及硕博点会越来越多，书法高等教育将步入高速发展期。

（二）中小学基础教育书法成为必修课

中小学书法教育承载着书法的未来。2011年以来，教育部发布一系列关于开展中小学书法教育的文件，如《关于中小学开展书法教育的意见》中要求："在义务教育阶段语文课程中，要按照课程标准要求开展书法教育，其中三至六年级的语文课程中，每周安排一课时的书法课。"2013年，出台的《中小学书法教育指导纲要》，指出各级教研部门要把书法教育纳入教学研究工作的范围；2014年又发布了《完善中华优秀传统文化教育指导纲要》，2018年，在《关于做好2018年中小学幼儿园学生暑期有关工作的通知》中强调：鼓励学生积极参与各类文化艺术（绘画、书法）教育活动。2019年7月，中共中央、国务院印发《关于深化教育教学改革全面提高义务教育质量的意见》，实施学校美育提升行动，严格落实音乐、美术、书法等课程，结合地方文化设立艺术特色课程。2019年教育部官网发布的"教育部对十三届全国人大一次会议第7496号建议的答复"提到，将书法纳入中考高考体系，对于切实推进中小学生书法教育进课堂有直接推动作用。随着这一系列文件的出台，中小学的书法教育逐渐引起社会的普遍关注。

中小学是书写的入门和打基础的阶段，教师的正确引导有至关重要的作用。中小学书法教学的重心在于教导学生正确、规范的书写，作为教育性质的教学，除了注重书法技能训练，也要让学生具备一定的书法知识、书法创作、欣赏的能力，同时要符合中、小学教学的实际需求和学生的接受及理解能力等。根据笔者走访，近几年广东省大部分中小学都已经开设书法课程，如天河区暨南大学附属小学、华阳小学、中海康城小学、海珠区知信小学、越秀区东风路小学、泰安中学、广州市第五中学、广州市第十八中学等都以校本课程或者第二课堂的形式开设书法课程，不仅如此，大部分孩子还利用课余时间在校外的培训机构书法兴趣班继续深入学习。

与此呼应，广东教育出版社根据教育部《中小学书法教育指导纲要》编写出版了一套《书法练习指导》，由著名书法家、暨南大学教授曹宝麟主编，广州美术学院教授吴慧平执行主编，以化繁为简、深入浅出的方式讲授书法技法，融入书法欣赏及诗书画结合的美育教育，倡导将汉字书法融入生活，此套"义务教育三到六年级《书法练习指导》"解决了目前中小学书法教育中缺乏权威性、合理性教材的现状，为尽快完善中小学书法课程和教学目标设置，逐步形成规范系统的中小学书法教材体系做出了努力，被评为"最受欢迎的书法教材版本"。

2020年广东省中小学书法教育研究中心的成立，为书法教育在中小学校的深入和开展搭建了平台，推动中小学书法教育、教学、研究工作的开展，向中小学生阐释和演绎博大精深的中华优秀传统文化，引导学生树立正确的历史观、民族观、国家观、文化观。

（三）培训与赛事互推共进，提升书法师资力量

师资是教育的重要环节，习近平总书记指出："国家繁荣、民族振兴、教育发展，需要我们大力培养造就一支师德高尚、业务精湛、结构合理、充满活力的高素质专业化教师队伍，需要涌现一大批好老师。"[1]在书法文化的教育、传承过程中，广大教师肩负着重要的责任和使命。最近五年，以广东省教育厅为主导，针对省内书法教师进行了一系列师资培训，如"翰墨薪传""强师工程"等。

"翰墨薪传"是教育部与中国文联于2015年启动的培训项目，广东省教育厅严格执行教育部教学要求，针对中小学开设书法课的需求，全面规划教学安排，以培养中小学一线教师的书法兴趣和书法行为为重点，着力提高其汉字书写能力和书法审美水平。经过五年的努力，一共培养了上万名从事书法教学的教师，推动书法艺术有序传承，成果斐然。

"翰墨薪传"项目贯彻教育部关于全国中小学开设书法课的要求，旨在提高广东中小学书法师资的专业能力和教学水平，由此培训的授课专家重点选择省书协主席团成员中具有教学经验的书法名家和广东省高校一线书法教师授课；并从全省25000多所中小学挑选400名老师参加了培训学习；学员

---

① 习近平：《做党和人民满意的好老师——同北京师范大学师生代表座谈时的讲话》，人民出版社，2014年，第4页。

以为中小学从事书法教学工作的专职或兼职教师作为培训对象，同时优先考虑边远、贫困地区教师。培训内容主要包括《中小学书法教育指导纲要》解读，毛笔楷书、行书的基础知识、基本技法与教学法，书法文化、审美知识和中小学书法教育教学研究工作经验交流等。

2019年，由广东省文化馆与广东第二师范学院美术学院联合举办的"'雅颂华章'——庆祝中华人民共和国七十周年华诞·广东省翰墨薪传工程师生书法作品展"，精选了60位作者的80幅书法精品，集中展示了我省"翰墨薪传"项目多年来的教学成果。2020年又开展"翰墨薪传"广东省教师书法作品展，将辐射面扩展到整个全省教师，比赛共收到参评书法作品7918件，共评选出391件获奖、入选作品。2021年由广东省教育厅与广州铁路职业技术学院举办的"百年华诞·翰墨薪传"第二届广东省教师书法作品展，共收到报送作品5509件，经初评、复评等程序，评选出919件获奖作品。展览作品内容健康向上，风格多样，涵括了不同书体形式，这两次赛事的顺利开展从侧面反映了我省教师书法艺术水平及书法教学风貌，体现了教师对书法的积极和热情，展示了教师的文化风采。

由之而来的全省教师书法作品展是广东教育系统为贯彻习近平总书记全国教育大会重要讲话精神，落实中共中央办公厅、国务院办公厅《关于全面加强和改进新时代学校美育工作的意见》，落实广东省政府关于全面加强和改进学校美育工作部署，弘扬中华民族优秀传统文化，促进教师间的书法交流与合作，提升广东省教师书法水平，推动广东书法基础教育工作，推动学校美育工作发展，提高广东省书法教育水平的一个重要举措，让中华优秀传统文化推陈出新、薪火相传。

"强师工程"培训根据《广东省教育厅关于做好2021年"新强师工程"中小学幼儿园（含特殊教育）骨干教师、校（园）长省级培训工作的通知》的安排，2021年广州美术学院承办400名来自粤东西北地区中小学美术、书法骨干教师的培训任务。培训内容丰富，形式多样，涵盖理论教学、技法指导、课程实践、讲座交流、公开评课等多个环节。其中，线上课程在8月15—19日举行，由广州美术学院院长、广东省文联主席李劲堃教授开讲第一课，并邀请了首都师范大学美术学院尹少淳教授、中央美术学院郑勤砚教授、北京大学艺术学院彭锋教授等众多国内名师、专家给学员们开讲10个专题讲座，涵盖了技法技能、艺术素养、学术研究、教师成长、教学指导等领域的理论培训指导。在书法专业提升方面设置了行书、草书、隶书、楷书、篆书（篆刻）等专业方向课程，邀请了校内外艺术、教育领域的名师名家、骨干教师参与授课。培训为地方中小学老师提供了很好的学习交流平台，得到了各级教育系统、各地中小学校的积极配合和大力支持，深受学员的欢迎和赞许。学员们表示，通过培训，开阔了视野、丰富了知识、提升了技能，自身政治素质、道德修养、专业能力、创新意识、合作精神得到很大的提升，进一步增强了艺术教育工作者的荣誉感、责任感与使命感，对未来开展美育教育工作、完成教书育人任务充满了信心。

书法教育是学校美育工作的重要一环。作为中华传统文化教育的传承者，广大教师要始终不忘初心，牢记使命，立德树人，培根铸魂。

（四）平台与机制交融共建，培养书坛新力量

青少年是国家和民族的未来，是文化传承的重要力量，也是书法的未来和希望。书法青年在不断充实和学习传统文化同时，也需要用已有的知识来感染社会，最终起到引领的作用，挑起书法的大梁。

人才的培养需要有平台的搭建和机制的激励。广东在青少年书法教育方面的重视与举措走在全国前列。广东省教育厅作为教育主管部门，落实中共中央办公厅、国务院办公厅《关于实施中华优秀传统文化传承发展工程的意见》精神，并按照《国家语言文字事业"十三五"规划》和教育部关于加强规范汉字书写要求，每年一届举办"规范汉字书写中华经典"广东省大中小学规范汉字书写大赛。广东省书协与《新快报》合作，连续五年成功举办"翰墨青春·传承岭南"广东青少年书法大赛，在全省范围内掀起了青少年热爱书法的浪潮。此外，由广州市文联、广州市青年联合会指导，广州市青年书法家协会主办"新时代正青春——第三届广州市中青年书法艺术双年展暨第四届羊城青年书法篆刻大赛作品展"，"岭南新星奖"广东省中小学生书法大赛等各地市的青少年书法活动此起彼伏，为广东书法事业培养后备力量。

这些由政府部门、相关机构展开的针对青少年的书法赛事和活动，覆盖全省各地县，既落实国家关于开展书法教育的要求，同时向广大青少年弘

扬中华优秀传统文化，培养对书法艺术的热爱与传承的文化自信，选拔了优秀的青少年书法才俊，推动青少年素质教育，提高青少年对书法艺术学习兴趣，是对广东省青少年书法艺术教学成果的检阅。

四、兴文化：岭南书风确立与理论建设

（一）个展、联展纷呈，展现雅正书风

近年来，广东书坛名家张桂光、陈春盛、李远东、刘小毅、刘斯奋等纷纷举办个展、联展，呈现百花齐放、百家争鸣的书法盛况，带来了一场场文化视觉盛宴。

2018年1月，由广东省书法家协会、广东省政协书画艺术交流促进会、广州市书法家协会、广州市政协书画院联合主办，广州图书馆、国雅学堂承办的"'翰墨春风'陈春盛书法作品展"在广州图书馆举行。此次展览共展出陈春盛近几年的精品力作120余件，书体形式多样，内容丰富，其书法既有清雅妍丽的一面，也有古拙沉雄的一面，具有丰富的时代特征，较好地反映了书家博采众长，以古为徒的书学思维和扎实的书法功力。

2018年3月，由中共广东省委宣传部作为指导单位，中国书协、中国书法院、广东省文联、广东省政协书画促进会、广东美术馆联合主办，广东省书协承办的"此心光明——纪光明书法作品展"在广东美术馆隆重开幕。本次展览作品以纪光明的行草为主，兼及楷书、隶书、篆书，形式多样。其行草创作，小字作品温文尔雅，朗朗有君子之风，大字作品则雄健飞扬，爽爽有大将气度，具有较高的欣赏价值。

2018年4月29日，由中共广东省委宣传部、广东省政协文史委为指导单位，广东省文联、中国书法家协会展览部、中国国家画院书法篆刻院、广东美术馆为主办单位，广东省书法家协会、广东书法院为承办单位的"新时代赞歌暨岭南春望——李远东书法艺术作品展"研讨会与开幕式在凯旋华美达大酒店、广东美术馆先后成功举办。本次展出作品近百件，形式多样，或丈二榜书，或盈尺小品，或恣肆的行草，或静穆的魏碑，全面展示了习近平总书记金言用典，及李远东自作讴歌新时代精神、展现新时代风采、描写壮丽

河山等诗、联。本次展览，综合展现了李远东在阐释经典、诗词歌赋、书法创作等方面的不懈探索。

2018年5月27日，由东方现代美术馆主办的"'意境·意净'——刘斯奋、刘小毅、陈达意境书画联展"在广州二沙岛东方现代美术馆隆重开幕。此次书画联展共展出70余幅写意作品及书法精品，值得一提的是，其中大多数作品都是首次展出，此次联会受到大家的一致称赞。每一幅美术精品都主题鲜明，生动盎然，再现了中华民族的悠久历史和优秀传统文化，也使得此次书画联展不仅精彩纷呈，而且意义非凡。

2018年7月，由广东省文联作为指导单位，广东省人民政府文史研究馆作为支持单位，广东省书法家协会、岭南画派纪念馆主办"岭南墨妙——詹安泰、佟绍弼、何绍甲、卢子枢、麦华三书法精品展暨学术座谈会"在广州美术学院岭南画派纪念馆隆重举行。展览认真回顾广东老一辈书家詹安泰、佟绍弼、何绍甲、卢子枢、麦华三的不凡历程，展示岭南已故书法名家的传统功力和艺术成就，通过对岭南前辈书法作品的展示，让大家对岭南书法传统有了一个全新的认识。全方位梳理展现岭南书艺特点以及岭南先贤的人文光辉，该展览被评为年度中国"书法风云榜展览"。

2019年和2020年，由江苏省书协、广东省书协主办的"守望岭南——张桂光书法作品展"在扬州、无锡、上海等地展览，展出张桂光历年的临摹、创作、自书诗文的作品。楷、行、草、隶、篆五体皆备，大楷取法颜、柳，小楷出入钟、王，力求醇雅古朴；隶书柔和碑简，结体朴茂，行书上溯二王，下及赵孟𫖯，旁通黄庭坚、米芾，刚健清新，流美自然，是张桂光多年来沉潜传统、深耕不辍的艺术结晶，彰显其坚持守望中华优秀传统文化的心境。

2022年，由广东中华民族促进会主办的"区潜云草书艺术展"，展览展出书法作品200多件，展览以狂草、章草、今草等为主，体现了其书风雄直奇肆，变化灵动中有稚气古拙，是吸收传统文化和书法精神后的创新之作。

这些书家的个展、联展主题明确，体现了书家在传统中求创新艺术创作的一种思考，也成为书友交流心得，探求真知的一种方式。

（二）书学研讨、培训，探求书法发展之路

近些年，在展览活动举办的同时开展相应的研讨会逐渐成为一种趋势，围绕展览的作品及当下的书法问题与现状，专家们汇聚一堂阐述书法研究和书学观点。省书协还联合中国书协多次举办公益培训班，邀请全国书法名家讲课，省书协主席团成员也到各地讲课传授经验，探求岭南书法的可持续发展之路。

这几年，广东书坛回顾老一辈书法家的不凡历程，挖掘其中具有代表性的人物，于2018年和2021年分别举办了"岭南墨妙——詹安泰、佟绍弼、何绍甲、卢子枢、麦华三书法精品展暨学术座谈会""容庚、秦咢生、吴子复、李曲斋、张大经书法精品展暨学术研讨会"，展示岭南已故书法名家的传统功力和艺术成就。这项活动计划用5年的时间回顾25位大家的书艺人生，并形成系列活动。将这些大家的精品展览出来，努力向省内外书法界展示岭南书风的魅力。

2018年，广东省书法家协会与岭南画派纪念馆共同主办"岭南墨妙——詹安泰、佟绍弼、何绍甲、卢子枢、麦华三书法精品展暨学术座谈会"，省书协主席张桂光与詹伯慧、陈永正、何绛、王贵忱、梁鼎光等都撰文对这几位书坛前辈的书法追根溯源，使大家对岭南书法传统有一个正确的认识。2021年的"容庚、秦咢生、吴子复、李曲斋、张大经书法精品展暨学术研讨会"征集了以围绕5人的书法、篆刻、诗词、教学等方面的学术论文44篇并整理出版，将岭南名家的艺术思想和艺术成就全面立体地展现出来。

2018年"岭南翰墨传承"广东书坛首届书法导师（公益）班作品展在广东书法院举行。参照中国书协的青年国学骨干班，选取了50位具有一定代表性的省内书法骨干组成。公益班导师团队阵容强大，都为国家级省内名家，书法学术研究与创作都具有很强的代表性，以公共理论课程+导师工作室实操课相结合，旨在培养"高""精""尖"的书法人才。公益班由省书协主席张桂光倡导的"弘扬岭南书风"为定位，着力打造岭南书坛精英，通过一年的学习，提升学员自身书法艺术水平，秉承老一辈岭南书家优秀的学艺、治学传统，薪火相传。

2020年12月，广东省文联艺术馆举办"融古出新传承岭南——广东省中国书法家协会会员培训成果展"，展览回顾了专题研讨班举办以来广东书坛的发展状况，同时在展出形式上独具特点，作品尺寸均为一平尺、临摹、创作作品各一件。全面检验会员对书法经典碑帖的学习成果，对传统文化的理解与掌握程度，引导书坛以植根传统、尊崇经典为尚，不断推出精品力作，以此作为书法艺术传播载体，加大对于书法艺术、岭南文化的传承与发展，提升广东地区的文化内涵。

广东省书协采取研讨、培训、讲座、点评相结合的多种方式，让岭南书坛的书法理论和创作走出一条"植根传统、尊崇经典、融古出新"之路，兼具艺术创新，风格多样。理论上不断加强书法艺术理论研究，形成学术理论体系，增强文化自信，推动广东书法事业繁荣发展。

五、展未来：新媒体时代书法受众与审美提升

中国书法发展到当下面临着前所未有的机遇和挑战，一是书法传播多样化使得书写和欣赏受众的基础发生变化，二是展览环境下强化视觉与书写精神涵养的追求不相一致，三是在海量图像来源中重建书法本体等。关于中国书法发展的未来之路，不少专家、学者在不断思考的同时也取得一系列相关论文成果。

书法艺术发展到今天已经不仅仅是文人书斋中的濡墨染翰、赏鉴雅玩之物，中国书协倡导"根殖传统、鼓励创新、艺文兼备、多样包容"十六字方针，要求文艺工作者更多地从当下生活中寻找元素、获得灵感，创作出属于这个民族、时代的优秀作品。因此要求书家潜心文化传统，不断提升书法创作和学术研究的文化内涵、艺术价值。中国经典艺术之一的书法如何实现从经典向现代的转换、为时代服务并走向未来，成为学界探讨的热点，广东书法界也在努力探寻具有岭南特色的书法发展之路。

（一）书法创作和学术研究遵循艺术发展规律，复归书法本体

1. 完善展览规划与评审机制，指引创作方向

展示性是比赛和展览的表象，现下书法创作多依托比赛或者展览的形式来呈现，如今的比赛和展览都比较注重主题性和时代性，根据主题、形势进行相应的创作，要求去繁存真，紧扣主题。因此探索立体、丰富的展览模式成为新风尚。

一个优秀的艺术展览，需要策划人以艺术学的视角审视展览在本艺术领域内所发挥的作用。书法展亦是如此，展览要基于书法理论知识来策划，突出展览主题，增加学术比重，挖掘文化内涵，强化创新意识，凸显书法的本体价值，充分考虑展览在当代书法发展中应起到的意义与作用。从展览规划一开始的主题选定、作品内容、布展形式等都需要加以考虑，同时要扩宽合作渠道，并结合地方文化建设。

书法展览是学术的具体实践，技法传承、笔墨运用、形式创新、理论构建都能得到展现。因此，书法创作根据展览模式、策展方式变化，将视角从单纯的创作与研究方面转移到多维的书法生态环境上，将是今后书法发展过程中的思考点。

展览的公众性、开放性使得书法交流不再局限于文人雅集群体，随着参与人群范围更加广泛，如何通过展厅装置、设计甚至作品装裱形式更好地与作品内容、书体特征融为一体，让观众沉浸于展厅营造的新鲜审美体验，感悟书法的魅力，进而关注书法、学习书法，养成书法审美能力，又将是一个新的课题。

专业性是比赛和展览的根基，因此作为专业的比赛和展览评审机制是权威性和公信力的直接体现。早在前几年，广东书法界在组织书法比赛时就已经意识到这个问题。如2018年"康有为奖"评审过程为了体现地区广泛性、公平性和权威性，邀请中国书法家协会、广东省书协共13位资深评委及4位专业监审；2021年"南雅奖"评选全程引进中国书协评审机制，在常规的评审流程上加入网络视频面试的环节；2021年"广东书法大展"加强内容审核和导向管理，专门成立审读组，所有作品须经专家认真审读，确保书写内容正确、准确。这些手段和举措让书法评价体系，日益完善，促进了书法健康发展。

展览与评审取"优"原则是对书坛创作水平的整体检阅和筛选过程，通过评审和展览来侧面反馈这段时间书法创作所取得的成绩与存在问题，以便为接下来的书法创作制定行之有效的发展策略。

2. 书学研究和批评复归书法本体

何为书法本体？唐代书论家张怀瓘言："文则数言乃成其意，书则一字已见。"书法是人用以表达心情、心绪的一种载体，即起于人而归于物，探究书法本体是书法美学、书法理论研究的范畴。所谓"本体"是指根源、自身，通过人的感官将外在、内心用艺术作品贯通起来。可见在古人的书法评价体系中将"人"作为主体。如何让书法作品体现书法本体性，我们需要从"人"入手，需要借助书法研究和批评来体现。

书法研究和创作犹如车之两轮、鸟之双翼，缺一不可。在书法比赛、展览如火如荼的开展之下，需要加强、重视对书学理论研究工作。其一，整合书法理论队伍的力量，积极培养和建设有担当、有情怀、专业化的书法理论队伍，通过与媒体、高等院校等的合作，建设省书协专业委员会、书法工作专家库。其二，加大对书法理论研究成绩突出的学术理论者的奖励力度，引导和扶持年轻书家进行书学理论研究工作。其三，组织策划书法论坛和书法批评活动，明确书法理论与批评应该有历史格局，有宽广的视野，有能够多元包容的审美观，有学术操守和风骨。其四，逐步形成特色鲜明的岭南书法理论和书法评论体系，打造广东书法理论高地，以正确理论引导创作实践，形成理论与创作共同繁荣的良好局面。

（二）书法教育体系下的多维度人才培养，提升书法的专业性和普及性

教育是国之大计、党之大计。创新教育理念，完善书法教育体系，直接关联着人才成长和书法艺术的可持续发展。因此，建立多维度的书法教育体系显得尤为重要，坚持高端人才与基础人才培养并行，全力推动书法艺术的普及与提高。

1. 建设高素质的专业人才队伍

高素质的教育体系人才培养主要是以高校为核心的培养模式。广东省目前有20多所高校开设有书法专业，2021年还联合成立了高校书法高等教育学会，合力推进高等书法教育改革发展，多校积极开展书法教育交流与研讨，在教学方法、教学资源、教材、教学成果等方面相互促进，推动全省书法教育高质量发展。省内各高校以及相关单位的书法教育工作者、研究者以不断推动书法学术研究为己任，着力推动书法学术研究朝着健康的方向发展，构建广东省书法学术研究团队，确立主题式研究方向并形成研究项目，开展各种主题式学术研讨会，不断产出具有全国影响力的学术著作和论文，以"走

出去""引进来"的发展方式，不断提高广东书法教育与学术研究在全国的影响力。

2. 完善书法教育之路

随着书法学科建设发展，相关的问题也逐渐凸显，如按照现行的教育理念、教学内容、教学方法培养的高校书法专业毕业生还不能适应和满足现今的中小学素质教育的要求。因此，高校开设的书法教育专业，需要着重为中小学培养输送高素质专业化书法教师。有关高校书法教育专业和其他书法专业机构走进中小学，与中小学共同建立书法教学实习基地、教研创新基地，与中小学共同培养培训书法教师，共同建设中小学优质书法课程。在解决高校毕业生就业端口的同时也促进了书法教育在中小学的普及和发展。

3. 加强学校、协会、机构联动

全省高校书法教育专业力量团结起来，与各级书法家协会、相关从业机构密切交流互动，共同开展书法教育理论与实践研讨，并在课程、教材、教学、评价、学术等方面做到资源共建共享、相互促进，推动全省高等书法教育提质创优；加大对优秀中青年书法人才的组织引导、创作扶持和工作支持，关注青少年书法新锐人才的成长，走出一条广东书法教育品牌特色之路。同时依托教育主管部门和各大中小学校，办好青少年书法大赛活动，发掘书法新秀、培育艺术新苗，努力形成有规模有质量的后备人才方阵，形成繁荣发展书法事业的强大合力。

（三）新媒体的介入让书法传播走得更远更深

当今新媒体技术日新月异，数字化设备与大数据信息处理应用十分广泛，传统的书法艺术也开始借助新媒体技术，呈现出良好的传播发展态势。

1. 书法传播需要从精英转向大众化

在古代书法史上，书法学习资源多为书法大家的真迹、碑拓，主要收藏在皇家宫廷或者权贵之家，常人难以得见更毋论学习。资源的有限性和传播的局限性给书法学习者带来高昂的成本，即使到了近代也是读书人或者专业人士才会花费人力、物力、财力投入到书法艺术上，由此书法传播的主体集中在精英群体，传播范围也集中在精英群体。

如今的新媒体环境下，书法资源实现网络共享，学书者的眼界得到极大开拓。一是书法传播手段多样化，主要表现在专业书法网站、论坛的涌现，如中国书法网、书法江湖等；书法出版物的数字化传播；APP软件和平台为载体的传播等。二是数字化技术带来的便利，随着越来越多的纸质书法字帖、拓本等转换成数字化影像文件，用户想要了解书法家、书法作品等只需要输入关键词，几秒钟之内就能出现相关的信息。三是基于互联网传播渠道与自媒体等形式的发展，在网络服务平台即可实现书法欣赏、创作、交易乃至书法教育，由自媒体等提供的信息发布与获取途径更是让书法受众开始从专业人士、精英人士开始走向普通大众。

2. 书法传播需要内容复合化、优质化

无论时代如何变化，书法作为中国传统文化重要符号其内容和本质都不会改变。基于新媒体传播"短、频、快"的特点，书法艺术传播也会出现杂、乱、重复、同质化等缺陷。因此必须重视书法传播的内容质量建设，使之具备复合化和优质化的特性。复合化表现在，优化书法新媒体传播队伍，综合具有书法人与新媒体人两种角色，提高书法传播过程中信息的质量，进而提高内容的专业性和可靠性。优质化表现在，图像内容上以高清的图形、音频、视频、动画等传播要素结合人的感官，进行全方位信息展示，使之具有现场感、立体感。同时文字内容上需要有专业的知识体系和深厚的实践经验，才能避免出现错误导向，流于娱乐。

书法作为中国传统艺术，在新媒体环境下的机遇与挑战并存，这实质上是传统与现代、精英与大众、虚拟与现实、理性与感性之间的较量与角逐。我们需要找到对立与共存的平衡点，使书法在瞬息万变的新媒体环境下保持其本质，一方面尊重书法传统，一方面充分发挥新媒体传播的优势，通过自由、多元、快速的交往形式，让书法焕发新的生机。

【结语】

习近平总书记提出："好的文艺作品就应该像蓝天上的阳光、春季里的清风一样，能够启迪思想、温润心灵、陶冶人生。"[1]可

---

[1] 中共中央文献研究室编：《十八大以来重要文献选编》（中），中央文献出版社，2016年，第134页。

以看到，五年来广东的书法家和书法工作者坚持以人民为中心、以时代为主题的创造导向，扎根基层，服务人民。在书法创作、展览、理论研究、书法教育、交流传播等方面取得了进一步的发展，成绩显著。当下的书法比赛、展览开始趋向理性，展览更加注重内涵与学术价值，"技"与"道"结合，创作重格调和原创，对书法的思考不断深入，在坚守传统的基础上赋予了时代特色。同时认真落实国家有关政策，重视书法教育，对中小学书法教师培训的力度不断加大，出版书法教材，引进书法博士群体规范书法高等教育，书法传播呈现多元化发展，微信、短视频等新兴媒体的出现拓宽了书法的受众面，让更多的人能够了解书法。书法交流的"走出去"和"引进来"让广东省与其他省市书协、港澳台乃至海外都有了联系和交流，展示了广东书法的艺术风格，突显了岭南书风。可以看到，广东书法正在正本清源、守正求新，发扬广东人"闯"的精神、"创"的劲头、"干"的作风，深耕岭南文化富矿，以精品力作打造岭南书法新高地，奋力开创新时代下广东书法的新现象、新局面。

协 会 专 家：张桂光
报告负责人：颜奕端
主　笔　人：王碧凤

10 广东曲艺发展报告

【引言】

文艺事业是党和人民的重要事业，文艺战线是党和人民的重要战线。党的十八大以来，以习近平同志为核心的党中央高度重视社会主义文化建设，习近平总书记多次就文化文艺事业作出指示批示。他强调要坚定文化自信、把握时代脉搏、聆听时代声音，坚持与时代同步伐、以人民为中心、以精品奉献人民、用明德引领风尚。曲艺是百姓喜闻乐见的艺术形式，被誉为新时代的文艺轻骑兵，习近平同志指出，这种直接为老百姓服务、为基层服务的文艺活动永远不会过时，要继续大力提倡、支持、扶持和推广。

2017—2022年是中国特色社会主义进入新时代进程中极不平凡、极具挑战的五年，党的十九届五中全会明确提出到2035年我国将建成文化强国，推动文化发展、建设文化强国。广东省曲协按照省委宣传部和广东省文联统一部署，认真贯彻落实习近平总书记对广东重要讲话和重要指示批示精神以及全国、全省宣传思想工作会议精神，突出服务理念，坚持以人民为中心的工作导向，坚持精品奉献人民，以曲艺为民惠民活动推动曲艺新发展，组织广东"红色文艺轻骑兵"曲艺小分队新春走基层活动，广泛深入基层一线，积极引导广大曲艺工作者自觉走与人民群众社会实践和伟大时代潮流相结合的正确艺术发展道路。省曲协名誉主席、国家一级演员杨子春老师先后多次到华南理工大学举办曲艺讲座、普及曲艺知识，推动"曲艺进校园"向"曲艺在校园"的升华。省曲协副主席、国家一级演员陈玲玉老师参加南方生活广播、省曲协主办的"我们一起奔小康"主题乡村扶贫活动，远赴阳江市阳东县东平镇一个偏僻的小山村送医药、送文化、送大爱，以实际行动履行新时代文艺工作者的职责使命。

广东省曲协不断探索高质量曲艺之乡建设之路，建立健全政府主导、曲协主办、社会参与、共建共享的曲艺之乡管理和服务体系，举办全省曲艺之乡精品展演，持续打造"一乡一品"战略品牌。迄今为止，广东省共拥有14个国家级曲艺之乡，9个省级曲艺之乡。五年来，广东省14个中国曲艺之乡累计投入专项资金5000多万元，常年开展活动的曲艺社团800余家，建立1.5万余人的基层曲艺工作者队伍，年均开展活动逾2000场次，承办省级98%以上的重大赛事、展演、活动，年均受益群众200万人次以上，让曲艺艺术扎根新时代的岭南大地，绽放流光异彩，真正成为广大人民群众的高品质精神食粮。

一、紧扣时代主旋律——五年来的重大曲艺活动概述

五年来，广东曲艺战线围绕党的十九大召开、我国改革开放40周年、新中国成立70周年、国家重点建设"粤港澳大湾区"、建党100周年等重大事件和重大部署以及围绕文艺战"疫"、决胜全面建成小康社会等重大主题，团结凝聚广大曲艺工作者创作出一大批有筋骨、有道德、有温度的曲艺作品，搭建曲艺展演展示平台，深入开展系列曲艺赛事活动，组织推动曲艺之乡建设工作，培育了一批优秀曲艺新秀新星，精心组织策划了一系列主题鲜明、形式多样、影响广泛的曲艺展演活动以和曲艺惠民演出，彰显了广大基层曲艺工作者斗志昂扬迈进新时代、意气风发踏上新征程的精神状态。

1. 庆祝十九大召开的相关活动

2017年10月18日至10月24日，举世瞩目的党的十九大在北京胜利召开，广东曲艺界也奏响了献礼赞歌。10月30日，由广东省文联、广东音乐曲艺

团、深圳市曲协等单位联合举办的广东省文艺界首场"喜庆十九大，颂歌献给党——广东曲艺精品专场"在广州隆重举行。晚会在粤曲联唱《不忘初心》激昂慷慨的旋律中拉开帷幕，快板《好人的故事》、评书《一杯清茶》、群口快板《讲规矩》、粤语相声《说一不二》等节目生动活泼地宣传了社会主义核心价值观，展现广东人奋进不息的精神面貌；粤曲表演唱《陪嫁新歌》、粤曲对唱《璀璨花城夜》展现了党的十八大以来一系列为民惠民政策给社会主义新农村建设带来的新变化，同时让观众领略了广东建设之美；国家一级演员、中国曲艺牡丹奖得主梁玉嵘献上粤韵演唱《文明广州》，为观众描绘了千年古郡广州风清日丽、高速发展的人文景象。在两个多小时里，晚会以9种极富粤式文化底蕴的表演形式，讴歌党和祖国，揭示出"中国梦""一带一路"和构建"人类命运共同体"的深刻内涵。

广东其他城市也在各市文联和曲协的组织下，开展形式多样的以讴歌十九大为主题的惠民演出，中山市曲艺家协会2017年10月18日以《南粤粤韵响奏东区》主题送戏下乡，戏曲晚会在东区土瓜岭桃园社区文化广场举行，现场表演了7个最能全面展现粤曲粤韵魅力的剧目，400多村民观看了这台晚会演出；10月25日，同一主题晚会又在中山东区新鳌岭社区经联社球场举办，现场600多村民观看了晚会演出。江门市曲艺家协会和台山市曲艺家协会联合主办，主题为"不忘初心　继续前行"学习贯彻十九大精神曲艺下基层巡回演于2017年12月25日在台城石化文化广场上演，一曲极具岭南特色的粤曲小调《南国红豆荔枝情》拉开演出帷幕，引来不少观众驻足观看，粤曲对唱《断桥遗梦》《鸾凤分飞》，小曲对唱《剑合钗圆》，莲花板《荚乡特产美名场》，折子戏《天仙配之重逢》等节目也博得了观众阵阵喝彩。

2. 庆祝改革开放40周年的相关活动

2018年是贯彻党的十九大精神的开局之年，也是祖国改革开放40周年隆重纪念之年。为弘扬改革创新精神，推动曲艺全面发展，2018年3月10日晚由广州市曲艺家协会、广东音乐曲艺团承办的题为新春共贺改革开放40年曲艺新作品展演晚会在广州市文化公园举办，一众曲艺名家、新秀和广州各区曲艺好手轮番登场，为现场观众献上一个又一个精彩动听的粤曲、故事和小品节目，热情讴歌祖国自改革开放40年来城乡人民生活美好和社会环境的巨大变化。

2018年4月25日下午，由广东省文联、广东省曲艺家协会、深圳市曲艺家协会指导"新思想引领新时代——广东曲艺名家说唱十九大"演出暨福田区"广东省曲艺之乡"授牌仪式在深圳市福田区委会堂举办，本场演出是省曲协为落实宣传贯彻十九大精神，用新思想引领新征程精心指导策划的一场惠民活动。演出为当地观众呈现了包括粤曲、曲艺说唱、相声、快板、评书、小品、单弦等形式多样、内容贴近生活的曲艺精品，受到了现场近千名深圳市民的热烈反响。这些形象生动的曲艺作品，把习近平新时代中国特色社会主义思想植根到广大人民群众的生活和工作中去，推动了党的十九大精神在南粤大地落地、生根、开花。

3. 庆祝中华人民共和国成立70周年的相关活动

新中国成立70周年举国欢腾，2019年10月7日晚，为庆祝新中国成立70周年，"岭南风华·我爱你中国——广东省庆祝中华人民共和国成立70周年戏曲演唱会"在广东粤剧艺术中心上演。来自广东各地的近200名艺术家合力为观众献上一台独具岭南特色、精彩纷呈的戏曲演唱会。在演唱会上，梁玉嵘、陈玲玉两位中国曲艺牡丹奖获得者，与戏曲名家一起联袂献唱，表演了《初心》《领航未来》《大美岭南粤韵飞》等赞美新时代的主旋律唱段，为新中国70周年华诞献上真诚的祝福。

2019年10月23日晚，为传颂中华优秀传统文化，弘扬爱国主义精神，由广州市文学艺术界联合会指导并主办、广州市曲艺家协会承办的"广东曲艺传承名家专场展演——一园一品，纪念堂之夜"公益惠民系列演出之《粤韵新篇歌盛世》曲艺新作演唱晚会在中山纪念堂举行。当晚的演出精彩纷呈，充满正能量，国家一级演员、著名粤语相声表演艺术家黄俊英，国家一级演员、广东省曲协主席梁玉嵘，国家一级演员、广州市曲协主席何萍，国家一级演员、广州市曲协副主席陈玲玉，国家一级演员、广州市曲协副主席陈坚雄，国家一级演奏员、广州市曲协艺术指导何克宁、中国曲艺牡丹奖的获得者"四小杨"等为观众带来了一场文化盛宴。12月28日晚，"曲韵新唱——曲艺专场暨广东曲艺迎新晚会"在粤剧艺术博物馆上演，晚会在曲艺联唱《赞赞我的国》歌声中拉开序幕。除了观众耳熟能详的传统曲艺作品，如《通台老倌》《夜战马超》《喜迎好友来》，还有不少反映时代风貌的新作，如对口快板《中国女排精神赞》，粤曲《花市描红》《盛世中华颂》则是此前刚刚结束的微粤曲大赛第二届作品创作赛的获奖新作品。一曲《初心》将晚会气氛推向高潮，深情表达了曲艺工作者们不忘初心使命，对传统文化艺术的不懈传承、甘于奉献和砥砺追求的心声。该场晚会共计超过67万人次通过南方生活广播融媒体、触电新闻APP、"看直播"、腾讯新闻APP等在线点击收看了视频直播。

4. 众志成城抗击新冠疫情的相关活动

2020年新春伊始，突如其来的新冠疫情来势汹汹。面对疫情，全国人民同舟共济，广东省曲艺阵线老中青少几代曲艺人自觉担当、多方联动众志成城齐战"疫"，举办了"最美的天使"——广东省抗疫优秀曲艺作品慰问演出。广大曲艺工作者、基层曲艺组织勇于担当，火速动员创作、录制并推出逾100部曲艺作品，省曲协遴选其中部分作品，通过微信公众号共推出"艺曲同心 共克时艰"广东抗疫曲艺作品系列14期，用讲的清、听得明，群众喜闻乐见的形式为取得这场"没有硝烟战争"的胜利做出努力，充分发挥曲艺"轻骑、短刃、尖刀兵"的独特优势。荔湾区世纪乐社集体创作粤曲《爱心传送抗疫情》，中国曲艺之乡、广东省曲艺之乡：荔湾区、南海区、道滘镇、新会区、开平区、宝安区等分别推出一系列原创曲艺作品，珠海市戏剧曲艺家协会、佛山市曲艺家协会跨市合作共同打造抗疫题材粤曲作品——粤曲《抗疫先锋》，共同编织起打赢这场疫情防控阻击战的众志"长城"，实现自身的破茧化蝶、自我升华。

5. 颂扬脱贫攻坚的相关活动

2020年也是我国全面建成小康社会和脱贫攻坚的决战之年，是实现第一个百年奋斗目标具有里程碑意义的一年，广东曲艺人在省曲协的指导下，紧紧围绕新时代文艺工作的使命任务，务实进取、守正创新，举办了多台高质量的演出活动，如粤韵飞扬颂小康——2020广东曲艺界庆祝全面建成小康社会曲艺精品汇、首届粤港澳大湾区说唱行、一曲乡音颂丰收——2020年全省曲艺之乡精品展演，有效地推动了广大曲艺工作者努力发掘生动故事、典型人物，用曲艺作品反映个人、家庭、乡村、城镇的社会变化、时代变迁。

6. 庆祝建党100周年的相关活动

2021年是中国共产党建党100周年，在这特殊的历史节点，由中国曲艺家协会、广东省文联、广东省曲艺家协会、中共广州市委宣传部、广州市文化广电旅游局共同组织的"向党报告"庆祝中国共产党成立100周年优秀曲艺节目展演，历时一年有余的广东专场《粤韵牡丹绽芳菲》于2021年7月30日在北京喜剧院正式献演。

专场演出分三个篇章用9个节目，回顾和呈现了党在革命战争年代、社会主义建设和改革开放时期、迈入新时代踏上新征程等不同阶段的奋斗史，整台演出紧紧围绕"庆祝中国共产党成立100周年"这一主题，回顾了我党波澜壮阔的百年征程，以中国梦、党的优良传统、艰辛卓绝的历程、大无畏牺牲精神、精准扶贫、全面小康、反腐倡廉为主题，讲述中国共产党人历久弥坚的百年初心，激昂斗志、鼓舞民心。当晚的演出既有岭南特色浓郁的粤曲平喉演唱、琵琶弹唱，也有北方观众喜爱的快板、相声、西河大鼓书等多种曲艺表现形式。

专场演出的节目注重创新、特色鲜明，曲艺表演艺术家杨子春、史琳和青年曲艺演员杨蔓、杨婷两代曲艺人表演的群口单弦《井冈美味》，以轻松诙谐的手法讲述在井冈山革命斗争的艰苦岁月，朱德总司令积极改善战士伙食苦中作乐的故事，表现了共产党人的革命乐观主义精神，作品在丝弦声中展开现实与历史的对话，启发人们要不忘初心、牢记使命。西河大鼓书《大营救》用纯粹的北方传统曲艺演唱南粤红色革命题材，生动地讲述了抗日战争时期我党领导的东江纵队战士和香港地下工作者，机智营救被困香港的进步文化名人惊心动魄的故事，创新性地展示北方曲艺种类演绎异地题材的表现力，带来了极具感染力的剧场表演效果。曲艺联唱《奔跑吧，追梦人》融汇了河南坠子、绍兴莲花落、广东粤曲、四川清音等全国各地近10个曲艺唱段，唱出了各行各业一线劳动者同心携手追逐美好生活，向着梦想劈波斩浪、奋力向前的精神风貌。现场观众以及网络直播观众近15万人观看了这场演出，南方+、《羊城晚报》《广州日报》等都进行了报道，《中国艺术报》刊发了相关评论文章，学习强国平台进行了刊播。这台专场演出充分体现了优秀传统文化的创造性转化和创新性发展，彰显了广东曲艺艺术的多元魅力。

在此次进京展演的基础上，并结合广东各地曲艺创作近况，2021年11月24日、12月8日、12月25日，"庆祝中国共产党成立100周年广东曲艺专场"巡演活动先后在东莞高埗、湛江廉江、清远佛冈举办，为基层群众送去了难得一见的曲艺盛筵，受到观众的热烈追捧。以12月25日清远佛冈站演出为例，开场的"四小杨"——杨蔓、杨婷、杨倩、杨苗带来的音乐快板《有口皆碑》就是为中国共产党建党100周年精心打磨创作的、反映党的百年光辉历程的作品。四小杨为观众带来的另外一首曲艺表演唱《梦想成真》，反映的是党员干部精准扶贫的故事。宏大叙事+微观视角，两种不同角度的演绎、充满张力的舞台表现力。此次巡演，观看直播的网友就逾十万人次。

7. 广东新时代文明实践"七个一百"创作活动。

五年来，省曲协积极贯彻落实省委宣传部、省文联开展"广东新时代文明实践'七个一百'精品项目"工作部署，推动"说唱新时代——曲艺50部精品曲目创作"，推动组织广东曲艺工作者为抗击疫情鼓与呼。广大曲艺工作者把握时代脉搏，创作出一批表达人民心声、富有艺术表现力和感染力的优秀曲艺作品。《古港新姿》《领航未来》《情牵家园》《碧血黄花念英魂》《启超家风永相传》《龙舟结良缘》《魅力湾区绘蓝图》《故乡新韵》等优秀原创作品展现了粤曲艺术的新活力；广东音乐曲艺团的曲艺联唱《永庆坊的欢乐颂》以习近平总书记走进永庆坊为主题，以粤语流行元素与广东曲艺多样的表演形式相互结合，展现了国家领导人走进基层、体恤劳动人民群众的人文精神；珠海市戏剧曲艺家协会原创情景快板书《草地夜话》，改编自红军长征途中的真实故事，塑造了红军老班长舍己为人的动人形象，表演上巧妙采用快板书和情景剧结合的形式，艺术地呈现了红军战士为实现革命理想不畏艰难，勇于牺牲的崇高思想境界和坚定意志。

二、突显时代新特色——五年来曲艺展演平台的创新

五年来，广东省曲艺界秉承艺为人民，曲随时代的理念，紧跟时代的发展，在内容和形式不断创新突破，突出岭南特色，融合多种传播方式和渠道，运用多媒体新技术和手段，为城乡群众呈上丰富的艺术盛宴。

1. "梦想成真——《高手在民间》"电视擂台赛

粤曲是极具广东特色的音乐艺术形式，是广东曲艺群芳中的一朵奇葩，粤曲最初源于戏曲声腔，早在2011年已经国务院批准列入第三批国家级非物质文化遗产名录。这一曲艺形式在广东和海外华人中有着深厚的群众基

础。2019年1月28日，由广东广播电视台岭南戏曲频道、广东省曲艺家协会主办，粤剧艺术博物馆协办的"歌颂新时代"庆祝新中国成立70周年大型电视粤曲作品《盛世梨园百花艳》全球首发式暨"梦想成真——《高手在民间》"擂台赛启动仪式在粤剧艺术博物馆举行。在启动仪式现场，庆祝新中国成立70周年大型电视粤曲作品《盛世梨园百花艳》首次公开发布，该电视粤曲作品在广州中山纪念堂拍摄，由广东省文联副主席倪惠英、广东省剧协主席丁凡、广东省曲协主席梁玉嵘、广州市剧协副主席黎骏声、广州市曲协主席何萍，红线女大弟子、红腔艺术传人郭凤女、香港八和会馆理事梁兆明、澳门（中国）戏剧曲艺家联谊会会长仇坤仪等十位粤港澳粤剧粤曲界名家、各界代表担任领唱。粤港澳三地近500名私伙局代表参与了MV拍摄，呈现了粤、港、澳三地民间私伙局蓬勃发展的繁荣景象。

"梦想成真《高手在民间》"擂台赛也在当天拉开帷幕，节目的目的是向境内外挖掘寻找隐藏在民间的粤曲演唱高手。该栏目在广东广播电视台岭南戏曲频道播出，全年播出52期，每个月进行四场擂台赛，当月获得"月擂主"的选手直接进入年度总决赛，成为岭南戏曲频道的特约演员，还有机会和自己最崇拜的戏曲名家同台合唱，梦想成真。该赛事通过全年12个月的滚动播出、持续宣传，立体展现粤剧、粤曲艺术在广东民间的发展状态。经过12个月的选拔，200多位民间选手经过52场的比拼，12位选手获得了月擂主的称号。人生第一次参加比赛的84岁广州选手廖焜培获得年度总冠军，13岁的广州选手邓子峰获得亚军。擂台赛吸引了佛山、茂名、湛江、清远、肇庆、东莞、深圳、香港等地的粤曲爱好者参加，全年共收到了1000多位民间粤曲爱好者寄来参加海选的视频，选手年龄从7岁至84岁，当中有农民、工人、医生、中学教师、学生、退伍军人等等，充分体现了粤曲在民间深厚群众的基础和强大的生命力。

2. 粤韵同声——粤港澳粤曲唱作竞演

"粤韵同声——粤港澳粤曲唱作竞演"活动由广东省曲艺家协会、广州市文化广电旅游局、荔湾区文化广电旅游体育局联合主办，2019年8月启动，竞演创新性地先后举办了三个主题活动，分别是粤曲新作品征集、粤曲《祖国赞歌》快闪MV拍摄、粤曲演唱竞演。在粤曲演唱竞演活动中，广州、深圳、珠海、佛山、惠州、东莞、中山、江门、肇庆、香港、澳门大湾区11大城市积极参与，数百位粤曲爱好者参与角逐。10月24日，"粤韵同声——2019粤港澳粤曲唱作总竞演"在粤剧艺术博物馆举行。经专家评选，来自澳门赛区的李巧莲脱颖而出，最终夺得桂冠。

2020年10月24日下午，第二届"粤韵同声"粤港澳粤曲展演暨"西关民乐团"成立仪式在粤剧艺术博物馆剧院隆重举办。此次"粤韵同声"活动邀请了粤港澳三地粤曲爱好者同台展演，营造以粤韵传唱，推动粤港澳三地文化融通，同声同气的人文色彩，同时发挥荔湾特色文化资源，大力传承弘扬优秀岭南传统文化。国家一级演员、中国戏剧梅花奖得主黎骏声等粤剧名伶登台献唱全新创作的粤曲小调《古韵新容永庆坊》，将荔湾沧桑变迁的历史脉络通过艺术精彩呈现。

2021年10月24日下午，第三届"粤韵同声"粤港澳粤曲展演在粤剧艺术博物馆剧场上演。展演汇聚了香港、澳门、深圳、珠海、广州、佛山等地粤曲名家，演出由《序章》《荔香古韵》《湾区新貌》《扬帆未来》四个章节构成，是一部展现岭南文化、体现中华气质的粤曲精品演出，其中既包含了《食荔枝》等传统粤曲，又有《粤韵欢唱》等极富创意的粤曲串烧，再加上美轮美奂的舞台表演，让观众获得了一场视觉和听觉上的双重盛宴。

2021年是中国共产党成立100周年之际，"粤韵同声"也连续举办了三年。粤曲作为岭南文化的名片，是粤港澳三地文化交流的重要文化符号，"粤韵同声"以粤语文化为纽带，凝聚粤港澳新合力，有助于在粤港澳三地掀起推广传统粤曲艺术的热潮，共筑粤港澳同根同源文化之桥、充分发挥广州国家中心引领作用，以粤语文化为纽带，弘扬中华优秀传统文化，共建人文湾区。

3. 全省曲艺大赛：标志性平台建设

曲艺展演和赛事是适应当前新形势新常态，着眼于曲艺事业长远发展，选拔培育曲艺新人、培养年轻曲艺观众、传播曲艺之声，引发提升社会公众对曲艺艺术的关注，扩大曲艺艺术影响的有效途径。广东省曲协经过多年努力已搭建起多层次的办赛体系，目前广东曲艺大赛、广东省青少年曲艺"明日之星"选拔赛、"南山杯"全国曲艺新人新作邀请赛等为曲艺工作者和曲艺爱好者提供了展示艺术才华和艺术交流的舞台。

四年一届的广东省曲艺大赛，是岭南曲艺的一个标志性品牌，是广东省最高规格、最高水准的曲艺赛事。自2007年第一届大赛开赛,至今历经四届,逐步成为广东省曲艺界职业选手和非职业选手加强曲艺交流、展示曲艺才艺的一个重要平台。第四届广东省曲艺大赛2018年5月启动,共收到各地选拔推荐参赛节目239个,经复审通过了113个节目参加决赛,涵括粤曲、潮曲、雷曲、南音、龙舟说唱、评书、快板(快板剧、客家快板表演唱)、相声(粤语相声、潮语相声)、沙田民歌、潮州歌册、潮州歌谣、曲艺小品、客家山歌说唱等曲种。12月19日晚,第四届广东省曲艺大赛颁奖晚会在"中国曲艺之乡"——佛山市南海区圆满落幕。由宝安艺术家创作、表演的相声《共享时代》在100多个节目中脱颖而出,包揽了职业组节目奖一等奖和文学奖一等奖。《共享时代》成为本届比赛中唯一荣获双一等奖的作品。相声《共享时代》由宝安曲艺家刘延璐、李孟莲创作,刘明军、舒阳、陈旺军导演,刘延璐、刘桂华演出。该作品以习近平总书记提出的"五大发展理念"中的"共享"为主线,整合资源、减少浪费,倡导共享美好生活、通过共享实现共赢。晚会还通过网络直播平台向全省观众现场直播,广东省曲艺大赛充分展示了南国曲艺的魅力。

广东省青少年曲艺"明日之星"选拔赛是广东省重点曲艺赛事之一,是专门面向全省20周岁以下曲艺爱好者的赛事活动,素有广东曲艺"小牡丹奖"之称。自2006年开赛以来,历经15届,评选出逾百位"明日之星",培育了一大批曲艺新秀,成为广东曲艺传承发展的摇篮。2021年11月21日下午,第十五届广东省青少年曲艺"明日之星"选拔赛综合曲种专场决赛在深圳罗湖凤凰剧场成功举办。参赛小选手们曲艺基本功扎实,一招一式一板一眼很到位,声音洪亮甜美、吐字清晰,情感运用准确。决赛现场上,小选手们各自施展本领,赢得现场观众阵阵掌声。目前,历届获奖者中有很大一部分人进入了艺术院校、各类型演出团体参加学习以及从事曲艺工作,不少获奖者在全国、全省性大赛中获得大奖,为全省曲艺事业注入源源不断的"新鲜血液"。

"南山杯"全国曲艺新人新作展演自2010年举办以来现已成为全国知名的曲艺专项活动品牌,来自全国的曲艺新秀在舞台上崭露头角,呈现了一批有影响力的曲艺新作,基本代表了当前全国曲艺新人新作的整体风貌。2021年10月22日至23日,第六届"南山杯"全国曲艺新人新作展演在南山区文体中心小剧场举办，来自全国18个省（区、市）的百余位青年曲艺工作者同台竞艺，为观众奉献了3场精彩演出，让"南山杯"以其特有的色彩再次绽放，续写新的篇章。

2019年7月9—14日，由中国文联、中国曲艺家协会主办的"向祖国和人民汇报——庆祝中国曲协成立70周年优秀曲艺节目展演周"热烈庆祝中华人民共和国成立70周年，广东省曲协推荐的白榄说唱《小娃娃数节气》作为优秀节目，参加了本次展演周的"花开时节映曲坛——少儿曲艺优秀节目专场"演出。白榄说唱《小娃娃数节气》是由南海区文化馆创作、辅导，南海西樵镇第一小学1～3年级学生演出的少儿曲艺节目，曲调选用粤曲结构中的"白榄"作为贯穿整首曲的基调，用数白榄+粤语小调的形式创作了朗朗上口的节气"顺口溜"，让学生在学习、传唱中认识二十四节气，从中感受中华文明的智慧所在，导演手法上创新地采用了舞蹈与传统曲艺表演相结合的形式，使舞台表现更加灵动活泼。作为全场年龄最小的演员，学生们的表演从彩排到正式演出都得到了导演和专家的高度赞誉。2020年8月第九届全国少儿曲艺展演活动，中国曲协组织专家从全国推荐的46个曲种的172个节目中，遴选了60个节目入选此次展演，广东入选的三个节目中，粤曲《夜战马超》代表广东参加了8月6日到8日在江苏省张家港市举办的现场展演，对口相声《小抬杠》、群口相声《争"谦"恐后》通过中央广播电视总台少儿频道和《曲艺》杂志融媒体展播的形式与全国观众见面。

4. "微粤曲"：融媒体平台建设

粤曲是岭南曲艺艺术的瑰宝，凡有粤籍华人聚居的世界各地，均有粤曲的演唱。全球是由广东省曲协和广东广播电视台南方生活广播联合创办的年度赛事，是广东曲艺发展新形态融媒体文化品牌，为"广东省一三五"文化工程建设项目。大赛以粤曲艺术为纽带，创新性运用融媒体方式推广传播岭南传统文化，以短小精悍、易于传唱的粤曲为比赛亮点，秉承"以曲会友联四海知音，交流技艺承传统文化"的宗旨，以传统媒体+新媒体为主要载体，吸引世界各地的知音曲迷关注，共同传承和发扬优秀传统文化，成为岭南曲坛一大品牌盛事。

2020年12月，为做好疫情防控常态化前提下的微粤曲大赛工作，微粤曲大赛在粤剧艺术博物馆以"微粤曲大赛优秀原创作品巡回展演"方式，组织一批历届大赛获奖选手演唱往届微粤曲创作赛获奖作品、经典曲目，致敬历届经典，回应群众期待。2021年12月15日晚，广东省曲协主办的全球微粤曲大赛第三届作品创作赛颁奖典礼在广东粤剧艺术中心隆重上演。微粤曲大赛作品创作赛自2018年创立至今，涌现了一批充满时代气息、反映新时代新成就的曲艺精品，历届活动得到粤港澳大湾区众多名家新秀的支持和积极参与，美洲、东南亚等地的作者也纷纷投稿。在此次公开展演的15首微粤曲新作中，有感古思今、充满哲理的《嫦·月》《大潮》，也有传唱经典的《梨园蝶双飞》《花木兰》，更有歌颂祖国山河风貌，中国共产党百年芳华的《砥砺前行创辉煌》《一湾新粤》《红船颂》《活力永庆坊》《欢歌颂横琴》等，从脱贫攻坚到全面小康，从岭南胜景到时代抒怀，富有时代气息的曲艺作品，让人们感受到了在党的领导下，祖国富强、人民安居乐业的美好画卷。颁奖典礼开创性地使用了三层式舞台，现场运用融媒云直播的方式，通过珠江经济台、南方生活广播的触电新闻APP、粤听APP、腾讯视频号同步播出，全球网友50.6万人观看了此次文化盛典。可以说，"全球微粤曲大赛"已经打造成了具有社会知名度、全球影响力的粤剧曲艺文化品牌，赛事向国际化迈出了非常坚实的步伐。

此外，第六届广东省少儿曲艺"小牡丹绽放"展演活动通过《曲艺》杂志社融媒方式进行云展播，全省35个优秀少儿曲艺节目得到展演展示。

5. "红色文艺轻骑兵"：流动平台建设

五年来，每到新春佳节，广大曲艺工作者都会穿过蔗林田间，冒着寒风凛冽，扛着红色队旗，背着扩音器，以天为幕布，以地为舞台，站在田埂上，来到家门前为广大基层百姓、农民工、部队官兵送去和传递党的声音和关怀。2018年春节期间，响应省委宣传、省文联号召，先后在东莞东坑井美村、深圳武警边防队、深圳市福田区非遗主题馆、阳江市江城区四围村、佛山市南海区里水镇河村社区、广州市南沙区东涌镇小乌村泰诚船厂、珠江饼业食品有限公司厂区、大稳村文体中心、广州锦纶会馆门前广场、茂名市电白楼仔镇等地组织开展了10多场广东"红色文艺轻骑兵"曲艺小分队新春走基层活动，投入曲艺工作者和相关工作人员近200人次。广大曲艺工作者穿过蔗林田间，冒着寒风凛冽，扛着红色队旗，背着扩音器，以天为幕布，以地为舞台，站在田埂上，来到家门前为广大基层百姓、农民工、部队官兵送去党的十九大精神，传递党的声音和关怀。他们冒着寒风低温，给社区的老人、小孩唱粤曲，有一个人唱给一个人听，有一群人唱给一群人听；有的小分队队员站在村头巷口，逐家逐户到老百姓家门口送曲艺、送文化、送欢乐。2019年1月，省曲协联合南方生活广播在广州荔湾永庆坊居民文化活动小广场开展广东"红色文艺轻骑兵"新春走基层活动，全年先后在云浮、珠海演出超过10场次，用群众喜闻乐见的形式营造浓厚的节日氛围。

三、打造地域文化新坐标——五年来曲艺岭南特色概述

五年来，为弘扬社会主义核心价值观，繁荣全省曲艺事业，培养曲艺接班人，广东省曲协不断进行创作机制的深度拓展，打开边界，组织开展新时代文明实践创作生产等活动，引导创作了一批传递正能量、唱响新时代的曲艺精品力作。

1. 创作"新广东人"喜闻乐见的精品

改革开放40年，广东汇聚了千千万万从全国各地来的创业者，他们是"新广东人"。为满足曲艺观众人群结构的新变化和新需求，广州市文化馆"一团火"曲艺创作基地创作的曲艺联唱《奔跑吧 追梦人》亮相第十届中国曲艺节开幕式，联唱融汇了河南坠子、绍兴莲花落、广东粤曲、四川清音等全国各地近10个曲艺唱段，唱出了各行各业一线劳动者同心携手追逐美好生活，向着梦想劈波斩浪、奋力向前的精神风貌；省曲协理事揭熙、省曲协会员王磊创作的西河大鼓书《大营救》，以1941年底香港沦陷以后，中国共产党领导的东江纵队为了保护在港的800多位文化名人和爱国人士的生命安全，展开一场惊心动魄的"省港大营救"故事为背景，创新性地将南方文化保护故事和北方曲艺传承进行融合，在表演形式上打破了传统的西河大鼓书单人表演的范式，采用"双人搭档"，表演中汇聚说、学、逗、唱、吹、打、弹、拉等，让观众真正感受到曲艺的魅力和活力。可以说，五年来，广东曲艺人在创作题材与主题表达上紧跟时代步伐，持之以恒地努力做好曲艺出精品攀高峰工作，这些原创作品既有深刻的思想性，又在表演形式上与时俱进、大胆创新，获得业内专家和广大观众的一致好评。

广东移民文化特点突出，南北曲种融合发展是广东曲艺比较鲜明的特

征，北方曲艺与广东曲艺的实际结合，形成了带有浓郁的生活气息和广东符号的作品。杨子春、史琳是第一、二、七届中国曲艺牡丹奖文学奖获得者和国家一级演员，在广东工作、生活了50多年，他们把自己擅长的单弦、西河大鼓等北方曲种植入广东，并培养出逗笑、逗乐等一批优秀青年曲艺演员，他们2018年共同创办了广州市文化馆"一团火"曲艺创作基地，创作的优秀作品在全国各大赛事演出活动中屡获殊荣，每年举办多场惠民演出赢得基层群众的广泛赞誉。逗笑、逗乐分别获得第七届、第八届中国曲艺牡丹奖新人奖，青年演员杨蔓、杨婷、杨倩、杨苗获得第五届中国曲艺牡丹奖节目奖，他们已经成为广东曲艺界中青年演员队伍的中坚和后起之秀。

曲艺重镇深圳一贯重视激发曲艺工作者们的创新活力，为进一步增强深圳文化艺术领域核心引擎功能，深圳市曲艺家协会面向国内外及在深圳工作生活的曲艺家和曲艺爱好者，已经连续举办十四届"鹏城杯"新人新作曲艺（创作）大赛，通过大赛交流平台，涌现出一大批以反映人民生活、全面建成小康社会、乡村振兴、爱国主义故事、深港双城故事等内容为主题，主题鲜明、内容健康、艺术表现力强，具有跨界融合创新创意的作品。

2020年9月，深圳市曲艺家协会主席、罗湖区曲艺家协会主席刘昭的评书《为民服务》荣获第十一届中国曲艺牡丹奖，这是广东省连续三届六年以来唯一荣获牡丹奖的作品。评书《为民服务》反映的是同仁堂历史和其创始人的一段救人传奇故事。刘昭花近2个月撰写，作品精心设计，不仅向听众讲历史故事，更是用听众喜闻乐见的话语，将疫情期间医护人员的感人事迹自然贴合地融进作品里，传递了社会正能量。

2. 推动粤港澳大湾区曲艺联动

实现"粤港澳大湾区曲艺艺术周"落地，2021年，中国曲协、省文联、省曲协、顺德区等单位共同挖掘粤港澳三地共同的文化基因，打造大湾区曲艺文化品牌，谋划开展粤港澳大湾区曲艺艺术周。艺术周将依托粤港澳地域相近、文脉相亲的优势，分花开新时代——粤港澳大湾区曲艺艺术周开幕演出、粤港澳大湾区曲艺专场、全国曲艺小剧场精品专场、全国曲艺小剧场精品专场、牡丹花开心向党——中国曲协曲艺名家新秀送欢笑惠民演出走进顺德容桂、曲艺文化沙龙系列活动等六大部分，活动的举办为进一步提升大湾区居民文化素养与社会文明程度，共同塑造和丰富湾区人文精神内涵，在更高水平上以更大魄力推动粤港澳大湾区文艺高质量发展做出示范，推动人文湾区建设。

进一步推动岭南地方曲艺曲种地域标志工程，推进建设粤港澳大湾区曲艺名家名曲工作室，打造岭南文化"名片"，把优秀的曲艺艺术中具有当代价值、世界意义的文化精髓标识出来、展示出来，以高质量文化供给增强人们的文化获得感、幸福感，不断激发文化创新创造活力，整合资源协同推进共享共建共赢。2018年9月21日，在中秋佳节来临之际，在中国曲协、广东省文联指导下，广东省曲协面向来自东南亚、非洲、欧洲等10个国家近60名暨南大学华文学院留学生举办"天涯共此时——粤港澳大湾区粤曲品鉴会"。此次活动着眼大湾区、面向留学生、传播传统优秀文化的亮点举措，刷新了传播中国声音、讲好中国故事的曲艺新篇章。2020年开始，由中国曲协、省文联主办，省曲协等单位承办，在粤港澳三地开展"粤港澳大湾区说唱行"曲艺说唱交流活动，集中展示曲艺文化魅力，促进曲艺艺术共享共建共融。

3. 创新岭南曲艺的传统特色

每一种艺术都有它的价值取向与发展脉络，创新无疑是个永恒话题。广东曲艺艺术历史悠久，独具岭南特色，在粤语、潮汕话、客家话三大地区方言基础上发展形成了24种曲艺艺术形式。如何让其历久弥新，焕发时代风采，是广东曲艺工作者孜孜以求的责任与使命。

粤曲传承人梁玉嵘、陈玲玉、何萍等人秉承"创新是对传统艺术最好的传承"的理念，在保留粤曲传统唱腔的基础上，融合现代舞台表演的技巧，将音乐、舞美、伴唱等进行新的编排和包装，从而吸引不同年龄层的观众。2019年12月7日，粤曲音乐剧《小明星》在佛山琼花大剧院首演，梁玉嵘首次尝试以音乐剧演绎"星腔"创始人、三水籍著名粤曲演唱艺术家"小明星"邓曼薇的艺术人生。梁玉嵘认为音乐剧是年轻人比较喜欢的一种演出形式，她希望通过这种接地气的方式，让更多年轻人喜欢粤曲，从而推动粤曲不断创新。

作为国家级非物质文化遗产广东音乐、粤曲两大代表性项目保护单位的广东音乐曲艺团不断致力于传统艺术的创造性转化和创新性发展，2021年1月6日晚，其创排出品的大型民族器乐交响音·画《四季岭南》在广州友谊剧院上演，这台大型演出大胆尝试和创新，以岭南四季为切入点，通过"春之岭南·立春""岭南夏日·立夏""月夜秋思·立秋""冬暖珠江·冬至"四个篇章展开，以岭南特色、广东音乐为基调，加上部分粤语独唱/情景舞蹈，配乐朗诵作为章节与章节之间的链接；在视觉上，虚实结合、音·画交融，通过串词朗诵对整台音乐会进行主体性的贯穿。在听觉上，观众既能欣赏到《惊涛》《旱天雷》等广东音乐名曲，又能欣赏到欧凯明表演的男声独唱《秋思·望月怀远》、梁玉嵘表演的粤歌《梅岭香雪·珠玑巷》、粤曲表演唱《粤歌·落雨大》；在视觉上，观众还能欣赏到精美的粤绣、极具感染力的广东醒狮等非遗项目展示。音乐会还通过多媒体以及现场器乐小品表演，原汁原味地呈现具有浓郁岭南生活气息的"饮早茶"等场景。演出立体地展示了岭南大地秀丽多姿的人文与景观、多彩的风俗与生活，彰显广东深厚的人文底蕴，呈现岭南非遗的独特魅力。

在2021年7月进京演出中的粤曲节目表演中，陈玲玉表演的粤曲琵琶弹唱《领航未来》，在传统曲艺表演形式中加入了琵琶弹唱，并与群体演奏、独奏与乐队有机融合。梁玉嵘表演的《忆秦娥·娄山关》的音乐唱腔设计突出激昂高亢与深沉低徊交织的情调表达，突破传统粤曲演唱伴奏音乐形式使用交响乐伴奏，营造了雄浑壮阔、紧张激烈的场景氛围和雄奇悲壮、气势如虹的感情色彩。

4. 推动"曲艺之乡"建设的系列活动

为展示广东全省各曲艺之乡曲艺曲种特色，研讨广东省曲艺之乡建设成功经验，中国曲艺之乡东莞市中堂镇继2018年9月第一届广东省（中国）曲艺之乡精品展演后，2020年10月22—23日，第二届广东省（中国）曲艺之乡精品展演又在中堂镇成功举办。为期两天的展演，集中展示了22部曲艺新作，传承、推广了一批优秀地方曲艺曲种。如粤曲《百岁牌中百载情》，以东莞中堂特色传统手工艺"百岁牌"为喻，表达百姓对党的热爱，对美好生活的向往，借"百岁牌"的精细工艺，赞颂"城市管理应该像绣花一样精细"的精神。广大基层曲艺工作者用群众喜闻乐见的曲艺形式，反映全面建成小康社会、决战脱贫攻坚大时代背景下，个人、家庭、乡村、城镇的深刻变化、时代变迁，全面讲好新时代全省各曲艺之乡新故事新风貌新气象。近40万观众通过网络平台收看展演，切实增强了曲艺在人民群众中的影响力。

广东曲艺之乡建设最大的亮点是不断努力尝试实现文商旅深度融合，创造宜业、宜居、宜乐、宜游的良好"乡态"环境。如，佛山祖庙通过整合片区资源，与富力、万科、碧桂园等辖区内房地产企业协同共建共享曲艺多功能用房并免费向市民开放使用。同时，依傍以祖庙、东华里、历史风貌区为主轴的佛山岭南天地，建设环辖区文化站点300多个，打造10分钟曲艺文化圈。又如，广州市荔湾区在繁华的"网红"地——永庆坊、粤剧艺术博物馆等历史文化街区，搭载展示粤曲艺术并常年组织"私伙局"在这一带交流演出，吸引国内外众多游客观看，成为一个弘扬曲艺艺术的重要窗口。麻涌、顺德、大良等把曲苑、曲艺大舞台搬到华阳湖湿地公园和清晖园等景区内，实现曲艺之乡与旅游景区之间资源共享、合作共赢。南海、均安、麻涌通过优化村居祠堂环境，引入曲艺社团深扎祠堂开展常态化演出，充分发挥曲艺在凝聚人心、教化群众、淳化民风中的重要作用。

广东14个国家级曲艺之乡已建立曲艺进校园、进课堂的长效机制，在幼儿园或中小学校开设曲艺培训班、唱腔班、表演基本功训练班，组织专家编写粤剧曲艺进校园教材等。各曲艺之乡培养的学生在各级赛事展演中纷纷亮相并取得良好成绩，同时为粤剧曲艺学校、专业演出团体输送了一批优秀青年人才，为广东省曲艺传承打下坚实的基础。

各地曲艺之乡还积极增强基础设施建设，配套完善措施，如斗门、新会等地结合村居特点，充分盘活基层公共资源，配置配齐灯光音响乐器等基础设施，推动行政村（社区）的五有文化室、村居文化活动中心、文体广场等改造为曲艺室（曲艺活动基地）。有的曲艺之乡则采取给予一定资金补贴的形式，将曲艺社团（私伙局）自有的演出场所串联成线，纳入曲艺公共文化服务体系建设，确保"天天能开局、人人能参与"。成立于2014年的福永阳光曲艺团是全国首家街道级曲艺团，其与宝安区区委宣传部、区文联和福永街道共同打造了全国首个以曲艺为特色的公益文化品牌项目曲艺剧场笑满堂，主要演员先后获得国家、省、市级大奖70多项，并多次登上央视《我要上春晚》、凤凰卫视《鲁豫有约》等著名品牌栏目。曲艺剧场笑满堂以"弘扬传统文化、创新深圳曲艺、传递社会正能量"为宗旨，以"当好新时代的红色轻骑兵"为使命，以快板、相声、小品、双簧、山东快书、评书、京韵大鼓等传统曲艺表演形式为基础，结合南方粤语、粤剧、粤曲、评弹，并融入时尚的B-BOX、踢踏舞、街舞、情景剧、舞台剧、话剧、高科技等现代元素，紧跟时代脉搏，南北相融，中西合璧，让观众耳目一新。现有精品节目400多个，其中原创节目80多个。源自北方的曲艺在深圳宝安落地生根，福永也成为具有岭南特色和移民特点的全国曲艺新阵地。全国首个城市社区曲艺工作站落户深圳福永，意味着福永已成为深圳建设中国特色社会主义先行示范区的曲艺样本。

特别是，在长期的曲艺之乡建设实践探索中，广东省各中国曲艺之乡因地制宜，立足当地曲艺生态特色，构建"一乡一品"曲艺之乡发展新格局，如，台山紧扣中国第一侨乡特点用乡音凝聚人心，打响侨乡曲艺品牌；东莞道滘、麻涌、中堂三镇分别推出"粤剧曲艺黄金周""古梅粤韵""粤韵满中堂"三张曲艺文化品牌；均安、开平、新会分别打造"曲艺一条街""一园（新昌公园）五局（私伙局）""五里一局、十里一社"曲艺文化集落。从斗门推出"中国乡村小艺术家计划"、容桂打造百人阵容的容桂青少年曲艺团、大良推行"千人快板韵律课间操"，再到南海建立曲艺专干队伍推行粤韵操、粤曲唱腔班、妆容化妆培训班、粤曲伴奏班等"实锤"举措，各地牢牢抓住曲艺之乡建设的"牛鼻子"，通过打造"一乡一品牌"的行动，以点带面持续推动中国曲艺之乡建设出新出彩。

在制度建设方面，近年来，随着全国曲协系统深化改革工作的不断推进，在广东省文联的指导下，广东省曲协的组织建设和曲艺之乡层级管理体系不断健全，形成层级管理条块结合格局。"省—市—县（区）—镇"四级曲协组织逐步完善，14个中国曲艺之乡实现县（区）、镇级曲艺协会全覆盖，其中均安镇还成立了村（社区）级戏剧曲艺分会。斗门、台山、开平、南海等地通过推出专项资金管理办法、完善曲艺之乡建设领导小组制度、曲艺之乡专项建设资金扶持常态化等方式，深化政府在曲艺之乡建设中的主体责任。均安实施曲艺复兴计划、曲艺"百鸟朝凤"众创共善计划，牵头村（社区）和福委会成立曲艺基金会，积极发动社会热心人士筹资发展地方曲艺事业。道滘文广中心设立粤剧曲艺股，专职开展青少年粤剧曲艺培训、粤剧曲艺演出和创作工作；中堂打造《中堂镇曲艺发展三年规划（2019—2021）》，计划3年投入专项资金389万元，从软硬件上提升曲艺之乡实力。

2020年10月31日上午，全国曲艺之乡曲艺名城工作推进会暨第2期中国曲艺之乡（名城）管理服务干部培训班开班式在江苏淮安市涟水县成功召开。广东省曲协组织了顺德均安、顺德容桂、顺德大良、东莞道滘、东莞麻涌、江门新会、江门开平、江门台山、广州荔湾、佛山顺德、珠海斗门、东莞中堂等中国曲艺之乡共12人的参会代表队伍，赴涟水全程参加了学习班。通过学习增强了基层曲艺之乡工作者的认识水平、管理能力、明确了下一步中国曲艺之乡品牌建设的方向。

当前，全省曲协组织和曲艺之乡双轨并行的叠加优势充分彰显，全省各中国曲艺之乡在不断完善党委领导、政府引导、曲协主办、社会协同、群众参与的曲艺之乡管理体制，建构多元协同、多方联动、共建共享共治的中国曲艺之乡治理新格局，形成发展曲艺事业和曲艺之乡建设的强大合力。

四、展望新未来——广东曲艺的前景和希望

五年来，广东曲艺事业发展取得了明显成效，精选优秀曲目参加了全国曲艺重要赛事和展演展播，斩获多个重要奖项和赞誉。2017年，粤曲《古港新姿》、快板书《生死诺言》在首届中国东部优秀曲艺节目展演中收获满满的赞誉；2019年，西河大鼓书《大营救》荣获第十八届中国文化艺术政府奖——群星奖；粤曲《碧血黄花念英魂》入选"第十四届马街书会优秀曲艺节目展演"，情景快板书《草地夜话》入围第二届中国东部优秀曲艺节目展演，粤曲《启超家风永相传》、粤曲《斗门家乡美如画》、粤曲《龙舟结良缘》，第五届"岳池杯"中国曲艺之乡曲艺展演；2020年，评书《为民服务》荣获第十一届中国曲艺牡丹奖文学奖，曲艺表演唱《奔跑吧 追梦人》、粤曲《魅力湾区绘蓝图》、快板《中国女排》参加第十届中国曲艺节，曲艺表演唱《奔跑吧 追梦人》参加新时代曲艺星火扶贫工程成果巡礼展演，粤曲《风雨同路》、琵琶古筝弹唱《剑合钗圆》、粤曲琵琶弹唱《琵琶壮烈歌》在第四届中华曲艺港澳情展演系列活动中进行展演展示；2021年，粤曲《忆秦娥·娄山关》《领航未来》《大爱的战歌》《村改迎春风》、曲艺弹唱《灯》、曲艺小品《特区小站》等6部作品入选由中国曲协主办的庆祝中国共产党成立100周年优秀曲艺作品展播，广东小调表演唱《荔湾缘·中国梦》、曲艺小品《特区小站》、粤曲《村改迎春风》入选中

国曲协主办的"牡丹花开心向党"——第三届中国东部优秀曲艺节目展演；粤曲《旗峰春晓》入选第16届马街书会优秀曲艺节目展播。

回顾和总结过去取得的成绩与经验，是为了更好地改进存在的不足和展望未来。

1. 主题性创演概念化表达明显

作为表演艺术，创作和演出是曲艺艺术的基本样态和价值所在，广东曲艺工作者紧扣时代脉搏，用丰富的曲艺艺术门类和手段，进行具有时代特色的艺术展示和审美表现，特别是五年来通过主题性创演深情讴歌党、服务人民群众，成为广大曲艺工作者自觉的使命和担当。但是，深入其中也还存在着一些遗憾和不足值得深思和反省。如，主题性节目创演因受创作时间的限制，思想先行、直奔主题的概念化表达居多，缺少生活体验上的浸润沉潜与艺术表现上的概括提炼，不少作品停留在即时宣传的浅表层面，甚至还存在着蹭热点、搭便车的现象，凡此种种使曲艺节目的内容表达及形象塑造不够真切动人，难以同观众产生共鸣。

2. 曲艺人才培养任重道远

当前，广东曲艺传承工作形式多样且富有特色，全方位加大青少年曲艺人才培养力度，形成了广东曲艺传承"一带一"公益活动等品牌，省内曲艺之乡普遍建立曲艺进校园、进课堂的长效机制。2019年6月23日晚上，"中国曲协会员携手筑梦计划·城市社区曲艺工作站"深圳市宝安区福永街道创建授旗仪式暨文艺汇演活动在福永街道翠岗公园笑满堂剧场隆重举行。"新时代会员携手筑梦计划"是中国曲协于2019年6月正式启动的一项重点工作，推新、出新、创新是该项计划的灵魂。该计划旨在打破展演展示、座谈研讨、志愿服务、培训辅导等固有模式，建立一支自觉传承与发展中华优秀传统文化的中国曲协会员工作者队伍，担负起传承弘扬中国传统曲艺使命，面向在华外国人、归国华侨、名企名校等人群，开展小规模小范围的联谊互动、示范指导、演出交流，以传播中国传统曲艺艺术价值内涵，扩大曲艺在社会各阶层的影响力和渗透力，逐步带动全国的中国曲协会员参与到工作站的推广和传播中，让工作站辐射更广领域和更多人群。

但因曲艺曲种种类丰富、传承内容多样，存在人才培养需求大，但教学机制缺乏制度保障，部分地市缺乏经费和政策的支持，师资力量参差不齐，曲艺杂技艺术教学方法标准化、系统化尚未形成等现实难题。现有曲艺文化传承和人才孵化培养的做法仍在探索中，必须通过制度设计及相关政策的充实完善，予以全面考量和系统推进。此外，目前曲艺的受众多是中老年人，培育和培养年轻观众和听众，也是曲艺发展面临的一大问题。广东省曲协主席梁玉嵘认为"粤曲、粤剧以往多取材于帝王将相、才子佳人的故事。这些故事孩子们不一定能懂，也不一定喜欢。如果能从孩子们熟悉的题材着手，创作出一些少年儿童能听得懂的粤曲，或许就能吸引更多的年轻观众"。因而，扩大曲艺艺术覆盖范围，提升教育培训的针对性、广泛性和实效性才能促进曲艺事业的真正繁荣。

3. 曲艺艺术发展不均衡问题突出

主要表现在各曲艺艺术门类之间发展不均衡，一些艺术门类不断得到资金支持和持续的关注，而另一些获得的关注则少之又少；各曲种发展不均衡，有些地方方言曲种已经面临濒危，如粤讴、姑娘歌等"无人问津"，几乎成了"绝唱"；各地区曲艺发展不均衡，珠三角地区由于资金、艺术资源等相对集中，私伙局天天上演、各村镇乡街处处可闻曲艺之声，而粤东西北地区却是"心有余而力不足"。

4. 曲艺艺术运作机制亟待优化

曲艺艺术是用口语说唱来叙述故事、塑造人物、表达思想感情并反映社会生活，传统的表演方式主要是演员们借助舞台愉悦和感染现场观众。随着当代传播技术手段的日益丰富，曲艺表演的传播可以借助新媒体、微信、微博等，但曲艺产业多元化发展不够，基本只限于演艺产业一种业态，与曲艺演艺相关的文创产业还没有得到充分发展，生活场景中很少见到曲艺艺术的公益广告或文创产品的宣传，只有让曲艺走进日常生活融入日常生活才能是真正的繁荣景象。

此外，无论是曲艺作品的创作，还是各演艺团体之间，基本是习惯于各自为战，没有形成整体合力，文艺运作机制还不完善，一定程度上影响了曲艺精品的打造和曲艺产品的营销推广。

5. 网络传播面临现实困境

曲艺表演的传播方式随着新冠肺炎疫情的爆发，发生了重大变化，为了防止的疫情的扩散，展演交流和人才培训等大多依靠和借助互联网络传播，网络曲艺传播的丰富资源满足了广大观众的欣赏需求，也提升了曲艺传播的现实效能。

但网络传播也存在不容忽视的问题，如线上演出因缺乏实体空间和现场演出的即时互动，难以激发演员的表演激情。同时，出于网上演出成本的考量，出现伴奏带化，或对口型假唱的情况。此外，一些个体化的短视频节目及直播间演出，存在着节目创演的短平快、碎片化、娱乐化和炫技性等弊端。如何探索和完善网上演艺传播空间，是亟待破解的现时问题。

曲艺事业要发展，不断拿出人民群众喜闻乐见、寓教于乐的曲艺作品是前提，让曲艺创作和演出立得住、叫得响、传得开，可从以下几个方面下功夫：

（1）加强曲艺理论研究，强化名家引领

为推动曲艺研究的传承发展，深化曲艺所蕴含的当代价值、人文精神和文化内涵，为曲艺艺术的传承发展提供切实的学术支持，梳理存在的问题，寻找新的发展点，给曲艺工作者和爱好者带来新的认知，广东省曲协开展曲艺名家艺术人生研讨会和系列曲艺名家讲座活动。2017年，广东省曲协组织出版发行了《艺海星歌——星唱星传黄少梅星腔选》，并举办了黄少梅艺术人生研讨会，科学探讨了黄少梅老师在广东曲艺发展中的重要地位以及粤曲星腔流派的未来。同年，《粤剧粤曲遗存唱本——广东曲艺非遗展览成果汇集》出版，对濒临失传的"羊城八大曲本""粤讴（解心）前续集""南音今梦曲""歌声艳影载曲""民国时期剧曲精选"共计450多首剧曲唱本进行收集、整理、订正、校对，受到业界的高度关注。

2020年，省曲协持续推出名家系列讲座，分别在顺德、东莞、广州等地举行。广东省曲协主席、国家一级演员梁玉嵘、江苏省曲协副主席、国家一级演员袁小良、国家一级编剧胡磊蕾等专家学者为曲艺研究者、爱好者分享了曲艺创作、表演方面的经验。如2020年11月24日在麻涌大步文化支馆开讲，广东省曲艺家协会主席、广东省文联副主席、国家一级演员、非物质文化遗产粤曲省级非遗传承人梁玉嵘担做了"艺为人民 曲随时代"的主题讲座，为观众讲解广东粤曲的艺术特色与传承发展状况，更以领军人物的高度，前瞻广东曲艺的发展，吸引了众多曲艺骨干和爱好者到场聆听。

为提升曲艺青年人才提升理论和艺术水平，充分发挥曲艺人才在繁荣发展社会主义文艺的作用。2019年6月22日至26日，面向全国新曲艺组织、新曲艺群体的首期"两新"人员曲艺培训班在深圳南山成功举办，来自全国11个省区的50余名"两新"曲艺群体中的优秀创作和表演人才参加了培训。培训班采用专家主题讲座和互动教学相结合的方式授课，从深入学习领会习近平新时代中国特色社会主义思想和党的十九大精神深刻内涵、重大意义，曲艺艺术表演、创作和权益保障等方面深入浅出阐述了，新时代曲艺工作者特别是两新曲艺人员，自觉承担举旗帜、聚民心、育新人、兴文化、展形象的历史使命，争当有信仰、有情怀、有担当的"灵魂工程师"，奋力追求讲品位、讲格调、讲责任，听党话、跟党走，坚持与时代同步伐、与人民共呼吸的追梦筑梦圆梦历程。学习期间，全体"两新"学员还集体观摩了"大潮起珠江"广东改革开放40周年展览，近距离感受改革开放带来的沧桑巨变和辉煌成就，进一步团结引领"两新"群体坚定文化自信、扎根基层、多出精品，服务人民。

（2）建立创作题材库，打造曲艺精品

围绕国家大事喜事进行主题创作，是曲艺艺术的独特优势和重要职责。建议省曲协在深入调研基础上，抓好题材规划，重点聚焦现实题材、历史题材、革命题材、儿童题材等领域，建立全省文艺作品创作题材库，根据需要及时调整入库项目，充分发挥题材库的先导性、基础性作用，确保文艺创作顺利开展。同时，组织引导广大曲艺工作者，用自己擅长的曲艺形式，推动广东曲艺"出精品、攀高峰"创作机制向纵深发展，讲新讲活讲好中国共产党的故事、中国故事和岭南故事。

（3）聚焦人才培养，实现梯队发展

曲艺事业要繁荣发展，人才培育是关键，实现人才梯队发展，曲艺事业才未来可期。加大对优秀曲艺人才的打造、包装、推介力度，推动曲艺新人新秀不断涌现，为精品创作可持续发展提供人才支撑。进一步发挥曲艺领军人才的作用，继续推进"一带一公益"品牌活动，借助曲艺名家的名气，积极发挥老艺术家传帮带作用，通过丰富多彩、形式多样的活动，吸引更多青少年认识曲艺、投身曲艺。广东曲艺传承"一带一"公益行动是2016年由广东省文联、广东省曲协联合广东广播电视台、南方生活广播等推出的公益文化品牌活动，旨在通过师生结对子、传帮带、展示展演等形式，推动广东曲艺事业的蓬勃发展，经过几年的实践"一带一"的品牌得到社会各界普遍关注，已被纳入《广东省"十三五"文艺精品创作生产推进计划》。2017年8月8日晚，在广州友谊剧院举办的大爱有声·动听南粤——广东曲艺传承"一带一"公益行动暨庆祝建军九十周年曲艺晚会——杨子春从艺六十年师徒演出专场，由杨子春和省曲协副主席史琳两位老师带领优秀一众青年曲艺演员"杨家将"齐登台，晚会演出的节目单弦《节马颂》、相声《谈心》、曲艺小品《晨练》等大多是在全国全军各类赛事中包揽多项荣誉，更有为庆祝建军九十周年新创作品曲艺说唱《辉煌九十年》在晋京参加中国文联、中国曲协举办的"庆祝建军90周年精品曲艺专场演出"期间广受赞誉。当天晚会现场座无虚席，各地文化局、文联、曲协、部分曲艺社团代表，文化馆文艺骨干和广州市民一千多人现场观看了演出，数十万听众和观众通过广播和网络视频直播同步收听收看当晚的精彩表演，这也是广东曲艺传承"一带一"公益行动主动借力新媒体，发挥"互联网+"优势，传播岭南传统文化的新举措。

实施新时代曲艺工作者素质提升和形象建设工程，不断提升文艺人才素质和水平，引导广大曲艺工作者在提升专业素养的同时，塑造高尚的人格修为，努力做到以行风化民风、引导树立良好社会风气。实施曲艺人才培养工程，组织常态化曲艺创作人才培训班、研修班和曲艺文化大讲堂，邀请国人文艺名家来粤开展学习交流培训活动。构建各级曲艺协会与区域内中小学联动发展机制，成立"小作家班""小曲艺班"等特色社团，组织文艺工作者深入学校开展培训、讲课等活动，努力让曲艺进校园常态化、规范化。积极开展调研，了解广东曲艺教育培训情况，实现曲艺大专、本科、研究生招生，推动曲艺更高层次人才培养。配合国家区域协调发展战略、乡村振兴战略等治国方略，办好曲艺展演，加大优秀人才和作品宣传推介力度。

（4）探索协作发展，建立战略联盟

为了将分布省内的曲艺之乡发挥合力，广东省曲协可探索推动成立广东省中国曲艺之乡（名城）管理协调委员会，进一步加强省、市、县（区）、乡（镇）层级沟通对接，努力探索推动发达地区曲艺之乡与相对落后地区曲艺之乡、珠三角地区曲艺之乡和粤东西北地区曲协结对子机制，推动各地文联组织、基层曲协骨干、曲艺工作者互学互动互鉴、协同发展、资源共享、工作共融，横向求发展、纵向促繁荣。同时在全省曲艺之乡工作者联盟、全省私伙局联盟基础上，成立广东省曲艺之乡发展战略联盟等机构，通过建立包括省内外曲艺工作者的曲艺人才库、曲艺精品曲本库等方式，找准曲艺为民惠民乐民的切入点和着力点，精准对接人民群众需求。

（5）拓宽传播渠道，开辟互动空间

曲艺是以口语说唱故事的艺术表演形式，使得受众可以不受时间、地点的约束，便捷地领略曲艺魅力。曲艺艺术既要坚守传统，更要与时俱进，以开放、宽容的心态拥抱全球化、信息化的浪潮。

自2016年，广东省曲协与广东广播电视台南方生活广播通过广东曲艺传承一带一公益行动建立媒体战略合作关系，开启全省网络现场直播文艺节目的先河。受众范围的无限扩大，也给的曲艺工作提出全新的课题和探讨的空间。在生活节奏日益加快的今天，碎片化的时间使得人们难以有足够的时间去剧院欣赏完整的曲艺表演，而融媒体的特点是传播速度快、传播渠道广、信息量大、可存可停等，能够便捷地构建起曲艺艺术与受众的桥梁，因而，强化互联网思维，重视发挥"互联网+曲艺"的作用，不断拓宽曲艺对外传播推广新方式新渠道，提升曲艺传播的针对性、观赏性、互动性就成为当务之急。建议各地曲艺家协会各级曲协组织建立融媒体等传播阵地，如利用"云交流""云传播""云推广"的规律，将曲艺会员服务号、曲艺艺术微信公众号等作为为主阵地，同时借助抖音、快手等市场化媒体平台，线上线下共同发力。

同时，运用融媒体平台构建曲艺评论平台，如可以在戏曲频道上开设专门的广东曲艺栏目，作为广东老、中、青、幼四代曲艺人和作品的推荐和展演平台，开设专栏专版专题，约请曲艺名家专家、曲艺理论家评论家畅谈学习体会、反映学习心声，抒发新时代曲艺人爱党爱国爱人民的情怀，影响和引导观众对曲艺的价值判断和审美判断，在更大范围、更深层次凝聚和发挥曲艺艺术寓教于乐、文艺轻骑兵的功能和作用。

（6）健全体制机制，促进交流合作

曲艺事业要繁荣发展，必须有行之有效的运行机制来保障。各地曲协要充分发挥统筹协调作用，积极探索上级曲协组织对下级曲协组织的业务指导和服务管理，推动市县级基层曲协组织建设，助力提升各级基层曲协组织自我发展的能力和水平。

应从源头上保障曲艺事业发展，即建立健全完善的曲艺传承和发展体制机制，一是财政保障机制，按长、中、短期进行经费预算，确保曲艺活动开展、曲种保护、曲艺建设有持续、充足的资金投入，特别是要加大对基层和创作一线、新曲艺群体、边远和少数民族地区的扶持力度。二是组建文艺专家人才库，负责研究落实文艺作品的规划、创作和生产，可以设立省级曲艺事业发展基金，对在曲艺领域取得优异成绩的曲艺工作者和本土曲艺精品项目进行表彰和奖励。三是引入市场机制，采取"政府主办、曲艺界参与、企业支持"的方式，鼓励和组织社会力量以投资、赞助等形式参与曲艺创作生产和活动开展。四是为曲艺艺术的传承、发展、研究保存第一手材料，通过多种方式，对濒临失传的传统曲目、曲本组织专人收集、整理、记谱、录制、备份，制作并保存文字、图片、音像等资料。此外，还应继续探索粤港澳大湾区和海峡两岸曲艺深入交流合作新方式，深化粤港澳大湾区文化融合发展，增进与港澳台同胞的互联、互通、互信。

协 会 专 家：梁玉嵘
报告负责人：宋翠楠
主 笔 人：汤 红

11 广东杂技发展报告

【引言】

    2017—2022年，是党和国家发展进程中极不平凡的五年，党和国家事业发生了历史性变革。透过广东文艺繁荣发展的多棱镜，这五年，也是广东杂技艺术急剧发展、变化的五年。五年来，在重要历史节点的重大文艺宣传和活动中，都活跃着广东杂技人的身影。特别是在2019年，新中国成立70周年庆典上，中国杂技家协会副主席、广东省杂技家协会副主席、著名杂技表演艺术家吴正丹，不仅代表广东文艺力量，更是作为中国杂技界唯一一位代表登上了"中华文化"巡游彩车，这是广东杂技界的骄傲和荣誉，也意味着广东杂技人在弘扬文化自信方面肩负的历史责任和重要使命。

一、发展概况

地处改革开放前沿阵地，广东杂技事业始终与时代发展变革同步，虽仅有40余年的发展历程，但在参与"文化强国"的进程中从不缺位。广东杂技发展40余年的关键事件、优秀作品、杰出人才、重要贡献作为重要史料被选入中国文联、中国杂技家协会举办、中国文学艺术基金会支持的"壮丽70年 奋进新时代——新中国杂技成就展"，献礼新中国成立70周年在全国各地巡展，充分展示了新中国成立以来我国杂技艺术取得的辉煌成就。这充分说明，广东杂技在中国舞台乃至世界舞台上都占据着一席之地，发挥着举足轻重的作用。

五年来，广东省杂协按照中共广东省委宣传部和广东省文联统一部署，深入贯彻党的十九大及历次中央全会精神，以习近平新时代中国特色社会主义思想为指引，坚持"以人民为中心"的工作导向，开拓创新，积极进取，通过一系列卓有成效的工作，在对外文化艺术交流、世界专业赛场、国际商业演出、基层惠民服务活动等方面，都取得了显著的成绩，极大地推动了广东杂技事业的发展和繁荣。

五年来，广东杂技工作者以饱满的热情奋进拼搏，筑高原，创高峰，强化精品意识，新创了一批思想性、艺术性、观赏性有机统一的优秀作品。其中，魔术节目有《下午茶》《森林奇幻》《奇迹幻象》《午夜狂想》《梦回》《花匠》《时空旅行》《时光魔法馆》《粤变越好》等，杂技节目有《环——滚动的天空》《传承——肩上芭蕾》《科技灵光·晃圈》《远年近岁——女子技巧柔术》《远渡南洋——地圈》等，滑稽节目有《红鼻子叔叔》《小丑乐队》《黄金兄弟》等，杂技剧有《化蝶》《天鹅》《追光者》《龙秀》《心烧·眷恋》《最美逆行者》《旗帜·声息》《年轻的心》《鹏城·初行》等。这些作品在题材立意、表现手法、艺术品质均较往年有所提升，从单纯高难度的炫技转向多领域的艺术跨界，在编排上更加精致、考究，且富有视觉性和故事性，集中体现了广东杂技创作思维和审美维度的更新和跨越。由广东省杂技家协会与广东卫视合力打造的全国首个大型杂技竞演综艺节目《技惊四座》于2020年在在广东卫视开播，引领中国杂技新国潮。至2022年第二季收官，两季收视率均位于在全国综艺节目前列。该节目汇聚全国各地杂技精英，创新舞台杂技拍摄手段，较为全面地展示了当下我国杂技艺术实力，杂技艺术因此"破圈"，以全新形象走进大众视野。

五年来，广东省杂协精选一批高水准的优秀节目参加多个国内外重要赛场，斩获多个重要奖项。其中，2018年，广东省竭力世界魔术师张昱夺得第二十七届FISM世界魔术大赛近景魔术比赛纸牌类冠军；2019年，福永杂技艺术团《头顶倒立》和《球顶晃圈》荣获第四届乌克兰基辅国际杂技艺术节"金栗子"奖；来自深圳辛宽魔幻杂技艺术团的《扇之梦》《秘境》分别获得第十届、第十一届中国杂技金菊奖。广州市杂技艺术剧院《升降软钢丝》

节目在获得第十届中国杂技金菊奖后，于2020年获第四十一届"明日"世界杂技节最高金奖——法兰西共和国总统奖，这是自1981年广州市杂技艺术剧院代表中国第一次参加国际大赛并获奖以来，广州市杂技艺术剧院再次夺得此项赛事的最高奖。《升降软钢丝》获评2020年文旅部"中国杂技艺术创新工程"重点扶持作品，入选文旅部第十届全国杂技展演。广州市杂技艺术剧院杂技剧《化·蝶》入选国家艺术基金 2022 年度传播交流推广资助项目，亮相第十三届中国艺术节，主演吴正丹荣获第十七届中国文化艺术政府奖文华表演奖。此外，在广东省权威综合文艺评奖中，杂技《力与美——男女对手》《悬》，杂技剧《破晓》《笑傲江湖》以及魔术《醉翁之意》获得2017年第十届广东鲁迅文艺奖奖项。

五年来，广东省杂协充分发挥桥梁和纽带作用，精心策划和举办了形式多样、内容丰富的赛事和节庆活动。特别是在国家倡议和推动"一带一路"及"粤港澳大湾区发展规划"的重要进程中，广东杂技一度成为连接、增进粤港澳乃至与世界各国人民友谊的桥梁和纽带，在巩固关系、深化友谊、民心相通，让中国更好地走向世界，让世界更好地了解中国等方面发挥积极作用。为响应国家"一带一路"倡议，广州市杂技艺术剧院武侠杂技剧《笑傲江湖》赴新加坡参加"2017年广州文化周·岭南杂技亮狮城"海上丝绸之路精品剧目巡演；杂技剧《笑傲江湖》《心烧·眷恋》，配合党和政府参与大型对外文化交流活动，多次亮相国际舞台，并赢得了广泛赞誉，为增进与世界各国友人文艺交流作出了积极的贡献。在助力"人文湾区"建设中，广东不断深化与港澳的合作，发挥港澳独特优势，持续推进粤港澳台魔术交流活动的常态化、机制化，适时打造高端魔术杂技交流平台，携手建设大湾区，共同走向世界、开拓国际市场。此外，民间的杂技、魔术文化交流更是数不胜数，方兴未艾。在国内，广大杂技艺术家和杂技工作者积极践行政府主导、文化惠民的理念，广泛开展"送欢乐下基层""精品杂技下基层""文艺援疆""魔术进社区"等文艺志愿活动，将优秀的杂技和魔术节目送到农村、工厂、军营、学校、社区、边疆等地，在普及杂技魔术艺术的同时，丰富了基层群众的文化生活。

五年来，广东省杂技一直致力于加强魔术、杂技人才培养和理论研究，致力于为中国魔术、杂技行业储备优秀人才。积极承办由中国文联、中国杂协举办的全国新文艺群体青年魔术人才培训班，探索现代化魔术人才培养的新路径；同时，抓住魔术产业空前发展的机遇，选派魔术从业者参加中国文联举办的专题培训班，不断增强中青年人才的责任意识和专业能力；承办中国魔术创新创作及产业发展论坛，邀请与会嘉宾围绕新形势下魔术艺术的创新及产业发展主题进行广泛深入交流，为魔术理论的创新发展奠定基础；精心组织专业人士编撰魔术艺术教育教材，历时三年筹备，出版《魔术艺术教程》，编撰教案130余个，以图文并茂的方式向社会大众传播魔术文化。

五年来，广东杂技产业保持高发展态势，文娱场所的商演繁荣兴旺，不断满足观众的娱乐、休闲需求。已经发展了20年的广州长隆国际大马戏，走的是杂技旅游产业发展之路，是我国目前规模最大的专业杂技马戏城，年收入突破十亿元；深圳华侨城集团旗下的深圳欢乐谷主题公园，着力打造中国魔术创意产业基地品牌，已多年连续举办大规模、高规格的国际魔术节，社会影响力和经济效益都很可观，也带动了杂技、魔术相关产业的共同繁荣。广东魔术民营企业的发展持续热火，蓬勃发展，在推出作品、培养人才等方面也取得了不俗的成绩。广东现已成为国内杂技产业链最完整、产值最大、平台最优秀的地区。

二、思潮与现象

（一）魔术热持续升温，空前繁荣，广东魔术师在世界顶级赛场获得至高荣誉

作为中国魔术的南方重镇，广东的魔术热持续升温，品牌效应逐渐显现，形成了持久效应。五年来，广东省杂技家协会率先在魔术赛事方面实施的一系列举措，为行业发展树立了典范。特别是深圳国际魔术节、深圳魔术艺术节、欢乐谷魔术节、广东高校魔术交流大会等品牌活动的举办，其活动内容之丰富，种类之齐全，影响范围之大，水平之高端引发社会高度关注和聚焦魔术。随着魔术演艺、赛事、惠民活动等频繁地向社会普及以及魔术作为科普教育辅助手段的流行，在激发魔术文化创意产业活跃度的同时，也培养了一大批优秀的青年魔术师，涌现了一系列各门类高水准的魔术精品。尤

其值得一书的是，2018年7月14日，由中国杂技家协会选送的深圳魔术师张昱表演的近景魔术《时空旅行》在韩国釜山举办的第二十届FISM世界魔术大赛上，以全场最高分夺得近景魔术比赛纸牌类冠军，成为该大赛举办81年来中国内地获此殊荣的第一人。FISM魔术比赛素有当今世界魔术界的奥林匹克盛会之称，规模大、水平高，影响力大，《时空之旅》能在这个国际顶级赛场创造历史，为中国魔术界争得了荣誉，必将载入广东乃至中国魔术发展的史册。

（二）民营杂技团破茧成蝶，深圳市宝安区福永杂技艺术团（以下简称"福永杂技团"）获得世界顶级五大杂技赛事桂冠

福永杂技艺术团是公认的广东目前规模最大、节目品种最全、总体实力最强的专业民营杂技艺术团。自2000年成立至今，在国内外各类杂技、魔术等比赛中共荣获40多个金奖，成功包揽了2005年摩纳哥国际杂技节青少年组最高奖"金K奖"、2010年法国"明日"世界杂技节法兰西共和国总统奖（金奖）、2012年CIRCUBA国际夏季杂技节金奖、2017年意大利"金马戏圈"国际杂技艺术节金奖。2019年，福永杂技艺术团代表广东出征，以创编新的舞台作品杂技《球顶晃圈》《头顶倒立》荣获第四届乌克兰基辅国际杂技艺术节最高奖金栗子奖。此次获奖意味着福永杂技艺术团已集齐世界顶级五大杂技赛事桂冠，真正从一个"流浪杂技团"走向了世界大舞台，无愧于民营文艺团体获奖专业户的称号。在得知福永杂技艺术团荣获"金栗子"奖后，中国杂技家协会、广东省文联、广东省杂技家协会发去贺电，并对福永杂技艺术团给予高度评价。其中，中国杂技家协会评价道，"福永杂技艺术团是国内大型综合性民营艺术团体，多年来一直深耕传统，大胆创新，创排出一大批具有鲜明民族风格、浓郁生活气息和高难度艺术技巧的杂技节目，赢得了丰硕的成果和广泛的赞誉，为促进杂技艺术发展以及提高中国杂技国际影响力发挥了积极作用"。[①]

---

① 《福永杂技艺术团斩获乌克兰基辅国际杂技艺术节最高奖》，《南方都市报》，2019年06月14日，第C15版。

（三）打造地域性魔术新高地，为共建"人文湾区"注入艺术力量

《粤港澳大湾区发展规划纲要》的实施为新时代粤港澳大湾区文化的发展带来机遇，对广东省文化和文联系统产生了巨大的鼓舞。在全省各级文化部门和文联系统深入贯彻落实共建"人文湾区"这一国家战略的过程中，广东省杂协始终坚持政府指导、市场助力、文化惠民的理念，紧紧把握大湾区建设这个新时代广东改革开放的"纲"，利用地理优势，探索协同发展和创新机制，加强与香港、澳门特区文化和文旅部门的紧密合作，携手推进人文湾区建设，努力将粤港澳大湾区打造成魔术发展新高地。近年来，承办了"奇幻大师魔术之旅"魔术交流活动，引导魔术的创新发展，助推粤港澳大湾区魔术事业产业进一步融合发展；举办庆祝香港回归20周年粤港魔术交流大会、庆祝澳门回归20周年专场演出活动，共同塑造和丰富湾区人文精神内涵。特别是，用魔术的艺术形式表达爱国情怀，增强香港、澳门同胞对国家的认同感，对促进民心相通、文化相融发挥了重要作用；选送吴正丹、魏葆华的经典之作《肩上芭蕾》参与粤港澳大湾区艺术精品巡演活动，在大湾区9+2城市群巡演，为增进大湾区人民的文化交流和友谊作出新的贡献。

（四）杂技剧渐成创作主流，大型当代杂技剧《化蝶》展现杂技新活力

早在2019年，文化和旅游部主办的第十届全国杂技展演，首次将杂技剧纳入展演范畴，标志着杂技剧这一艺术形式已经得到杂技界的高度认可和赞誉。从十多年前我国第一部杂技剧——原广州军区战士杂技团推出的《天鹅湖》至今，中国已上演了百余部杂技剧。当代杂技流行的"讲故事"表演形式已成为毋庸置疑的事实。这是杂技探索从技术本体转向艺术化之路，不断寻求创新发展的必然结果。杂技剧的首创在广东，继《天鹅湖》的"肩上芭蕾"轰动全国乃至世界后，近年来各大杂技团又陆续推出了制作精良、技艺高超、反响热烈的杂技剧，如《西游记》（广杂）、《笑傲江湖》（广杂）、《心烧·眷恋》（汕头杂技团）、《旗帜·声息》（福永）、《化蝶》（广杂）等，尤其是2021年首演的大型当代杂技剧《化蝶》，一经

亮相，几经巡演，引起国内业界的广泛关注和评论，并受到观众的欢迎。杂技剧《化蝶》作为广东文艺界的全新力作，从经费投入到制作团队，从演出阵容到舞台呈现，从艺术家演绎故事到专家评论和观众口碑，都成为一个当代杂技界的现象级精品。大型杂技剧《化蝶》的成功有三个重要因素：一是讲好中国故事，以满足当代人的审美需求。《化蝶》注重挖掘传统文化的精髓，用杂技魔术的艺术手段重构了梁山伯与祝英台凄美浪漫的经典爱情故事，重新赋予"蜕茧化蝶"深刻寓意，表征一个生命从孕育、孵化、抗争到破茧而出、自由飞翔的过程，从而引发观众对生命个体意义的沉思。二是以杂技为本体，融合舞蹈和戏剧多元艺术门类。《化蝶》用戏剧的理念来整合表演，以杂技为核心架构故事，再巧妙融入舞蹈、哑剧、肢体剧、戏曲、默剧以及小丑等多种艺术形式，在营造写意、空灵、凄美的意境上形成一种多元艺术的互动和综合，并贯穿全剧始终，体现了中华优秀传统文化的审美高度，实现了当代杂技剧的创新。三是对传统杂技项目进行创造性转化，注重技术与审美的融合。总导演赵明在采访中谈到《化蝶》融入了32项中国传统杂技，重点以空竹、软功、蹬人、蹬伞、球技、绸吊、抖杠、软钢丝、钻箱、六人技巧为创意点，结合传统技艺和现代审美并加以创新，使传统杂技爆发出历久弥新的生命力。尤其是吴正丹、魏葆华夫妇的"肩上芭蕾"轻盈一跃，再度挑战人体的极限，把足尖从肩上置于头顶，以优美的身段，平衡的美感，将"化蝶"演绎得出神入化，将整个杂技剧推向高潮。

（五）首创大型杂技文化节目《技惊四座》，助力传统杂技文化"破圈"，收获广泛赞誉

2020年年底，广东卫视推出了全国首档大型杂技文化交流和竞演节目《技惊四座》，来自国内外顶尖杂技个人和团队分为30组，为观众呈现了近60场代表世界超高水准的杂技表演，通过四大赛段的激烈比拼，决出年度最受欢迎的"金牌杂技秀"。节目一经开播，就获得了优异的市场表现和观众口碑。"《技惊四座》第一季，十期节目平均收视全国排名第6位，单期最高全国排名第5位，累计收视人次1.8亿，全网传播声量高达22亿，微博话题

阅读量5.38亿，斩获全网114个热搜和热榜，全媒体报道总计近4800篇。"①被国家广播电视总局评为"2020年第四季度广播电视创新创优节目"。同时，《人民日报》、新华社、《光明日报》、《中国艺术报》和人民网、光明网、《广电时评》、《传媒内参》等各大媒体高度评价了《技惊四座》的艺术成就，对节目的创新创意、舞台技术的升级赋能以及真人秀的情感传递功能等方面进行了点评。一致认为，广东卫视的《技惊四座》是近年来文化类综艺节目的创新范本，它的成功"破圈"对当前"小众"的综艺门类节目具有启发意义。新华社："现代化综艺呈现和故事化言说表达，正在助力中国传统杂技艺术在全新舞台上展现新的活力。"《光明日报》："让传统与新潮相遇，让古老与青春携手，让经典与流行碰撞，'小而美'的垂直类文化综艺节目能够最大程度突破时空、圈层等外在条件限制，在新时代和大范围中崭露头角。"《中国艺术报》："这是一档'杂技+舞蹈''杂技+国乐''杂技+武术'的精彩综艺，助力杂技艺术成功破圈。由此可见，小众文化不是没有受众，而是缺乏一扇与年轻观众对话的'窗口'。"人民网："深挖文化精粹，创新节目样态，这档节目向更多人传递中华文化的艺术之美和思想之美，传递蓬勃向上的文艺力量。"②

（六）广东杂技工作者勇于担责，奋发有为，积极投身抗击新冠肺炎疫情的主题创作活动

自新冠肺炎疫情爆发以来，人民群众的生命健康始终牵动着广大杂技工作者的心。广东省杂协坚决贯彻落实习近平总书记关于新型冠状病毒感染的肺炎疫情防控工作的重要指示精神和中共广东省委宣传部广东省文联各项防控部署，积极响应中国文联、广东省文联发出的以"艺"战"疫"的倡议，号召全省杂技工作者行动起来，迅速投入到抗击新冠肺炎疫情的主题创作中，通过魔术、杂技短剧、杂技创意节目传播疫情防控知识，引导科学防

---

① 《〈技惊四座〉第二季招募令：集结杂技王者，打造传奇舞台！》，广东卫视，最后访问日期：2022年3月30日。

② 《总局点赞！〈技惊四座〉入选2020年第四季度创新创优节目》，澎湃新闻，最后访问日期：2022年3月30日。

疫，致敬英雄，鼓舞人民，驱散阴霾、温暖心怀、砥砺精神、增强信念。广大杂技工作者勇于担责，反应迅速，精心创作出一批具有岭南特色、广东特点的抗疫网络文化作品，积极传播正能量、弘扬优秀传统文化、鼓舞广大群众的抗疫信念。其中，广东省杂技家协会副主席、澳门魔术家协会会长翁达智创作了《白衣战士加油》《戴着爱》《最美逆行者，我想对你说，我们在一起！》等新作，如魔术《白衣战士加油》用四张空白扑克变出了"武汉加油"四个字，简单而动人；广东省杂技家协会理事黎承宗则用魔术《同心抗疫，我们都是一家人》传达"隔离病毒，不隔离爱"的主题，鼓励人们战胜病毒。澳门翁氏魔术师陆孟志的节目《心系武汉致敬白衣天使》讴歌了普通大众抗击疫情的感人事迹，借此凝聚人心，共同抗疫，为取得最后胜利而努力；知名警营魔术师秦国平也向广东省杂协投稿，其作品《粉碎谣言》将魔术表演与公安工作相结合，破除抗疫期间各种谣言，传递警营文化正能量；深圳竭力世界文化有限公司等创作的《武汉！加油》《病毒一定会被赶跑》《武汉必胜》等多部魔术作品也都展示了战"疫"必胜的信念和力量；广东省杂技家协会副主席杨杰创作的《武汉加油》以及张昱的《分离病毒，战疫必胜》、毛镇凯的《万众同心，抗疫必胜》、曾子健的《战·疫》、王熙文的《白衣天使！加油》、唐显栋的《为抗"疫"尽献绵薄之力》等作品，都从不同角度为抗疫加油鼓劲。这些作品在广东省网信办、羊城晚报社联合举办的"艺起战疫·广东文艺界在行动"主题活动、中国杂协"关于打赢疫情阻击战汇聚文艺正能量的征集活动"中，通过抖音、微信公众号、中国文艺网等平台得到了广泛的传播，极好地发挥了文艺战线举旗帜、聚民心的正面引导和宣传作用。

（七）文旅与杂技魔术演艺产品的结合——长隆和欢乐谷的品牌效应

2019年6月中旬，AECOM与TEA中旬发布的《2018全球主题公园和博物馆报告》显示："主题娱乐行业已经迈入成熟期，其作为国际发展、经济增长以及旅游业繁荣的核心引擎不仅被广泛认可，更是达到了全球一致的共识。中国内地数个主题公园入园人数大幅增长，例如珠海长隆海洋王国、广州长隆欢乐世界的年入园人数增幅均达到两位数，特殊节日、新景点开放和成功的市场营销策略对于客流增长均有贡献。"广州长隆集团、深圳华侨城集团是较早将杂技、魔术表演引入旗下主题公园演艺业务的旅游企业。作为广东最具竞争力的文化品牌，长隆走的是杂技旅游产业发展之路，在互联网迅速发展的形势下，采取更多元化的营销策略，注重演艺产品与高科技的融合，不断升级舞台、灯光、特效、服装、道具，打造"既吸睛又吸金"的高难度情景马戏演出，深受全国各地游客的欢迎。2019年港珠澳大桥投入使用，为珠海长隆海洋王国输送了大量游客。当前，长隆集团拥有广州国际长隆大马戏、珠海长隆海洋王国2个专业表演场。其中广州有7000个座位，珠海有5000个座位，节假日演两场，平时演一场，节假日上座率基本爆满，平时上座率也能达六成。年收入可达十亿元，引领了国际马戏创新发展。深圳欢乐谷，将国际魔术节引进园区，以"比赛+培育""交流+展演"模式，将魔术、杂技艺术与主题乐园行业深度融合，打造出独一无二的"欢乐谷国际魔术节"这一节庆IP，每年十一黄金周吸引了以万计数的游客。2017年魔术节期间，共计接待游客17万人次；2018年魔术节期间，共计接待游客20万人次；2019年，共计接待游客28万人次，整体呈逐年递增的趋势。据工作人员介绍，按深圳欢乐谷欢乐剧场1214个座位计算，每天1场，黄金周期间一共7场，上座率从最早的40%左右逐年上升至70%，人气最高时，观看魔术会的观众可达7000人。随着国家"一带一路"倡议和粤港澳大湾区发展规划的提出，这类魔术节品牌更成为文化沟通的桥梁，并能反哺欢乐谷运营实效，掀起主题乐园的狂欢热潮。

三、活动与交流

举办杂技魔术的赛事和交流活动，是推动杂技魔术事业出作品、出人才的重要举措。五年来，广东省杂协开展了较以往更为频繁活跃、类型多样的活动，推动魔术杂技事业的发展形成持久效应。这些活动与交流呈现以下几大特征：

（一）充分发挥互联网新媒体的宣传推介作用

五年来，广东省杂协成功承办了第十届和第十一届中国杂技金菊奖全国魔术、滑稽比赛，首届粤港澳大湾区（广东）杂技艺术周，第四届中国国际马戏节，精心主办了奇幻大师魔法之旅（第四届粤港澳台魔术交流展演），第五届全国大学生魔术交流活动，首届中国广东滑稽交流大会，改革开放四十周年杂技交流展演等，这些大型活动创新性地引入了微信投票、网络直播，使观众人数大幅增长，节目达到前所未有的热度。比如，第三届深圳魔术节活动通过现场观看、网络直播和媒体报道等方式呈现，惠及30万以上的市民。特别是疫情期间，互联网新媒介的作用进一步显现，杂技、魔术工作者在线上探索创作和展演实践，在一定程度上弥补了线下活动的缺失，促进了杂技、魔术艺术数字化发展。

（二）注重向魔术杂技文化创意产业周边扩展

形式多样、内容丰富的活动与交流促进了杂技魔术文化的传承与精品创作，但真正能够让杂技魔术文化长远发展的，还是要靠产业支撑。因此，广东省杂协多年来举办的活动呈现时间长、项目多、跨度广、影响大等特征，在提升活动学术性的同时，还非常注重挖掘文化创意产业周边的巨大潜力。五年来，举办2017年庆祝香港回归20周年粤港魔术交流大会，第七、第八、第九届广东高校魔术交流大会，"奇幻大师魔法之旅"魔术交流展演活动，2020首届粤港澳大湾区（广东）杂技艺术周等魔术杂技活动，这些活动都包含了学习班、研讨会、高峰论坛、魔术讲座、魔术沙龙以及道具产品展销、公益活动等，为魔术产业的发展搭建了交流平台，既催生了魔术作为科普教育辅助手段的流行效应，又激发了魔术文化创意产业的活跃度，对魔术整体业态发展也起到了积极的推动作用。

（三）以地域性交流助力人文湾区建设

2019年，党中央、国务院印发《粤港澳大湾区发展规划纲要》，提出了建设"人文湾区"的战略要求。近几年来，广东省杂技魔术的活动和交流紧紧抓住建设粤港澳大湾区重大机遇，充分发挥地域相近、文脉相亲的优势，发挥中心城市的辐射力和影响力以及对内陆的强大拉动力，在粤港澳大湾区的魔术艺术发展中主动发挥主导地位。2019年，在中国杂技家协会的指导下，广东省杂技家协会承办了"奇幻大师魔术之旅"魔术交流活动，助推粤港澳大湾区魔术事业产业进一步融合发展，共建人文湾区。活动还专设庆祝澳门回归20周年专场，来自翁氏魔术（广州）公司的魔术师精心编排的12个节目，用魔术呈现澳门回归以来的发展变化，共同塑造和丰富了湾区人文精神内涵。吴正丹、魏葆华携经典之作《肩上芭蕾》参与了"2019粤港澳大湾区艺术精品巡演"活动，在大湾区"9+2"城市群巡演，为增进大湾区民众的文化交流和友谊作出新的贡献。

（四）以文艺惠民为动力助推杂技魔术的发展

以当代百姓的审美趣味为关注点，是广东杂技魔术繁荣发展的动力。在举办活动和交流中，广东杂技工作者始终贯彻"二为"方向、"双百"方针和"三贴近"原则，积极践行"文化惠民"，结合当地群众的文化需求，深入工厂、社区、学校、农村等基层一线，持续开展"到人民中去"等文化惠民和文艺志愿服务。如在2019年春节期间举办的深圳国际魔术节，在惠民方面，开设了"魔术与幸福生活"魔术讲座，组织魔术表演嘉宾进入深圳市十个社区街道，开展了30场魔术系列活动，教授市民使用生活用品、DIY道具、专业道具等表演生活小魔术；"新春走基层"魔术专场演出扎根生活沃土、走进社区街道、服务广大市民，把喜闻乐见、形式多样的文艺演出送到百姓家门口。第四届中国国际马戏节延续文化惠民传统，组织中外精品马戏节目走近珠海和澳门市民，共举行了6场文化惠民演出，受到了当地市民的广泛好评。

（五）注重打造青少年高校魔术交流平台

作为中国魔术的南方重镇，广东在打造魔术演艺、赛事品牌时，尤其注重面向校园工作，广东高校魔术交流大会的常年举办，深圳国际魔术节、欢乐谷国际魔术节暨"欢乐谷杯"国际青年魔术大赛等的举办，培育了一批高校魔术爱好者、青少年魔术新生力量。比如说，深圳国际魔术节的创新就在于向青少年普及，将开幕式、闭幕式以及魔术道具嘉年华活动由深圳欢乐谷移到深圳市少年宫举行，免费向广大市民开放，吸引青少年的广泛参与，并每天发放200～300份魔术互动游戏纪念品。而作为这次活动的重要项目，第三届"金魔环"深圳国际青少年魔术交流大会自报名之日起，共收到来自中国、日本、韩国、马来西亚、泰国等56名选手报名参赛，参赛节目数量及节目质量较往年均有大幅提升，展示了青少年魔术爱好者的最新成果和水平，展示了魔术新生代的可喜发展前景。活动还创设了青少年魔术比赛与交流平台，培养了一批高水平的魔术爱好者、魔术观众和魔术艺术的未来之星。

（六）建设国际性高水平魔术活动品牌

广东省着力建设国际性高水平活动品牌，举办或承办活动的平台层次、品牌号召力、传播影响力位于全国领先位置，具有国际风范，如中国马戏节、金菊奖最高赛场、国际魔术比赛等。以中国国际马戏节为例，该赛事是由文旅部、广东省人民政府主办的中国国际杂技赛事，并与世界首个也是最具影响力的国际马戏节——摩纳哥蒙特卡洛国际马戏节缔约建立了"国际合作伙伴关系"，在世界范围内首创跨国、跨节马戏合作模式，并在双方各自举办的马戏节联袂演出，至今已连续成功举办6届。广东省主力推动的跨国跨节合作壮举，力图进行艺术无国界的交流推广，向世界展现了极具中国特色的杂技文化力量，为打造世界杂技艺术高峰创造了积极条件，该赛事也成为世界文化领域一个重要的文化符号。

（七）2017—2022年广东杂技主要赛事和活动

1. 2017年庆祝香港回归20周年粤港魔术交流大会

2017年6月24—25日，庆祝香港回归20周年粤港魔术交流大会在深圳欢乐谷隆重举办。来自中国内地及港澳台与国外的30余名魔术师，主要集中展示粤港两地正能量的优秀魔术作品，为广大市民群众和魔术爱好者献上一场"见证奇迹"的盛会。其间，还举办了"魔术走向世界"专家论坛及魔术大师联合讲座等活动，为中国魔术界及魔术爱好者的交流沟通搭建了良好平台。

2. 第七、第八、第九届广东高校魔术交流大会

2017年、2019年、2021年分别举办了第七届、第八届、第九届广东高校魔术交流大会，第七届与第九届大会均在广东东莞市清溪镇举行，第八届广东高校魔术交流大会暨粤港澳魔术竞演青年专场在广州、东莞举行。大会邀请到来自内地及港澳台和加拿大、日本、新加坡等地的著名魔术师，组成高

规格的专业评审团队，吸引了来自各省区市近2000名魔术师及魔术爱好者参加。在为期三天的交流活动中开展了高校魔术舞台比赛、魔术大师讲座、魔术沙龙、道具商大赛、魔术道具卖场等一系列魔术交流活动，不仅让高校青年魔术师得到锻炼和成长，为魔术爱好者搭建了魔术交流与学习的平台，也让市民百姓近距离欣赏了魔术的魅力，进一步拉近了魔术与普通民众之间的距离。

3. "丝路笑语" 2017中国·广东滑稽交流大会

2017年7月30日至8月2日， "丝路笑语——2017中国·广东滑稽交流大会" 暨正佳国际小丑节在广州正佳广场举办。来自中国、美国、日本、俄罗斯、乌克兰等的百余位滑稽艺术家为广州市民带来杂耍、默剧、魔术、高跷等一系列精彩绝伦的表演，有1200多万人次通过网上观看直播或点击活动视频。这是我国首个以"滑稽小丑"为中心主题的国际文化交流活动，为了促进滑稽艺术的发展，主办方还设置总额高达十万元人民币的"艺术发展基金"，并评出最佳传统幽默奖、最佳情景奖、最佳故事奖等十余个奖项。

4. 第四、第五、第六届中国国际马戏节

2017年、2018年、2019年在珠海横琴长隆国际马戏城相继举办了第四、第五、第六届中国国际马戏节，活动赛事由文化和旅游部、广东省人民政府主办，珠海市人民政府、广东长隆集团有限公司承办。一年一度的中国国际马戏节精彩纷呈，吸引了近20个国家或地区的25支世界级顶尖马戏团队同场献技，举行了多场正式演出，节目类型涵盖极限运动、空中杂技、滑稽小丑、大型魔术等。丰富了广大民众的文化生活。中国第四届国际马戏节促进了中外文化学习和交流，同时也促进了中国杂技艺术与国际马戏文化共同发展。

2018年第五届中国国际马戏节举办时，主办方还在珠海、香港和澳门举办了4场文化惠民演出。闭幕式结束后，11月24日至12月1日为本届马戏节优秀节目巡演时间，目的是为全球马戏优秀表演者提供更多开放的交流机会，全方位地呈现国内外高质量的马戏艺术作品。

第六届中国国际马戏节闭幕式上摩纳哥公国公主斯蒂芬妮·玛丽·伊丽莎白·格里马尔迪则亲临现场，并见证蒙特卡洛国际马戏节与长隆集团正式结成战略合作伙伴关系。两大马戏节的经典合作，精彩纷呈， "这是世界上最高规格和最高水平的马戏节"，蒙特卡洛马戏节副主席乌尔斯·皮尔兹在观看了第六届中国国际马戏节后评价道。他说，经过六届的成功举办，中国国际马戏节已成为世界马戏艺术家的试金石和大舞台，处于绝对领先的地位。这次与蒙特卡洛国际马戏节联袂演出，更将这个国际舞台推向了前所未有的高度。本届中国国际马戏节共有全球22个国家或地区、24支队伍、超过200位演职人员呈现世界顶级马戏表演，更首度与蒙特卡洛国际马戏节联袂演出，使第六届中国国际马戏节成为迄今规模最大、含金量最高的一届中国国际马戏节。

5. 第十、第十一届中国杂技金菊奖全国魔术比赛

2018年9月29日至10月5日与2021年5月1—5日在深圳举办了第十、第十一届中国杂技金菊奖全国魔术比赛。经过初评，全国共有24个魔术节目进入决赛，其中有广东省杂协推送4个节目。经过激烈角逐，广东辛亚飞的《扇之梦》，从24组决赛作品中脱颖而出，摘得金菊奖。

第十一届中国杂技金菊奖全国魔术、滑稽比赛则是中国杂技金菊奖首次将全国魔术比赛与全国滑稽比赛合并举办。来自全国各地的36个精品魔术与滑稽节目同场竞逐中国杂技金菊奖7个魔术节目奖、3个滑稽节目奖，广东共有5个魔术节目、3个滑稽节目入选总决赛。最终，由广东省杂技家协会选送，深圳辛宽魔幻杂技艺术团有限公司参赛的原创魔术节目《秘境》以全场最高分荣获第十一届中国杂技金菊奖魔术节目奖。

6. 2018年中国传统杂技（魔术）交流大会暨惠民演出

2018年12月8日晚，2018年中国传统杂技（魔术）交流大会暨惠民演出在东莞市清溪镇文化中心举办。活动邀请了国内多位绝技绝活表演艺术家、非遗传承人、魔术大咖等联袂出演，让现场观众在感受传统杂技、魔术魅力的同时，也接受了一场别开生面的非遗技艺熏陶。此外，大会为全省一批优秀个人、团体、组织举行了颁奖仪式，以表彰近年来在杂技、滑稽、魔术等方面对广东杂技所作出的贡献，包括青年魔术师、金菊奖（魔术类）获得者辛亚飞，在第十届鲁迅文艺奖的评选中斩获奖项的广州市杂技艺术剧院等。大会还为本次大会的演出嘉宾以及承办协办本次大会的单位代表颁发了纪念证书。

7. 2019深圳国际魔术节

2019年1月28日至2月28日，2019深圳国际魔术节在深圳举行。作为"深圳文化创新发展2020"重要项目和2019年"深圳城市文化菜单"之一的2019深圳国际魔术节，时间长、项目多、跨度广、影响大，期间开展了第三届"金魔环"深圳国际青少年魔术交流大会、"魔光耀鹏城"国内外魔术大师专场演出、第七届深圳"金魔童"少儿魔术交流大会、"魔术幸福生活"迎新春近景魔术表演讲座进小区、新春粤港澳魔术交流会、魔术文化历史图片展、嘉年华魔术道具展等十余项主要活动，为广大群众呈现了一台台精妙绝伦、流光溢彩的魔术表演。

8. 第三届深圳魔术艺术节

2019年6—8月，深圳魔术艺术节在深圳宝安举办。活动持续三个月，举行了包括国际魔术嘉宾表演、讲座、论坛，AMA亚洲魔术比赛，公益魔术进学校、社区等30多项形式多样的活动，来自中国、美国、意大利、法国、新加坡、西班牙、日本、韩国、泰国等20个国家和地区的40多名魔术大咖进行了交流、展演和传播魔术文化，受到广泛好评。本次魔术艺术节活动除了邀请粤港澳大湾区和"一带一路"沿线国家和地区的知名魔术师进行切磋交流，还对新中国成立70年来的部分优秀魔术节目进行集中展示，以此促进优秀节目、剧目等交流，让中国魔术更好地与国际接轨，提升了深圳魔术在国际的影响力。

9. 欢乐谷国际魔术节暨2019"欢乐谷杯"国际青年魔术大赛

2019年9月20日至10月7日，欢乐谷国际魔术节暨2019"欢乐谷杯"国际青年魔术大赛在深圳、北京、上海、成都、武汉、重庆、天津七城同时举办，共庆新中国成立70周年。活动邀请了"一带一路"沿线30多个国家和地区的70余位青年魔术师参加，根据魔术种类，分为逃脱类、手彩类、幽默类、一般舞台类和大型道具类共5组进行比赛，为广大观众带来喜闻乐见的艺术享受，营造欢乐祥和的节日气氛。

10. 中国杂技家协会青年魔术人才培训班

2019年11月17—23日，由中国杂协主办，中国文联杂技艺术中心、广东省杂协、深圳市杂协承办的中国杂技家协会青年魔术人才培训班在深圳市宝安区竭力世界魔术文化创想中心举行。培训班邀请了知名魔术师、行业协会和专业魔术从业人员等共同参加，并安排专业魔术名家讲师将自己的魔术技巧及表演感悟分享给学员，推动中国魔术艺术的发展。

11. "奇幻大师魔法之旅"魔术交流展演活动

2019年11月23—27日，"奇幻大师魔法之旅"魔术交流展演活动在广州、东莞举办。活动以高端魔术展演为桥梁，邀请我国多位绝技绝活表演艺术家、国家级非遗传承人、魔术大咖联袂出演，其中包括国际魔术师协会中国分会主席翁达智，金菊奖金奖、文华奖得主辛亚飞，亚洲魔术冠军、金菊奖金奖得主朱明珠，国家级非物质文化遗产口技项目代表性传承人方浩然等给观众呈现精彩节目，带领现场观众领略了一场奇妙的魔法之旅。活动还设有魔术家庆祝澳门回归20周年专场活动，讴歌了澳门回归以来的繁荣昌盛和人人安居乐业的幸福感。此外，还举行了探讨广东省杂技家协会发展方向座谈等活动。

12. 2020首届粤港澳大湾区（广东）杂技艺术周

2020年11月19—22日，首届粤港澳大湾区（广东）杂技艺术周在深圳举办，除粤港澳大湾区的团队广泛参与外，来自河北、河南、山东、陕西、江苏等省份的共20个参演团队参与交流演出。在开幕式暨粤港澳大湾区精品杂技综合晚会后，还推出了粤港澳杂技魔术节目交流活动、嘉宾杂技艺术论坛、中国杂技成果70年回眸展、杂技魔术道具展销会、精品杂技进基层、杂技艺术科普学堂、闭幕式暨获奖精品杂技专场表演共8大项、26场次活动，为推动大湾区杂技事业和产业的发展营造了浓厚氛围。

四、问题与思考

盘点2017—2021年，广东杂技、魔术可谓亮点突出、成绩斐然，但繁荣发展的背后也存在可能关系到更好实现可持续发展的问题，给我们留下了思考与破局的空间。

（一）期待省政府成立艺术基金，加大对杂技、魔术精品的资助和扶持

改革开放40多年来，广东杂技一直活跃在海外演出一线，是广东省最早

走出国门，获奖数量最多的艺术品种。近年来，广东杂技在国家艺术基金和相关政策的扶持下取得骄人成绩。2018年，深圳魔术师张昱的《时空旅行》在《中国杂技家协会关于扶持资助国内优秀节目参加国际杂技比赛暂行办法》中的"体制外魔术师参加重大国际魔术比赛经费扶持"项目扶持下，获得第二十届FISM世界魔术冠军；2021年广州市杂技艺术剧院打造的大型当代原创杂技剧《化蝶》也曾得益于获得中国文联人事部、中国文联文艺研修院成立的"中国文联全国中青年文艺领军人才重点扶持项目"的资助扶持，作品从项目评审到结项、演出等环节，都得到专家的指导并不断修改打磨。

对应国家艺术基金对广东省杂技、魔术的创新发展的推动作用，广东省政府层面对杂技、魔术的重视程度还不够，资金扶持力度仍有待加强，尤其缺乏对"两新"杂技人才具体而微的帮扶举措。事实上，杂技同粤剧一样，都是中华优秀传统文化的代表，为广东省"文化强省"建设赢得了无数的荣光。当杂技的发展面临困境时，省级政府的支持将直接关系到这门艺术的未来发展走向。期待省政府参考国家艺术基金的做法，对杂技、魔术艺术门类设立专项扶持资金，评选确定重点扶持项目，并配备专家指导小组对扶持项目进行跟踪指导，打造一批具有示范效应的优秀杂技品牌，推出一批思想性、艺术性、观赏性俱佳的优秀杂技剧，使杂技、魔术在推动广东演艺事业发展、满足人民群众多层次文化需求方面发挥更加重要的作用。

（二）杂技剧存在的突出问题

杂技剧是当代杂技发展的潮流、趋势，扩大了杂技的文学意蕴和表演空间，相比单一的杂技节目和主题晚会更受当下市场的欢迎，但也暴露出一些问题。如何使杂技表演与剧情和谐地融为一体，成为现今杂技剧亟须解决的根本性问题之一。主要表现在个别杂技剧的创作始终从技巧本身出发，注重完整杂技技巧"惊险奇难"的挑战，但在编排方面缺乏文学文本和戏剧因素的深度考虑，其效果往往是技巧营造的紧张感，停留在对观众视觉的刺激上，容易流于"秀技巧""秀场面"，与希望用杂技动作推动故事情节发展的初衷相背离。二是由于现有杂技演员综合表演能力欠缺，一旦进入戏剧性较强的杂技剧目，往往会出现用杂技本体语言难以较好塑造人物和传递角色的心理活动，而此时舞蹈的作用又会被放大，反过来在一定程度上弱化了杂技的难度和观赏性。三是将杂技节目打造成为真正的"剧"，编剧的作用非常重要。当前杂技剧大多由舞蹈、戏剧等专业编导负责编排，这就意味着懂杂技的人不会编剧，懂编剧的人不一定懂杂技，很难确保编剧能充分了解各个杂技节目的特点及每个动作的组成，让动作成为为"剧"服务的对象。最终导致杂技剧出现戏剧化或者舞蹈化的倾向。

（三）杂技"两新"团体和个人的发展困境

广东杂技工作者以新文艺群体居多，他们活跃在各大民营杂技团，或类似长隆、欢乐谷等集团公司。原来的杂技艺术院团，因为改制重组，也从事业单位转型为自主经营的市场主体，杂技工作者的身份随之改变，实质与新文艺群体无异，同样面临着职业发展的瓶颈问题。比如一方面，杂技人才培养周期长，投入成本高，但杂技人的职业生涯却很短。又因为缺乏相应的职业评定，或者专业文凭，很多杂技工作者在户籍管理、转岗就业等方面仍面临不公正待遇；杂技新文艺群体薪酬待遇普遍偏低，物质生活基础难以保障，致使大批优秀演职人员相继流失，继而又造成人才的严重断层；加上长时间高强度的训练，杂技演员难免经常出现伤病现象，而目前没有健全的伤残保障措施，不利于人才队伍的稳定和健康发展，结果将导致杂技人才的引进工作困难重重，出精品、出人才更是难上加难。另一方面，由于资金欠缺等先天不足，聚集了"两新"人才的民营杂技院团往往在剧目创作、排练演出、人才培养等方面感到捉襟见肘，经常面临好的创意剧本买不到，大型排练场地无力承租，甚至演员队伍不稳定等诸多困难，这些都严重影响了杂技、魔术创作的发展繁荣。

（四）杂技、魔术艺术理论研究薄弱

一直以来，广东杂技、魔术理论研究基础薄弱，与创作的繁荣发展形成巨大的反差。近年来，广东省杂技家协会承办了各类国际论坛、专题研讨会等，整体推进了杂技理论的普及，在事业发展层面起到了很好的促进作用。可是迄今为止，全国范围内，杂技、魔术教育基本没有纳入高等教育体系，没有专门的杂技艺术研究机构，再加上杂技专业性强、杂技从业人员学历水平较偏低等客观因素，致使杂技理论人才极度匮乏，许多研究领域尚未开拓。体现在一是缺乏对基础理论的研究。在杂技、魔术本体、杂技、魔术发展史、杂技家、魔术家的个案研究等方面的研究不够。二是理论研究长期滞后于创作实践，表现在对杂技、魔术的创作潮流、现象的反应迟钝，缺乏及时的理论介入和批评。因此，当前广东杂技理论研究的困局应引起业界的关注，积极引发艺术研究机构和高校学者对杂技、魔术作理论探讨和深入研究，引导和培养更多专业理论工作者加入，进而扩大杂技、魔术的文化传播和影响力。

五、趋势与前瞻

（一）网络直播将成为助推杂技、魔术发展的新增长点

作为一种新兴传播模式和视觉文化，网络直播受到越来越多网民的青睐。尤其是新冠肺炎疫情以来，网络直播突破了时间和空间的限制，在传播方面更是发挥了巨大的作用。据中国互联网络信息中心发布第48次《中国互联网络发展状况统计报告》数据显示，截至2021年6月，我国网民规模达10.11亿，网络直播用户规模达6.38亿，占网民整体的63.1%。其中，泛娱乐直播行业移动用户规模已超过3亿人，可见网络直播越来越成为受欢迎的传播手段。在我国现有的300多家直播平台中，文艺类等内容受到网民的关注持续增加。文艺在重视传统媒体宣传的同时，呼应"互联网+"发展趋势，开展网络直播。杂技、魔术也不例外。广东省杂协举办第十一届金菊奖全国滑稽大赛等重大节庆赛事，通过网络平台进行全程直播；开展的粤港澳精品魔术网络展演等活动，既突破了现有的时空限制，也改变了传统的观演模式，使得观众人数大幅增长，使优秀作品传播力度空前，取得良好的社会效益。如今，杂技、魔术的各大赛事、展演、培训、活动和交流等也将持续运用数字文化资源，采取网络直播的方式，通过线上互动传输等多种手段培养观众、惠及网民并扩大影响力。未来，广东杂技、魔术将加强与网络直播平台的深度合作，积极尝试形式和功能多样的直播模式，如直播+网综、直播+电视、直播+IP、直播+点播、直播+VR、直播+电商等多种互动模式，并广泛运用于评奖办节、教育培训、宣传推介、选秀推星等方面，甚至能很好地

带动影视、动漫、游戏、图书等衍生产业链的开发，成为助推杂技发展的新增长点。

（二）新时代杂技魔术界"文艺两新"人才大有可为

习近平总书记在中国文联十大开幕式上的重要讲话中强调，要加强对新文艺组织、新文艺群体的团结引导，把千千万万文艺从业者、爱好者凝聚起来，不断增强组织吸引力。五年来，广东省文联系统和各文艺家协会不断深化对"文艺两新"工作现状的战略判断和清醒认识，将团结引领"文艺两新"摆上重要日程，通过深入调查研究、创新工作机制、扩大组织覆盖、加强教育培训、搭建服务平台、强化行业建设等多方面措施，进行了初步的探索。据不完全统计，广东"文艺两新"人员数量庞大，活力旺盛，已成为文化市场主体的新生力量、公共文化服务的有生力量、传承优秀传统文化的社会力量。目前，全省有文艺类社会组织31万多个，其中新文艺群体约78768个，体量数量庞大，居全国前列。其中，广东的杂技、魔术工作者以"两新"人才居多，主要活跃在各大民营杂技团、道具研发生产企业或者类似长隆、欢乐谷的文旅集团公司等。随着各级文联对"文艺两新"工作的重视和积极实践，广东杂技、魔术的"两新"工作也取得了一定的成效。如近年来深圳市文联以品牌为抓手，为广大"文艺两新"群体提供展示空间和平台。宣传文化事业发展专项资金不设门槛面向"文艺两新"开放，在原创研发、文艺作品创作生产、重大文化创意活动等20多个方面对"文艺两新"予以资金资助、补贴或奖励，每年约有100万元文艺志愿服务经费面向"文艺两新"采购。在这一政策的带动下，2021年在深圳举办的第十一届中国杂技金菊奖全国魔术比赛、全国滑稽比赛，参加初评的59个魔术节目中有44个节目属体制外杂技团体或个人参赛，占比74.6%；26个滑稽节目中有13个节目属体制外杂技团体和个人参赛，占比50%。单从参赛节目数量上看，新文艺群体魔术、滑稽节目和个人参赛节目占比为历届之最，体现出近年来新文艺群体的蓬勃发展态势和可喜进步。可见，"两新"人才已经成为繁荣、兴盛我省杂技、魔术艺术的重要力量。在2021年年底召开的第十一次文代会的开幕式上，习近平总书记再次重申了加强对新文艺组织、新文艺团体的重要性，广东省文联、省杂协将延伸工作手臂、扩大工作覆盖面，进一步加大对"文艺两新"工作的重视，并持续从机制探索、教育引导、文艺创作、学术研讨、资金扶持等方面作出有益探索，加大优质文化产品创作供给，更好地满足人民多样化文化需求，必将极大地推动"文艺两新"人才有更大、更多的作为。

（三）用杂技讲好中国故事未来可期

中国文联第十一次全国代表大会、中国作协第十次全国代表大会于2021年12月14日在北京开幕。习近平总书记在会上发表重要讲话，给广大文艺工作者提出五点希望，其中之一就是"用情用力讲好中国故事，向世界展现可信、可爱、可敬的中国形象"。今天，中国越来越走近世界舞台中央，世界需要了解中国，中国需要世界理解，需要我们共同讲好中国故事。杂技，作为最早走出国门的艺术，在对外交流展示中国形象和中国精神上一直起着举足轻重的作用。正如中国文联副主席、中国杂协主席边发吉所说："在中国大国外交徐徐展开的平台上，中国杂技已然发展成为沟通中外的重要艺术桥梁。中国杂技人与时俱进、追求卓越，使得中国杂技焕发出勃勃生机，无论是技术难度、艺术表现力还是现代声光电的运用都进入了一个新的时期。'国之交在于民相亲，民相亲在于心相通。'中国杂技作为一门最贴近生活、最具有开放品格的艺术门类，一直是国家对外文化交流的重要参与者和贡献者。对促进民心相通、文化相融，乃至世界和平发挥着重要作用。"当前，用杂技讲好中国故事，表现中国精神内核，仍然是杂技文艺工作者的本职工作，也是时代赋予的重要责任。一是改编中国经典故事的杂技剧仍是创作的主要方向。纵观广东杂技发展历史，很多优秀的杂技剧都是由经典文学改编而来，像《西游记》《笑傲江湖》《化蝶》等杂技剧，都是在经典原著的基础上对剧情和人物进行大胆创新，通过杂技这一世界语言的再创造，形成全新的视觉形象。改编传统经典故事的杂技剧，其好处是既利用了观众所熟悉的题材，在宣传上更加便于被观众所接受，又创新性地演绎了我国的民族文化，也显示出杂技艺术对传播民族文化的独特作用。二是打造以中国梦为引领的原创杂技剧。除了厚重的中华传统文化强大的吸引力，中国现当代波澜壮阔的历史变革和经济社会发展都可以为杂技的创作提供取之不尽的素材。如果杂技编剧能从中择取最能代表中国变革和中国精神的题材进行编创，也必能创造出深入人心的精品佳作。其中，报告剧《心烧·眷恋》的尝试启人深思。它以报告剧的艺术思维，生动诠释了20世纪以来潮汕人的奋斗史，表现了潮汕人热爱祖国、勇于开拓、敢为人先的可贵精神和热心家乡建设、心系祖国发展的家国情怀。该部杂技剧配合党和政府举办的各种大型对外交流活动中演出，为增进与世界各国文艺交流作出了积极的贡献。它的成功启发着创作者要以更深邃的视野、更博大的胸怀、更自信的态度，展现新时代的伟大变革实绩和精神面貌。总的来说，如何结合时代背景和人文精神，让中国经典故事和原创故事以杂技的形式重现生机，是当下杂技剧创作者们亟待探讨的问题并寻求解决方案。

（四）进一步加强杂技魔术理论研究力度

当前，广东杂技、魔术的创作随时代发展变化呈现出百花齐放的景象，这一繁盛的创作格局为研究者提供了丰富的素材和观摩体验，为进一步的理论研究和著述打下了坚实的基础。中国杂协常年持续不断地在全国各地举办杂技、魔术的理论研讨、专题论坛、人才培训和研修等活动，既推进了杂技、魔术理论的普及，又有助于从业者提高理论水平，为杂技、魔术的理论建设奠定了人才基础。在广东杂技、魔术理论面临没有高等教育和专门研究机构这一现实面前，应充分利用上述活动模式，进一步加强广东省杂技、魔术的基础性研究工作。同时，应积极关注广东杂技、魔术事业发展实践，重视回答当下广东杂技、魔术的创作问题、产业发展问题，积极发出专业性、学理性、建设性的声音。还要对成功的艺术实践进行经验性总结，并凝练成理论高度，形成理论与实践的良性互动局面。

协 会 专 家：吴正丹

报告负责人：燕列松

主 笔 人：尹 力 陈灵犀

12 广东民间文艺发展报告

【引言】

2017—2022年以来，广东民间文艺的发展走势呈现出百花齐放、绚丽多姿的特点，坚持在传承中保护、在传承中创新，工作紧贴时代脉搏，以人民为中心。五年来，为加快民间文艺发展，广东先后出台《广东省建设文化强省规划纲要（2011—2020年）》《广东文化强省建设十项工程》《广东省非物质文化遗产保护条例》等一系列政策法规和措施，强力推进文化建设顶层设计，为民间文艺及"非遗"保护工作灌注了巨大推力。

五年来，广东省民间文艺家协会岭南民间文艺研究院组织策划了众多重大活动，如岭南民俗文化节、中国民间艺术节、中国民间工艺博览会、中国民间文艺山花奖颁奖盛典及各类文艺比赛，致力于将民间文艺全面融合在经济社会发展的新格局中，进一步发掘民间文艺的艺术魅力和经济价值。在发展和创新的时代要求之下，广东民间文艺也呈现出新的气象，诞生了众多构思新颖的优秀作品，新的文化现象和优秀作品融合了时代的新元素，打造出具有岭南文化特色的城市名片，进一步扩大了民间文艺在当今文艺界的影响力和传承力。在体系建设方面，广东省民间文艺家协会着重从理论、交流和平台等方面进行体系的完善，积极开展广东传统特色民间文化的调研工作以及汇集学者专家举行研讨会、编纂书籍，深化理论研究和保护记录民间文化遗产；同时以办展、办比赛、开展培训教育、调研等形式促进广东民间文艺与其他地区的文化交流，同时促进广东民间文艺"走出去"，扩大其影响力；此外，还积极创新民间文艺的传播机制，通过各类艺术节、博览会、论坛与刊物以及和社区、研究机构、协会和博物馆之间的互动，为广东民间文艺提供了众多的推广平台，提高传播影响力。在新时代的语境下，广东民间文艺的继承、创作、发展、融合和创新越发表现出蓬勃的活力。传统工艺、"非遗"项目以及民间文艺作品在融合了传统与现代的精神后，也呈现出欣欣向荣的景象。

一、根植群众，传播传承

"文化兴国运兴，文化强民族强。"民间文艺根植于人民群众，渗透在群众的方方面面。五年来，广东省民协紧贴重大时事，坚持以人民为中心，积极组织"我们的节日""民间文化进校园""送欢乐下基层"等文化惠民活动和文艺志愿服务。在文化强国战略的大背景下，五年来广东省民协举办了多次文化交流会和文化节、民俗节，特别是岭南民俗文化节、广东省麒麟文化节等活动已成为民协的品牌项目，极大地推动了广东民间文艺与"非遗"文化在群众中的传承和发展。

（一）紧贴时事的重大活动

2017年，为庆祝中华人民共和国成立68周年与喜迎党的十九大胜利召开，广东省民间文艺家协会、广东省美术家协会主办了"喜迎党的十九大胜利召开——广东龙门农民画展"，共有46件农民画作品参加展览，体现了广东省农民画近年来的发展现状与水平，展现了美丽家园、建设新农村等时代主旋律。同年，首届粤港澳大湾区民间艺术展在深圳宝安开幕，来自粤港澳大湾区城市群的11座城市的艺术名家汇聚于此切磋、交流、研讨，并展出了广州的骨雕、木雕、玉雕、广彩、广绣；深圳的铜雕、香港的广彩、澳门的猛犸牙雕、珠海的微写陶瓷、佛山的石湾公仔、惠州的陶瓷、东莞的扎作、中山的红木家具、江门的茅龙笔、肇庆的端砚以及宝安的棉塑等城市的特色民间艺术作品。"政治是骨骼，经济是血肉，文化是灵魂。"粤港澳大湾区是我国迈向伟大复兴的一个新的增长点，也是新时代推动形成全面开放新格局的新举措，是推动"一国两制"事业发展的新实践。此次民间艺术展，对于如何保留互通的岭南文化以及促进今后大湾区文化建设具有非常重大的意义。

2018年，为贯彻落实党的十九届四中全会精神，进一步弘扬优秀传统文化，第三届广东省民间文化技艺大师作品展在华南师范大学石牌校区图书馆一楼文化艺术空间开幕。此次活动既是我省民间艺术高水平、高规格的一次展览，也是广东省民间文艺家协会与华南师范大学再次联手共同策划的民间文化活动。展览展出了民间工艺者从艺四十多年的精湛之作，囊括了刺绣、玉雕、榄雕、剪纸、广式家具制作、彩瓷、农民画、木雕、泥塑等60多件精彩民间艺术作品，深具岭南民间特色和时代气息。

2019年，为庆祝中华人民共和国成立70周年，全面展示连南瑶族自治县成立以来取得的巨大成就，由中国民协、广东省民协、中共连南瑶族自治县委员会、连南瑶族自治县人民政府主办的第十一届连南"盘王节·耍歌堂"瑶族文化艺术活动在县城顺德文化广场隆重开幕。本次活动充分展示了极具特色的瑶族习俗文化、连南百里秀丽山水风光等生态连南、特色连南的美好形象，为来自五湖四海的游客献演一场魅力独特的连南瑶族文化艺术盛宴！此外，广东省民协还积极组织"送欢乐下基层"走进岭南活动，中国民协志愿服务小分队走进广州、深圳等15个地市，期间还举办了40场"岭南文化大讲堂"讲座，极大丰富了群众的文化生活。

2020年，新冠肺炎疫情来势汹汹，广东省民协及时发布"抗疫情，传真情"广东民间文艺作品主题创作征集通知，呼吁和引导全省民间文艺家积极开展主题创作。广大民间文艺工作者迅速行动起来，创作了近千件作品，其中包含了217件剪纸、农民画、刺绣、泥塑、艺术陶瓷、花灯等类型的民间工艺作品，349首民间文学、说唱作品（咸水歌、客家山歌、童谣、灯谜等）以及儿童画、诗歌、朗诵等其他类别的文艺作品。在此基础上，编纂成《广东民间文艺工作者抗"疫"作品集》。

2021年，为庆祝中国共产党成立100周年，促进中华优秀传统文化传承与发展，展示广东省剪纸艺术的精品和成就，省民协与省美协主办了"奋斗百年路启航新征程"——第三届广东省剪纸艺术作品展，一方面热情讴歌了建党百年来的时代变迁和岭南大地的巨大变化，另一方面也让剪纸艺术更加深入民间，为人民群众所熟悉。

（二）在群众中传播、传承

2017年，由中国民间文艺家协会、中共广东省委宣传部、国家海洋局宣传教育中心、广东省海洋与渔业厅、广东省文联、中共茂名市委、茂名市人民政府联合主办"南海（茂名博贺）开渔节暨第五届岭南民俗文化节"活动，以当地传统的民间祭海仪式为基础，集中调集、展示省内各地精彩的民间文化资源。活动包括岭南民俗文化节开幕式、南海开渔节仪式、海上丝绸之路与岭南文化高峰论坛、开渔节民间祭祀活动、沙滩民歌会、岭南传统民俗大舞台、茂名旅游手信展示、广州全国青苗画家"海上丝绸之路"茂名写生创作活动等，推动了广东海洋民俗文化、冼太文化的保护和传承。同年8月10日至14日，中国（广东）民间工艺博览会暨第十届广东省民间工艺精品展在广交会展馆举行，展品涵盖了陶瓷、刺绣、蜡染、木雕、牙雕、玉雕、剪纸、广彩、瓶内画、木刻画、手工扎作、红木家具等50个门类的手工艺精品，让人民群众充分体验到原生态的非物质文化遗产及民间工艺美术的同时，还能与民间艺人一起亲手参与创作，领略中华民俗传统文化的独特魅力。同年10月31日，为大力弘扬中华优秀传统文化，发挥传统节日的思想熏陶和文化教育普及功能，中国民间文艺家协会、广东省民间文艺家协会在广州市番禺实验中学举办了"我们的节日·重阳节"民俗文化进校园宣讲活动，以"重阳文化复兴：历史、现状、路径"和"现代使命：中华民族优秀传统文化与特色文化的传承、保护与重建"为主题，结合传统节日，对学生开展传统文化，其中特别普及和教授"孝"道文化，以引导学生们孝顺父母、尊敬师长。

2018年，省民协相继举办了第二届广东省泥人节、广东省第五届麒麟文化节以及第六届岭南民俗文化节等活动。第六届岭南民俗文化节在中山市小榄镇举办，以"岭南风华，大美中山"为主题，民俗文化节的各类活动以

"2+8+N"的内容形式呈献，来自广东省内各地市、港澳台地区、全国各地甚至海外的60余种岭南传统民间艺术团队汇聚一堂、集中展演，充分展示岭南地区开放包容、兼收并蓄的文化特质和岭南民俗文化千姿百态的多元品格，吸引了几万群众参与活动。进一步挖掘和深入民间文艺的内涵，凝练民间文化的核心价值，引领社会风尚，对弘扬和复兴民族优秀文化产生积极影响。

2019年，为贯彻落实习近平总书记2019年全国两会重要讲话精神和《粤港澳大湾区发展规划纲要》"扩大岭南文化的影响力和辐射力"的具体要求，传承中华民族优秀传统文化，发展岭南文化，促进粤港澳大湾区文化事业繁荣发展，由广东中华民族文化促进会、广东省民间文艺家协会主办，广东音乐曲艺团有限公司协办，广东黄俊英艺术有限公司、黄俊英艺术中心共同承办了"粤港澳大湾区粤语相声小品大赛"，这次比赛不仅进一步促进粤港澳大湾区语言艺术交流，推动粤语相声、小品艺术的发展，传承粤语文化，还提高了大湾区民众尤其是青少年对岭南文化的认同感和归属感，坚定文化自信，共同推进中华优秀传统文化传承发展。

2019年与2020年，为弘扬岭南优秀传统文化、传承花灯民俗，由中国民间文艺家协会、广东省精神文明建设委员会办公室、广东省文学艺术界联合会、兴宁市人民政府联合主办的第七届、第八届广东省花灯文化节相继在梅州兴宁市开幕，花灯文化节不仅集中展示了全省各地特色花灯文化风采，有利于推出地域文化品牌，发掘、保护和传承民间艺术精华，还营造了家庭和睦、安定团结、欢乐祥和的节日氛围，让广大群众在新春佳节享受到传统艺术的魅力，进一步弘扬中华民族优秀传统文化，丰富人民群众的精神文化生活。

二、新现象和新创作

在社会和时代主旋律的激荡下，近五年来（2017—2021）广东民间文艺及非物质文化遗产的走势状况，颇具新质新意，呈现新面貌、新动向，也代表了岭南文化的新律动，奏响新时代文化发展共鸣曲。

（一）新现象

一是在城市发展中择机创新。在老城区的改造中，推行"微改造"理念，用"绣花"的功夫，保护民间"非遗"建筑，充分挖掘老城区潜在的资源和优势，保护和修缮文物古迹、文化遗产，以保留住城市原有的历史肌理和个性，如佛山祖庙、禅城石头村、广州永庆坊等古老的民间建筑都通过"微改造"技术使其原始风格得到了最大的留存和保护。在新城区建设中，则着重挖掘和移植传统文化因素，开辟新时代民间文艺和时尚元素融合的新路径，以创新带动发展，刺激新的经济增长点，譬如，饮食、娱乐、休闲、旅游、会展、购物消费等。

二是在乡村振兴中同步开发。各地依托地域和传统文化的优势，重视岭南祠堂文化在乡村振兴中的作用，结合精准扶贫、特色农业、文化生态、传统手工艺、文旅游径等方面的开发，大力促进乡村文化和"非遗"的保护，探索新路。譬如特色农产品、农家乐、农贸集市、风情旅游、民俗节日、民间医药、粤菜师傅、刺绣、雕塑、端砚、陶瓷、茶业、香文化、祠堂寺庙文化、乡村景观文化等，使其结合时代的多元文化，与百姓群众的生活融合，成为百姓消费品和日用品，进入千家万户。

三是在文化建设中乘势而上。这几年，广东各地在文化机制、文化基础设施建设方面加强了力度，"非遗"保护也乘势而上，取得显著成绩，各地文化站、"非遗"工作站建设逐步实现全覆盖，基础设施进一步完善和加强，广州、深圳、佛山、梅州、潮州、汕头、湛江、江门、肇庆、韶关等地尤为突出。2018年，中共广东省委、广东省人民政府决定将广东美术馆、广东非物质文化遗产中心、广东文学馆"三馆合一"，同一选址、同一建筑，合并建设，总面积13.8万平方米，总投资23亿元，建成后免费开放，每年可接待参观人数在250万以上。2019年，经过招标，该项目落地广州市荔湾区白鹅潭，预期将于2022年开馆。"三馆合一"具有引领作用，标志着广东的文化建设迈上一个新台阶，也是民间文艺和"非遗"保护的一个重要导向。

四是作为互联网平台的"热点"文化出现。岭南的民间工艺和"非遗"文化有着独特的艺术魅力和历史价值，成为各种互联网媒体平台追深讲细的

"热点"所在，抖音、快手、微博、视频号等各类媒体视频博主日常为粉丝解说岭南的工艺文化、建筑文化、民间老手艺以及历史故事，通过粉丝的转发与传播，无疑扩大了"非遗"影响力及传承力，并深度融入虚拟经济市场，产生了应有的价值。

五是做好对外交流，促进国际融合。广东各地也依托天时地利人和的优势，利用"一带一路"和近海、近大湾区、近特区、近边境的有利条件，开辟新路径，开阔国际视野，将岭南的民间工艺和"非遗"文化推向世界，走向未来，实绩耀眼。在上级部门的指导和大力支持下，广东省民间文艺家协会充分发挥主导作用，联合各个民间艺术团体，将粤剧、粤曲及岭南传统节日习俗持续推广到海外华侨群体之中，并建立良好的互动渠道，不断强化国际融合机制，走势喜人。2017年是中英建交45周年，为增加中英两国的友好往来，促进两国文化艺术的互动交流，在广东省委宣传部的大力支持下，应英中国际友好交流中心邀请，省文联、省民协于2月3日至11日组织广东省民间艺术团赴英国进行艺术展演及文化交流活动。艺术团组织了省内特色传统民俗表演项目如粤剧、瑶族长鼓舞、瑶族民歌、麒麟舞等一行29人的演出团队，赴朴茨茅斯参加第二届英中国际文化艺术节暨中英建交45周年演出活动，同时与南安普顿、布里斯托等城市的侨胞们进行春节大联欢，并与当地大学、民众和华人社团进行了深入交流。演出所到之地受到了大家的好评，同时也让英国的民众通过这些文化交流活动，进一步认识真实的中国，了解一个充满活力的广东，让海外华侨充分感受到亲切的祖国家乡味。2018年12月，在中国民协组织下，由广东省民间工艺家组成的中国民间文艺小分队赴台湾进行了为期八天的民间文化交流活动。此次交流活动充分展示了大陆地区近些年在非物质文化遗产保护、传承方面取得的可喜成绩，更是把祖国民间艺术的瑰宝带到了台湾校园，让台湾同胞特别是台湾青少年深切感受到两岸文化同宗同源、一脉相承的历史渊源。活动充分体现了海峡两岸民众对中华传统文化的认同与热爱，使两岸人民找到更多的共同语言和更多的文化认同，为两岸文化交流架起了一座友谊的桥梁。

（二）新创作

近年来民间文艺的创作，融合了传统与现代的精神，呈现欣欣向荣的景象。五年来，雕刻、雕塑、泥塑、刺绣、绘画、剪纸、插花、石艺、根艺、陶瓷及其他传统手工艺在新时代语境下表现出蓬勃的活力，其中一些优秀的民间文艺作品也摘得了全国民间文艺最高奖——山花奖。

如"第十四届中国民间文艺山花奖·优秀民间工艺美术作品"得奖作品——佘可燕、康惠芳、余远鋆的潮绣作品《岁朝清供》（2019年）与胡堂山、钟秀琴的核雕作品《深圳之春》（2019年）。《岁朝清供》取自传统文人酷爱的吉祥画材，主幅蟠龙环瓶绕，花魁满堂香；侧幅博古彩瓶，花木争妍。整体构图饱满，色彩绚丽，技法精湛，极具创意。而《深圳之春》则以深圳改革开放巨变、粤港澳大湾区、响应中央提出建设中国特色社会主义先行示范区为主题进行创作，每个核雕直径2.2厘米，长4.5厘米，合计重量仅200克，见微知著，小橄榄核上描刻着从山海之城到鹏城之春的恢弘史诗。此外，在民间的陶瓷雕刻绘画艺术方面，还有第十三届山花奖获奖作品范安琪的陶瓷作品《戏曲人物》（2018年），以国粹京剧人物为题材，运用石湾瓦脊公仔的精髓及雕塑语言，融入泥塑手法，将京戏之唱、念、做、打，戏剧人物中的一颦一笑、一招一式，展现得栩栩如生，尽显风骨和功夫。丁维桂、罗晓琳的棉塑作品《草原牧歌》（2019年）获第十六届中国人口文化奖民间艺术品奖，其用棉花纯手工塑造了藏族牧民的生活景象，讴歌了草原人民融入自然、努力生存、热爱生活的美好追求。王汉池的农民画《客家山歌农民画组画》（被誉为"会唱山歌的农民画"）、庞国华的漆画《开拓》等一批作品立意新颖，构思精巧，堪称佳作。

在民间歌舞戏剧曲艺方面，各地突出地方传承特色，融入时代思想，创作出一批艺术精品。省民协开展民俗文化和"客家民间歌舞"调研，并推动"广东省稀有（特色）剧种剧本抢救项目"专题调研，深入村镇，了解掌握相关传承情况，加强传承与保护。2018年，省民协以国家级"非遗"汕尾渔歌为基础创作了一台"渔歌里说——我唱渔歌给党听"晚会，国家级"非遗"汕尾渔歌《"渔歌里说"——我唱渔歌给党听》在北京民族剧院演出，生动展现了疍家的风情民俗和文化内涵，唱出疍家儿女内心深处对共产党真挚的感情。演出在北京引起极大反响，央视《新闻联播》等主流媒体纷纷报道并对广东民间文艺的发展与创新探索给予了充分肯定。第十三届山花奖优秀民间艺术表演作品郁南县《禾楼舞》，重新发掘和继承了云浮市民族古舞的风格与特点，最大程度地展现了原始舞蹈的艺术魅力。两年一届的省麒麟文化节推出了一批优秀作品，湛江人龙舞艺术团《"东方一绝"湛江东海岛人龙舞》也最大限度地向后人展示了人龙舞的艺术底蕴以及背后浓厚的海岛特色和乡土文化。这一批批优秀的新作品，如同雨后春笋，在广东民间各个角落开花结果。

在搜集整理民间文化资源方面，广东民间文艺也取得显著成绩，如刘晓春、雒树刚编著的《中国节日志·春节（广东卷）》（上、下）（2015年）深入分析了广府、客家、潮汕、雷州半岛和瑶、壮、畲、满等少数民族五个文化区域的节日、习俗、文化和人民的思想特性等；储冬爱主编的《珠村俗影》（2016年）丛书串联了珠村土地上的历史文化、风俗民情、人文故事以及岭南特色的民间风俗；刘晓春编著的《番禺民俗》（2017年）一书通过考察、描述民俗事象与自然、社会、超自然世界的关系，展现番禺地方的人民在长期历史发展过程中所形成的一整套模式化生活。此外，省民协及各地民协也积极编撰相关文献书籍，省民协及各地民协编著出版了《广东民间故事全书》（揭阳·普宁卷、梅州·平远卷、东莞卷、连南卷）、《广东民间工艺精品集》（八、九、十册）。2020年，省民协还开展民间文化抢救工程国家项目——《中国民间工艺集成》（广东卷）、《中国剪纸集成》（潮汕卷、佛山卷）编撰工作。2021年8月31日，中国民协、省民协在广州举行《中国民间文学大系》（以下简称"《大系》"）《中国民间工艺集成》"两大工程"广东卷编纂工作推进会，先后启动的《大系》编纂工作涉及民间故事、民间歌谣、民间传说、民间小戏、民间长诗、谚语、说唱等七个门类。同年，省民协还开展了广东省民间文化遗产抢救工程系列丛书出版工作，对广东民间文化遗产进行了田野调查、材料收集，启动了《广东民间故事全书》（四会卷）、《广东省稀有（特色）剧种剧本丛书》、《广东民间工艺大观》、《岭南民俗舞蹈大观》等民间文化书籍的编撰出版工作，进一步夯实了民间文艺的传承与保护的工作基础。

三、全方面的体系建设

（一）深层次的理论探索

民间文艺与群众息息相关，作为在特定历史条件下的产物，民间文艺最需要的是传承，如何培养后备人才以及激发群众对民间文艺的热爱是传承问题的关键。近年来，广东省各级党委政府和各地区的民间文艺协会、文艺组织都高度重视民间文艺的理论阐析和普及传播。通过对民间文艺理论的拓展和探索，一方面能更好地梳理各种民间工艺的本源、发展、流传、特征与历史文化价值，另一方面又能因地制宜、与时俱进地结合新颖理念对其进行新的阐释和研究。

以调研形式推动理论探索。2019年，为认真学习贯彻落实习近平总书记关于保护传承中华优秀传统文化的重要讲话精神，贯彻落实"不忘初心、牢记使命"主题教育的具体实践，中国民协副主席、广东省民协主席李丽娜率调研组赴梅州开展"客家民间歌舞"调研工作。调研组深入蕉岭县、梅州市区、大埔县、五华县等地，对蕉岭莲池舞，梅州山歌剧团的客家山歌，大埔清溪镇的仔狮舞，百侯镇的鲤鱼灯舞、汉乐，五华提线木偶、采茶戏、锣花舞、竹马舞等客家民间艺术进行实地调研，并召开民间文艺工作座谈会，充分探索和认识了梅州各地的传统文化和民间文艺，有利于后续的抢救和保护工作开展，也为当代的广东民间文艺领域提供了众多的学术研究方向和课题。2021年，著名文化学者、中国文联荣誉委员、中国民协名誉主席冯骥才先生莅粤，先后赴顺德、潮州、汕头等地调研民间文艺，考察古村落、民间工艺、非物质遗产保护传承等工作，为未来如何保护开发古村落提供了重要的建议和要求。即一方面要注重科学保护，珍惜古村中的民居、祠堂所呈现的木雕、石雕、嵌瓷、彩绘、贝灰塑等民间艺术，保持其自然的原味，不能过度商业化；另一方面，广东民间文艺工作者要将"书桌搬到田野"，用先进科学的方式记录民间的艺术，做好岭南文化遗产清单和档案，让中华大地各有特色的地域文化能够有效传续。

以研讨会形式促进理论深化。2017年，为落实《关于实施中华优秀传统文化传承发展工程的意见》文件精神，为促进广东各地文化祠堂的建设工作，探讨各地祠堂文化的保护和利用，介绍和推广各地祠堂及古建筑保护经验，第二届广东祠堂文化研讨会在揭阳普宁召开。会议就如何做好祠堂建筑的保护，合理开发利用宗祠资源，更好地传承和弘扬优秀传统文化，促进农村文化事业发展等话题展开了交流研讨。与会专家们建议应把祠堂保护与居民生活结合起来，让祠堂继续在广东各乡村发挥其凝聚宗族、传承文化的作用。2018年，由中国民间文艺家协会、广东省民间文艺家协会、广州市民间文艺家协会主办的"我们的节日·清明——中国广东清明文化节暨同根同源粤港澳清明文化研讨会"在广州番禺举行。会上，专家学者围绕清明文化与孝亲传统、清明祭祖与文化认同对于推动粤港澳三地文化同源的重要意义、粤港澳地区清明价值理念的认同、岭南地区清明礼俗文化、清明礼俗文化的传承与创新等主题展开热烈研讨，旨在进一步加强粤港澳地区文化交流与联系，更好的继承民族优秀文化遗产，弘扬中华优秀传统文化，推动三地民众在理想信念、价值理念、道德观念上紧紧团结在一起。

2019年，广东省文艺研究所、广东省民间文艺家协会、广东省文艺评论家协会、清远市文联主办，清远市民协、英德市文联承办，英德市民协协办的第三届广东祠堂文化研讨会（祠堂文化与现代乡村建设）在连江口镇浈阳坊会议室召开。会上重点探讨乡村祠堂文化的保护和利用，介绍和推广各地祠堂及古建筑保护经验。专家们表示祠堂有着十分显著的民族特征，在尊老敬幼、扶危济困、建设和谐社会等方面有着特殊、不可替代的作用。祠堂文化凝聚了中华优秀传统文化的精华，寄存了难忘的"乡愁"，是民俗文化的代表，对其保护建设的重视力度，一定程度上反映了地方经济发展水平及社会进步的程度。同年11月9日，由中国民协、广东省民协、中共连南瑶族自治县委员会、连南瑶族自治县人民政府主办中国（连南）瑶族文化座谈会在连南举办，本次座谈会主题为"新时代瑶族文化的发展和传承"，中国社科院、中国民协、北京大学、温州大学以及广东省等专家学者以及来自连南各基层党委、文化站负责人、非遗传承人等60余人参加了研讨会。与会人员就盘王节与瑶族文化的发展、瑶族文化保护与传承的建议、传统文化如何与现代生活融合发展、瑶族文化资源的开发与利用等问题进行了研究讨论，并提出了中肯的、可贵的建设性意见和建议。

以多维研究加强话语建构。近年来，以广州为中心的广东各相关高校、科研机构立足岭南文化，聚焦"非遗"话语，从基本概念、框架结构到认识论、方法论和价值论，都进行了不同维度的研究，并逐步形成各自的特色，影响到了广东民间文艺研究的学术格局。一是以中山大学为代表的"非遗共同体"话语，中山大学成立"中国非物质文化遗产研究中心"，出版学术刊物《文化遗产》，并建立"文化遗产传承与数字化协同中心""中国非遗保护数据库""中国俗文学文献数据库"，宋俊华、黄仕忠、刘晓春、蒋明智、王霄冰等一批学者牵头，对岭南"非遗"文化作了广泛深入的研究。二是以南方科技大学为代表的"遗产"话语。南方科技大学成立"社会科学高等研究院"，出版学术刊物《遗产》，王晓葵牵头组织国内外专家，围绕"非遗"文化进行跨学科的探讨，尤其关注灾害与记忆的交叉研究，影响力逐渐彰显。三是华南理工大学的"非遗建筑""节日民俗""古村落数字化"话语，从建筑美学、岭南人文精神、传统村落保护的角度展开研究。四是以广州大学、佛山科学技术学院为代表的"广府文化"话语。纪德君、曾大兴、刘庆华领衔主持广州大学"广府文化研究中心"，持续推动"广府文化论坛"，出版年刊《广府文化》、论文集《广府文化研究论丛》等多种系列丛书，兼具地方特色、理论纵深和实践价值。而巫小黎主持佛山科学技术学院"广府文化研究中心"，侧重广府历史文化、产业及遗产研究，具有都市化、文学性及跨学科的特征。五是以华南农业大学为代表的"岭南民俗文化""岭南农业非遗"话语，如徐燕琳的粤剧粤曲、客家文化、乡贤文化、移民文化研究，具备丰富的岭南人文精神底蕴，显示出厚实的思想文化价值内涵；再如关溪莹关注农业习俗、民间俗信、民族习俗都市化、产业化、现代化因素的比较分析，具有较强的前瞻性和实践价值。

（二）多方面的互动交流

文化交流和学术互动不仅有利于不同区域间民间工艺的长足发展，更有利于民间工艺学术话语体系的建立和深化。2017—2022年来，随着广东民间工艺文化的传播和普及，不同民间工艺之间的互动以及广东民间工艺与其他地区、海外的交流互动日益频繁，呈现出民间工艺与其他区域文化艺术进一步融合创新的趋势。

以展览促交流。2017年，广东省民间文艺家协会相继主办或举行了广东（龙门）农民画展、中国（广东）民间工艺博览会和首届粤港澳大湾区民间艺术展。其中，粤港澳大湾区的民间艺术展更是规模宏大，来自粤港澳的百余名国家级、省级、市级工艺美术大师和高级工艺美术师参会，展出了近万件独具特色的工艺美术精品。活动期间还举行了首届粤港澳大湾区民间艺术研讨会，倡议成立"粤港澳大湾区文化促进会"，共同探讨粤港澳大湾区与岭南文化的传承与弘扬。同时，活动还组织艺术家代表到分展馆参观交流，举办艺术家互动展演以及系列主题沙龙活动。此外还有由中共广东省委宣传部支持，中国民间文艺家协会、广东省文联、民族文化宫展览馆、广东省民间文艺家协会、潮州市文联共同主办的"艺匠神工——辜柳希木雕艺术作品展"在北京民族文化宫展览馆举行。辜柳希是中国工艺美术大师，国家级非物质文化遗产（潮州木雕）代表性传承人，通过他的作品展能较直观地反映潮州木雕在千年传承发展、历史不断演变中呈现的当代"活"的文化形态；传递出以辜柳希为代表的广东民间艺人，将工匠精神融入新时代，推动中华传统文化传承发展的文化自觉。2021年，第三届广东省剪纸艺术作品展在中山举办，这次活动也得到了广东各地民间剪纸艺术家们的积极响应，纷纷加盟，充分展现了广东民间美术在表现重大题材上的独特魅力。

以比赛促交流。比赛能最大程度地挖掘新秀、实现创新，而民艺+创新创业系列活动是省文联、省民协的一项创新性实验活动，2017年，由广东省文学艺术界联合会、广东省民间文艺家协会、广州市版权保护中心、广东省艺术与设计教育协会、广东省岭南民间工艺研究院等单位共同策划举办的民艺创新创业系列活动"璀璨生辉——中国传统民艺再生珠宝配饰设计大赛"正式启动，大赛旨在对珠宝配饰行业做一次传统工艺与现代工艺结合的新尝试。参赛群体是省内全体高校大学生，通过比赛，鼓励年轻人积极运用"互联网+"技术，使中国最有代表性的民间艺人与中国最具创意思想的设计精英、最具活力的大学生群体与中国企业界等有机地结合起来，擦出创新的火花。2019年，"粤港澳大湾区粤语相声小品大赛"在广州文化公园隆重举行，阵容鼎盛，涵盖地区广泛，选手年龄跨度老、中、青、幼四代人。获得金、银、铜奖的作品于6月赴澳门进行文化交流演出，进一步促进粤港澳大湾区之间的民间文艺互动和融合。

以培训班促交流。2017年，由广东省文联、广东省民协举办的"广东省民间文化技艺大师（民间工艺类）传承培训班"在华南师范大学继续教育学院开班。这是旨在培养年轻的民间工艺家，做好民间传帮带和传承发展工作的学习培训活动。此次培训以"艺术素养与创新能力提升"为主题，创新了教学组织方式和培训模式，将专家授课、学员交流、现场体验与实地考察相结合，突出"跨界融合"的研修理念，加强了不同地区、不同领域民间工艺家的互动与交流。2018年，广东省民协、广州美术学院建筑艺术学院策划举办的广东省中青年民间工艺家（雕刻艺术类）高级研修班在广州美术学院举行。此次培训班邀请了马盛德、郭伟其、樊林等专家就理论基础、个案研究、民间雕刻技艺等内容进行教学，对于提升年轻工艺家的理论和技艺水平有很大帮助，同时也搭建了艺术院校与民间工艺的对接桥梁，让新一代的年轻工艺者深刻了解到民间工艺的传承责任，提升了保护民间文化遗产的自豪感和责任感。

以走访联动促交流。2017年，深圳市福田区民间艺术国际友好城市巡展——袁曼君剪纸展览，在日本长野县饭山市文化交流馆举行，展览之余，还安排了3场互动交流活动，把中国民间传统剪纸艺术传递给日本的中小学生和爱好中国文化的当地市民。同年12月，来自香港民间艺术团体"逸舞飞扬"舞蹈团、香港文舞汇艺术团倾唱团、香港儿童古筝团、"我们"俱乐部等的37位代表到访广州，与广州大学音乐舞蹈学院开展"海纳百川——中西文化交流系列活动"，拉近了两地青少年的距离，促进了大湾区的文化交流。

（三）完善平台建设

平台建设对于完善广东民间文艺体系和推动民间文艺理论和技术的创新具有重要意义。近五年来，在广东民间文艺及非物质文化遗产的发展过程中，党委、政府、职能部门、高校、科研机构等充分发挥作用，持久地开展有深度、有实效的组织交流和沟通协调工作，取得令人耳目一新的成绩，并形成了系统化的特色推广平台。

艺术节与博览会。广东省花灯文化节、南海（茂名博贺）开渔节、岭南民俗文化节、中国（广东）民间文艺博览会、广东省民间工艺精品展、广东（龙门）农民画展、广东省农民画展、粤港澳大湾区民间艺术展、麒麟文化节、泥人节（泥塑展）、大湾区粤语相声小品大赛、客家文化节、中山咸水歌公开赛以及广东民间工艺领军人物作品专题展等系列性评选和展演活动，收到良好的社会效果，起到了活化和传承的作用，并促进了经济文化的发展。自2018年至2021年，由中共广东省委宣传部、广东省文化和旅游厅、中国轻工业联合会支持主办、广轻控股集团作为企业牵头主体，联合粤港澳三地工美协会共同推进的"粤港澳大湾区工艺美术博览会"在广州连续举办，每年一届，邀请工艺美术大师现场讲解演示，集中展示大湾区"9+2"城市群辐射范围内的工艺美术精品，逐渐形成政府与企业合作、文化与旅游融合、生活与艺术互动、大湾区联动的综合协作机制，提升了大湾区的文化软实力，并产生强劲有力的经济和社会效应。此外，第十三、十四届中国民间文艺山花奖颁奖盛典两次落户广东，这是中国文联、中国民协对广东民协工作的肯定，也为广东民间文艺事业的发展提供了难得的学习机会。

论坛与刊物。各高校、科研机构和民间研究机构着眼于岭南"非遗"文化的研究及推广，逐渐形成富于特色的研究主题及领域，拓展了研究的深度和广度。高校论坛、民间论坛、网络主题论坛以及相关学术刊物成为重要阵地，发挥了积极作用。《广东社会科学》《文化遗产》《遗产》《粤海风》《岭南文史》《天南》《岭南学刊》《羊城今古》《广府文化研究论丛》《城市文化评论》《南方建筑》《岭南音乐》《广东艺术》等刊发了一批富于思想内涵的论文，成为岭南民间文艺及"非遗"研究的重要理论支撑平台。2021年11月，中山大学中国非物质文化遗产研究中心和中山大学中国语言文学系联合主办"政策法规与新时代非物质文化遗产保护"高端论坛，主要围绕非遗保护政策法规、非遗名录制度、非遗保护融入经济社会发展、文化生态保护区建设、非遗融入国民教育、非遗保护与乡村振兴、非遗与旅游等问题展开讨论，并达成共识。中国社科院、清华大学等20余所研究机构和高校的200多名学者参加了论坛，为民间文艺和非遗研究及工作开展提供了富于实践价值的宏观导向。

社区互动。各地党政及文化部门建立健全工作机制，将民间工艺和"非遗"工作的触须延伸到最基层的地方，落实到社区，使之活化在基层。如搭建民俗风情街、建设"非遗"工作站及活动室等互动平台，配合社区宣讲活动，让民间文艺走进千家万户。2019年，广州市文化广电旅游局、广州市天河区文化广电旅游体育局在正佳广场5楼"广正街"联合设立"正佳广场广正街'非遗'工作站"，展示岭南"非遗"文化，推动"非遗"文化与现代文化、旅游、商业及大湾区建设的结合，将"非遗"文化融入消费及休闲文化之中，融入日常生活之中。这是目前国内唯一一个设在大型购物中心内的"非遗"工作站。此外，许多身怀绝技的民间工艺人活跃在城乡之间，在日常生活中面对面、近距离展演原生态的地方剧、现代歌舞以及民间艺术，为民间文化增添了色彩。著名民间艺人田志林在广州TIT创意园创立"田园牧歌"品牌的音乐作坊，融汇民族与现代音乐，表现城市与乡村的文化碰撞，极具特色。来自湖南湘西古丈县的田志林长期行走于城乡一线，熟悉传统文化，精通多种中西方乐器，可以一个人演奏一场交响乐，并且通晓多种方言，能够根据场景即兴用各地方言自编自演自唱自我伴奏，尤其擅长演奏各地民间音乐，被誉为"鬼才音乐人"。

研究机构、协会与博物馆。多年来，政府相关部门及各高校、科研机构成立了相应的民间文艺及"非遗"研究机构及工作协会，还有很多民间机构及协会也积极参与其中。这些研究机构及协会在组织开展学术研究、交流和推广方面显示了强大的推力，并成为活力展示平台。如中山大学中国非物质文化遗产研究中心、南方科技大学社会科学高等研究院、广州大学广府文化研究中心、广东外语外贸大学客家文化研究所、广东省民族宗教研究院等研究机构从纯学术的角度，建立"非遗"文化研究视角，寻找着力点，拓展理论纵深。广东省非物质文化遗产促进会、广东省传统文化促进会、广东省民间文艺家协会、广东省广府文化研究会、广东南方软实力研究院、梅州市客家研究院、汕头市潮汕历史文化研究中心、广东民营经济发展研究会、广东文化传播学会、广州粤港澳大湾区研究院、广东岭南民间工艺研究院、东莞市莞香文化研究会等协会兼具研究与组织功能，面向社会，凝聚"非遗"文化合力，为经济社会发展提供助力。其他院校、研究机构和协会也发挥了很好的作用。各地建立了许多民间博物馆，有的是行业性的，有的是地方性的，有的是综合性的，起到了搜集整理、传承活化的积极作用。

四、问题及展望

（一）遇到的问题

1. 民间文艺的传承与现代化发展的矛盾

随着城镇化的加快，新农村建设步伐的推进，民间文艺的生存空间也受到了现代社会发展的影响。如：社会环境及审美趣味的变化，一些旧俗、民间技艺面临失传的尴尬局面，譬如微雕。原居民搬迁、传统村落被改造、生产方式与生活习俗的改变，使得许多民间节日在不断被简化和遗忘，习俗文化的价值内涵也在不断弱化。技术化和流水线的现代生产方式，使得民间工艺品不再有老手艺人的"精雕细琢"，造成传统民俗传承的阻隔，譬如传统茶具的制作和雕塑、陶瓷、剪纸等艺术。一旦继承的速度慢于现代化的进程，这些工艺文化便可能面临灭绝的困境，这也是当今民间文艺发展遇到的最大的问题，也是各省民协和各领域民间文艺工作者亟须关注和解决的重大问题之一。

2. 民间文艺的发展与市场经济之间的矛盾

在现代社会中，民间文艺的发展往往受制于市场经济。民间传统文化艺术市场的逐渐萎缩，一些民间技艺、传统工艺在市场压力下，若没有相关部门的抢救保护和经费支持，往往难以生存，譬如灰塑，除了寺庙、祠堂、仿古建筑需要外，寻常民居大部分都不再需要这种建筑装饰。目前灰塑利用和开发的市场也有限，若相关部门不加以重视和保护，这一传统的工艺技术便难以得到继承。此外，还有与民间文艺相关的知识产权问题也亟须立法规范、保障。

（二）未来与展望

1. 加快民间文艺的继承和抢救工作

现代化、城镇化对民间文艺的冲击不可忽视，要让民间文艺适应现代化潮流的发展，又要最大程度地保存其"原生态"的模式，因而对于民间工艺的传承、对"非遗"项目的保护、对古村落、古建筑的抢救维护义不容辞，2022年，广东民间文艺将继续开展古村落、文艺之乡（传承基地）的认定工作，培养新一代的手工艺接班人，保护传统节日和风俗习惯，还要做好文化上的抢救任务，编撰、出版记载民间文艺或与民间文艺相关的重要书籍和文献。积极建设岭南民间文化开源图谱，对岭南民间文化特色资源，进行标准化标注，在保护传承、创新发展的理念指导下，以开放开源的形式，激活民间文化资源，建成可有效利用的供给侧文化资料库，成为民众参与、专业权威、创业孵化、持续发展的有广东特色的文化大数据体系，构建民间文化大数据信息平台体系，成为共建共享，具有创造性的传统文化保护创新平台。

2. 在传承的基础上促进跨界合作

跨界联合，能使民间文艺得到最大限度的宣传，扩大其社会影响力，使之与时代接轨。通过产业跨界合作促进文化传承，政府和相关机构加强引导和支持，抓住文旅产业转型升级的契机，为民间艺人提供展示技艺的多元平台，使各自绝活形成市场竞争合力，将民间文艺打造成新型产业集群。通过努力培育民间文艺市场，让濒危技艺活起来、动起来、用起来，使其在流传和利用中得以延续。未来，广东民间文艺将继续发挥和借鉴相关跨界合作的实践经验，与有关单位进行联动，拓宽视野，创新发展。

3. 从美学角度为民间文艺寻找新的发展方向

民间工艺在过去作为生产工具、生存技能而存在，其受众和传播存在一定的门槛，在现代化进程中，应将其传统实用性转化为美学观赏性，才能得到更广泛的接受和传播，身处一个开放的、互动的、平等的时代及世界，民间文艺的传承与发展也将在人民群众对"美"的追求与共享之中进行，不断满足人民群众对美好生活的追求，向世界更多展现中华优秀传统工艺之美。

协会专家：刘晓春　李丽娜

报告负责人：陈龙武

主笔人：邵一飞　华新越

13 广东文艺评论发展报告

【引言】

2017年10月，习近平总书记在中国共产党第十九次全国代表大会上指出："经过长期努力，中国特色社会主义进入了新时代，这是我国发展新的历史方位。"这个新时代，也是全面建设社会主义现代化、推动中华民族伟大复兴的时代。要实现中华民族复兴伟大事业，文艺的作用不可替代，文艺工作者大有可为。新时代以来，广东文艺界认真贯彻落实党的十九大精神和习近平总书记关于文艺工作的重要论述，紧跟时代发展潮流，积极回应时代需求，为文化强省建设贡献力量。

一、广东文艺评论的发展概况

五年来，广东以粤港澳大湾区国家发展战略为重要契机，充分调动协会、高校、媒体、研究机构的力量，全面实施文艺评论提升计划。广东省文艺评论家协会先后举办了"首届粤港澳大湾区文艺创新论坛"、首届全国文艺评论领军人才培训班、"迎百年巨变、发时代先声"广东文艺百年创新发展研讨会等一系列重大文艺评论活动，致力于构筑富有岭南特色并辐射全国的文艺理论和评论高地。在文学、影视、美术等不同文艺领域高扬"粤派批评"旗帜，开展具有岭南特色的学术研讨和展览，引领文艺创作实践与发展。其中2017和2018年，广东省作协连续召开两届"广东文学攀高峰重大选题论证会"，围绕实现中华民族伟大复兴中国梦这一时代主题，以"本土重大现实题材"为着力点，扶持16个重大选题创作。围绕"粤港澳大湾区文学""粤派批评""新南方写作""抗疫文艺""文艺评论话语体系构建"等文艺领域和选题发出响亮声音、产生重大反响。

为进一步提升文艺评论的影响力，广东文艺评论界先后推出《粤派评论丛书》（38种）、《广东文学蓝皮书（2020）》、《百年萧殷纪念文集》、《岭南文艺百家丛书》等，同时启动《广东文学通史》学术编纂工作。《粤港澳大湾区文学评论》、《粤海风》、《南方日报》、《羊城晚报》、广东电台等媒体的文艺评论栏目，为人文湾区的文艺理论建设及批评实践提供了重要阵地。在人才队伍建设方面，广东推行"签约"制度扶植文艺评论新人；同时，积极整合高等院校与文艺机构资源，在岭南师范学院、吉林大学珠海学院、五邑大学、广东财经大学、广州美术学院等高校和韶关市文联、广州文学艺术创作研究院等文艺单位成立了7个"广东省文艺评论基地"，并推动16个地级以上市成立文艺评论家协会组织。2016年以来，广东在中国文联和中国文艺评论家协会主办的"啄木鸟杯"年度作品推优活动中取得优异成绩，共有7部著作、12篇文章入选，获奖者研究领域涉及文艺理论、现当代文学、国产动画、岭南印学、摄影、舞蹈批评、书法等，获奖数量位居全国前列。

面向未来，广东文艺评论界需要抓住粤港澳大湾区建设的发展契机，进一步明确广东在文化、地域、产业、科技等多个方面对于粤港澳文艺发展的独特优势，从制度层面推动粤港澳文艺交流常态化，这不仅对提升广东文化软实力具有重要意义，也是新时代趋势下加强文化自信、推动社会主义文化建设、提升国家文化软实力的题中之义。

二、广东文艺评论相关活动与交流状况

（一）文学评论

2017年5月，"粤港澳青年文学研讨会"在暨南大学召开，最早围绕粤港澳文学交流常态化、粤港澳文学创作的差异性与共通性、作家的代际沟

通、地域流动与创作的关系等问题展开了探讨。2018年8月，暨南大学中国文艺评论基地、羊城晚报"粤派批评·陈桥生"工作室等共同举办的"新现实与新思维：我们时代的文学介入——粤派青年小说家、批评家对谈"活动，围绕着文学与新现实、新技术、新经验、新类型等问题进行了热烈讨论，强调要以新的思维方式来应对不断变动的现实经验。会议参与者被聘为"羊城晚报粤派批评·陈桥生工作室"特约评论家，同时，他们还于2018年12月参与了广州国际文学周组委会举办的"科技现实与新南方写作"研讨会，探讨传统文学与科幻写作、文学在科技时代的位置、文学如何建构科技伦理等问题。值得一提的是，这些青年作家、评论家大多是"广州见言读书会"的成员。该读书会由郑焕钊、唐诗人发起，2017年成立以来共举办了18期研讨活动，集中探讨了葛亮、张悦然、李宏伟、黎紫书、文珍、陈崇正、王威廉、孙频、陈再见、王哲珠、魏微、王十月等青年作家作品；也探讨了李德南、胡传吉、郑焕钊、陈培浩等青年评论家的论著。2020年，读书会研讨成果以《当代文学见言录》之名由南方日报出版社出版。

2017年12月，"首届粤港澳大湾区文学发展峰会"在深圳举办。会议首次提出"粤港澳大湾区文学"概念，并围绕粤港历史、港澳经验、深港个案等对粤港澳大湾区文学的历史与现状、共性与个性进行研讨，强调要加强文学交流与创新，提升粤港澳文学凝聚力。2018年，粤港澳大湾区11个城市作家协会组织主要负责人在深圳发出联合倡议书，呼吁共同推动大湾区文学合作与发展。2018年11月，暨南大学举办"首届粤港澳大湾区文学研讨会暨葛亮文学创作研讨会"，并成立"粤港澳大湾区文学工作坊"，邀请作家葛亮（中国香港）、蒲荔子（李傻傻）以及网络作家阿菩（林俊敏）入驻。

2021年1月，由广东省中国文学学会主办、暨南大学海外华文文学与汉语传媒研究中心以及《华文文学》编辑部协办的"文化自信与文学建构：粤港澳大湾区文学峰会"在汕头大学举行。会议立足全球性与世界性视野，围绕粤港澳大湾区文学的发生与建构、海外华文文学的实践与意义、侨乡文化与华侨文学的联系与发展等议题进行研讨。其他重要论坛活动还有2019年7月在广州举行的"粤港澳大湾区文学周"活动以及"粤港澳大湾区文学联盟"签约仪式；2019年9月在澳门举行的第二届"粤港澳大湾区文学发展峰会"；2020年9月在深圳举办的"粤港澳大湾区文学对话"；2020年11月在深圳召开的"人文湾区，文学湾区——第三届粤港澳大湾区文学发展峰会"；2021年9月在北京举行的"大湾区文学新浪潮——广东青年作家作品研讨会"等。

（二）影视评论

2018年3月，"2018广东电影年会暨粤港澳大湾区电影产业峰会"在佛山举办，广东省电影行业协会牵头联合粤港澳大湾区11个城市的协会、企业共同筹组粤港澳大湾区电影产业联盟，并签署《粤港澳大湾区电影产业联盟共同宣言》，力求推动大湾区电影的合作交流和产业融合。

2020年11月，"2020粤港澳大湾区电影之夜"在广州越秀国际会议中心举行。这次会议倡导"以新人文精神打造电影艺术精品"，并联合北京和广州两地多个相关机构推出"中国新人文电影计划"，其实质性举措体现在一是在广州增城1978电影小镇举行"中国新人文电影计划创作基地"授牌仪式，以影视创意产业孵化和特色文旅小镇的结合来打造湾区电影生产模式；二是邀请专家学者就"电影的新人文精神与艺术品质"进行研讨；三是遴选推介了《白蛇传·情》《掬水月在手》《过昭关》《榫卯》等四部呈现传统文化与人文精神的优秀电影。2021年12月，由暨南大学艺术学院（珠江电影学院）主办的"2021粤港澳大湾区（广州）电影之夜"在广州越秀国际会议中心举行。这次活动集中推介了《中国医生》《拆弹专家2》《掬水月在手》《南越宫词》《雄狮少年》等粤港澳大湾区出品的优秀电影作品。

其他论坛活动还有，2017年11月在广州大学举行的"粤港澳大湾区电影发展战略高端论坛"；2018年12月在广东文学艺术中心举行的"影像传播与中国故事——首届华语电影文化广东圆桌论坛"；2020年8月由广东省文联、《粤海风》杂志社等承办的"2020新时代全媒体影像创作前沿论坛—云直播"；2021年2月在广州大剧院举行的"人文湾区，光影筑梦——粤港澳大湾区电影交流与合作主题发布活动"。

（三）美术评论

2018年6月，由广东省粤港澳合作促进会、广东省美术家协会等主办的"跨海长虹——陈许港珠澳大桥主题油画巡回展"在澳门举行，展出了画家陈许历时8年深入港珠澳大桥建设现场而创作的近50幅油画作品。这些作品以大湾区建设为背景，描绘了一幅广阔而壮美的社会图景和历史画卷。2018年8月，"大湾区题材艺术创作座谈暨陈许港珠澳大桥主题油画作品研讨会"在珠海古元美术馆举行，从而开启其在广东各大城市包括顺德、阳江、肇庆、中山、东莞、广州等地巡回展览和研讨，引起热烈社会反响，推动了粤港澳三地的文艺交流。

2018年以来，作为华南及粤港澳大湾区唯一一所具有独立建制的高等美术学府，广州美术学院依托自身资源和影响力，主办了多届"粤港澳大湾区高校美术作品展暨广东省高校美术作品学院奖双年展"。2019年10月和2020年11月，广州美术学院分别主办了"第二届粤港澳大湾区学校美术与设计作品展暨第四届广东省高校设计作品学院奖双年展"和"第三届粤港澳大湾区学校美术作品展暨第五届广东省高校美术作品学院奖双年展"，展出作品涵盖了空间设计、产品设计、视觉设计、书法、绘画、雕塑、手工艺、影像等艺术门类，集中呈现了粤港澳大湾区学校美术与设计教学的成果。2021年12月，五邑大学和广州美术学院承办了"第四届粤港澳大湾区高校美术与设计作品展暨第六届广东省高校设计作品学院奖双年展"，展览活动转移到五邑大学举行，重点突出了江门侨乡在粤港澳大湾区交流合作中的桥梁作用。这一系列展览活动为美术与设计人才提供了展示才华的舞台，推动了粤港澳大湾区学校艺术教育交流合作，为实现美育引领，构建人文湾区发挥了重要作用。

2021年4月，"新时代·新使命·新征程奋进粤港澳大湾区——全国中国画、油画作品展"启动仪式在广州举行。本次活动组织全国美术家代表深入大湾区城市采风写生，"以大美之艺绘传世之作"，用美术笔墨描绘粤港澳大湾区的建设场景、城市风情和人文风貌。2021年11月，主办方从6000多件投稿作品中评选出近300件优秀作品在广州艺术博物院进行首次展出，并于2021年12月在深圳关山月美术馆举行巡回展览。其他展览活动还有2021年9月在中山美术馆举行的"岭南潮声——2021粤港澳大湾区美术书法作品展"，2022年1月在广东技术师范大学福慧美术馆举行的"粤港澳大湾区美术家联盟油画艺术委员会成立大会暨油画作品展"等。

（四）以文艺跨界为特征的论坛活动

2015年以来，由广东省文联以及相关协会、院校牵头举办的"广东文艺终身成就奖文艺名家系列研讨会"取得良好的社会影响，包括"扬时代之光——杨之光艺术研讨会"（2015年10月），"为人民的文艺——林榆粤剧艺术研讨会"（2017年12月），"快活的蝙蝠——刘斯奋文艺成就研讨会"（2018年1月），"桃花依旧笑春风——陈笑风粤剧艺术研讨会"（2018年8月），"发时代之声·铸民族之魂——潘鹤艺术研讨会"（2018年12月），"颂日月之辉·为山河赋彩——陈金章艺术研讨会"（2019年1月），"大道真意——郭绍纲从艺70周年艺术作品展暨研讨会"（2020年9月）等。2019年1月，广东省文艺评论家协会等主办"新征程：广东文化新使命——2019广东文化论坛"，与会专家围绕广东文学的机遇和挑战、百年广东美术发展问题、动画对传统文化的继承与创新、科技时代的文学经验、戏剧创作的路径、粤派批评的本土经验和世界视角等议题展开了切实讨论。会议期间还举行了"新时代新观点"——广东省青年评论家论坛。2021年3月，广东省评协、《粤海风》杂志社等联合举办"迎百年巨变、发时代先声"——广东文艺百年创新发展研讨会，回顾了建党百年来广东文艺发展的历程和成就。专家认为，广东是近现代中国历史变革的先行者和引领者，广东文艺界在新时代应有新担当，充分发挥广东务实、开放、包容的文化精神，为建设岭南文艺新高地贡献粤派批评的思想力量。2021年11月，"首届粤港澳大湾区文艺创新论坛"在广东中山开幕。这次会议旨在从智库性、创新性、国际性、地域性等方面推动粤港澳大湾区文化融合与发展。会议还发布了6个优秀文艺创新案例《时代先声——广州文艺百年大展》《大芬油画村》《粤剧电影〈白蛇传·情〉》《纪录片〈回响〉》《小榄菊花会》《陈许港珠澳大桥主题油画巡回展》以及5个重点文艺研究课题《基于人工智能技术的粤剧老唱片的数字化整理、修复与唱腔特征分析研究》《广东民间文艺在乡村文化振兴中的实践策略与路径研究》《新媒体影视评论的创新实践研究》《广佛传统工艺美术的现代转型》《人文湾区背景下理论性文艺期刊的影响力研究》。这些优秀文艺作品或文艺研究课题不仅体现了鲜明的广东岭南和粤地文化特色，也包含人工智能、数字化、乡村振兴、新媒体等新课题，呈现出时代性、现实性、前沿性以及跨界性，为大湾区文艺的创作与实践提供了重要的典范与经验。论坛期间还举办了首届全国文艺评论领军人才培训班，致力于打造文艺创新高水平人才高地，呼唤具有创新精神的优秀文艺评论人才。

二、广东文艺评论形成的重要思潮或流派

（一）文化共同视域下的粤港澳大湾区文艺发展

随着粤港澳大湾区国家发展政策的出台，"粤港澳大湾区"在文化领域成为一个热门词汇。在文学界，从2017年"首届粤港澳大湾区文学发展峰会"首次提出"粤港澳大湾区文学"，此概念迅速成为关注热点。2019年，《粤海风》杂志社率先推出"粤港澳大湾区文艺观察"专栏，至今已发表文章70多篇，成为培养大湾区文艺评论人才的重要理论平台。除了组编《2017—2022广东文艺观察报告》《粤港澳大湾区文学读本》《艺述大湾区——十三行故事》《人文湾区·岭南三秀》等之外，《粤海风》杂志社还出版了《粤港澳大湾区文化艺术观察报告》，对近年来大湾区文艺发展的现状、问题和对策进行了全面、系统的梳理和剖析，有力推动了粤港澳大湾区文艺实践与评论话语构建。2020年，由广东省作协主办的《粤港澳大湾区文学评论》的创刊也是一个标志性事件，杂志专门设立"粤港澳文学瞻巡"和"粤港澳经典重读"专栏，成为"粤港澳大湾区文学"理论及批评实践的重要阵地。

文艺评论界从现实、历史、文化、地域等层面对"粤港澳大湾区文学"概念进行探讨。

蒋述卓、龙扬志认为，粤港澳大湾区文学以语言、血缘、文缘为纽带而延伸出民族国家的现代叙事与文学想象，应该在植根传统、立足当下、面向未来的开放视野中积极探索文学见证时代、参与时代的书写可能。陈思和从"文学地图"视角理解"粤港澳大湾区文学"。从中国地域版图看，大湾区所处的广州、深圳、香港、澳门都处于中国南端，在以中国北方为中心的主流文化中被视为边缘，这反映了一种文化上的偏见。但是，从世界华文文学

的地域版图看，粤港澳大湾区恰恰处在中华文化圈的中心。粤港澳大湾区文学应该把世界华文文学作为发展重点，深入开掘文学现代性因素和城市文学新元素，在放眼世界、多元融汇中确立自身的文化自信。谢有顺指出，"粤港澳大湾区文学"赋予了作为地理概念的"粤港澳大湾区"一个想象性的文学和审美空间。一方面，可以从岭南文化中寻找资源，但要认识到岭南文化的优势是现代文化，作家要有直面当下的现实担当精神；另一方面，这个文学审美空间不仅有敞开的东西，如新的人群、新的经验、新的生活，还有很多被遮蔽的东西，它们都应成为被书写的主题。王威廉、陈培浩强调了"存量思维"和"增量思维"两个维度，前者指对大湾区文学进行历史梳理、文化概括和精神提炼；而后者更多面向未来，更关注技术迭代和时代新变赋予"大湾区"的新质，显然更能激发"大湾区文学"的内在潜能。熊育群则认为，不能只盯着改革开放四十年的历史来探讨粤港澳大湾区文学，而要从传统、历史与文化等方面入手做更多基础性梳理工作，并从世界性视野来比较其他湾区的文学发展状况。杨丹丹以"互文性"视角考察粤港澳文学的发展脉络，揭示广东、香港、澳门之间的文学影响和互动，还以鲁迅对东北青年作家的扶植而推动"东北文学"经典化为例，强调"粤港澳大湾区文学"的有效性离不开"经典化"的批评话语构建。唐诗人从地域性、民族性、世界性以及历史性、当下性、未来性等不同维度阐释了"粤港澳大湾区文学"的丰富理论内涵。古远清强调"粤港澳大湾区文学"既是一种文学地理学的地域文化概念，也是跨区域、跨文化的概念。①江冰认为，"粤港澳大湾区"提供了重新认识岭南文化的契机，能够彰显岭南文化具有浓厚都市色彩和现代气质的一面。②刘大先指出，"粤港澳大湾区"文化的复合性生态显示了一种带有"后现代"意味的时空与人文混杂的现象，能够为当下大湾区文学的书写提供开放性的创造空间。③

---

① 古远清：《从文学地理学看"粤港澳大湾区文学"》，《区域文化与文学研究集刊》2020年第1期，第115—121页。

② 江冰：《粤港澳大湾区：新视野下的文化使命》，《粤港澳大湾区文学评论》2021年第1期，第53—59页。

③ 刘大先：《理论的准备——粤港澳大湾区文学的想象与实践》，《粤海风》2021年第2期，第4—9页。

还有学者从大众文化、文化共同体等角度进行探讨，丰富了"粤港澳大湾区"的文化学内涵。

陶东风通过对粤港澳大湾区大众文化的经验、个案研究来探讨适合中国国情、能充分展现中国大众文化特殊性的理论和方法。[①]蒋述卓、李石探讨了粤港澳大湾区流行文艺的生产传播路径、基本特征、价值功能及其创新路径。凌逾从历史地貌血脉文化、移民人才多元文化、跨界创新文化三方面探讨了粤港澳大湾区文化想象共同体的建构。王晓华认为，在建设粤港澳大湾区的过程中，唯有处理好同一性和差异性的关系，一种富有建设性的城市主体间性才能够生成，大湾区才能升格为新时代的文化高地。[②]

（二）高扬"粤派批评"旗帜，凝聚批评力量

2016年2月28日，古远清教授在《羊城晚报》发表《让"粤派批评"浮出水面》一文，最早开启关于"粤派批评"的讨论。同年5月，在暨南大学举行的"文学评论与20世纪中国文学史的生成"学术研讨会上，广州大学陈剑晖教授作了《"粤派批评"的可能性》的发言，随后于6月5日在《羊城晚报》发表了《"粤派批评"一说成立吗？》一文，文末还附上多名学者关于"粤派批评能否成立"的不同意见。当月27日，中国作协《文艺报》刊出古远清教授的《"粤派批评"实践已嵌入历史》，进一步推动"粤派批评"概念进入主流媒体的讨论。可以看出，媒体在背后扮演了重要角色。《羊城晚报》还于2017年12月成立"粤派批评·陈侨生工作室"，以带动广东文艺评论界积极发出"粤派批评"声音。2017年，《粤海风》杂志设立了"粤派批评"专栏，集中对黄遵宪、梁启超、萧友梅、黄药眠、萧殷、林风眠、叶公超、黄树森、金岱、蒋述卓等粤派批评家进行研究。2018年1月，"粤派批评与当代中国文艺"学术研讨会在北京召开，正式推出首批"粤派评论丛书"，成为"粤派批评"发展的一个重要里程碑。整体上，国内学界尤其是

---

① 陶东风：《回到发生现场与中国大众文化研究的本土化——以邓丽君流行歌曲为个案的研究》，《学术研究》2018年第5期，第147—156页。

② 王晓华：《差异、多元共生与粤港澳大湾区的文化建构》，《广州大学学报》（社会科学版）2018年第12期，第40—46页。

广东文艺评论界对推动"粤派批评"的发展做了如下工作：

1. 通过出版、签约、研讨等活动，推介"粤派批评"成果和人才

2016年开始，广东省文艺评论界策划编撰"粤派评论丛书"。作为丛书总编辑，蒋述卓将"粤派评论丛书"视为打造"粤派批评"的第一张名片。在他看来，地方文化研究应该有讲清自身文化历史和学术传统的能力，"粤派评论丛书"就有着梳理自身学术谱系的深层意义。根据批评家的代际层次，"粤派评论丛书"设立了不同系列，包括"大家文存""名家文丛""中坚文汇""新锐文综"等。2018年，首批"粤派评论丛书"推出了"大家文存""名家文丛"和专题著作共18本。其中，"大家文丛"包括《梁启超集》《康有为集》《黄遵宪集》，"名家文丛"包括《黄药眠集》《钟敬文集》《萧殷集》《黄秋耘集》《梁宗岱集》《刘斯奋集》《黄树森集》《饶芃子集》《黄伟宗集》《黄修己集》《谢望新集》《李钟声集》，还有专题著作《中外粤籍文学批评史》（古远清主编），《"粤派评论"视野中的"打工文学"》（柳冬妩主编），《"粤派"网络文学评论》（周西篱主编）等；2020年，又出版了"名家文丛"《金岱集》《蒋述卓集》《宋剑华集》《徐肖楠集》《陈剑晖集》《程文超集》《林岗集》等。其他相关著作还有陈桥生的《粤派传媒批评》（2020年），贺仲明主编的《"粤派批评"与港澳台地区及海外华文文学研究史》（2022年）。2021年，广东省作协推出《广东文学蓝皮书（2020）》，邀请广东文学评论家陈剑晖、陈希、刘卫国等，从长篇小说、中短篇小说、文学理论批评、网络文学、影视文学等不同专题对2020年广东文学创作概况、作家群体状况、文学现象等进行深入研究分析。

在人才培养方面，推出广东文艺评论创作孵化计划，施行了签约文艺评论家制度，一批有锐气、有潜力的中青年文艺评论人才脱颖而出。广东省作协于2016年7月举办了"粤派新批评——广东青年批评家研讨会"，对申霞艳、柳冬妩、陈培浩、李德南、唐小林五位评论家作品进行研讨。2017年11月，广东省作协召开"首届签约文学评论家签约仪式暨粤派批评座谈会"，正式聘请贺仲明、徐肖楠、申霞艳、张德明、胡传吉、龙扬志、向卫国、陈培浩、柳冬妩、李德南共10位文学评论家为首届签约评论家，鼓励评论家发挥引领作用，推出能反映广东文学创作实践和经验、具有岭南文学特色和风

格的高水平"粤味"评论文章。2020年1月，广东省文联、省评协正式施行签约文艺评论家制度，张晋琼、李楠、郑焕钊、罗丽、王学佳、易文翔、唐诗人、王艾、刘镇、卜松竹、袁瑾、王洪琛、王祥、李博等来自文艺研究机构、媒体、高等院校、机关的14位中青年文艺评论家成为首届签约文艺评论家，两年期间，4人分别晋升教授、副教授，2人晋升为艺术院团负责人，1人的作品入选第六届"啄木鸟杯"中国文艺评论作品年度推优优秀著作，成才计划效益初显。

2. 粤派批评能否成立，怎样才算"粤派批评家"

尽管粤派批评在国内引起较大关注，但是质疑之声始终存在。洪子诚就明确指出"粤派批评"的说法不能成立。在他看来，"粤派"只是一个出生地的问题，而"粤派批评"缺乏的是共同的文学主张、文学风格，学术价值有限。杨匡汉认为，一个学派得以成立有三个基本条件，一是有明确的理论主张，二是有基本固定的作者群体，三是要有代表性作品，而"粤派批评"并未达到这样的标准。不过，也有许多学者认可"粤派批评"的合法性，如蒋述卓指出："广东这样一个地方对于中国文学的关注，不论是从广东走出去的学者，还是在广东生活和工作的学者，他们对现当代文学发出的声音总是能切中时代的脉搏，体现出宏观的视野、严谨的学风、优雅的风度、得体的尺度，这可能与广东这样一个沿海省份的开放姿态密切相关。"贺仲明认为，地域文化对文学批评的影响是存在的，"结合中国现当代文学批评，粤文化或者广东籍的批评家、学者，特点很突出：不保守，有独立性，有很坚韧的个性；比较踏实，不轻浮；善于开风气之先"。申霞艳则以洪子诚的文学史叙述为例，认为其对材料的利用、处理、解读和赋予意义的方式都有一种审慎的态度，"这可能跟广东文化的那种交流性、宽容性、对话性有关，跟广东的煲汤文化里面的一种慢工出细活的生活态度有关"。

从现实层面看，随着"粤港澳大湾区"发展战略的形成，如何通过"粤派批评"提升广东乃至大湾区的区域文化竞争力，已成为一个重要的学术议题和时代命题。在梳理"粤派批评"学术谱系的过程中，也就面临"粤派批评家"的标准问题。蒋述卓强调，要切实做好对粤派批评家的学术梳理工作，如近代以来岭南地区在全国产生重要影响的文学评论家著作；与此同时，一些出生于广东但因学习、工作等原因长期居于外地的粤籍学者，只要他们在文化与观念认同上不存在冲突，也应纳入"粤派批评家"的范畴进行整理。古远清认为，"粤派批评"带有岭南地域性，但出身于"粤籍"或生活于粤地的批评家，并不一定属于"粤派批评"，关键是"个人是否自觉意识到岭南人的历史使命并勇敢地承担"。陈剑晖指出，"粤派批评家"可具备三个条件：一是长期生活、工作于粤地的批评家；二是虽不是粤人，但在粤地工作超过五年的批评家；三是出生、早年受教育于粤地，后到外地求学、工作，从事学术研究和批评的批评家。其中的关键考量因素是他们身上有没有岭南文化与文学的基因。周由强认为，不管是媒体批评还是学术批评，只要是广东人发声，或者在广东发声，只要具备"粤派批评"的精神气质，都可视为"粤派批评"的有生力量而有意识地加以团结凝聚，使"粤派批评"为当代中国文艺评论事业作出更大贡献。

3. "粤派批评"的精神气质和文化特征

仲呈祥强调，鲜明的实践品格与个性化的理论思维使粤派批评成为中国文学评论界的一支重要力量。徐南铁认为，粤派批评既深受中国传统影响，也在岭南文化的滋养中产生，同时又勇于对现实提出批评和改变。①蒋述卓用"严谨的态度、得体的尺度、开放的角度、优雅的风度"来概括"粤派批评"的精神气质。古远清强调，"粤派批评"不是一个具有文学立场、主张和追求趋向一致性的理论阐释行动，而只是一个松散的、没有理论宣言与主张的群体。但"粤派批评"又表现出思维活跃、感觉锐敏、视野开阔的特征。陈剑晖认为，"粤派批评"的重要特色是注重文学批评的日常化、本土经验和实践性，体现了一种前瞻视野与务实批评结合，全球眼光与岭南乡土文化齐头并进，灵活敏锐与学问学理相得益彰，多元开放与独立的文化人格互为表里等特征。②

也有学者指出"粤派批评"的局限，如张柠认为粤派批评具有务实性特征，但也因此缺少积淀，难以形成理论的精神高地。谭运长指出，岭南文化

---

① 仲呈祥、周由强、徐南铁、张柠、谢有顺等人观点参见周茉：《粤派批评：在构建传统的过程中保持开放性》，中国作家网，最后访问日期：2022年7月29日。

② 陈剑晖：《"粤派批评"的缘起、发展路径与前瞻》，《粤港澳大湾区文学评论》2020年第1期，第84—91页。

的民间性使粤派学术具有一种实证传统，但是，这种实用性品格也导致重实践轻理论的倾向，难以形成强大的体系①。谢有顺也认为，广东人的一大特点是务实，体现在"粤派批评"中，比如洪子诚、温儒敏、杨义、陈平原等与粤地有关的文学史家都有重历史、重资料、重实证的特点。但理论研究过"实"也会导致缺乏超拔的神思，难以产生大的理论构想。

4. 粤派批评的未来建构

黄伟宗认为，可从五个方面来壮大"粤派批评"的实力：一是发挥报刊与媒体力量，建设评论阵地；二是积极介入当代文艺创作，发出评论声音；三是重视和传承粤派批评的精神和经验；四是培养实力队伍，在报刊媒介和高校中间发掘有潜力的文艺评论人才；五是打造实力基地，设立相关理论批评研究基地。袁谨认为，粤派文艺批评要发出时代新声，一是要呼唤更多粤派青年批评家，保持粤派批评的影响力，就需要从文化、教育、制度等层面保障青年评论人才的发展，才能持续形成粤派批评学术共同体；二是粤派青年批评家要有一种超越性的品格，避免批评陷入圈子文化和专业术语；三是粤派批评要实现时代性与在地性的融合。②谢有顺认为，"粤派批评"有其策略性意义，特定的文学流派能够促进批评个体自身的发展，发出团体的声音。但是，在强调流派的同时也要重视个体的价值，在提倡流派与重视个体之间，需要一个平衡点。

（三）世界性视野中的"新南方写作"

"新南方写作"最早是由广东青年作家、评论家提出并推动，以此强调要积极介入文学的地域性、现实性、当下性，引起了较大关注和反响。2018年11月，陈培浩在《文艺报》发表了《新南方写作的可能性——陈崇正的小说之旅》，最早提出了"新南方写作"概念，强调陈崇正作品的创造力来源于一种"南方以南"的区域文化地理想象。据他介绍，在2018年11月潮州举办的花城笔会期间，包括杨庆祥、王威廉、朱山坡、林森、陈崇正等就热烈

---

① 谭运长：《粤派批评》，《粤海风》2016年第4期，第3页。

② 黄伟宗：《壮大"粤派批评"需推出五大实力举措》，《南方日报》2019年3月3日，第A11版。

讨论了"新南方写作"概念的学术可能性。同年12月，广州国际文学周举办的"科技现实与新南方写作"研讨会就以"新南方写作"作为阐释"粤派文学新经验的一个有效的术语"。2020年4月，《羊城晚报》刊出《"新南方写作"如何照亮广东文学？》，使"新南方写作"正式进入媒体视野。2020年8月，由陈培浩主持的"新南方写作研究"栏目（《韩山师范学院学报》第4期），集中对卢一萍、陈崇正、王威廉、朱山坡、罗伟章和林森的作品进行评论，"新南方写作"正式进入学术期刊的讨论中。2021年，更具有影响力的《南方文坛》杂志刊出两期专门讨论"新南方写作"的栏目，进一步推动"新南方写作"进入全国文学批评的主流视野。2022年起，蒋述卓、唐诗人在《广州文艺》主持"新南方论坛"栏目，有针对性地围绕"新南方写作"的现象、概念、内涵等展开探讨。

1. "新南方写作"首先要解答的必然是概念内涵、指涉对象及其理论意图

陈培浩指出，作为一个文学概念的"南方写作"最早是由法国浪漫主义作家斯达尔夫人提出，强调不同地理、环境、气候等因素对文学观念和审美趣味的重要影响。他试图以此描述陈崇正的《半步村叙事》《黑镜分身术》《折叠术》《香蕉林密室》《美人城手记》等作品的精神内涵，强调其以故乡潮汕为原型形成的"乡土现实主义"及其不断重现的巫人幻术，并不是人们所熟识的以江南文学为正统的南方文学，而代表了一种"南方以南"的写作。[1]在陈培浩看来，所谓"南方以南"，包含着一种打破传统文化秩序格局的意图，将人们对南方的关注，从江南转移到岭南。"新南方"代表着一种新的城市经济、科技与生活方式然而又"尚未被主流化的地方性叙事"。当然，"新南方"并不意味着对江南文学传统的替代。陈崇正就强调新南方意味着一种写作自觉，它是对江南的补充和丰富，而不是背离和对垒。[2]王威廉也认为应避免新南方写作被庸俗化地误读为一种话语权的争夺，新南方

---

① 陈培浩：《新南方写作的可能性——陈崇正的小说之旅》，《文艺报》2018年11月9日，第5版。

② 陈崇正、冯娜：《"新南方写作"的自觉》，中国作家网，最后访问日期：2022年7月29日。

与江南的关系应该是一种对话关系。①

    2. "新南方写作"以岭南文化为基础并指向广阔的"大南方"

    贺仲明指出"新南方写作"的基本特征表现在独特的地域与文化、都市与传统相结合的开放色彩以及粤港澳三地融合等方面。从岭南文化，自然会联系到广东以及广东文学。2020年《羊城晚报》即以"如何照亮广东文学"为核心问题来推介"新南方"作家，重点将陈崇正、王威廉、郭爽、陈再见、林培源等广东青年作家及其作品视为"新南方写作"的代表性力量。当然，文章也指出"新南方"应该是以粤港澳大湾区为中心的"大南方"概念。陈培浩主持的"新南方写作研究"栏目就囊括了更多不同地域的作家②。广东作家有陈崇正、王威廉。宋嵩描述了陈崇正的写作历程，认为其通过"半步村叙事"建构起带有"南方异托邦"色彩的小说世界；杨丹丹认为王威廉以"深度现实主义"为基础革新了传统现实主义文学观，呈现一幅幽暗与诗意混杂的精神图景。四川作家有罗伟章、卢一萍。徐兆正分析了罗伟章的《声音史》，认为作者通过"声音"的独特视角呈现了现代性对乡村以及乡民造成的冲击；刘小波强调卢一萍军旅写作体现出独具一格的历史姿态和鲜明的地方知识阐释，同时也有南方写作特有的柔情。广西作家有朱山坡。朱厚刚认为朱山坡以南方小镇作为其文学地理图，"米庄、上津镇、蛋镇季节性来临的洪水、风暴、疯长的植物、满眼的绿色等南方事物"构成其小说的"新南方写作"特征。海南作家有林森。陈培浩指出，林森的《岛》激活了19世纪的批判现实主义，小说以海南房地产建设为背景，有力地抓住了"拆迁"这一足以表征当代中国的符号，以审美和人文立场进行当代性批判。

---

    ① 王威廉：《新寻根、异风景与高科技神话——"新南方写作"的美学可能》，《广州文艺》2022年第1期，第139—144页。

    ② 参见《韩山师范学院学报》2020年第4期刊出的"新南方写作研究"栏目，收入论文有宋嵩的《陈崇正小说：建构"南方异托邦"》、杨丹丹的《"深度现实主义"与现代中国的精神鬼火——王威廉文学观的一个维度》、徐兆正的《铭刻历史的声音——评罗伟章〈声音史〉》、刘小波的《总体性生活解体、大历史突围与南方柔情史——卢一萍创作论》、朱厚刚的《历史记忆及其作用——朱山坡的小镇叙事论略》、陈培浩的《"批判现实主义"的当代可能——从林森长篇小说〈岛〉说起》。

3. 随着更多批评家介入，"新南方写作"逐渐被扩大到世界性的文学格局中来审视

金理强调，江南以南山脉连绵、雨季湿热，保留了少数民族风情以及神鬼巫术等地域特征，文学创作呈现出想象、奇幻、荒诞等浪漫主义元素。改革开放以来，港澳台和东南亚文化的影响更为"新南方写作"提供了新的元素。①《南方文坛》主编张燕玲在栏目推介中指出，"新南方写作"在文学地理上是向岭南，向南海，向天涯海角，向粤港澳大湾区，乃至东南亚华文文学。②曾攀从陈谦的跨文化叙事和黄锦树的南洋书写中发现一种世界格局中的"新南方写作"，重新勾勒了一个包含地域属性但又具有世界性意义的"新南方"地图。林森以马尔克斯的马孔多小镇、黄锦树书写中的雨林以及美国南方文学为例，强调"新南方写作"需要构建一种世界性认知。朱山坡认为，新南方写作不能沉迷于地方性写作，描述耸人听闻的怪事，而应面向世界，以现代的写作技巧、独立的写作姿态，为全世界提供有价值的内容和独特的个人体验。杨庆祥对"新南方写作"做了系统性表述，明确界定了"新南方"在语言上是以现代汉语写作；地理区域包括海南、广西，以及处于粤港澳大湾区的广东、香港、澳门，同时也辐射包括马来西亚、新加坡等"南洋"区域；"新南方写作"的理想特质包括地理性、海洋性、临界性、经典性四个维度；从世界文学谱系看，新南方写作已经超越了单一民族与国家的限制，涉及不同民族和区域之间语言的旅行、流通和增殖。林培源讨论了马来西亚华人作家黎紫书的《流俗地》，认为这部作品裹挟着一股"异域"的南方之风，既不同于其过去作品对沉重的国族历史的书写，也挣脱了马华文学的"雨林传奇"和"暴力书写"，而采取了一种将"世俗"寄托在

---

① 参见孙磊：《"新南方写作"如何照亮广东文学》，《羊城晚报》2020年4月26日，第A06版。

② 《南方文坛》杂志在2021年刊出两组讨论"新南方写作"的文章，其中，第3期文章有杨庆祥的《新南方写作：主体、版图与汉语书写的主权》、东西的《南方"新"起来了》、林森的《蓬勃的陌生——我所理解的新南方写作》、朱山坡的《新南方写作是一种异样的景观》、曾攀的《"南方"的复魅与赋型》；第6期文章有：李壮的《蛮荒及其消逝：林森小说中的海与人，兼及"新南方写作"》和林培源的《"新南方写作"的经典如何可能——关于黎紫书〈流俗地〉》。

细腻绵长的"人心"变革之上的独特写法，为"新南方写作"提供了叙事典范。李壮借用杨庆祥的"临界性"来说明林森的作品在理性与非理性、自我毁灭与自我救赎、生存与死亡之间的游移和切换，其牵扯所产生的张力跟"新南方"密切相关。唐诗人分析了广东作家路魃的《心猿》《臆马》等作品，认为路魃受到黄锦树以及西方黑色浪漫主义传统的双重影响，但又立足于潮湿荫翳的岭南文化而形成独特的新南方文学风格，其作品以湿漉黏稠而又诗性的文学语言，表达出诡异的、幽暗的精神感受和审美氛围。

（四）彰显"抗疫"理性力量

2020年初新冠肺炎疫情爆发，这次疫情不仅传播性强、感染面广，而且疫情发展至今已出现多个不同变种毒株。即便疫情过去两年多，整个社会依然面临极其艰难的防控任务，人民的生命安全也遭受严峻的考验。抗疫文艺正是在这场疫情阻击战中不断涌现。当然，这也离不开文艺界的积极呼吁和倡导。

广东省文联在2020年1月底就发出倡议书，号召广大文艺工作者聚焦抗击疫情重大主题，坚持正确的创作导向，用有筋骨、有温度的文艺作品记录感动瞬间，讴歌英雄事迹，宣传疫情知识，为打赢疫情防控阻击战鼓与呼。全省文艺工作者积极行动，第一时间投入文艺战"疫"，在全国率先推出抗疫主题歌曲，《有一种力量》等43首歌曲入选全国优秀战"疫"公益歌曲展播曲目、在"学习强国"总台播出，是全国入选歌曲最多的省份；推出60余部抗疫主题戏剧类作品、20集系列抖音微电影《护士长的故事》、上千件美术作品，小林系列漫画作品进入武汉方舱医院和前线医务工作者驻地，成为"战地"一道独特的风景线。据不完全统计，全省文艺工作者创作出各类抗疫主题文艺作品3万多件。这些作品通过中国文艺评论网、广东文艺网及微信公众号、《南方日报》、《羊城晚报》等媒体平台发布，产生较大社会影响。广东的报纸杂志也开辟多个专栏围绕疫情展开讨论。比如《南方日报》推出"艺心战疫"专栏，《羊城晚报·花地》推出"疫期静思"专栏，《粤港澳大湾区文学评论》杂志推出"新冠疫情之后的文学"栏目，《粤海风》杂志发布"抗击新型冠状病毒肺炎疫情：灾害叙事与人文关怀"主题征稿活动，设立"疫情·追问"专栏等。

2020年1月31日，省作协发布《以笔为援，抗击疫情——致全省广大作家和文学工作者的倡议书》，积极组织抗击疫情主题征文和采写活动，并号召文艺工作者行动起来投身抗疫文艺创作，"将文学作品当作凝聚力量的旗帜与催人奋进的号角"。截至2020年4月就征集到500多首抗疫歌曲和3万多种包括诗歌、散文、小说以及各种网络文艺题材作品。2020年4月，广东省作协党组书记张培忠在《文艺报》发表《以正确价值观书写"抗疫"故事》，强调作家要以正确价值观书写"抗疫"故事：一是要对抗击疫情怀抱必胜信念；二是关注中国和全球疫情，以真实生动的抗疫故事讲述中国精神；三是把握中国抗疫的主流方向，既要实事求是地分析"短板"和"不足"，更要客观公正地评价"贡献"和"优势"；四是要克服文体偏见，真实记录抗击疫情，用作品凝聚人心、鼓舞士气、助力抗疫的非虚构作品与反思灾难、抚慰民心、推己及人的虚构作品具有同等的价值。广东省作协主席蒋述卓在《羊城晚报》"疫期静思"发表的《寂静无价，但这是用生命与血的代价换来的》以散文笔调和充满哲思的发问，提醒人们思考因疫情而导致的慢节奏生活，因为这种"寂静"中有生命的呐喊，自我的反思，灵魂的拷问。

有学者从文艺功能出发肯定了抗疫文艺鼓舞情感、动员人民群众的重要作用。林岗强调抗疫文艺作品的治愈疗伤作用。抗疫文艺的最重要性质是战斗性，尽管它不是藏诸名山传诸后世的文艺，而是随疫情而起，随疫情而消，但不能因此否定抗疫文艺有应急性的文学价值，只有身处疫情的危局之中，才能真切体会和认同抗疫文艺所激起的人文精神力量。[1]张澜、林岗揭示了抗战文艺和抗疫文艺在精神实质上的渊源关系，二者都体现了中国特色文艺体制的组织能力。在正面评价抗疫文艺的同时，也需要正面评价我们的文艺队伍和组成文艺队伍的文艺建制。夏烈认为，对于疫情造成的隔离和紧张状态，一些网络抗疫文艺用影像、故事等艺术化叙事调动了人们的情感共鸣，反映了中国人"忧乐圆融"的民族性格和人文特点，如果善加珍视和引

---

[1]　林岗：《疫后谈文之一——从抗疫文艺谈起》，《粤港澳大湾区文学评论》2020年第1期，第12—15页。

导，或可借此塑造一种健康的国民人格。①

有学者、作家对疾疫题材作品进行讨论和思考。《粤海风》杂志就刊发了多篇文章，如郭冰茹从科学角度理解人类与疾病的关系，强调了科学普及对于人们消除疾病神秘性、剥离疾病隐喻、有效完善对抗疾病的心理建设的重要作用。王洪琛从加缪《鼠疫》解读出对苦难、死亡和生存的思考。宋雯强调瘟疫书写的意义在于补充了历史，铭记历史灾难。周文萍、甘敏诗概括了美国疫情灾难电影的三种叙事模式，强调只有将全人类视为命运共同体，中西方合作互助，人类才能找到应对疫情的更好方法。②

此外，王威廉通过解读《霍乱时期的爱情》《白鹿原》等作品，探讨了文学与疾病的复杂关联。他指出，病毒往往借助人类的亲密行为如交谈、聚会、抚摸等而生存，这导致病毒防控必然是以一定程度的违抗人类本能为前提；同时，疾病也放大了身体的有限性和脆弱性，原本可以灵活移动的身体在严格社会防控下并不是自由的。这些思考极有哲理性和启发性。申霞艳指出，疾疫让社会生活陷入混乱和无序，让自大的人类受到致命打击，而文学对疾疫的叙述既让我们看到人类的弱点，也为恐惧中的人们带来温暖。

也有学者对疫情书写的伦理尺度进行反思。陶东风在网络上关注到一篇题为《这位武汉方舱医院护士的诗，令赞美变得羞耻》的文章，文中收入了一个甘肃医生弱水吟写的诗。这些诗塑造了一个反英雄的、反对廉价赞美的医生形象。由此，陶东风从见证文学的角度对疫情书写中存在的进步叙事、英雄叙事、胜利叙事等进行严肃反思。郑焕钊指出，网络抗疫文艺存在着肤浅、庸俗、雷同、严肃性不当、人文精神缺失等问题，强调改变"跟风"思维，强化精品化导向，辩证分析网络媒介的优劣，加强价值观引导等。陈培浩在评论熊育群的《钟南山：苍生在上》时指出，这部作品使一个抗疫英雄从新闻话语走向文学话语，它既融合了革命英雄主义、启蒙人道主义和批判

---

① 夏烈：《文艺，疫情期间的精神图谱》，《粤海风》2020年第2期，第8—10页。

② 2020年第1期有郭冰茹的《"所有的生命都一样"——读〈我包罗万象：微生物视野下的生命图景全纪录〉》、王洪琛的《灾难叙事及其象征：重读〈鼠疫〉》；2020年第2期有宋雯的《略论小说与瘟疫》、周文萍、甘敏诗的《现实视角下美国疫情灾难电影的叙事模式研究》。

现实主义等多种思想资源，同时在叙事伦理上有效避免了陷入"造神运动"的陷阱。作品把钟南山当作凡人，书写了他人生中的众多无奈和恐惧，呈现了"那种始终在挫折中奋起、在认清生活真相后依然热爱生活的英雄主义人格"，为非虚构的新英雄叙事提供了范本。赵勇分析了毕淑敏以2003年非典疫情为基础写作的长篇小说《花冠病毒》，肯定了其忧患意识。① 张光芒指出，如果不是因为新冠疫情的爆发，人们可能会将《花冠病毒》中对病毒肆虐下社会失控状态的描写视为一种魔幻式写作，这启示了疫情文学在艺术想象力的开拓方面仍有巨大的探索空间。② 廖琪指出，抗疫文艺出现了一些过于功利的宣传、喊口号式的谄媚，但不能因此一边倒地批判抗疫文艺。面对疫情，文艺家需要冷静、克制，并追求"美"与"真"的结合。陈希强调，抗疫诗歌的叙事伦理是对邪恶势力适当地运用反讽，而对善良和弱者不能嘲笑，否则是非颠倒、黑白混淆。③

（五）中国文艺评论话语构建的广东声音

广东文艺评论话语的构建，不能仅局限于关注广东本土的文艺现象或理论话题，也要有对中国现当代文艺问题、文论史问题、前沿理论问题的关照。五年来，广东文艺理论界积极介入中国文艺发展的理论与实践，为新时代中国文论话语体系的构建发出了自身的声音。

一是对中国现当代文艺理论史、美学史、文学史的宏观梳理与阐释。蒋述卓对习近平文艺重要论述的创新意义、新中国精神与中国文学经典生成的关系、中国现实主义文学传统的建构、70年中国文艺理论的重要问题等进行

---

① 赵勇：《疫情之后，文学何为？——从毕淑敏说到阿多诺》，《粤港澳大湾区文学评论》2020年第1期，第21—25页。

② 张光芒：《疫情文学的资源与后疫情时代的文学转向》，《粤港澳大湾区文学评论》2020年第1期，第26—30页。

③ 陈希：《抗疫诗歌的叙事伦理》，《文艺报》2020年04月20日，第2版。

探讨，为建构文化自信与理论自信提供了富有启发性的思考路径①。高建平以"他律""介入""为民"概括百年马克思主义美学的发展历程，也从资源分层、内外循环、理论何为三个重要议题来审视70年中国文艺理论的发展趋势，强调要以原有知识和经验积累为基础，并立足当代审美和艺术实践，建构具有原创性的理论话语体系。②陶东风从中国的后现代主义、大众文化研究、文化研究的本土化、文化研究与文艺学的关系、文艺与政治的关系等方面，回顾了20世纪90年代以来文学理论的范式嬗变，并探讨重建文学理论的价值维度。贺仲明强调，在很长时期中国现当代文学史都以现代性文化和政治思想为主导，而文学处于边缘位置，因此亟待以更开放的文学史观念、更强的审美意识和历史意识来建构以文学为中心的文学史。③

二是强制阐释论与西方文论话语反思。王坤认为，"强制阐释"现象在学理上根源于"本体阐释"的缺失，文学理论的有效性最终要以回到文学、回到"本体阐释"为前提，并通过文学实践来检验。④陶东风区分了"牵强阐释"与"强制阐释"。在他看来，如果阐释活动是在理性的对话空间展开，那么，学术共同体能够对明显的牵强阐释达成一致意见。但是，如果阐

① 相关文章参见蒋述卓：《国家话语与新中国文学的特征》，《文艺研究》2021年第7期，第17—28页；蒋述卓、李石：《新中国精神与文学经典的生成》，《中国社会科学》2021年第2期，第82—101页；蒋述卓：《中国当代文学现实主义叙事传统的建构及其意义》，《南方文坛》2021年第1期，第78—84页；蒋述卓、李石：《论习近平文艺思想对中国马克思主义文艺理论的创新与发展》，《暨南学报》（哲学社会科学版）2018年第2期，第1—10页；蒋述卓、李石：《20世纪90年代以来文艺评论视角的转换与演变》，《南方文坛》2016年第5期，第7—14页等。

② 参见高建平：《他律、介入、为民——百年中国马克思主义美学历程》，《文艺研究》2021年第7期，第29—40页；《通向中国话语建设——当代中国美学的三次突围》，《文艺研究》2019年第10期，第5—10页；《资源分层、内外循环、理论何为——中国文论70年三题》，《文学评论》2019年第5期，第14—23页。

③ 贺仲明：《建构以文学为中心的文学史——对于中国现当代文学史建设的思考》，《中国当代文学研究》2020年第2期，第20—28页。

④ 参见王坤：《反本质主义和本体论学理问题——西方文论中国化重点个案研究之一》，《学术研究》2017年第9期，第159—167页；王坤：《文学实践与反本质主义和本体论学理问题——西方文论学理研究之二》，《学术研究》2018年第3期，第146—154页。

释活动被非学术的力量绑架，平等、理性的对话无法进行，就会导致强制阐释。这一区分有助于对西方文论的问题局限做更细致的反思。宋剑华认为五四以来的中国现当代文学都是"强制阐释"的历史产物，并强调理论应该是为解读文本而服务，绝不能把文本变成求证理论正确性的辅助工具。①段吉方指出，中国文论话语建构的核心是探讨"西方"如何作为方法，从而建立有效的反思研究的方法与路径。②

三是作家作品论。贺仲明分析了《创业史》的改霞形象、重读《活着》并讨论余华的文学史意义、探讨韩少功与乡村文化的复杂关系等。申霞艳则从不同角度讨论了韩少功、余华、阿来、毕飞宇、陈忠实等作家作品。③谢有顺讨论了阿来、莫言、贾平凹等作家作品；从叙事伦理视角考察了贾平凹《极花》对人物受难过程的细致描述。④郭冰茹关注当代作家作品中的英雄传奇、性别书写、历史叙述等议题。另外还有张均对十七年文学作品的重读，胡传吉对鲁迅、贾平凹、张洁、严歌苓、薛忆沩等作家的评论等。

四是影视媒介艺术研究。陶东风从政治、艺术、商业的多元关系考察了中国主旋律电影的国家话语的基本形态和演变。蒋述卓及其团队探讨了流行文艺与主流价值观的关系，强调要更多关注本土大众文化现象来推动文化研究的本土化。⑤陈林侠从全球化角度考察中国电影在海外（包括北美、俄罗斯、法国、韩国等）的市场竞争力。盖琪探讨了当代中国电影中的跨国叙

---

① 宋剑华：《"强制阐释"与"文学"的缺席——中国现代文学研究困境之反省》，《首都师范大学学报》（社会科学版）2018年第6期，第117—123页。

② 参见段吉方：《"西方"如何作为方法——反思当代西方文论的知识论维度与方法论立场》，《学术研究》2021年第1期，第157—164页；段吉方：《"强制阐释"与当代西方论反思》，《华南师范大学学报》（社会科学版）2018年第1期，第161。

③ 参见申霞艳：《后先锋时代小说的生长——毕飞宇论》，《文艺研究》2017年第2期，第19—28页；《〈白鹿原〉的身份建构与认同危机》，《文学评论》2017年第1期，第54—61页等。

④ 谢有顺：《阿来作品的超越性及其实现方式》，《文艺争鸣》2020年第12期，第128—131页；《感觉的象征世界——〈檀香刑〉之后的莫言小说》，《文学评论》2017年第1期，第28—36页。

⑤ 参见蒋述卓等：《流行文艺与主流价值观关系研究》，暨南大学出版社，2018年。

事、女性叙事、主流叙事等议题。凌逾从媒介融合视角考察了文学的跨媒介传播。郑焕钊关注中国网络文艺的媒介形态、生产机制和发展路径，强调从文化治理角度推动网络文艺与主流价值观的互动与融合。刘昕亭以电影《流浪地球》对刘慈欣原著小说的改编为例，认为影片代表了一种新的民族想象和视觉经验的生成。罗成认为，移动短视频的兴起，以情动技术唤醒了"沉默的大多数"的身心，具有乡土再发现与生命再发现的双重文明论意义。

五是海外华文文学与文艺理论研究。作为海外华文文学研究的重镇，暨南大学近年来在该领域取得丰富成果。由蒋述卓教授担任首席专家的国家社科基金重大项目"华人学者中国文艺理论及思想的文献整理与研究"（2018）已刊发了多篇阶段性成果，涉及华文文学、跨文化译介传播、文化研究、抒情传统、非虚构诗学等。蒲若茜等的《亚裔美国文学批评范式与理论关键词研究》以批评"范式"与"关键词"研究为体例，系统剖析其对亚裔美国文学理论体系和诗学建构的历史贡献及其局限性，拓宽并深化了国内亚裔美国文学研究。郑焕钊在考察海外华人学者文学批评实践时，强调要从中华文化复兴角度肯定海外华人学者在传播、阐释和建构中华文化主体性的积极意义；同时也要对其问题局限进行反思。龙扬志从学科角度探讨了世界华文文学的知识形态，指出作为华文文学重要版图的马华文学为抵抗歧视、追求认同而建立了客观叙述自身的话语体系。温明明讨论了华文作家黄锦树的小说集《雨》，其在叙事圈套、互文性和狂欢化等方面所呈现的先锋实验性，都指向一种抵达与救赎的策略。颜敏考察了"离散"概念在华文文学研究中的理论旅行。朱崇科不仅长期以来从事鲁迅研究，其特色是从华文文学视野考察鲁迅在海外如香港和东南亚的传播和影响。[①]关于鲁迅作品的海外阐释，陶东风从认识论角度对美国华人学者刘禾的鲁迅批评进行了深入的批评，认为刘禾的知识论虚无主义导致其得出自相矛盾的结论。李石则进一步反思了美国文化研究的知识生产机制对刘禾鲁迅批评的支配性影响。

六是其他相关文艺研究问题。"新文科"是近年来学界的热点问题。

---

① 参见朱崇科：《中国现实主义在"南洋"的传承与变异——以方修的鲁迅研究为中心》，《文艺论坛》2019年第6期，第15—23页；朱崇科：《鲁迅视野中的香港悖论》，《中山大学学报》（社会科学版）2018年第3期，第38—44页。

陶东风强调了新文科之"新"主要表现开拓新领域、开设新专业、建立新学科、培养新人才。李凤亮多年来以跨界意识致力于文化产业研究，认为新文科建设要坚持以人为本、突出跨界融合、强化实践导向和探索范式创新。[①]在方法论层面，张均将古典考据学的"本事批评"转换为"考""释"并举、史料与阐释有机融合的新型研究方法，并运用于现当代文学作品甚至作家分析之中，呈现出引人瞩目的理论空间和应用前景。[②]林岗提出"正偏结构"来解释从古至今中国文艺批评标准的变与不变。所谓文艺批评的"正偏结构"即判定哪些作品是值得弘扬的主流趣味，哪些是可以给予容身之地的旁流趣味。这一"正偏结构"影响至今，如在现代文学批评史上，处于主流地位的"鲁郭茅巴老曹"所代表的现实主义文学传统尽管在20世纪80年代受到挑战和冷遇，但最终再次获得肯定，返归主流，显示出历久弥新的性质。

三、广东文艺评论发展的问题与不足

2017年以来，广东文艺评论的发展取得了丰硕成果，不仅积极回应时代发展潮流和文艺现实现象，加强文艺评论阵地建设，不断推动理论创新，在不同领域激发文艺争鸣，彰显了新时代文艺批评的功能，形成了独特的粤派批评特色。当然，也存在一些不足：

首先，"粤港澳大湾区"文化构建在实践性层面有待加强。粤港澳大湾区文化共同体建构是近年来政府、民间乃至学界共同探讨的大课题，不断推动以"粤港澳大湾区"为主题的文艺研讨会或展览，并产生"粤港澳大湾区文学""粤港澳大湾区文化"等概念。毫无疑问，"粤港澳大湾区"为广东文艺发展提供了全方位的、根本性的新视角、新问题、新契机，具有重要的引领性和召唤性。但是，如何避免仅仅把粤港澳大湾区文化建构视为一个"地理+文学"式的区域文学概念，而从实践性层面不断丰富其外延和内

---

① 李凤亮：《新文科：定义·定位·定向》，《探索与争鸣》2020年第1期，第5—7页。

② 张均：《转换与运用：本事批评与中国现当代文学》，《中国社会科学》2021年第1期，第180—203页。

涵，进而从本体层面推动粤港澳大湾区文化的审美主体性建构，这不仅需要更多批评力量介入，还要呼唤更多的文艺高峰作品，持续产出具有湾区特色的伟大文艺杰作，这方面还有待更多的基础性工作、更长历史的文艺生产和批评实践来检验。

其次，大湾区文艺交流互动机制亟待建立。广东、香港和澳门受岭南文化和海洋文化的熏陶，在文化和地理上同根同源，而"粤港澳大湾区"的区域经济发展必然促进三地的文化交流与融合。2017年以来，广东文艺界在沟通团结三地文艺工作者上做了不少工作，但是，在促进粤港澳文艺交流的常态化、建立具有可持续性的文艺互动机制等方面，还有很多工作需要完成。如何有效地搭建文化交流平台，推动大湾区文艺工作者在文艺体制、文艺观念、文化立场和心态、文艺跨界、文艺创作与主流价值观融合等多个层面的交流和对话，更准确地理解不同区域文艺发展的独特性和丰富性，从而有效实现差异互补发展，对于推动粤港澳大湾区文化建设具有重要的价值。

再次，网络文艺评论力量有待提升。广东是中国网络文学的起点，2018年创刊的《网络文学评论》是国内第一本也是唯一具有公开出版发行刊号的网络文学评论杂志。2020年，《网络文学评论》更名为《粤港澳大湾区文学评论》，面对新的区域发展形势，网络文学评论应该积极转型，服务于粤港澳大湾区文化建设大局。在目前围绕粤港澳大湾区文化建设的讨论中，网络文艺评论的声音还比较微弱。加强网络文艺评论，不仅是对特定文艺类型的关注，更是对媒介时代文艺的生产、传播和接受等存在方式、存在形态的研究。在视听文化时代，文艺如何与科技、产业、媒介实现融合而完成自身的生产、传播和接受，文艺批评者如何将媒介思维内化到批评视角与方法之中，这都是需要进一步探索与思考的重要问题。

四、对广东文艺评论的未来展望与建议

2021年8月，中央宣传部等五部门联合印发了《关于加强新时代文艺评论工作的指导意见》，意见从总体要求、价值导向、评论标准、阵地建设、组织保障等层面对加强新时代文艺评论工作提出了重要的指导思路。广东文艺评论的建设发展需要以此为遵循，紧密结合粤港澳大湾区发展的时代趋势

和现实需求，加强文艺评论建设，发挥引导创作、推出精品、提高审美、引领风尚的作用，不断丰富粤港澳大湾区文化的精神内涵，提升大湾区文化影响力。

一是把握国家发展大局，明确自身定位，加快建设粤港澳文艺互动交流机制，推动粤港澳大湾区文化共同体发展，建构人文湾区。

作为中国民主革命的策源地和改革开放的实践地，广东一直是中西文化交流、对话乃至碰撞的重要地带，也是一个从过去到现在仍然持续不断发生着大规模社会迁移的城市群落。2017年，"推动内地与港澳深化合作，研究制定粤港澳大湾区城市群发展规划，发挥港澳独特优势，提升在国家经济发展和对外开放中的地位与功能"写入国务院《政府工作报告》，"粤港澳大湾区"城市规划建设上升到国家发展战略的重要地位。因而，粤港澳大湾区具有作为中国社会现代化实践前沿阵地的重要地位。从政治层面看，粤港澳大湾区一体化对于推动粤港澳地区的繁荣发展、探索中国模式、中国道路实践具有重要战略意义；从经济层面看，粤港澳大湾区城市群建设与京津冀一体化、长江三角洲城市群建设构成我国经济发展的三个重要核心区域，同时也以纽约湾区、旧金山湾区和东京湾区为范本，努力建设成为国际一流湾区和世界级城市群。而如何回应这一时代发展大局，推动粤港澳三地的文化融合与发展，是未来大湾区文化建设的核心问题。正如习近平总书记指出，中国的社会变革与创新实践必将给文化创新创造提供强大动力和广阔空间[1]，文艺工作者需要回应新时代伟大社会实践。广东文艺评论应该立足于粤港澳大湾区建设所提供的独特经验，以构建中国特色文艺评论话语为出发，推动粤港澳三地文艺的交流与融合。尤其要促进港澳文学与内地文学的对话，由此搭建沟通海外华文文学和世界文学创作及理论批评的桥梁，提升中国文艺的国际影响力，努力形成既具有全球视野又彰显广东文化特色，同时体现中国气派、中国风格的文艺评论话语。

二是直面文艺现实，既要关注岭南经典作家作品研究，更要关注新文艺现象尤其是网络文艺现象，引领文艺创作积极书写大湾区时代的独特经验。

---

[1] 习近平：《在中国文联十大、中国作协九大开幕式上的讲话》，《人民日报》2016年11月30日，第2版。

　　粤港澳大湾区文化的重要特征在于频繁社会流动导致文化多元混杂性，广府文化、客家文化、潮汕文化、海洋文化、红色文化以及西方文化的多元汇聚，为文艺发展提供了多种可能潜力。粤港澳大湾区文艺的发展既要有存量思维，更要有增量思维。换言之，广东文艺评论既要从文化根源上认真梳理自身的历史与文化，编纂和整理广东文艺经典作品与成果，更要以发展的眼光关注当下的文学现实。2017年以来，广东文艺评论界围绕"粤港澳大湾区文艺创新""粤港澳大湾区文学""粤派批评""新南方文学"等概念的探讨就展现出对时代与现实的关切，这方面研究应进一步深化。与此同时，一方面，应重点关注媒介时代文艺的生存方式以及科技和人文的前沿问题。大湾区城市化建设包蕴着互联网、科技、媒介、文化产业的快速发展，文艺的形态不再局限于传统文艺范畴，而是在产业融合之中不断扩宽自身的边界与形态。因而，广东文艺评论应加强对科幻文学、网络文艺、文化产业等新的文艺类型和现象的研究。另一方面，可加强对大湾区文艺现象与作品的研究。如近年一些网络综艺以"大湾区"为特色，或通过怀旧形式重新演绎香港流行文化，节目录制还以广州东山口为取景地之一，播出之后引发观众热烈反响；广东台山歌手伍珂玥参加《中国好声音》并全程演唱粤语歌曲，最终夺得总冠军；在《乐队的夏天》中，来自潮汕的五条人和来自河源的九连真人凭借独特的地域文化色彩而获得观众喜爱；这些都是大湾区时代独特的文艺现象，值得更多文艺批评者的介入和研究。还有如《粤港澳大湾区发展规划纲要》强调"塑造湾区人文精神"，"支持弘扬以粤剧、龙舟、武术、醒狮等为代表的岭南文化，彰显独特文化魅力"，而近年以岭南传统文化为核心创作取向的优秀文艺作品正在不断涌现。最具代表性的是以"雄狮"为元素拍摄的动漫电影《雄狮少年》，这部作品以骑楼、舞狮、广州城区景观等展现了独特的岭南文化风情，其叙事背景建立在现代化进程中城市与乡村之间的张力。影片呈现的在平凡中追求不凡的励志精神正体现了岭南文化的特征。广东文艺评论应积极关注和研究这些新的大湾区文艺现象，不断丰富人文湾区的精神内涵。

　　三是加强文艺评论与报刊媒体融合，以跨界融合意识打造好文艺评论的平台阵地。

　　2017年以来，广东文艺评论诸多重要流派或思潮的形成与《羊城晚报》

《南方日报》《粤港澳大湾区文学评论》《粤海风》《广州文艺》等报刊媒体的策动密不可分。再如，由《南方都市报》和《南都周刊》联合主办的"华语文学传媒大奖"每年都推介出一批优秀作家和评论家，成为具有公信力的文学评价机构。作为全国互联网和新闻媒体重镇，广东应充分利用自身的媒体资源，做好广东文艺经典的梳理、编纂和阐释工作，同时积极关注粤港澳大湾区文艺现象，打磨评论的利器，推介出能讲好湾区故事、体现粤派特色、彰显中国气派的优秀文艺作品，打造具有公信力的文艺评价体系。广东作为全国经济总量第一大省，在电影、网络文学、文化产业等方面都具有全国最大规模的受众市场。广东文艺评论应加强与大众对话，"推出更多文艺微评、短评、快评和全媒体评论产品，推动专业评论和大众评论有效互动"。媒介时代，互联网、新媒体、影视等推动了文艺的变革与发展，不断重构文化和文艺的新格局。传统文艺批评或者说学院批评对大众的影响力有所削弱，不再居于文艺生产的话语中心。任何一种文艺批评要保持话语效力，都需要积极适应当前时代媒介的新变化，调整自身的批评思维，不断寻求与大众对话的新方式。《粤海风》杂志在这方面提供了可资借鉴的办刊经验，其积极适应媒介融合发展趋势，以纸质刊物为本，形成了多元立体的评论成果传播路径。目前，"粤海风"微信公众号订阅人数超过2.5万；"粤海风"人民号累计阅读量达25万次；"粤海风"南方号进入试运营阶段，阅读量即接近1万次。《粤海风》杂志还充分调动并整合文学期刊与高校学院批评，与合作单位如暨南大学中国文艺评论基地、华南师范大学文学院粤港澳大湾区跨界文化研究中心等联合开展融媒体内容建设，参与举办文艺评论相关主题研讨活动，包括"新文科视域下文学研究与文学理论创新研讨会""'新史料与新视野：中国传统戏剧前沿问题'国际学术会议"等，不断擦亮"粤派批评"品牌，为提升广东文艺评论阵地建设作出了重要贡献。与此同时，广东文艺评论还可积极吸纳媒介批评的资源，如《新周刊》、Sir电影等在大众层面具有较大影响力的新媒体公众号，提升对舆论、市场和大众的传播力和引导力，推动传统经典的现代价值转化、促进影视文学、类型文学、网络文艺等新兴文艺形态与主流价值观的互动融合。

四是构建专业化的文艺评论人才队伍，增强广东文艺评论影响力。

文艺批评发挥影响力的关键是人才培养。近年来，广东文艺评论界努力打造一支思想水平高、专业能力强、传播影响广的"粤派"文艺评论家队伍，对具有代表性的粤派批评名家的代表作品进行梳理、编纂和研究，以专栏形式在杂志刊物推介粤派评论家。同时，组织中青年文艺评论家参加"新时代文化思潮与艺术表达"等专题研修班和参与"新世纪之星"展演、参评"广东省中青年德艺双馨艺术家"评选；出版青年评论家文丛，探索"签约制"，整体上形成较为完整的文艺人才培养模式。可以展望，未来广东文艺评论要发挥"粤派批评"凝聚力和影响力，核心问题是要明确需要培养什么样的文艺评论人才。一些学者的建议具有启发意义，如打造"粤派批评"更需要培养一批常驻粤地的文艺评论人才。在地域属性上，需要培养一批生活于岭南、扎根于粤港澳大湾区、具有强烈文化自觉与文化自信的本土作家、艺术家、批评家、思想家等，他们对本土文化有自发的认同和尊重，自觉将目光聚焦于粤港澳大湾区的文艺和学术并寻求积极对话；在文化生态上，他们通过聚集形成稳定的文化群落甚至文化共同体，通过相互激励、批评、论争等推动文艺创作和批评的对话，不断寻求创作和评论的创造性突破；在知识层面，他们不仅需要有基础人文知识和审美能力，还要具备现代文化产业知识、大文化视野以及跨界文艺思维，从而能够超越传统的论文式批评、学院批评、媒体批评，"把文学原创、戏剧影视改编和文化创意产品设计开发等融合起来"，"把学术研究、评论生产与新媒体思维、产业化发展的开阔视野熔于一炉"①。因此，如何在政策、机制、资源等方面进一步落实对文艺人才的评定、扶植和培养，建立一个对粤港澳大湾区有强烈文化自信和价值认同，具有开阔理论知识视野和灵活跨界意识的文艺评论队伍，这有待进一步实践和探索。

协 会 专 家：林　岗

报告负责人：梁少锋

主 笔 人：李　石

---

① 唐诗人：《构建专业化文艺人才群落，丰富"粤派批评"未来可能性》，光明网，最后访问日期：2022年7月29日。

后　记

"千淘万漉虽辛苦，吹尽狂沙始到金。"

观照世界一流水平的文化艺术中心，便能发现广东文艺的繁荣发展，不仅需要携手港澳打造粤港澳大湾区文化圈，增强文化艺术消费流通能力的支撑，更离不开丰富且高质量的文化艺术生产能力。为提升广东文艺发展水平，文艺建设工作需要更加理性客观地分析现状、更富创造性地探索思考、提出更具建设性和可行性的意见与建议。

在这种情况下，《广东文艺发展报告（2017—2022）》应运而生。本书对广东文艺近五年的发展动态和未来走向进行了系统扫描与详细评述，涵盖了文学、戏剧、电影、电视与网络、音乐、舞蹈、美术、摄影、书法、曲艺、杂技、民间文艺、文艺评论十三个艺术门类。无论从内容覆盖面还是价值观点而言，本书都力求提供一本完整、客观、深入的发展报告集，努力为读者展现多方学者对粤港澳大湾区文艺现状的思考与建议。

2021年12月，广东省文学艺术界联合会制定调研计划，成立编委会，形成联动机制，整合粤海风杂志社编辑部、广东省文艺评论家协会（广东省文联创研部）、广东书法与文艺研究院的相关工作力量，协同广东画院、广东美术馆、广东省委党校，与中山大学、华南理工大学、华南师范大学、广州美术学院、星海音乐学院等高校院系深入合作，开展广泛的文艺学术交流活动及专题调研活动。各艺术家协会积极提供相关资料、认真进行调查研究，为课题的编写提供有力的支持。参与本书编撰的执笔人，都是在相关领域有着扎实理论基础和深厚艺术修养的专家学者、文艺工作者。他们大多在各自的领域浸润多年，长期关注、跟踪广东文艺发展走向，可以说，他们的观察、总结和瞻望，深刻剖析了广东文艺发展的现状，也为广东文艺的后续建设提供了极具建设性的启发。大量实地调查资料、一手文献和前沿的人文社科理论，为《广东文艺发展报告（2017—2022）》的成书打下了坚实基础，这使得本书在实践性、学理性上不乏亮点。寄望这本书，能将2017—2022年广东文艺的发展面貌呈现出来，为读者提供一定的文艺实践案例和研究成果，为决策与参考带来建设性的意见。

文艺之火，生生不息。感谢本书专家委员会的辛勤付出，感谢各分报告的执笔人、编辑以及编务工作人员蔡祜、茅琛雅的奉献，感谢广东各地文联、各文艺工作平台的支持与参与。在新的历史交汇点上，文艺发展的新征程已开启。守正创新，文以载道，我们一直在路上。